77 Malerinnen aus fünf Jahrhunderten

Astrid von Friesen
Gottfried Sello

77 Malerinnen aus fünf Jahrhunderten

Ellert & Richter Verlag

Inhalt

Vorwort

Frauen haben immer gemalt! Schon bei der Höhlenmalerei fand man ihre Handabdrücke. Sie waren bereits in der Antike und im Mittelalter aktiv, damals besonders in Nonnenklöstern, einem Hort weiblicher Kreativität, speziell im hoch artifiziellen Kunsthandwerk. Bis heute berühmt ist die Äbtissin Mathilde II. (949–1011), eine fördernde Kunstmäzenin. Doch erst seit der Renaissance, seitdem die Bedeutung der Individualität zunahm, gab es signierte Werke, und aus dem 16. Jahrhundert stammen die ersten Informationen über das Leben und Schaffen von Malerinnen.

Fast alle der hier vorgestellten 77 Malerinnen aus fünf Jahrhunderten waren zu ihrer Zeit berühmt. Sie wurden von Kaisern und Königen beschäftigt, auch zu „Hofmalerinnen“ ernannt. Die Venezianerin Rosalba Carriera reiste im Triumph durch Europa, stürmisch gefeiert, sie verdiente ein Vermögen. Rosa Bonheur, eine Französin, malte ausschließlich Tiere, erzielte im 19. Jahrhundert Spitzenpreise, wovon sie sich ein Schloss mit einem Zoo kaufte. Die höchst emanzipierte Kaiserin Eugénie besuchte sie in ihrem Atelier, um sie zu unterstützen. Sie zitierte das Wort „Das Genie hat kein Geschlecht.“, welches von der Schriftstellerin Madame de Staël stammt.

Aber nur die wenigsten sind in die Kunstgeschichte eingegangen, was einerseits daran liegt, dass die Kunstgeschichte bisher von Männern geschrieben wurde. Auch waren Museumsdirektoren meist Männer, die den „Goldstandard“, nämlich über den Ankauf von Bildern, entschieden, und damit Rangfolgen festlegten! Andererseits hinterließen Künstlerinnen meist keine Pendants zu den (jungen) „Künstlerwitwen“, die sich oftmals Jahrzehnte hingebungsvoll um den Nachruhm ihrer Männer kümmerten, da Männer meist vor ihren Frauen sterben, so Gottfried Sello aufgrund jahrelanger Biografieforschung.

Andererseits wird immer wieder deutlich, doch selten beschrieben, dass es zu allen Zeiten, und zwar in der überwiegenden Anzahl der Lebensläufe von Malerinnen, engagierte, fortschrittliche Männer gab, die sie unterrichteten, ihre Talente – auch explizit gegen den Zeitgeist der jeweils vorherrschenden Erziehungs- und Rollenvorstellungen für Töchter und Mädchen – förderten, sie ermutigten, ihnen Studien(-aufenthalte) ermöglichten, sie bewunderten, Bilder bei ihnen bestellten, diese für viel Geld kauften und sie in eigenen Sammlungen oder Museen ausstellten. Die also die innere Größe und Objektivität besaßen, ihre Talente zu würdigen, unabhängig vom Geschlecht.

Natürlich kam es vor, dass Malerinnen unter ihrem Stand und ihrem künstlerischen Niveau heirateten. Wie Angelika Kauffmann, die erfolgreichste Malerin des 18. Jahrhunderts. Anträge von Sir Joshua Reynolds und anderen Berühmtheiten hatte sie ausgeschlagen und war einem Heiratsschwindler verfallen, später entschied sie sich für einen unbedeutenden Maler.

Ein Beispiel aus dem 16. Jahrhundert: Die in Bologna geborene Lavinia Fontana, so berühmt, dass sie sogar für den Papst arbeitete, hatte einen total unbegabten Künstler geehelicht, dem sie nur erlaubte, die Kleider ihrer Porträts zu vervollständigen „und so hieß es, er müsse sich als Schneider begnügen, da ihn der Himmel nicht zum Maler bestimmt habe“, so ein Bonmot der Zeitgenossen.

Bis nach dem Ersten Weltkrieg war Frauen in Deutschland der Zugang zu den Kunstakademien verwehrt. Vorher hatten nur wenige die Möglichkeit, das Malhandwerk in den Werkstätten des Vaters zu erlernen, sie halfen ihm, malten in seinem Stil, wohl auch eigenständige Werke, die sie jedoch selten signierten bzw. die den berühmten Vätern Jahrhunderte zugeschrieben wurden. Sofonisba Anguissola war die erste bekannt gewordene Frau in der Neuzeit, die im 16. Jahrhundert bei einem Meister eine professionelle Ausbildung erfuhr.

Seit dem 18. Jahrhundert gab es „Damenakademien", wo höhere Töchter Malerei studieren konnten, ein teures Unterfangen, während die Männer freien Zugang zu den Akademien hatten. Erst ab 1919 durften Frauen ebenfalls dort lernen, was oftmals zu Liebesgeschichten mit den Professoren führte. Entweder gaben manche der jungen Frauen aus unerwiderter Liebe die Malerei auf oder sie heirateten, oft mit ebenso katastrophalen Folgen, wenn sie ihren Beruf und ihre Berufung in der Ehe an den Nagel hängten, freiwillig oder auf Druck des Mannes, wegen der Kinder und um seinen Ruhm und sein Genie leuchten zu lassen.

Während des Nationalsozialismus wurden besonders avantgardistische Künstlerinnen und Künstler abgelehnt, ihre Werke als „entartete Kunst" diffamiert, verbrannt und aus den Museen verbannt, Jüdinnen wurden ermordet oder begingen Suizid, wie Anita Rée. Elfriede Lohse-Wächtler wurde 1940, aufgrund ihrer psychischen Probleme, in Pirna vergast.

Erst 1971 formulierte die amerikanische Kunsthistorikerin Linda Nochlin (1931–2017) in einem Essaytitel folgende Frage: „Why Have There Been No Great Women Artists?" Ein Fanal für frauenbewegte Kunsthistorikerinnen nach verschollenen, vergessenen, ignorierten Malerinnen zu forschen, um aus alten Urkunden, Berichten, Briefen und Memoiren ihre Lebensläufe zu rekonstruieren und ihre Werke publik zu machen.

Der Kunstkritiker bei der ZEIT und Filmautor Dr. Gottfried Sello (1913–1994) war zwar kein Feminist, doch ein Humanist, den das Geschlecht eines Künstlers überhaupt nicht interessierte. Auch war er ein Aufklärer in Sachen Kunst, vier Jahrzehnte schrieb er für die ZEIT, auch Bücher, und produzierte ungezählte Filme über Kunstthemen.

Auch war er der Verfasser für wohl eine der längsten Serien in der deutschen Zeitungsgeschichte, denn von 1957 bis 1984 interpretierte er, einerseits hochgebildet, doch auch mit einer klaren Sprache begabt, ca. 700 Bilder der Kunstgeschichte für die „Brigitte". In jeder Ausgabe! Siebenundzwanzig Jahre lang! Er spürte viele junge Talente für die Serie „Maler von heute" auf, später kamen „Alte

Meister", „Kinderbilder" und „Künstlerporträts" hinzu und ab 1977 insgesamt 200 Malerinnen. All dies, lange bevor der Hype der feministischen Kunstgeschichtsschreibung überhaupt begann! So viel Kunst gab es nie wieder in einer der großen Publikumszeitschriften, und in meiner Generation kenne ich viele Frauen, die seine Bildbetrachtungen nicht nur alle vierzehn Tage erwarteten und lasen, vielmehr eifrig in Mappen sammelten. Er hat uns gebildet, die Augen geöffnet und Interessen geweckt!

Eine Frage wurde zu der Zeit immer wieder diskutiert: Gibt es eine spezifisch weibliche Thematik? Für die alte Malerei muss man dies verneinen, denn Frauen malten damals fast immer die gleichen Sujets wie ihre Väter und Brüder. Selbst die Blumenmalerei war keine Domäne der Frauen, denn in Holland, wo im 17. Jahrhundert eine stürmische Nachfrage nach Blumenstücken bestand, haben sich auch Männer darauf spezialisiert. Die Holländerin Judith Leyster dagegen beschränkte sich nicht auf Blumen, sondern bevorzugte Gruppenbilder und Genreszenen wie Frans Hals, die häufig mit dessen Werken verwechselt wurden. Profitsüchtige Kunsthändler haben sich das zunutze gemacht und z. B. ihre „Fröhlichen Zecher" als einen Frans Hals verkauft, zu einem entsprechend hohen Preis.

Solch falsche Zuschreibungen, mögen sie absichtlich oder aus Versehen vorgenommen worden sein, waren nur deshalb möglich, weil man es den Bildern nur selten ansehen kann, ob eine Frau oder ein Mann sie gemalt hat. Lady Butler, heute bekannter unter dem Namen Elizabeth Thompson, hatte sich, um 1900, zum Erstaunen des Publikums ihr Leben lang auf Schlachtenbilder spezialisiert. Dagegen besaß ein vermeintlich typisches Frauenmotiv wie „Mutter und Kind", aufgrund der christlichen Tradition der Mariendarstellungen, eine besondere Attraktivität für Maler.

An allen wichtigen Kunstströmungen waren Frauen beteiligt, das gilt gleichermaßen für die Epochen der Vergangenheit, von der Renaissance bis zum Impressionismus. Erst im 20. Jahrhundert begannen Malerinnen verstärkt auch ihre eigenen Situationen, ihre

Problematiken zu thematisieren, wie z. B. Paula Modersohn-Becker, deren Leben und Werk von dem schwierigen Weg ihrer Emanzipation zeugen!

Außerordentlich bedeutsame Beiträge stammen von Künstlerinnen der russischen Revolution, die die just erkämpfte Gleichberechtigung aktiv in allen künstlerischen Bereichen umsetzten. Olga Wladimirowna Rosanowa, Natalja Sergejewna Gontscharowa und Ljubow Sergejewna Popowa fühlten sich den revolutionären Ideen verpflichtet. Neben Bühnenbildern, Stoffen, Kleidern – gleichsam als Beiträge zur ästhetischen Erziehung der breiten Massen konzipiert – hatten sie Anteil an der Kunst Russlands und Europas zu Beginn des 20. Jahrhunderts.

Der weibliche Beitrag zum Surrealismus entsprach der Überzeugung und Suche vieler Künstlerinnen, die Wichtigkeit des Unbewussten, der Träume und Phantasien jenseits von Vernunft und Ratio zu bearbeiten. Meret Oppenheim wurde quasi das Gesicht des Surrealismus, die ihr Credo knapp und schlagkräftig formulierte: „Die Zukunft ist jetzt, don't cry!" – Hannah Höch, die das Prinzip der Collage mit ihrer methodischen Verfremdung in die Malerei transportierte, gilt als eine der wenigen weiblichen Protagonistinnen des Dadaismus und als eine der großen Künstlerinnen des 20. Jahrhunderts. Und sie polemisierte bereits 1920 gegen die Verquickung von Sex und Technik in der Werbung!

Bei den Malerinnen der „klassischen Moderne", bei Marianne von Werefkin, Gabriele Münter, Sonia Delaunay-Terk und Sophie Taeuber-Arp wurde lange gestritten, welche Anteile ihre jeweiligen Lebensgefährten an ihrem Œuvre hatten. Doch der Raum für sachliche Untersuchungen, der die Eigenleistungen der Künstlerinnen in den Vordergrund stellt, erweiterte sich stetig und kontinuierlich und ließ neue Interpretationen zu.

Beflügelt von der zweiten Frauenbewegung und feministischen Fragestellungen untersuchten viele Malerinnen ihre eigene Körperlichkeit, wie z.B. Frida Kahlo, die ihren Körper nutzte, um Krankheit, Leid und Todesängste zu thematisieren. Maria Lassnig setzte sich in ihrem Werk mit körperlichen Aspekten des Malens, des Stehens, Gehens und Liegens auseinander. Und alle Werke von Louise Bourgeois „haben immer mit Sex zu tun“, wie sie selbst konstatierte und was auf viele Künstlerinnen seit den 1970er Jahren zutrifft, die außerdem alle tiefen und heftigen Gefühle wie Neid, Lust, Hass, Gewalt und Liebe thematisieren.

Die vorgelegte Auswahl basiert auf dem von Gottfried Sello 1988 publizierten Band „Malerinnen aus fünf Jahrhunderten“, eine der ersten Veröffentlichungen zu damals mehrheitlich unbekannten Künstlerinnen. Seit 1977 war mein verstorbener Mann mit diesem Thema ein Avantgardist und hat sich damit einen Platz in der feministischen Ikonografie verdient. Ich, quasi als „Künstlerwitwe“, bin glücklich und dankbar, dass der Ellert & Richter Verlag mir die Möglichkeit eröffnet, eigene Texte zu zeitgenössischen Künstlerinnen hinzuzufügen.

Astrid von Friesen-Sello
August 2023

Catharina van Hemessen

(1527/28 – nach 1565)

Catharina van Hemessen wurde 1528 in Antwerpen geboren: die erste flämische Malerin, deren Bilder wir kennen. Malerinnen hat es in Flandern auch schon früher gegeben. Den Beweis dafür findet man bei Albrecht Dürer. In seinem „Tagebuch der niederländischen Reise" berichtet er, wie er 1521 in Antwerpen den berühmten Buchmaler Gerard Horenbout besucht habe, und dieser Meister Gerard „hat ein Töchterlein bei 18 Jahren alt, die heißt Susanna, die hat ein Blättlein illuminiert (gemalt), dafür hab ich ihr geben einen Gulden. Ist ein großes Wunder, dass ein Weibsbild also viel machen kann." Man muss sich das vorstellen: Dürer, der größte deutsche Maler, kauft das Blatt einer jungen Kollegin! Darüber hinaus kann man dieser Tagebuchnotiz entnehmen, dass die Zahl der Künstlerinnen damals viel größer war, als man glaubt. Nur sind ihre Namen vergessen und ihre Werke nicht mehr nachzuweisen. Von der hochbegabten Susanna hat sich nichts erhalten, auch nicht das Blatt, das Dürer erworben hat. Man kann nur annehmen, dass viele Buchmalereien, die unter dem Namen ihres berühmten Vaters bekannt sind, von ihr stammen.

Auch Catharina van Hemessen war die Tochter eines berühmten Malers, Jan van Hemessen. Er hat ihr nicht nur das Talent vererbt, sondern sie in seiner Werkstatt zur Malerin ausgebildet. Antwerpen war damals eines der wichtigsten europäischen Kunstzentren. Etwa 300 Maler waren hier als Meister tätig, ihre Bilder wurden nach Italien, Spanien, Deutschland, sogar nach Skandinavien exportiert. Um der Nachfrage zu genügen, waren die Meister auf tüchtige Hilfskräfte angewiesen, die sie mit Vorliebe unter ihren Familienangehörigen suchten. Wahrscheinlich wäre auch Catharina van Hemessen eine der unbekannten malenden Töchter geblieben. Aber sie hatte glücklicherweise die Angewohnheit, ihre Bilder mit vollem Namen zu signieren. „Caterina de Hemessen pingebat (malte) 1548", liest man rechts oben auf dem Gemälde „Mädchen am Virginal". Das musizierende Mädchen ist Catharinas Schwester Christina, zweiundzwanzig Jahre alt, wie auf dem Bild vermerkt ist. Catharina selbst war gerade erst zwanzig Jahre alt, als sie ihre Schwester malte. Die Familienähnlichkeit ist unverkennbar, wenn man das Gesicht der Schwester mit den Selbstporträts der Malerin vergleicht. Das „Mädchen am Virginal" ist eines ihrer frühesten Bilder, das Meisterwerk einer Zwanzigjährigen. Mit erstaunlicher Sicherheit ist der Augenblick wiedergegeben, wo das Mädchen im Spielen innehält und, noch ganz erfüllt von der Musik, mit einem fast abwesenden Blick aufschaut, während die Finger noch auf den Tasten liegen. Dazu kommen köstliche malerische Feinheiten wie die Schmuckintarsien am Instrument oder die Goldborten der Ärmel, die mit ihrem abgestuften Rot sich aus dem tief dunklen Hintergrund herausheben.

Catharina van Hemessen hat sich vor allem als Porträtmalerin betätigt. Fast immer sind es Frauen, die sich von ihr malen ließen. Diese

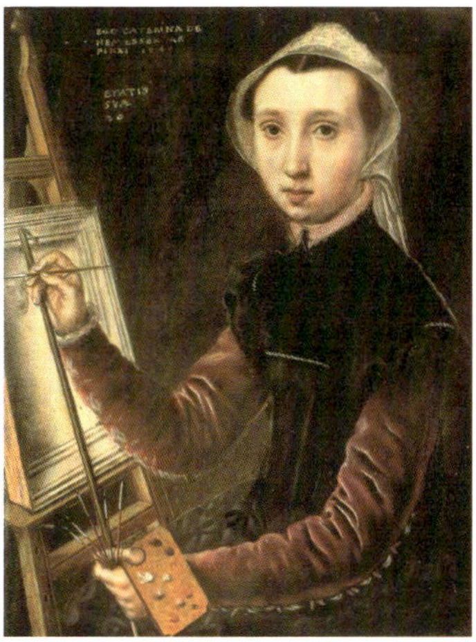

Catharina van Hemessen
Selbstbildnis an der Staffelei, 1548
Öl auf Eichenholz, 32 x 25 cm
Kunstmuseum, Basel

kleinformatigen Bildnisse mit ihrer sehr persönlichen und intimen Auffassung waren bei dem anspruchsvollen und verwöhnten Publikum außerordentlich begehrt und wurden hoch bezahlt. Die meisten Bilder entstanden zwischen 1548 und 1554, dem Jahr ihrer Heirat mit dem Musiker Chrétien de Morien. Es scheint, dass sie danach das Malen zwar nicht aufgegeben, doch stark reduziert hat.

Inzwischen war aber auch die Regentin der Niederlande auf die Malerin aufmerksam geworden. Diese kunstinteressierte Frau ging nach ihrer Abdankung von Flandern nach Spanien zurück und lud das junge Künstlerpaar, die Malerin und den Musiker, an ihren Hof nach Madrid ein. Flämische Musiker galten im 16. Jahrhundert als die besten in Europa. Zwei Jahre, von 1556 bis 1558, sind die beiden in Spanien geblieben. Dann starb die ehemalige Regentin. In ihrem Testament hatte sie dem Ehepaar eine großzügige Rente ausgesetzt. Möglicherweise trug auch diese finanzielle Sicherstellung dazu bei, dass Catharina van Hemessen nach ihrer Rückkehr nur noch wenig malte. In einem 1567 erschienenen Buch über die Niederlande wird sie als eine berühmte Malerin aufgeführt. Nach 1565 ist sie in Antwerpen gestorben.

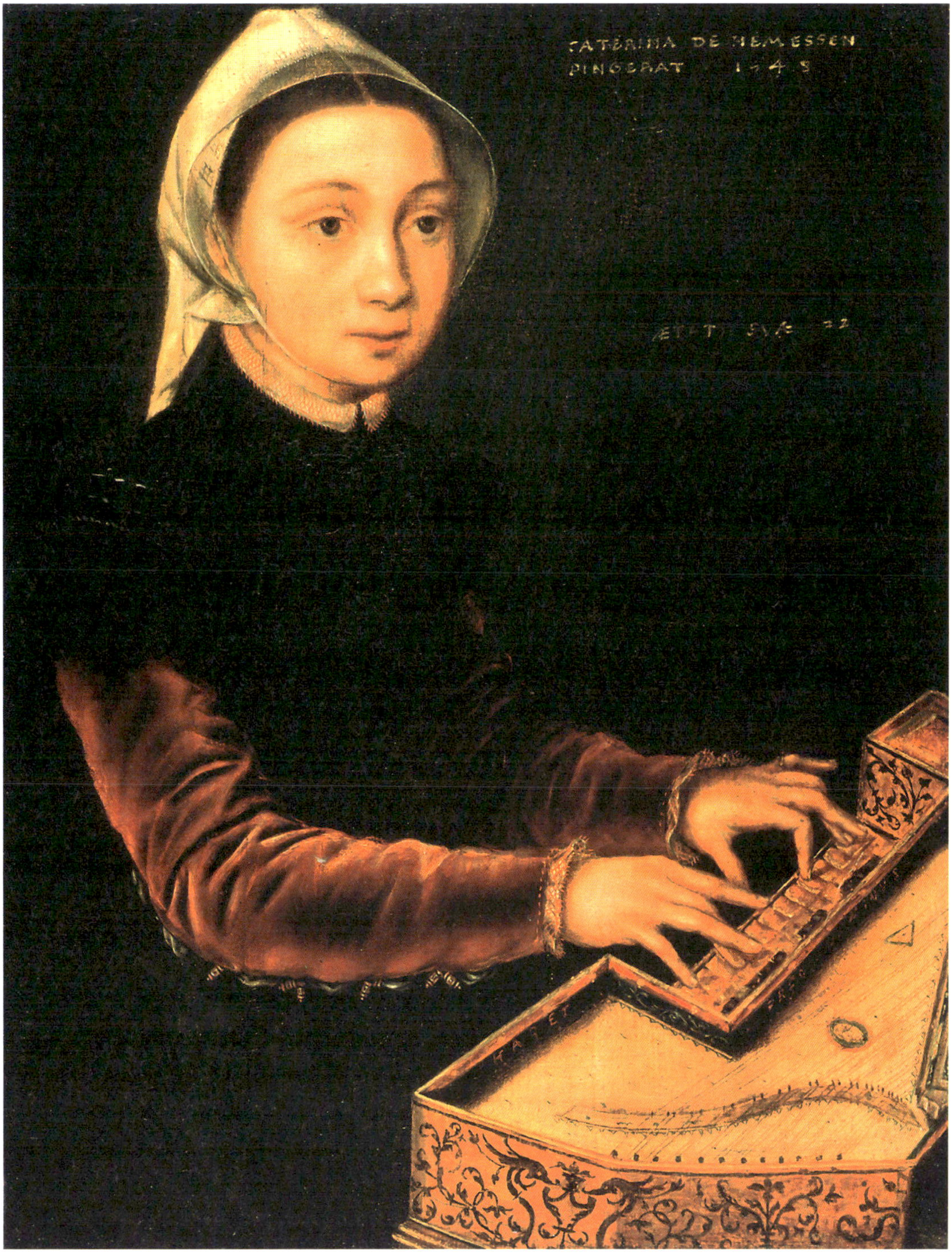
CATERINA DE HEMESSEN
PINGEBAT 1548
ÆTATIS SVÆ 22

Sofonisba Anguissola

(um 1531/1532 – 1625)

Sofonisba Anguissola ist in jeder Hinsicht eine Ausnahmeerscheinung. Sie war die erste italienische Malerin, die eine glänzende internationale Karriere gemacht hat, und sie hat dadurch anderen, jüngeren Frauen den Mut gegeben, die Künstlerlaufbahn einzuschlagen. Sie hat mehr Selbstporträts gemalt als irgendein Künstler zwischen Dürer und Rembrandt, und gerade diese psychologisch vertieften Selbstbildnisse, die ausgesprochen modern wirken, haben ihren Ruhm begründet. Ungewöhnlich ist auch die Tatsache, dass ihre männlichen Kollegen, und gerade die größten unter ihnen, ihren künstlerischen Rang anerkannt haben. Michelangelo, damals längst ein weltberühmter Mann, hat sich lobend über sie geäußert. Wir wissen das aus einem Brief, den der stolze Vater 1557 an Michelangelo geschrieben hat, in dem er sich für das günstige Urteil über die Bilder seiner Tochter bedankt. Ihr Vater Amilcare Anguissola war ein begüterter Edelmann, der in Cremona lebte. Er war Witwer, hatte sechs Töchter und einen Sohn und gab sich alle Mühe, die musikalischen und künstlerischen Neigungen seiner Kinder zu fördern. Er engagierte die besten Lehrer für Sprachen und Literatur und ließ seine Kinder auch am Spinett ausbilden – auf einem ihrer Selbstporträts hat sich Sofonisba als Spinettspielerin dargestellt. Zusammen mit ihrer jüngeren Schwester Elena studierte Sofonisba, die älteste Tochter, drei Jahre lang bei einem Maler namens Bernardino Campi, anschließend kam sie noch zu einem zweiten Cremoneser Meister. Als sie ihre Ausbildung beendete, muss sie etwa achtzehn Jahre alt gewesen sein. Ihr genaues Geburtsdatum ist nicht bekannt. Aus den Datierungen ihrer Bilder schließt man, dass sie zwischen 1531 und 1532 geboren wurde.

Der Ruf der jungen Malerin dürfte rasch über ihre Heimatstadt hinausgedrungen sein. Denn bereits 1559 wird sie vom spanischen König Philipp II. an seinen Hof nach Madrid eingeladen. Mindestens zehn Jahre ist sie in Spanien geblieben. Sie hat sämtliche Mitglieder der königlichen Familie porträtiert. Auch religiöse Werke sind damals entstanden, von denen freilich keines erhalten ist. Das Porträt ist ihr eigentliches Gebiet. Das Gemälde „Drei Kinder mit Hund“ (welche vermutlich die Geschwister der Künstlerin darstellen) gehört zu den schönsten Kinderbildern, die im 16. Jahrhundert gemalt worden sind. Man sieht auf den ersten Blick, dass es sich um Geschwister handelt. Aber trotz der Familienähnlichkeit sind die drei Kinder ganz differenziert dargestellt und in ihrer Individualität erfasst. Die Kinder sind nicht besonders hübsch und niedlich, die Gesichter sind nicht im mindesten idealisiert. Aber sie sind ungeheuer lebendig, über die Jahrhunderte hin. Man glaubt, diese Kinder zu kennen, man wird sie nicht vergessen, wenn man ihr Bild gesehen hat.

Der Aufenthalt in Spanien endet mit einer glanzvollen Hochzeit, die König Philipp II. und Königin Anna von Österreich persönlich ihrer hochgeschätzten Malerin ausgerichtet haben. Sofonisba

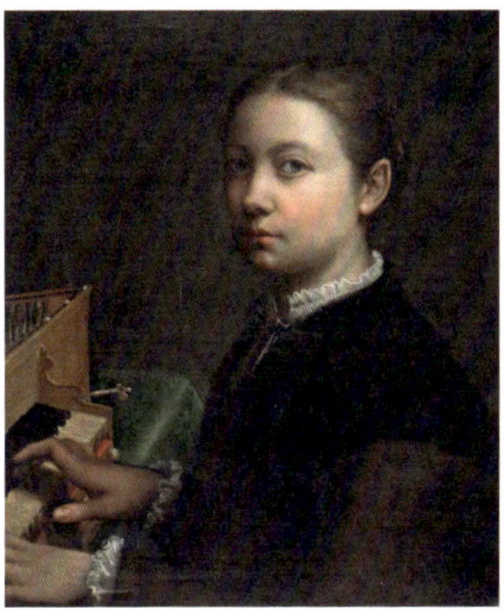

Sofonisba Anguissola
Selbstbildnis am Spinett, 1555
Öl auf Leinwand, 57 x 48 cm
Museo di Capodimonte, Neapel

Sofonisba Anguissola
Drei Kinder mit Hund, um 1570 – 1590

Öl auf Holz, 74 x 95 cm
Sammlung Lord Methuen,
Corsham Court, Wiltshire

Anguissola heiratet den sizilianischen Edelmann Fabrizio Moncada, mit dem sie sich nach Palermo begibt. Als ihr Mann nach einigen Jahren stirbt, beschließt sie, in ihre Heimatstadt Cremona zurückzukehren. Auf der Überfahrt von Palermo nach Genua lernt sie den Schiffskapitän Orazio Lomellini kennen, den sie gleich nach der Ankunft in Genua heiratet. Sie muss damals etwa fünfzig gewesen sein. Sie hat dann längere Zeit in Genua gelebt und auch als Kapitänsfrau die Malerei nicht aufgegeben. Es scheint, dass sie sich am Ende ihres Lebens wieder in Palermo niedergelassen hat, nachdem auch ihr zweiter Mann, der Kapitän, gestorben war. In Palermo ist sie 1625 gestorben. Hier hat sie, ein Jahr vor ihrem Tod, der berühmte holländische Maler Anton van Dyck besucht. In seinem „Italienischen Skizzenbuch" berichtet er: „Als ich ihr Porträt malte, gab sie mir einen Hinweis, das Licht betreffend: Es sollte nicht zu steil von oben einfallen, weil die Runzeln in ihrem Gesicht sonst zu scharfe Schatten werfen würden. Dann erzählte sie mir aus ihrer Lebensgeschichte, aus der hervorgeht, dass sie eine exzellente Malerin nach der Natur gewesen ist." Auf der gleichen Seite sieht man eine Skizze der uralten Frau, darunter notiert van Dyck: „Porträt von Signora Sophonisba, nach dem Leben gezeichnet in Palermo am 12. Juli 1624, als sie 96 Jahre alt war, immer noch im Besitz eines guten Gedächtnisses und eines munteren Geistes und von freundlichem Benehmen." Die Altersangabe ist ungenau. Vermutlich hat sich Sofonisba Anguissola ein paar Jahre älter gemacht. Nach neueren Forschungen war sie zu der Zeit, als van Dyck sie besuchte, gerade erst neunzig Jahre alt.

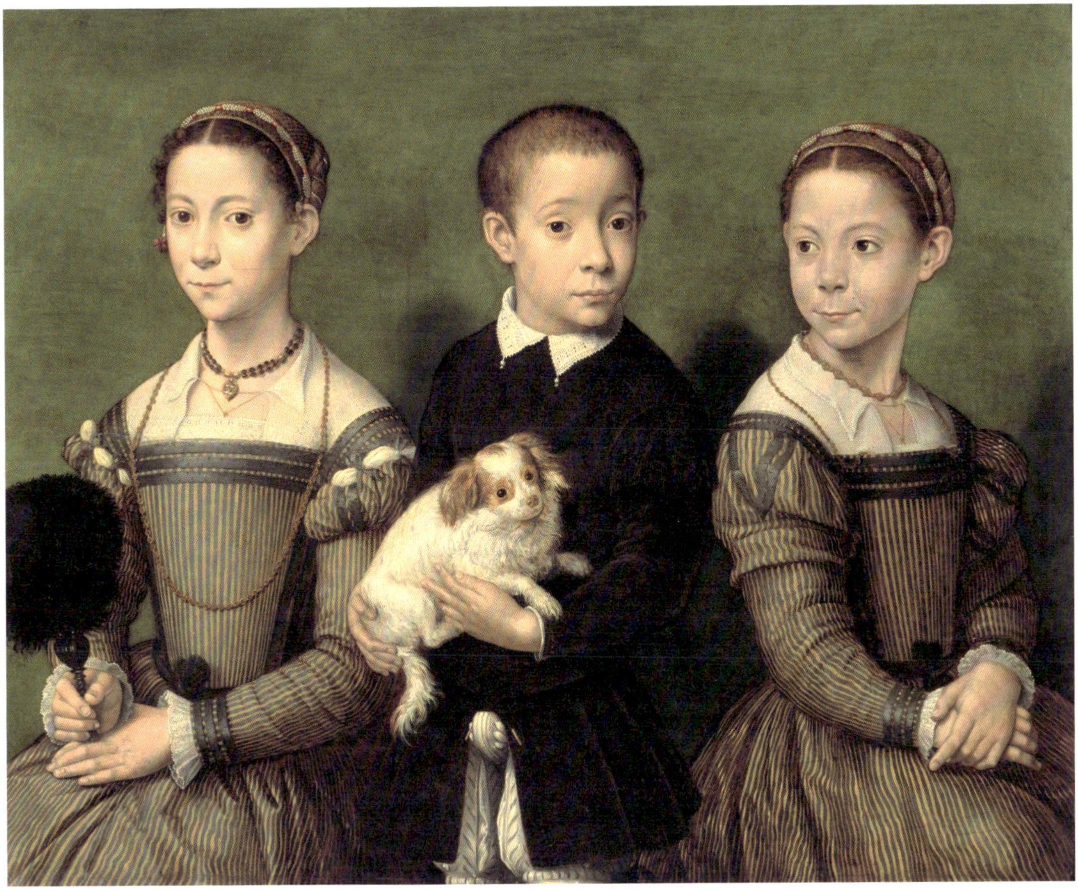

Lavinia Fontana

(1552 – 1614)

Lavinia Fontana lebte im 16. Jahrhundert. Zahlreiche Urkunden und Briefe geben Auskunft, wie hoch die Zeitgenossen sie geschätzt haben. Nicht nur in ihrem Heimatland Italien, in ganz Europa war ihr Name bekannt.

In Bologna, einem wichtigen italienischen Kunstzentrum, wurde sie 1552 geboren. Ihr Vater Prospero Fontana war einer der führenden Maler in Bologna. Dieser Mann, der vorher in Florenz und Rom gearbeitet hatte, wurde ihr Lehrer. Er hat die Begabung der Tochter früh erkannt. In seinem Atelier erhielt sie die denkbar beste Ausbildung. Darüber hinaus hatte sie Gelegenheit, in Kirchen und Palästen Bolognas Meisterwerke der Renaissance, vor allem Bilder von Raffael, zu studieren. Das früheste Werk, das sich von Lavinia Fontana erhalten hat, ist 1576 entstanden. Es stellt einen Christus mit Engeln dar. Religiöse Themen stehen in der Malerei des 16. Jahrhunderts an erster Stelle. Daneben befasst sich Lavinia Fontana von Anfang an mit Porträtmalerei, die ihr ein bescheidenes Einkommen verschafft. 1577, sie ist fünfundzwanzig Jahre alt, heiratet sie einen Bologneser Maler namens Zappi, der ihr künstlerisch weit unterlegen ist. Das einzige, was man von ihm weiß: Seine Frau hat ihn später, als sie berühmt war und die Aufträge allein nicht mehr bewältigen konnte, gelegentlich zur Mitarbeit herangezogen. Aus dieser Ehe sind nicht weniger als elf Kinder hervorgegangen, von denen freilich nur drei die Mutter überlebt haben. Eine bewundernswerte Frau, eine für heutige Begriffe unvorstellbare Leistung: elf Kinder in die Welt zu setzen, für den Unterhalt der Familie aufzukommen und zugleich ein Werk zu schaffen, das die Jahrhunderte überdauert hat!

Sie ist knapp vierzig Jahre alt, als ihr der künstlerische Durchbruch gelingt. Der König von Spanien beauftragt sie, für den eben erbauten Escorial ein Bild der „Heiligen Familie“ zu malen. Das Werk findet größte Anerkennung. Der spanische Maler Pacheco berichtet, sie habe dafür den astronomischen Preis von tausend Dukaten erhalten. Seitdem stehen ihr auch in Italien alle Türen offen. Ihre Heimatstadt Bologna bestellt Altartafeln bei ihr. Auch in anderen Städten hat sie Kirchenaltäre gemalt. 1603 zieht sie mit ihrer Familie nach Rom, auf Einladung von Papst Clemens VII. In seinem Auftrag malt sie für die Kirche „San Paolo fuori le mura“ (außerhalb der Mauern) das Altargemälde „Die Steinigung des hl. Stefan“. 1614 ist Lavinia Fontana in Rom gestorben.

Das Gemälde „Noli me tangere“ ist 1581, also noch in ihren frühen Bologneser Jahren, entstanden. Dargestellt ist die Szene, wie der auferstandene Christus als Gärtner der Maria Magdalena erscheint, die vor ihm in die Knie sinkt, als er zu ihr sagt: „Berühre mich nicht“ (noli me tangere).

Die Haltung der Figuren ist durch die Tradition festgelegt. Immer steht Christus am rechten Bildrand, in der Hand den Spaten, der ihn

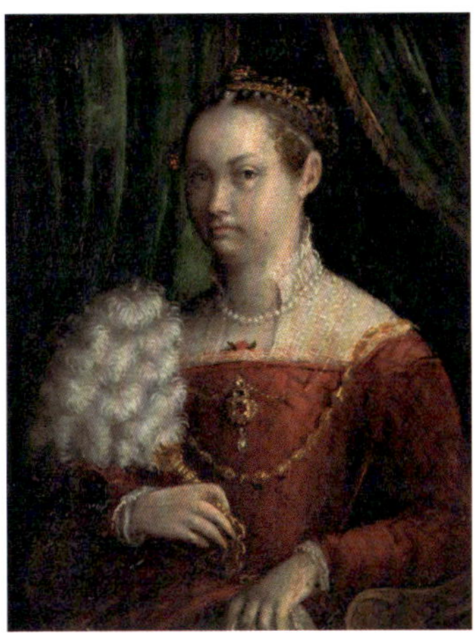

Lavinia Fontana
Selbstbildnis, um 1577
Öl auf Kupfer, 17 x 14 cm
Museo de Zaragoza, Saragossa

Lavinia Fontana
Noli me tangere, 1581

Öl auf Leinwand, 80 x 66 cm
Uffizien, Florenz

als Gärtner ausweist, die andere Hand ist in Abwehr erhoben. Auch Lavinia Fontana muss sich an das vorgeschriebene Schema halten. Aber sie bringt ihre persönliche Auffassung ins Bild, sie gibt der Szene Leben und Wärme.

Im Hintergrund sieht man, wie die drei trauernden Frauen zum Grab kommen, wo sie ein Engel erwartet: Das Grab ist leer, Christus ist auferstanden. Was hier erzählt wird, ist gewissermaßen die Vorgeschichte zum Hauptthema des Bildes, der Begegnung zwischen Maria Magdalena und dem Auferstandenen. Es ist erstaunlich, wie Lavinia Fontana eine Beziehung zwischen diesen beiden Figuren herstellt, indem sie die aufsteigende Linie der knienden Frau in der Figur des Gärtners weiterführt, sodass die Gruppe am Ende eine geschlossene Dreieckskomposition ergibt. Charakteristisch für ihre Kunst ist aber vor allem ihr Bemühen, die Situation psychologisch zu erfassen, die seltsame Verbindung von Schreck und Freude darzustellen, die das unerwartete Ereignis bei Maria Magdalena auslöst.

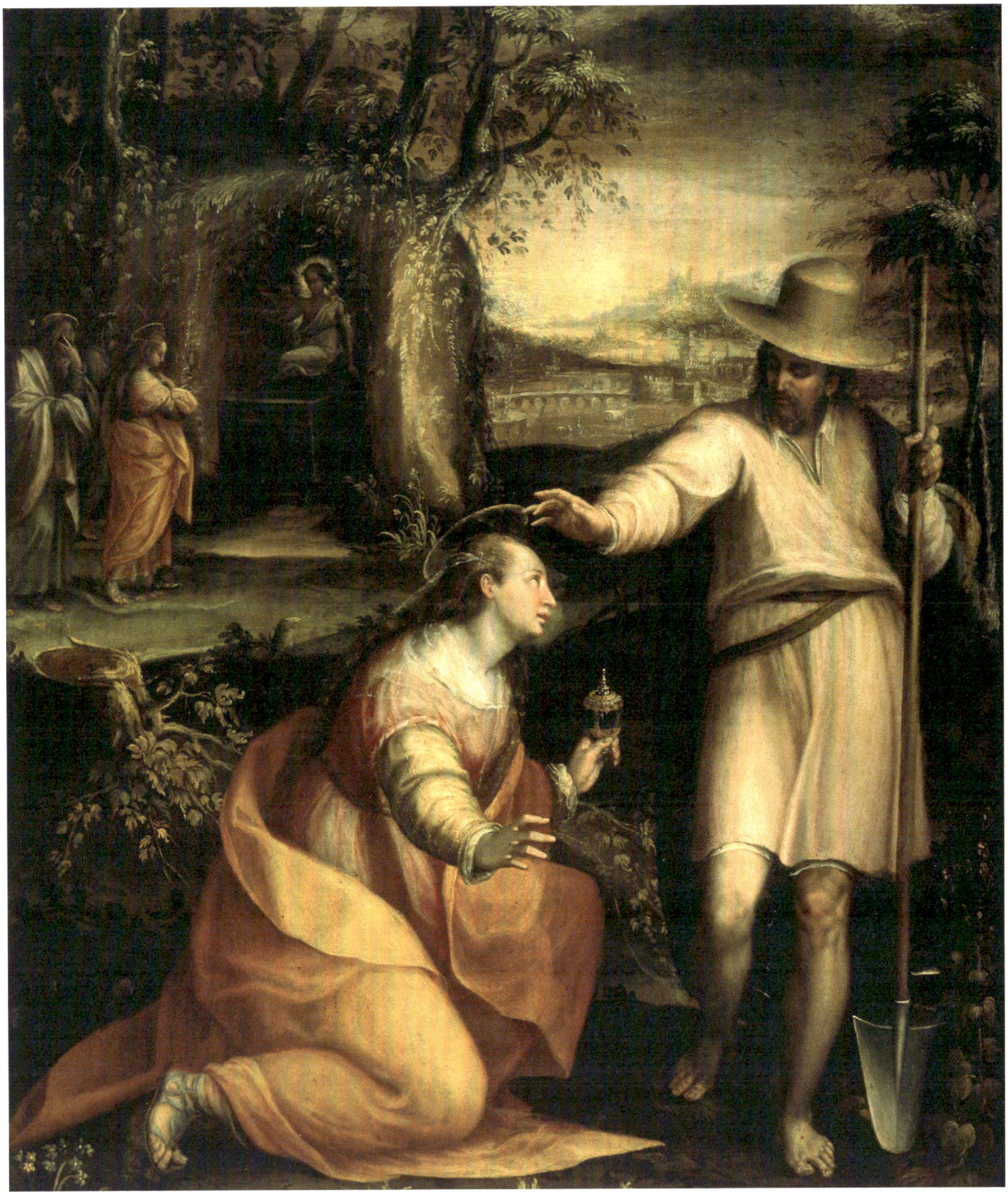

Artemisia Gentileschi

(1593 – nach 1654)

Artemisia Gentileschi wurde 1593 in Rom geboren. Ihr Vater Orazio Gentileschi war ein angesehener Maler, der mit siebzehn Jahren aus der Provinz nach Rom gekommen war und seitdem zahlreiche Aufträge für den Papst auszuführen hatte. Dass sie die Tochter eines Malers war, hat ihre künstlerische Laufbahn entscheidend gefördert. Den ersten Unterricht erhielt sie bei ihrem Vater. Mit vierzehn Jahren wurde sie Schülerin von Agostino Tassi, der das Mädchen vergewaltigte und dafür vor Gericht gestellt wurde. Der Prozess begann im Mai 1612, dauerte fünf Monate und wurde vom römischen Publikum mit ungeheurer Anteilnahme verfolgt. Dieser Maler Tassi muss ein übler Bursche gewesen sein. Man erzählte sich, er solle beim Tod seiner Frau die Hand im Spiel gehabt haben. Zu seiner Verteidigung führte er an, die fünfzehnjährige Artemisia habe schon vor ihm einen Liebhaber gehabt, ohne dass er den Beweis erbringen konnte. Am Ende wurde Tassi verurteilt und saß acht Monate im Gefängnis.

Auch sein Opfer, die junge Artemisia, ist nicht ganz unbeschädigt davongekommen. Der Sensationsprozess hat ihr zwar eine Publicity verschafft, die ihrer Karriere nützlich war. Aber sie ist den Ruf der Leichtfertigkeit nie wieder losgeworden und galt seitdem als eine „Künstlerin der Liebe". Vor allem in England, wo sie sich vorübergehend aufhielt, hat man Klatsch über sie verbreitet. In den italienischen Quellen dagegen ist nur von ihrer ungewöhnlichen Schönheit und ihrem sicheren Auftreten die Rede.

Wie die Urkunden berichten, hat Artemisia bereits einen Monat nach Prozessende den Florentiner Pietro Stiattesi geheiratet. Mit ihrem Mann ist sie dann nach Florenz gegangen, wo sie mit ihren

Bildern gleich außerordentlichen Erfolg hatte. 1617 wurde ihre Tochter Palmira geboren. Bald danach hat sie sich von ihrem Mann getrennt – offenbar für immer. Der Mann wird erst zwanzig Jahre später wieder erwähnt. Sie erkundigt sich in einem Brief an Freunde nach dessen Ergehen. Sie liebt ihre Unabhängigkeit und ist eine der ersten berufstätigen Frauen, die von ihrer Arbeit leben. Aus ihrer Korrespondenz spricht gelegentlich ein gesunder Geschäftssinn. Als ein Kunstsammler einmal den Preis für ein Bild drücken will, weil eine Frau es gemalt habe, macht sie ihm klar, dass es um die Leistung und nicht um das Geschlecht des Künstlers geht.

Ihren Wohnsitz hat Artemisia Gentileschi häufig gewechselt. 1624 lebt sie mit ihrer Tochter und einer Magd in Rom. 1627 begleitet sie ihren Vater nach Venedig. 1630 schreibt sie aus Neapel: „Ich möchte nicht länger bleiben wegen der Kriegswirren, der wenig komfortablen Lebensumstände und wegen der hohen Preise." Aber sie ist dann doch für den Rest ihres Lebens in Neapel geblieben, weil die Arbeitsbedingungen hier besonders günstig waren. Nur einmal hat sie Neapel verlassen und ist nach England gefahren, um ihrem Vater, der inzwischen Hofmaler des englischen Königs geworden war, bei der Ausmalung des Queen's House in Greenwich zu helfen. Außerdem hat sie in England zahlreiche Porträts gemalt, die außerordentlich geschätzt und hoch bezahlt wurden. 1640 oder 1641 ist sie nach Neapel zurückgekehrt, wo sie nach 1654 gestorben ist.

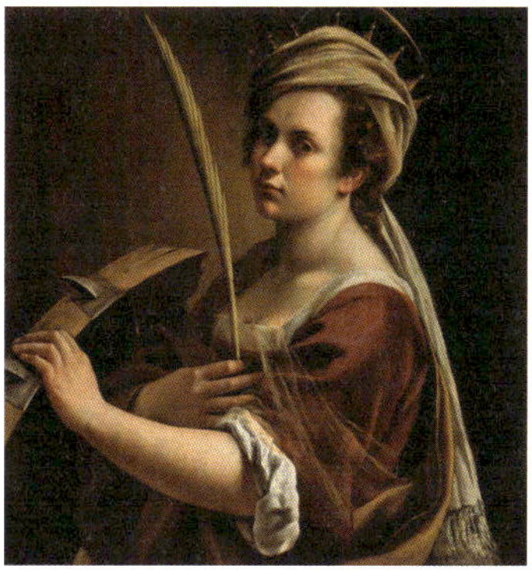

Artemisia Gentileschi
Selbstbildnis als Katharina von Alexandrien, um 1615 – 1617
Öl auf Leinwand, 71 x 69 cm
The National Gallery, London

Artemisia Gentileschi
Judith und ihre Magd, um 1610 – 1620

Öl auf Leinwand, 114 x 94 cm
Galleria Palatina im Palazzo Pitti, Florenz

Ihre Bilder sind kraftvoll, leidenschaftlich, dramatisch. Sie lassen alles vermissen, was man als „weiblich" zu bezeichnen beliebt: Zartheit, Empfindsamkeit, Stille. Artemisia Gentileschi malt „wie ein Mann". Das haben schon die Zeitgenossen mit Erstaunen festgestellt. Nur bei der Wahl ihrer Themen demonstriert sie ihre sehr persönlichen weiblichen Interessen und Neigungen. Sie malt mit Vorliebe solche Szenen, in denen Frauen die entscheidende Rolle spielen. Die Rolle der Liebenden wie Kleopatra oder der Büßerin wie Magdalena oder die Rolle der Heldin wie Lukrezia oder Judith. Judith und Holofernes: Das ist die Geschichte, die sie am meisten interessiert, die sie am häufigsten gemalt hat. Die schauerliche und blutrünstige Geschichte, die im Alten Testament berichtet wird und die von vielen Malern und Bildhauern dargestellt, von Dramatikern auf die Bühne gebracht wurde. Judith will ihre belagerte Vaterstadt retten. Sie geht des Nachts mit ihrer Magd ins feindliche Lager, betört den Feldhauptmann Holofernes und schlägt ihm mit dem Schwert das Haupt ab. Artemisia Gentileschi hat in diesem Monumentalgemälde den Augenblick nach der Tat wiedergegeben. Die Frauen auf dem Rückweg. Der Kopf des Holofernes liegt als schreckliche Siegestrophäe im Korb der Dienerin. Judith, das Schwert über der Schulter, blickt zurück, mit einem Ausdruck, als ob ihr erst jetzt das Grauenvolle ihrer Tat bewusst wird. Dieser Widerstreit der Gefühle ist psychologisch glänzend erfasst und ins große Drama der Malerei verwandelt: scharfe Helldunkel-Kontraste, zuckende Lichter, düster glühende Farben.

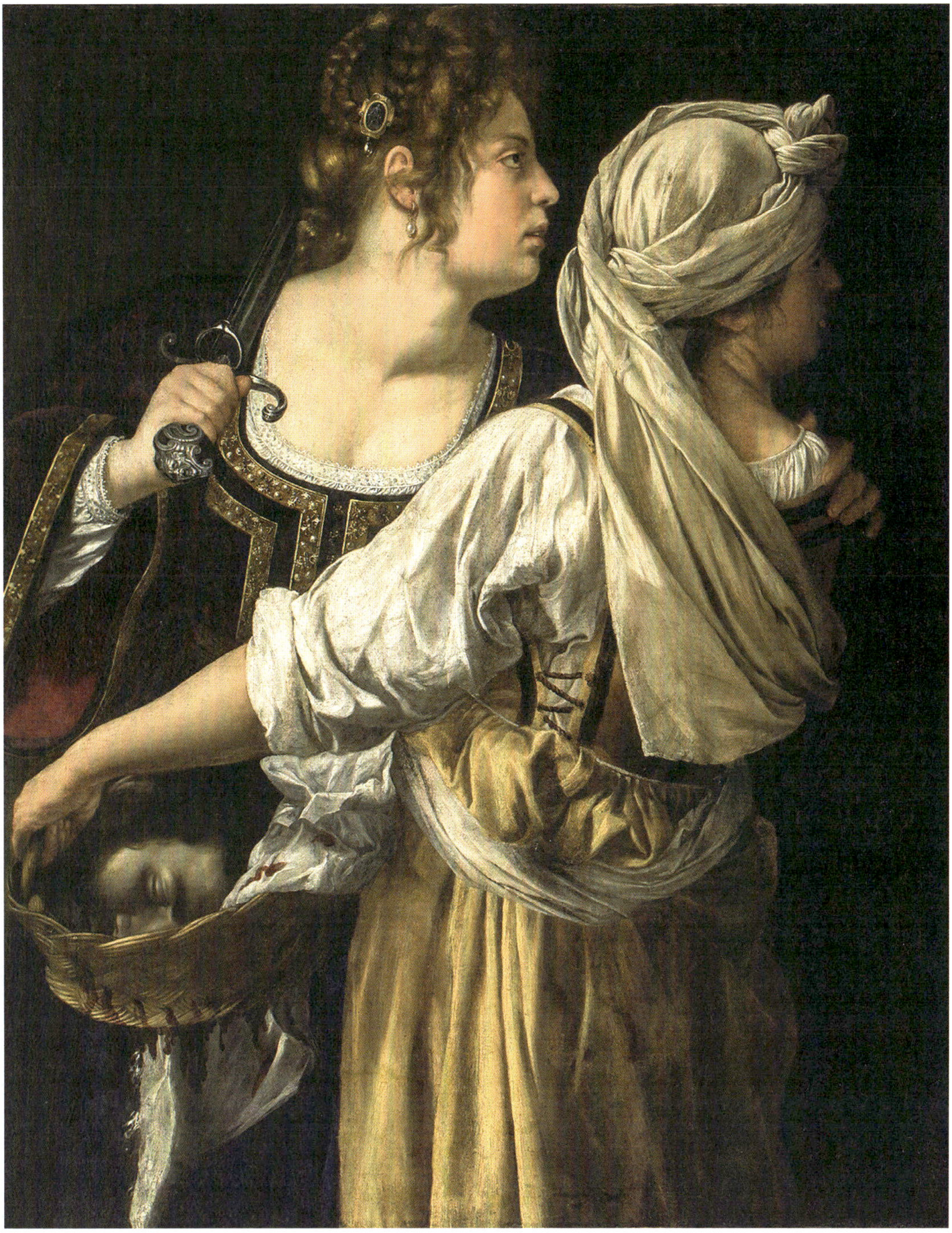

Clara Peeters

(1594 – 1658)

Das Bild ist in Antwerpen entstanden, datiert 1612. Antwerpen im Jahr 1612: eine lebhafte und damals eine der größten Städte der Welt, die nach schweren Kriegszeiten den Frieden genießt.

Die Wirtschaft floriert, der Diamanthandel bringt Geld nach Antwerpen. Die reichen Kaufleute können sich jeden Luxus leisten. In ihren Häusern stapeln sich Schätze von unermesslichem Wert. Man sammelt Kunstwerke, Bilder. Antwerpen, die Handelsstadt, wird zu einem europäischen Kunstzentrum, einer Stadt der Maler. Der große Peter Paul Rubens ist gerade aus Italien zurückgekommen, wird zum Hofmaler ernannt und mit Aufträgen überhäuft. Neben ihm gibt es Dutzende von Malern, die später in die Kunstgeschichte eingegangen sind, Jordaens, Jan Brueghel, Snyders und wie sie alle heißen. Zwischen so viel Prominenz eine einzige Frau, vielmehr ein junges Mädchen, Clara Peeters. Sie ist achtzehn, als sie 1612 das „Stillleben mit Blumen und Goldpokalen" malt.

Das Bild einer Achtzehnjährigen, das unbestritten zu den größten Leistungen auf dem Gebiet des Stilllebens zählt. Die Wissenschaft steht vor einem Rätsel. Man weiß nicht, wer ihr das beigebracht hat. Man weiß nur, dass sie 1594 in Antwerpen als Tochter von Jan Peeters geboren wurde und dass sie bereits mit vierzehn Jahren ihr erstes Stillleben gemalt hat. Manche vermuten, ihr Vater sei Maler gewesen und habe sie ausgebildet. Aber das ist reine Spekulation. Wahrscheinlich hat sie vorübergehend im Atelier eines Antwerpener Meisters gearbeitet, wo sie sich Technik und Handwerk des Malens aneignete. Aber das künstlerisch Entscheidende hat sie von niemandem gelernt, verdankt sie ihrer genialen Begabung. Es gibt keinen flämischen Maler, der in dieser Zeit derartige Stillleben gemalt hat. Heute zählt man Clara Peeters mit Recht zu den Begründern der Stilllebenmalerei, die sich im Laufe des 17. Jahrhunderts in unendlichen Spielarten entfaltet hat. Eine wichtige Feststellung, weil man die Künstlerinnen der Vergangenheit häufig in der Rolle von Mitläufern sieht, die sich von den Ideen ihrer männlichen Kollegen anregen lassen.

Mit Vorliebe hat Clara Peeters kostbare Gegenstände gemalt. Die meisten ihrer Bilder gehören zu einer Gattung, die man später „Prunkstillleben" genannt hat. Bei einem Mädchen, das im reichen Antwerpen aufwuchs, ist diese Neigung zu Prunk und Glanz, zu Gold, Silber und Edelsteinen durchaus verständlich. Aber gleichzeitig beweist sie mit diesem Bildmotiv einen erstaunlichen Sinn für das, was ankommt. Heute würden wir sagen: Sie entdeckte eine Marktlücke.

Große Sammler und Handelsherren legen Wert darauf, ihre Schätze in Bildern gleichsam für die Ewigkeit vor Augen zu führen. Clara Peeters liefert ihnen, was sie haben wollen. Sie selber, ein achtzehnjähriges Mädchen, hat so herrliche Goldpokale wohl kaum be-

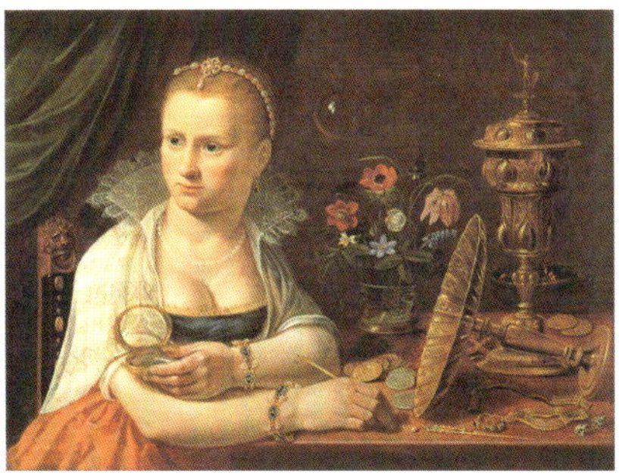

Clara Peeters
Vanitas (vermutlich Selbstbildnis),
um 1618
Öl auf Holz, 37 x 50 cm
Privatsammlung

Clara Peeters
Stillleben mit Blumen und Goldpokalen, 1612

Öl auf Eichenholz, 60 x 49 cm
Staatliche Kunsthalle Karlsruhe

sessen. Sie gehören wahrscheinlich irgendeinem reichen Sammler, der das Bild bei ihr bestellt hat. Die Darstellung dieser Gegenstände ist bis in die kleinsten Einzelheiten von einer nicht mehr zu überbietenden Genauigkeit. Aber Clara Peeters lässt es nicht dabei bewenden. Sie arrangiert die Dinge auf der Tischplatte, bis sie etwas Einheitliches, ein Bild ergeben. Die bizarren Formen von Muscheln werden dazu genommen, Goldstücke liegen herum, die ebenso wie die schwere Kette den Reichtum des Auftraggebers symbolisieren und zugleich die Tischplatte beleben und die Komposition nach unten abrunden. Sie stellt eine Blumenvase neben die Pokale – natürliche Schönheit neben kunstvolle Goldschmiedearbeit.

Die Nachrichten über das Leben von Clara Peeters sind dürftig. Sie hat sich vorübergehend in Amsterdam und in Den Haag aufgehalten. Mit fünfundvierzig Jahren hat sie in Antwerpen geheiratet. Dass sie so ungewöhnlich spät geheiratet hat, könnte mit finanziellen Schwierigkeiten zusammenhängen. Jedenfalls scheint sich ihre Lage nach der ersten Erfolgswelle erheblich verschlechtert zu haben. Das geniale Mädchen wurde akzeptiert – die Frau jedoch konnte sich auf die Dauer nicht gegen die Konkurrenz der Maler behaupten. Nach 1630 gingen die Aufträge rapide zurück. Eine Zeit lang scheint sie das Malen gar aufgegeben zu haben. Das letzte datierte Bild stammt aus dem Jahr 1657. Bald danach muss sie gestorben sein.

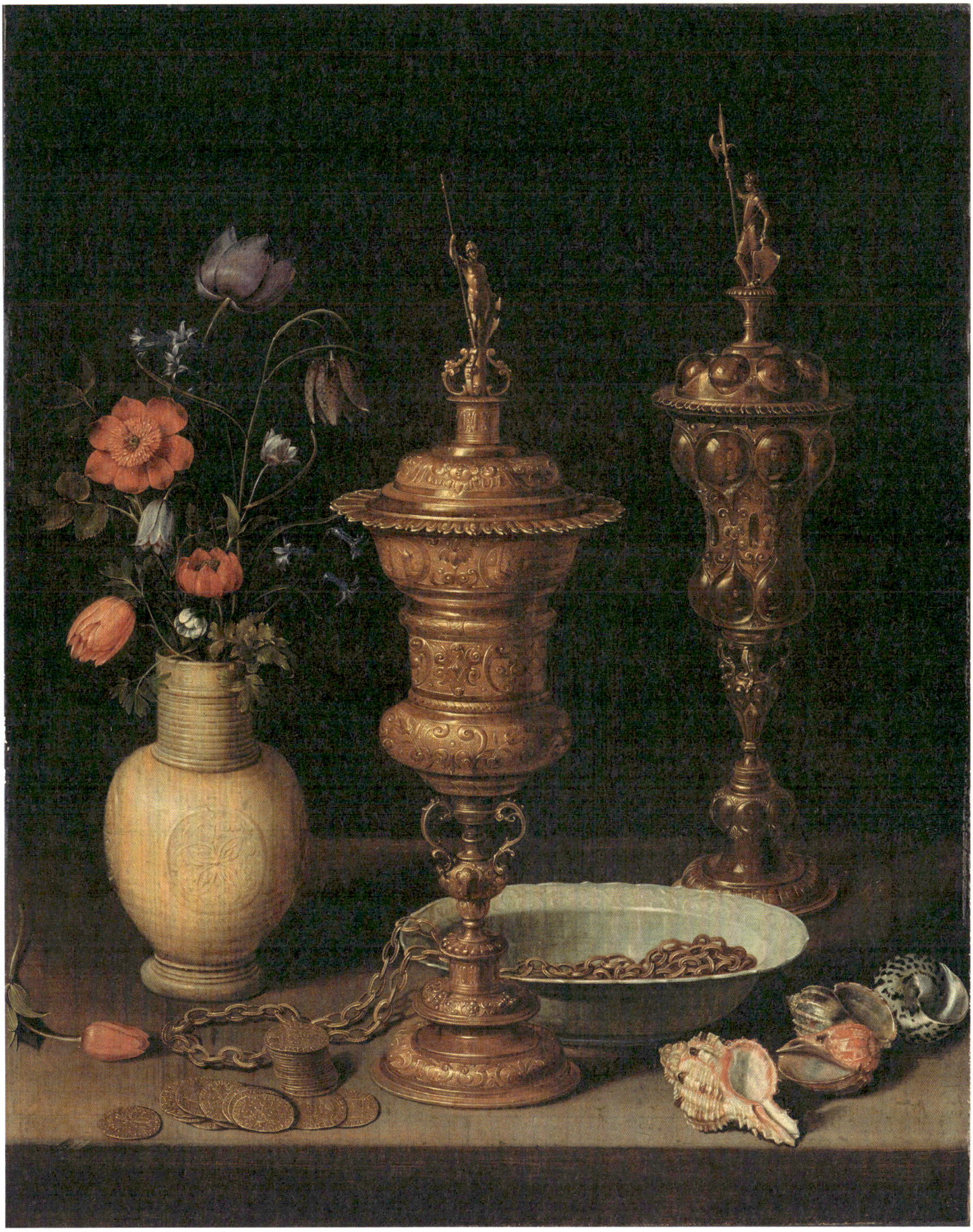

Louise Moillon

(1610 – 1696)

Louise Moillon zählt zu den besten Stilllebenmalern des 17. Jahrhunderts in Frankreich. Mehr noch: Sie hat das Stillleben als eine Sondersparte der Malerei in Frankreich überhaupt erst eingeführt und populär gemacht. Bis dahin hatte es das nur in Flandern und Holland gegeben. Außerdem kam sie als erste auf die Idee, das Stillleben nicht isoliert, sondern zusammen mit Figuren darzustellen, eine lebendige Szene daraus zu machen: Frauen, die Obst und Gemüse einkaufen.

Das war neu in Paris und brachte der Malerin ungeahnten Erfolg. Trotzdem ist sie später, wie so viele andere Künstlerinnen, in Vergessenheit geraten. Erst im 20. Jahrhundert hat sich die Forschung ausführlich mit Louise Moillon befasst und Dokumente aufgefunden, die über ihr Leben und Werk Auskunft geben. Wie hoch die Malerin heute geschätzt wird, kann man an den Preisen ablesen, die für ihre Bilder gezahlt werden. Ihre Stillleben erreichen inzwischen bei Auktionen Rekordpreise von mehr als einer Million Euro.

Das Gemälde „Die Obst- und Gemüsehändlerin“ gehört heute dem Louvre. Ein für Louise Moillon typisches „kombiniertes Stillleben“. Der Obsteinkauf wirkt wie eine feierliche Handlung, so ernst und würdevoll benehmen sich die beteiligten Personen. Die Dame in eleganter Aufmachung: Die kostbare Perlenkette schimmert auf der hellen Haut, der weiße Spitzenkragen erscheint als zartes Ornament vor dem dunklen Hintergrund. Die Verkäuferin ist durch ihre schlichte Kleidung und das natürliche Wangenrot als Angehörige der Unterschicht gekennzeichnet (die Dame zeigte sich in der Öffentlichkeit nur geschminkt und gepudert). Sie hält ihrer vornehmen Kundin den Korb mit Pfirsichen hin, die als Blickfang im Zentrum des Bildes aus dem Dunkel herausleuchten. Die ganze untere Bildhälfte ist als Stillleben aus Früchten und Gemüse arrangiert.

Das Bild ist 1630 datiert. Damals war Louise Moillon gerade erst zwanzig Jahre alt. Eine ganz unwahrscheinliche Leistung für eine so junge Künstlerin – man kann nur staunen über die brillante Technik, mit der das Bild gemalt und komponiert ist. Die einzige Erklärung für diese frühe Meisterschaft: Louise Moillon hat schon als Kind ihren ersten Unterricht erhalten. Sie wurde 1610 in Paris als Tochter eines Malers geboren, der nebenbei einen kleinen Kunsthandel betrieb. Er hieß Nicolas Moillon und muss frühzeitig das Talent der Tochter entdeckt haben, das er nach Kräften förderte. Als das Mädchen neun Jahre alt war, starb der Vater. Die Mutter hat ein Jahr später zum zweiten Mal geheiratet, und zwar einen Maler und Kunsthändler namens François Garnier. Dieser Stiefvater spielt im Leben von Louise Moillon eine merkwürdige Rolle. Er hat ihre künstlerische Ausbildung energisch weiterbetrieben, weil er sich davon geschäftlichen Erfolg versprach. Jedenfalls existiert ein Vertrag, den er mit seiner Stieftochter abgeschlossen hat. Danach sollte er den Vertrieb ihrer künftigen Produktion übernehmen und mit der Hälfte am Gewinn beteiligt sein. Ein Fall von Ausbeutung? Damals hat man das sicher nicht so beurteilt. Offenbar sind beide gut dabei gefahren. Ohne ihren tüchtigen Stiefvater als Manager wäre es Louise Moillon kaum gelungen, in Paris gegen die männliche Konkurrenz eine so glänzende Karriere zu machen.

1640 hat Louise Moillon als Dreißigjährige einen Pariser Holzhändler geheiratet, mit dem sie drei Kinder hatte. Für ihre künstlerische Laufbahn erwies sich die Ehe freilich als verhängnisvoll. Schon 1642 hat sie die Malerei aufgegeben, man weiß nicht aus welchen Gründen, ob Haushalt und Familie sie so sehr in Anspruch nahmen, ob der Mann es so wollte, ob der geschäftstüchtige Stiefvater ausgefallen war. Erst dreißig Jahre später hat sie die künstlerische Arbeit noch einmal aufgenommen. Vermutlich, weil sie nach dem Tod

Öl auf Leinwand, 120 x 165 cm
Louvre, Paris

ihres Mannes in finanzielle Schwierigkeiten geraten war. Ihre letzten Lebensjahre sind durch politische Ereignisse überschattet: Louise Moillon stammt, ebenso wie ihr Mann, aus einer protestantischen Familie. Seit dem Jahr 1685 wurden die Protestanten, die bis dahin unbehelligt in Frankreich leben konnten, rücksichtslos verfolgt. Zwei Kinder der Malerin haben Frankreich verlassen und sind nach England emigriert. Sie selbst ist zum Katholizismus übergetreten, aus Furcht vor dem Gefängnis und weil sie sonst ihr gesamtes Vermögen verloren hätte. 1696 ist Louise Moillon, sechsundachtzig Jahre alt und zuletzt völlig vereinsamt, in ihrer Heimatstadt Paris gestorben.

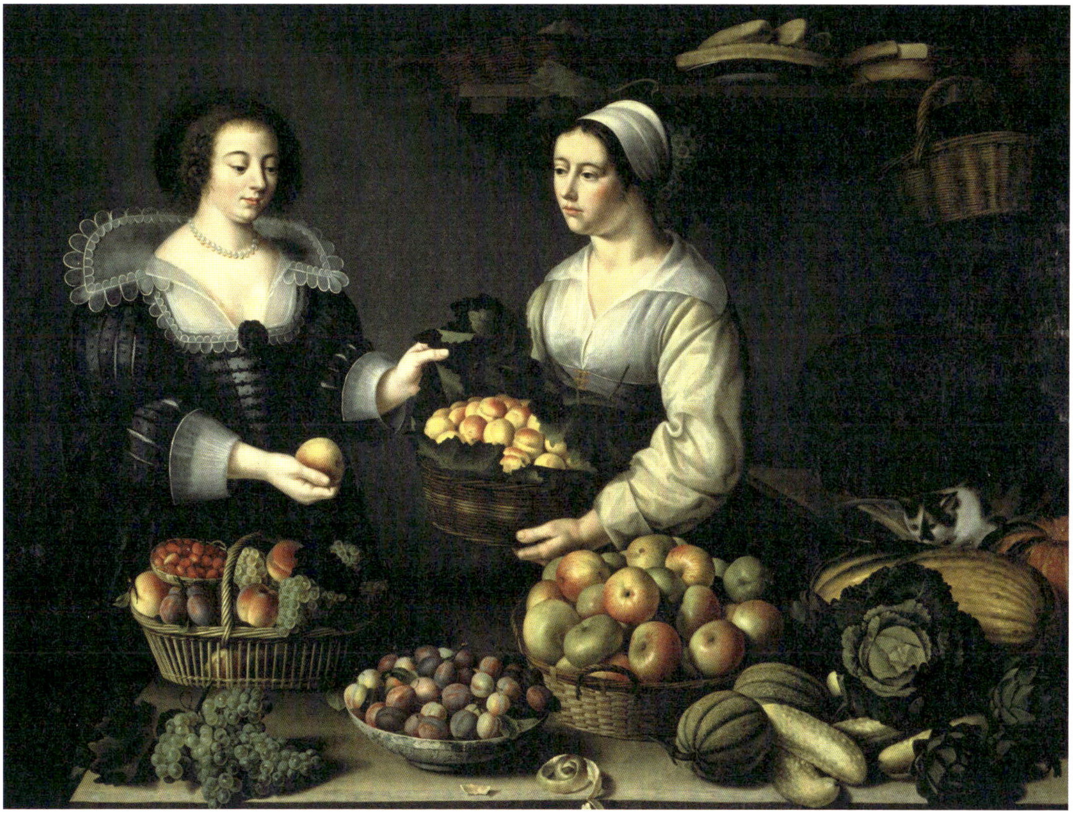

Giovanna Garzoni

(1600 – 1670)

Die Italienerin Giovanna Garzoni gehört zu den wenigen Frauen, die es im 17. Jahrhundert mit ihrer Malerei zu einem beträchtlichen Vermögen gebracht haben. Besonders geschätzt waren ihre Stillleben. Es gibt ein paar schöne Blumenstücke von ihr, Tulpen, die kunstvoll in einer Vase arrangiert sind. Aber am liebsten malte sie Obst und Gemüse. Das war ungewöhnlich zu ihrer Zeit und hat erhebliches Aufsehen erregt. Das Publikum erwartete von einem Stillleben, dass besonders schöne, auserlesene Dinge gezeigt wurden, köstliche Blumensträuße oder wertvolle Geräte, Schalen und Gläser. Giovanna Garzoni dagegen entschied sich fürs Alltägliche, für die einfachen Dinge. Sie ging, wie jede Hausfrau in Florenz, auf den Markt, um Lebensmittel einzukaufen, die sie dann für ihre Bilder verwendete.

Die Zeitgenossen waren verblüfft über diese Malerei, die ihnen schmackhafte Mahlzeiten servierte, und als sie sich von dem ersten Schreck erholt hatten, haben sie kräftig zugelangt. Allen voran der Großherzog der Toskana aus dem Hause der Medici, die sich schon früh als Kunstsammler und Mäzene betätigt hatten. In einem Bericht aus dieser Zeit heißt es, der Großherzog habe viele ihrer Bilder gekauft, „zu Preisen, die sie selbst bestimmen konnte".

Zwei Eigenschaften sind es, die ihre Malerei charakterisieren. Natürlichkeit und Sachlichkeit. Ein Haufen Dicker Bohnen liegt auf der einfachen Küchenschüssel aus grauem Steingut, einzelne Bohnen hängen über den Rand, wie es sich gerade ergibt – das Ganze wirkt vollkommen natürlich. Alle Einzelheiten wiederum sind mit der größten Genauigkeit wiedergegeben.

Erstaunlich, wie die gerillten Bohnenhülsen durch feinste parallele Strichlagen dargestellt und die kleinen Unebenheiten der Oberfläche plastisch herausgearbeitet werden. Dem Bild liegt eine prägnante Vorzeichnung zugrunde, die dann mit Farbe ausgefüllt wurde. Im Hintergrund sieht man ein paar nicht ausgeführte Umrisslinien, an denen man den exakten Zeichenstil der Künstlerin erkennen kann. Der einzige Farbkontrast in dem Ensemble von Grau, Grün und Gelb: die rosa Nelke, die „wie zufällig" in die Nachbarschaft der Bohnenschüssel geraten ist.

Über die Lebensumstände der Malerin und ihren künstlerischen Weg haben Untersuchungen interessante Tatsachen ans Licht gebracht. Giovanna Garzoni wurde im Jahr 1600 in Ascoli Piceno geboren. Die Stadt liegt in der Region zwischen Apennin und Adriatischem Meer, heute eine Provinzstadt mit knapp 46 000 Einwohnern und vielen Erinnerungen aus der Römerzeit und aus dem Mittelalter, damals ein entlegenes Nest, weit entfernt von den großen Kunstzentren. Über die Familie Garzoni ist nur bekannt, dass ihr Vater Giacomo Garzoni ebenso wie ihre Mutter Isabetta Gaia venezianische Vorfahren hatte.

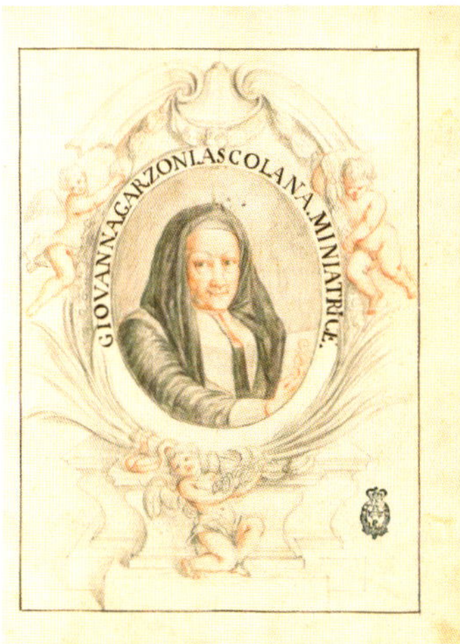

Giovanna Garzoni
Selbstbildnis, um 1650
Kreide auf Papier,
Seitengröße 50 x 38 cm
Frontispiz aus Garzonis Buch
Piante varie
Dumbarton Oaks Research Library,
Washington, D.C.

Giovanna Garzoni
Schüssel mit Dicken Bohnen, um 1651 – 1662

Aquarell auf Pergament, 25 x 35 cm
Galleria Palatina im Palazzo Pitti, Florenz

Giovanna hat bereits mit sechzehn Jahren ein Bild der Heiligen Familie gemalt. Ihre künstlerische Ausbildung erhielt sie vermutlich von ihrem Onkel Pietro Gaia. Sie reist nach Florenz, wo der Großherzog schon nach wenigen Jahren auf die junge Malerin aufmerksam geworden sein muss. Jedenfalls verschaffte er ihr die Möglichkeit zu einer ausgedehnten „Studienreise", wie man heute sagen würde, die damals von vielen jungen Künstlern angetreten wurde und den Zweck hatte, sich künstlerisch weiterzubilden und, was mindestens so wichtig war, Auftraggeber, Käufer, Sammler kennenzulernen.

Erste Station ihrer Reise ist Venedig. Es folgen Aufenthalte in Neapel, Turin, Paris und Rom. Hier arbeitet sie für den römischen Präfekten und seine Frau. In Neapel schließt sie Bekanntschaft mit dem Vizekönig und anderen Mäzenen. Aber wie sie einem Freund in Rom mitteilt, fühlt sie sich nicht wohl in Neapel: „Mein größter Wunsch ist es, in Rom zu leben und zu sterben." Als sie nach Florenz zurückkehrt, ist sie eine in ganz Italien geschätzte Künstlerin. Die römische Malerakademie San Luca hat sie zum auswärtigen Mitglied ernannt, eine für Frauen ungewöhnliche Auszeichnung. 1651 hat sie so viel Geld verdient, dass sie sich ihren Wunsch, in Rom zu leben, erfüllen kann. 1670 ist Giovanna Garzoni in Rom gestorben, ohne Familie, ohne Kinder. Ihr gesamtes Vermögen hinterließ sie der Akademie San Luca, unter der Bedingung, dass man ihr in der Doppelkirche Santi Luca e Martina (beim Forum) ein Denkmal errichten sollte. Das ist dann auch geschehen, mit einiger Verspätung. 1698 wurde das Denkmal feierlich enthüllt.

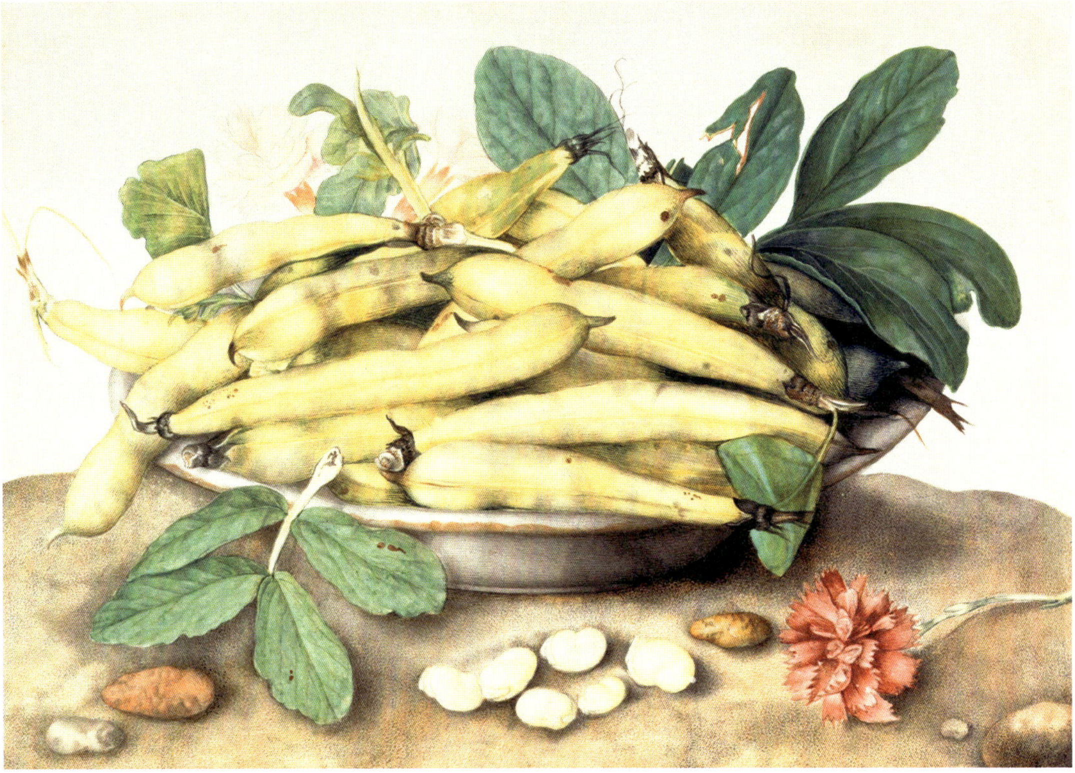

Maria van Oosterwijck

(1630 – 1693)

Sie war die Tochter eines protestantischen Pfarrers und wurde eine der berühmtesten Künstlerinnen ihres Jahrhunderts: Maria van Oosterwijck, geboren 1630 in Nootdorp bei Delft. Ihr Vater hat schon früh ihre Begabung erkannt und die Tochter zu einem tüchtigen Maler in die Lehre gegeben, der sich auf Stillleben spezialisiert hatte. Die begabte Schülerin eiferte ihm nach und malte – auch später – ebenfalls nur Stillleben, vorwiegend Blumenstücke. In einer Biografie aus dem frühen 18. Jahrhundert heißt es, sie habe sehr langsam gemalt und nur wenig produziert. Daraus erklärt sich, dass nur zwei Dutzend ihrer Bilder erhalten sind. Man findet sie in den großen Museen der Welt, in Florenz, Wien, Dresden, Prag, Leningrad und in der Sammlung des englischen Königshauses. Ein Beweis, wie beliebt und begehrt ihre Bilder waren. Vor allem bei den europäischen Fürsten standen ihre Werke hoch im Kurs. Sie hat für Kaiser Leopold I. gearbeitet, aber auch für den König von Frankreich, Ludwig XIV., für den Statthalter der Niederlande und für den König von Polen.

Über das Leben dieser außerordentlichen Frau ist wenig bekannt. Wir wissen nur, dass sie unverheiratet war und dass sie sich vorwiegend in Delft aufhielt. Gegen Ende ihres Lebens zog sie sich in das Haus eines Neffen in Uitdam zurück. Dort ist sie 1693 gestorben. Auf einem zeitgenössischen Porträt sieht man die Malerin auf der Höhe ihrer Karriere; eine selbstbewusste, energische Frau, die es weit gebracht hat in ihrem Beruf, mit ernstem Gesicht, ohne die Andeutung eines Lächelns, in der linken Hand die Palette und die Malpinsel, die rechte blättert in einem dickleibigen Folianten.

Maria van Oosterwijcks Gemälde sind keine Aneinanderreihung von schönen, seltenen, kostbaren Gegenständen, sie enthalten einen geheimen Sinn, eine Botschaft. Ein Beispiel dafür ist das Gemälde mit dem Titel „Vanitas-Stillleben“ aus dem Jahr 1668, das erste ihrer datierten Werke, das von Kaiser Leopold I. erworben wurde und aus seiner Sammlung später ins Kunsthistorische Museum in Wien gelangte. Vanitas heißt so viel wie Eitelkeit und Vergänglichkeit: Alles unter der Sonne ist eitel, alles muss vergehen. Das Thema entspricht einer allgemeinen Zeitstimmung, die in der Literatur ebenso wie in der Malerei zum Ausdruck kommt: Alles Irdische ist dem Gesetz des Werdens und Vergehens unterworfen. Diese Einsicht findet besonders in der holländischen Stilllebenmalerei des 17. Jahrhunderts, wo das Vanitas-Thema immer häufiger auftaucht, ihren künstlerischen Niederschlag. Dass Maria van Oosterwijck sich für dieses Thema entschied, hängt sicher mit ihrer Herkunft aus einem Pfarrhaus zusammen. Die Bücher, die sie auf ihrem Bild darstellt, sind religiöse Schriften. Alles auf dem Bild steht im Zeichen der Vanitas-Idee, alles hat einen symbolischen Sinn, den die Zeitgenossen der Malerin leicht verstehen konnten, während wir heute Mühe haben, uns in dieser Welt der Symbole zurechtzufinden.

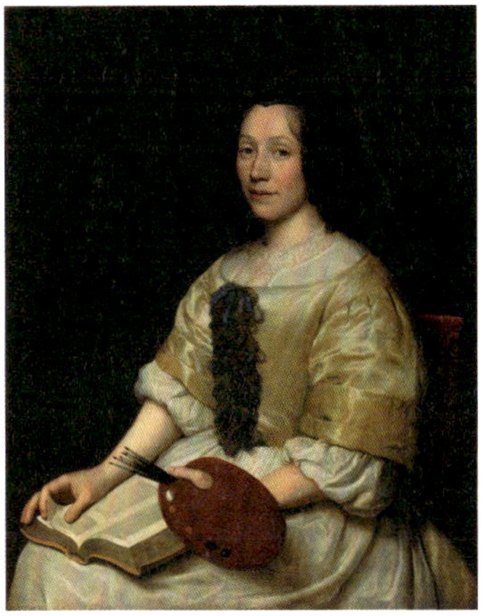

Wallerant Vaillant
Maria van Oosterwijck, 1671
Öl auf Leinwand, 96 x 78 cm
Rijksmuseum, Amsterdam
Maria van Oosterwijck galt als ungemein belesene, literarisch und wissenschaftlich gebildete Künstlerin – für eine Frau von damals beinahe eine Ungeheuerlichkeit. Auf dem Porträt, das Malerkollege Vaillant von ihr malte, ist Maria van Oosterwijck in Anspielung auf ihre Belesenheit mit einem besonders dicken Buch abgebildet.

Maria van Oosterwijck
Vanitas-Stillleben, 1668

Öl auf Leinwand, 73 x 89 cm
Kunsthistorisches Museum, Wien

Da gibt es zunächst die Dinge, die unser Leben lebenswert machen: Musik beispielsweise, symbolisiert durch die Flöte und Notenblätter, und die Wissenschaft, dargestellt durch den Globus mit den Tierkreiszeichen. Die Blumen symbolisieren Schönheit und Vergänglichkeit – der Totenschädel unter dem Blumenstrauß macht das auf drastische Weise deutlich. Die theologischen Bücher wiederum sind als Symbol der Wahrheit ins helle Licht gerückt, das Einzige, was in dieser trügerischen Welt des Scheins Bestand hat. Das Stundenglas zwischen den Büchern erinnert an das Verrinnen der Zeit. Der Schmetterling (auf dem halboffenen Buchdeckel und bei den Blumen) schließlich galt im 17. Jahrhundert als Sinnbild der Auferstehung.

Bezeichnend für den Stil der Malerin Maria van Oosterwijck ist es, wie sie die Gegenstände, die sie abbildet, mithilfe des Lichts modelliert und aus dem total dunklen Hintergrund herausleuchten lässt.

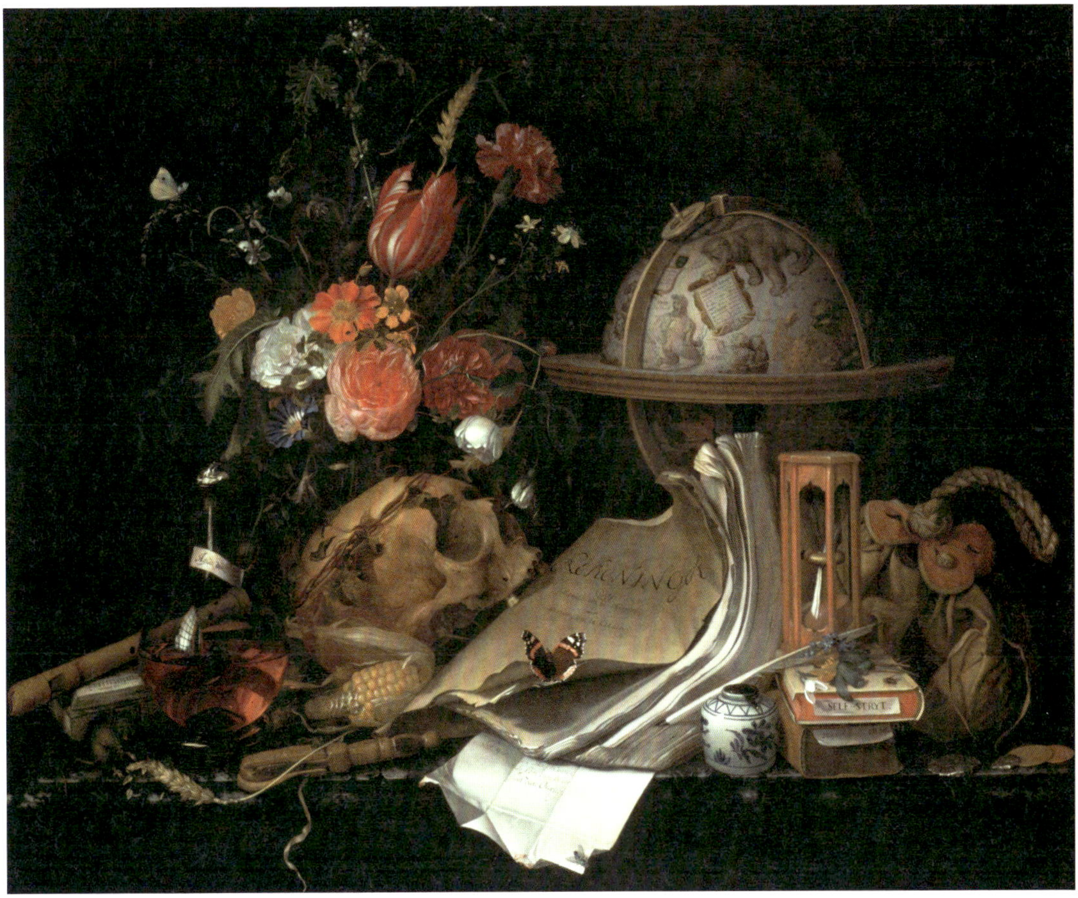
SELF STRYT

Anna Waser

(1678 – 1714)

Sie wurde 1678 in Zürich geboren und ist die erste Schweizer Malerin, deren Namen wir kennen: Anna Waser. Sie war zwölf Jahre alt, als sie „Anno 1691“ ihr Selbstbildnis malte. So steht es in Goldschrift unter dem Wappen. Eine ungewöhnliche Leistung, dass ein Kind so etwas zustande bringt. Es gibt wenig Vergleichbares in der Kunstgeschichte. In unserer Zeit war es Pablo Picasso, der als Wunderkind galt, so wie Anna Waser ein Wunderkind ihres Jahrhunderts gewesen ist. Nichts in diesem „Selbstbildnis“ deutet auf kindliche Unbeholfenheit. Im Gegenteil, alles ist unheimlich perfekt und virtuos gemalt: das gestickte Mieder mit den Ketten und Silberschnüren, der rote Faltenrock, auf den die Palette in der Hand des Mädchens einen dunklen Schatten wirft, oder die locker gemalten Farbtupfen auf der Palette.

Die kleine Künstlerin hat gerade das Bild beendet, das auf der Staffelei steht: das Porträt ihres ersten Lehrers Johannes Sulzer. Den Pinsel hält sie in der Hand, als ob sie noch male. Aber sie schaut nicht zu dem Bild, sie wendet sich nach vorn, zum Betrachter. Die Pose wirkt etwas unnatürlich, wie einstudiert. Der Lehrer wird ihr gesagt haben, wie sie sich im Atelier für das Selbstbildnis hinstellen soll. Sie scheint sich nicht sonderlich wohl zu fühlen in dieser Haltung, die man ihr aufgezwungen hat. Das Gesicht ist viel zu ernst für ihre Jahre, keine Spur von einem Lächeln. Die Marmorblässe wird durch die enganliegende schwarze Kappe noch betont.

Anna Waser stammt aus einer wohlhabenden und angesehenen Familie. Der Vater ist Amtmann in Zürich, ein gebildeter und vorurteilsloser Mann, der das Talent der Tochter nach Kräften fördert. Er lässt sie zur Malerin ausbilden, obgleich das allen gesellschaftlichen Konventionen widerspricht. Als sie bei ihrem ersten Lehrer nichts mehr lernen kann, bringt er die Vierzehnjährige nach Bern zu Joseph Werner, einem der führenden Schweizer Maler. Vier Jahre bleibt sie in seiner Kunstakademie, das einzige Mädchen unter seinen vielen Schülern.

Dann kehrt sie zu ihrer Familie nach Zürich zurück. Sie erhält Porträtaufträge aus dem großen Bekanntenkreis. Auch außerhalb der Stadt wird man auf die junge Malerin aufmerksam. 1699, Anna Waser ist inzwischen einundzwanzig Jahre alt, beruft sie der kunstsinnige Graf Solms-Braunfels als Hofmalerin auf sein Schloss in Hessen. Das hätte der Anfang einer großen Karriere werden können. Aber dazu ist es nie gekommen. Statt eine geplante Reise nach Paris anzutreten, wird sie nach Zürich zurückgerufen. Die Mutter ist krank, Anna soll sich um den Haushalt kümmern. Die Malerei wird notgedrungen zur Nebenbeschäftigung. Sie malt hier und da ein Porträt oder eine dieser kleinen Schäferszenen, für die sie seinerzeit berühmt gewesen ist. Mit dreißig Jahren, berichtet eine alte Chronik, „verlor sie ihre Leibs- und Gemütskräfte“. Ein paar Jahre hat sie vor

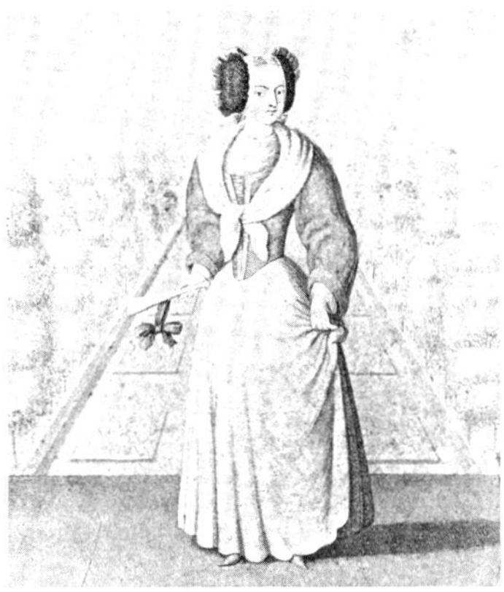

Anna Waser
Selbstbildnis, 1705
gedruckte Silberstiftzeichnung auf Papier, 13 x 11 cm

Anna Waser
Selbstbildnis, 1691

Öl auf Leinwand, 83 x 68 cm
Kunsthaus Zürich,
Kellersche Sammlung, Zürich

sich hin gedämmert. 1714 ist Anna Waser gestorben, an den Folgen eines Sturzes.

Zweihundert Jahre später hat die Schweizer Schriftstellerin Maria Waser einen Roman über die Malerin veröffentlicht: „Die Geschichte der Anna Waser". In dem Buch, das 1913 erstmals erschienen ist, werden die spärlichen Tatsachen ihres Lebens mit dichterischer Freiheit ergänzt. Da ist von einer unglücklichen Liebe die Rede, der sie ihr Talent geopfert habe, aber auch von den unüberwindbaren Schwierigkeiten, mit denen eine schöpferische Frau damals zu kämpfen hatte. „Das Kleine wollte man von ihr, das Gefällige; aber das Große, darein sie ihre ganze Kraft hätt' legen können, wer fragte danach? Und so war alles verstückelt geblieben." In der Tat, das dürfte der Wahrheit nahekommen, das ist der Grund, warum sich das „Wunderkind" nicht seinen Fähigkeiten entsprechend entwickeln konnte. Einige Zeichnungen und Porträts, dazu das „Selbstbildnis" eines zwölfjährigen Mädchens: Das ist alles, was an die Malerin Anna Waser erinnert.

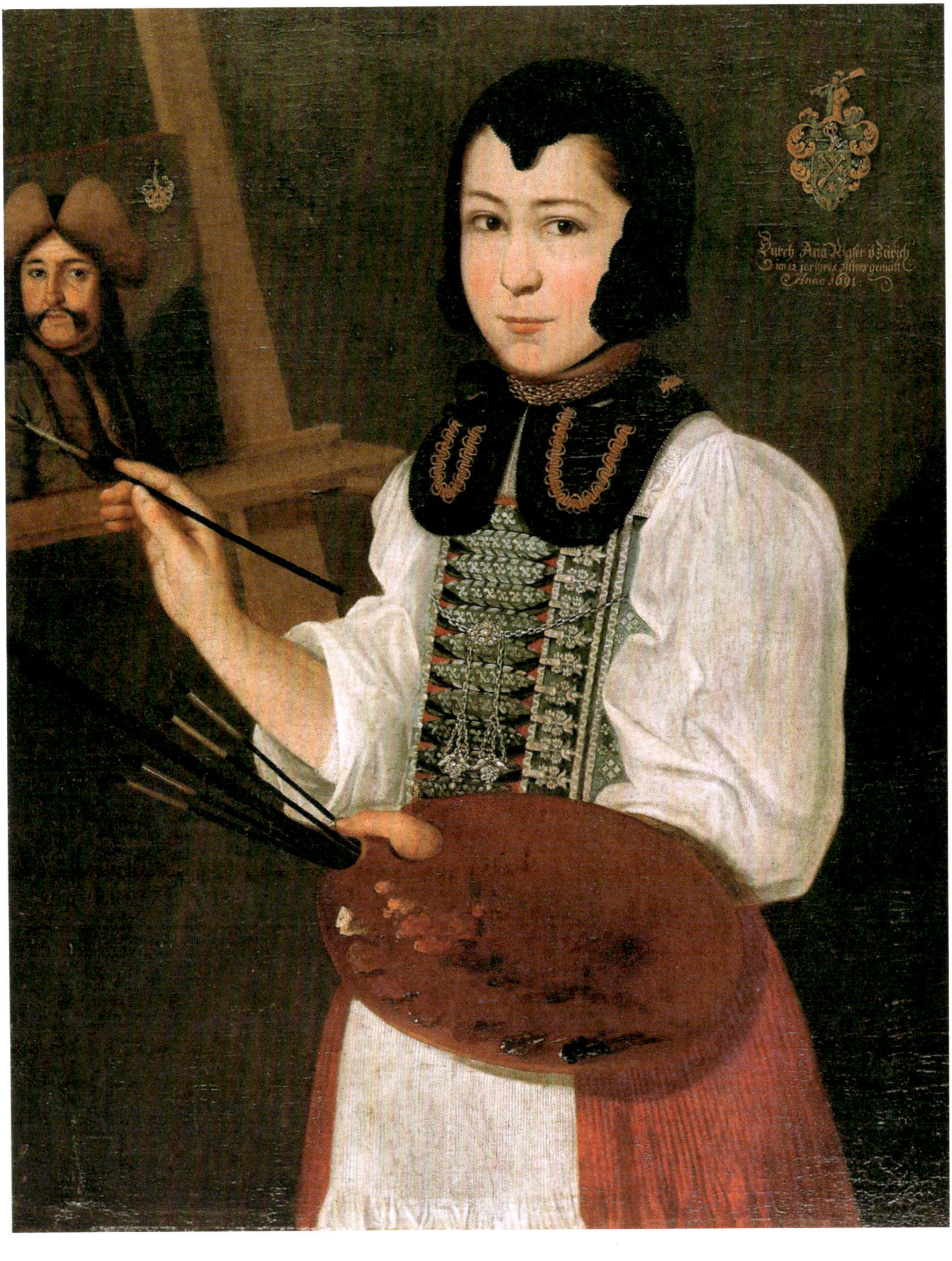
Durch Ana Waser v Zürich
im 12 jar ihres Alters gemalt
Anno 1691

Maria Sibylla Merian
(1647 – 1717)

Ihre Blumen- und Insektenbücher erzielen heute auf den großen europäischen Buchauktionen Spitzenpreise. Ihr künstlerischer und wissenschaftlicher Rang war nie bestritten. Aber erst im Zusammenhang mit der Frauenbewegung hat man sich auch für ihr Leben, für ihre Persönlichkeit interessiert. Sie gehört zu den wenigen Frauen in ihrem Jahrhundert, die den Mut und die Fähigkeiten hatten, gegen Konventionen und gesellschaftliche Vorurteile sich selbst zu verwirklichen.

Sie war die Tochter des Kupferstechers Matthäus Merian, der mit seinen Stadtansichten den Ruhm der Familie Merian begründet hatte. Er lebte in Frankfurt am Main, wo er mit dem Verlag seiner Kupferstiche viel Geld verdiente. Hier wurde Maria Sibylla 1647 geboren. Schon drei Jahre später ist der Vater gestorben. Die Mutter, eine Holländerin, hat sich dann mit dem deutschen Blumenmaler Jacob Marrel wieder verheiratet. Bei ihm hat das begabte Mädchen die Miniaturmalerei nach Blumen und Pflanzen erlernt.

Ihr Stiefvater Marrel hatte eine ganze Reihe von Schülern, unter ihnen den Maler Johann Andreas Graff. 1665 hat der zehn Jahre Ältere die achtzehnjährige Sibylla in Frankfurt geheiratet. Bald danach sind sie nach Nürnberg, der Heimatstadt des Malers, umgezogen.

In Nürnberg gewinnt die Gestalt der Maria Sibylla Merian Profil. Hier begründet sie so etwas wie eine Malschule für junge Mädchen und Frauen, die sogenannte „Jungfern-Companie“. Schülerinnen sind die Töchter von Künstlern und Nürnberger Patriziern. Gleichzeitig arbeitet sie an ihrer ersten Publikation, dem „Neuen Blumenbuch“, das in drei Bänden zwischen 1675 und 1680 erschienen ist und

zunächst als „Übungsbuch“ für den Unterricht an ihrer Malschule gedacht war. Neben ihrer pädagogischen und künstlerischen Tätigkeit betreibt sie wissenschaftliche Studien über Raupen und Schmetterlinge, die unter dem Titel „Der Raupen wunderbare Verwandlung und sonderbare Blumennahrung“ erscheinen. Zu diesem Zweck sammelte sie Insekteneier und Raupen, die sie bei sich zu Hause aufzog und in den verschiedenen Stadien ihrer Verwandlung beobachtete. Solche exakten Forschungen sind ganz ungewöhnlich in dieser Zeit. Und dass ausgerechnet eine Frau sich damit befasst, wird von der Gesellschaft als unweiblich und ungehörig verurteilt. Darauf entschließt sie sich, ihre Zelte in Nürnberg abzubrechen. Sie verlässt ihren Mann und zieht mit ihren beiden Töchtern Johanna und Dorothea zu ihrer verwitweten Mutter nach Frankfurt. Noch im gleichen Jahr reisen die vier Frauen weiter nach Holland, wo sie sich einer religiösen Gruppe anschließen, die auf einem westfriesischen Schloss wie eine urchristliche Kommune zusammenlebt.
1690, nach dem Tod ihrer Mutter, zieht Maria Sibylla Merian mit ihren Töchtern nach Amsterdam. Hier finden ihre wissenschaftlichen und künstlerischen Arbeiten die entsprechende Anerkennung. Der

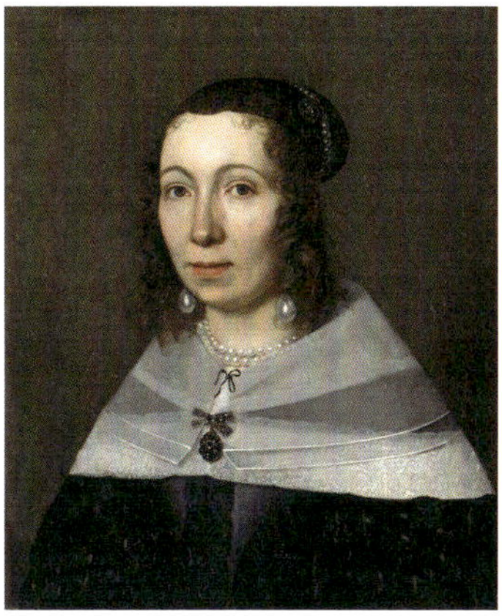

Jacob Marrel
Maria Sibylla Merian, 1679
Öl auf Leinwand, 59 x 51 cm
Kunstmuseum, Basel

Maria Sibylla Merian
Rose und Schwalbenschwanz, 1705

Kolorierter Kupferstich, 35 x 29 cm
aus: *Metamorphosis insectorum Surinamensium*
Privatsammlung

Bürgermeister von Amsterdam und der Direktor des Botanischen Gartens unterstützen ihre wissenschaftlichen Forschungen. Die Stadt Amsterdam finanziert 1699 ein für damalige Verhältnisse abenteuerliches Unternehmen: eine Studienreise nach der holländischen Kolonie Surinam an der Nordostküste Südamerikas. Die Überfahrt dauert drei Monate. Die jüngere Tochter hat die Mutter auf der Reise begleitet, als wissenschaftliche Assistentin. Zwei Jahre später, nach einer lebensgefährlichen Erkrankung Sibyllas, sind die beiden Frauen nach Amsterdam zurückgekehrt.

Hier ist dann das Hauptwerk erschienen, das die Ergebnisse dieser Forschungsreise enthält: die „Verwandlung der Surinamesischen Insekten". Das Erstaunliche an den Blättern ist: Sie sind mit der größten wissenschaftlichen Sorgfalt hergestellt und besitzen zugleich hohe künstlerische Qualität. Was übrigens schon ihre Zeitgenossen als besonders originell empfunden haben: Die Raupen und Insekten werden nicht isoliert dargestellt, sondern immer in Verbindung mit den Pflanzen und Blumen, von denen sie leben. Diese Zusammenschau von Tier und Pflanze war in der Tat, wie es auf der Titelseite ihres Buches heißt, „eine ganz neue Erfindung". Ein Fortsetzungsband war geplant, ist aber nicht mehr fertig geworden. 1717 ist Maria Sibylla Merian in Amsterdam gestorben.

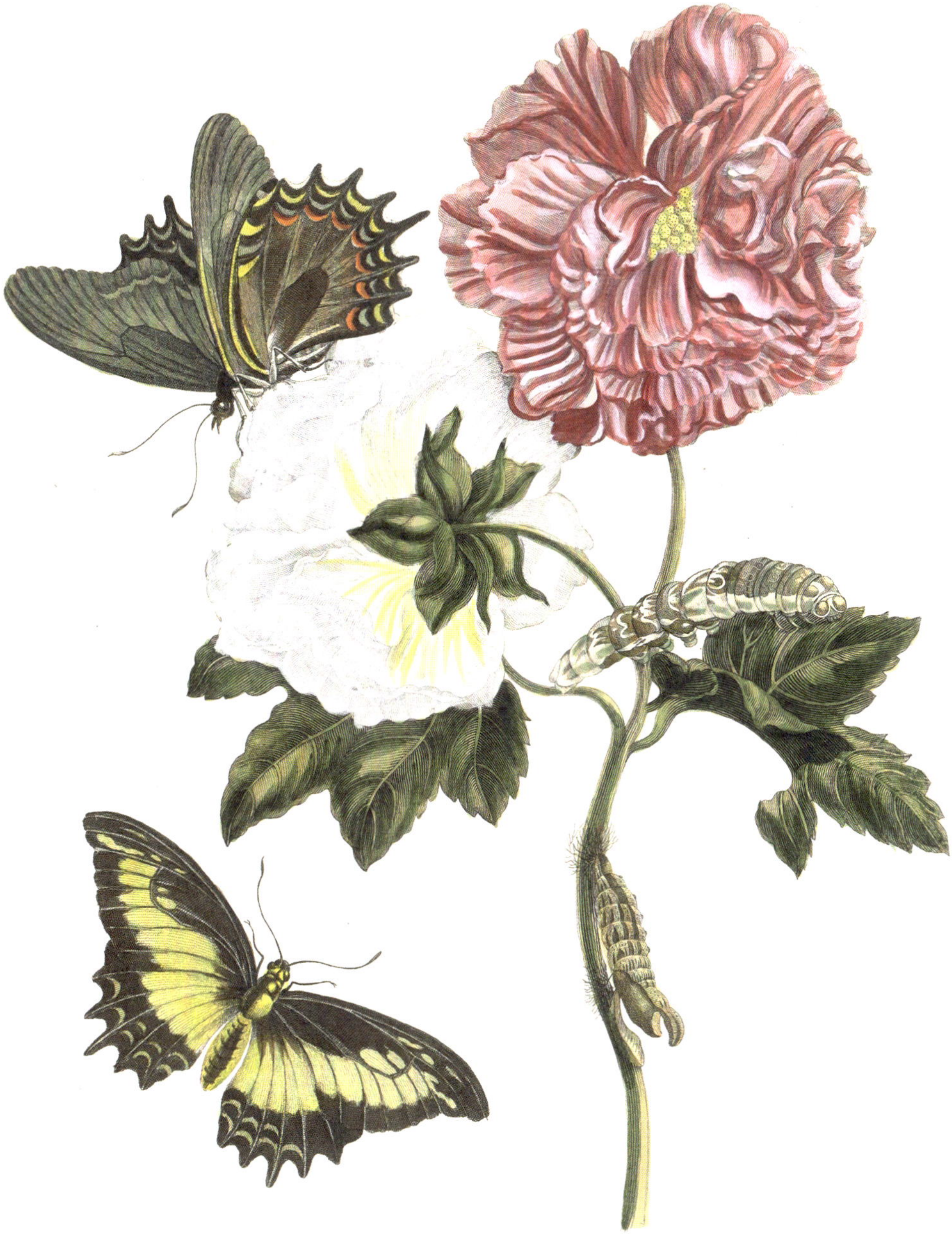

Rosalba Carriera

(1675 – 1757)

„Begabt mag sie ja sein, aber hübsch ist sie nicht", sagte Kaiser Karl VI., als man ihm in Wien die Malerin Rosalba Carriera vorstellte. Ein Kompliment nicht für die Frau, aber für die Künstlerin, deren Name in ganz Europa berühmt war. Der König von Dänemark zählte zu ihren Kunden und bestellte bei ihr die Porträts von zwölf venezianischen Schönheiten. Der kunstverständige Kurfürst von Sachsen hat sie mit Aufträgen überhäuft, sodass schließlich mehr als hundert Bildnisse an den Dresdner Hof und später in die Dresdner Gemäldegalerie gelangt sind.

Ihren größten künstlerischen Triumph erlebte die Italienerin Rosalba Carriera seltsamerweise in Paris. Ein reicher Pariser Bankier und Kunstsammler hatte auf einer Italienreise Bilder von ihr gesehen und sie daraufhin nach Paris eingeladen, wo sie im Frühling 1720 eintraf und stürmisch gefeiert wurde. Sie lernt die bedeutendsten französischen Künstler kennen. Der große Watteau lässt sich von ihr porträtieren, und sie wird als erste Frau in die königliche Malerakademie aufgenommen. Was sie alle, die Malerkollegen, die Sammler, die Kunstexperten, am meisten bewundern, das ist die besondere Technik, in der sie arbeitet, die Pastellmalerei. Zahlreiche Künstler haben diese Technik von ihr übernommen. Seit ihrem Aufenthalt in Paris gibt es überhaupt erst eine französische Pastellmalerei. Rosalba Carriera hat die Pastelltechnik nicht erfunden. Schon im 15. Jahrhundert hat man gelegentlich Pastellstifte verwendet. Die Farben werden trocken, staubartig auf die raue Malfläche aufgetragen, wo sie haften bleiben und mit dem Wischer oder dem Finger verrieben werden. Aus dieser Technik hat Rosalba Carriera eine Malerei entwickelt, die mit ihren hellen, zarten, duftigen Tönen, mit ihrer Leichtigkeit und Eleganz die Zeitgenossen bezauberte.

Ihre Heimatstadt ist Venedig. Hier wird sie 1675 als älteste von drei Töchtern geboren. Der Vater ist Kanzleischreiber, die Familie lebt in bescheidenen Verhältnissen. Als die kleine Rosalba Zeichentalent beweist, wird sie zu einem befreundeten Maler in die Lehre gegeben. Sie bemalt Fächer und Dosen, die an Touristen verkauft werden. Dann erhält sie eine reguläre künstlerische Ausbildung und malt Porträts. Ein durchreisender Engländer, der selber im Malen dilettiert, sieht die Bilder und gibt ihr den Rat, es einmal mit Pastellstiften zu versuchen. Da die in Venedig nicht zu bekommen sind, lässt er sie in Rom für sie anfertigen und ihr zuschicken. Schon die ersten Porträts in der neuen Technik bringen ihr sensationellen Erfolg. Ihre Pastelle treffen den verwöhnten Geschmack der Epoche. Sie haben den seidigen Glanz, den koketten Charme, den das Rokoko liebt. Es sind vorwiegend Frauen, Damen der Gesellschaft, die sich von ihr porträtieren lassen. Die Nachfrage wird so groß, dass sich Rosalba Carriera einen Stab von Mitarbeiterinnen heranziehen muss. Neben ihren beiden Schwestern beschäftigt sie mehrere junge Malerinnen. Sie ist zwar keine Schönheit, aber sie wirkt ungeheuer anziehend und hat eine Menge Verehrer. Zu einer Heirat hat sie sich jedoch nie entschließen können. Ein Maler, der sich vergeblich um sie bemüht hat, meint, es müsse schon ein Raffael oder Reni wiederauferstehen und um ihre Hand anhalten. Schließlich, nach einer Kette

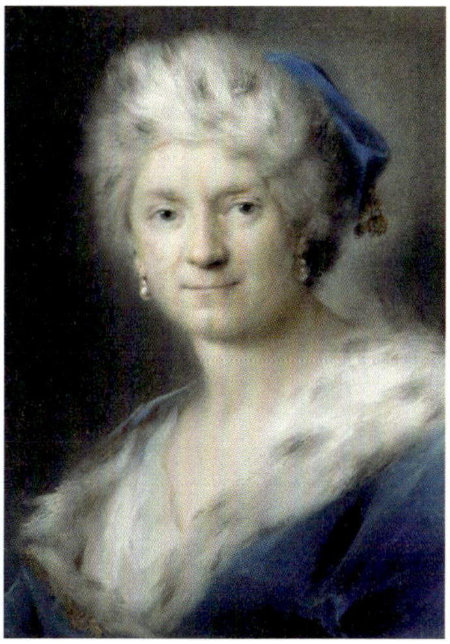

Rosalba Carriera
Selbstbildnis als „Winter“, 1730/1731
Pastell auf Papier, 47 x 34 cm
Gemäldegalerie Alte Meister,
Staatliche Kunstsammlungen,
Dresden

Rosalba Carriera

Die Tänzerin Barbara Campanini „La Barbarina“, 1739

Pastell auf Papier über Leinwand, 57 x 47 cm
Gemäldegalerie Alte Meister, Staatliche Kunstsammlungen, Dresden

beispielloser Erfolge, nimmt ihr Leben eine tragische Wendung. Ein Augenleiden zwingt sie, die Arbeit aufzugeben, und führt zu totaler Erblindung. Nach dem Tod ihrer Lieblingsschwester Giovanna wird sie schwermütig. 1757 ist sie, im Alter von zweiundachtzig Jahren, in ihrer Vaterstadt Venedig in geistiger Umnachtung gestorben.

Das Bildnis der Tänzerin Barbarina aus der Dresdner Gemäldegalerie gilt als eines ihrer gelungensten Werke. Unter allen schönen Frauen, die Rosalba Carriera in ihrem langen Leben gemalt hat, war die Barbarina sicher die schönste: das Idol des 18. Jahrhunderts, die Primaballerina des klassischen Balletts. Ihr Leben ist abenteuerlich wie ein Roman, randvoll mit Sensationen und Skandalen. Barbara Campanini wurde 1721 in Parma geboren. Mit achtzehn debütierte sie an der Pariser Oper. Dann tanzte sie in London und unterschrieb einen Vertrag, der sie an die Königliche Oper in Berlin verpflichtete. Als ein englischer Lord ihr einen Heiratsantrag machte, ging sie mit ihm jedoch nach Venedig. Der König von Preußen, Friedrich II., verlangt die Auslieferung der Tänzerin. Das geschah erst, nachdem er den venezianischen Gesandten verhaften ließ. Die Barbarina wurde unter Bewachung an den preußischen Hof gebracht, wo sie begeistert gefeiert wurde. Sie heiratete den Sohn des preußischen Kanzlers, der ihr auf offener Bühne einen Antrag machte. Die Ehe wurde später in beiderseitigem Einverständnis geschieden. Die Barbarina zog sich auf ein schlesisches Gut zurück, wurde vom König in den Grafenstand erhoben und ist 1799 als Gräfin Campanini gestorben.

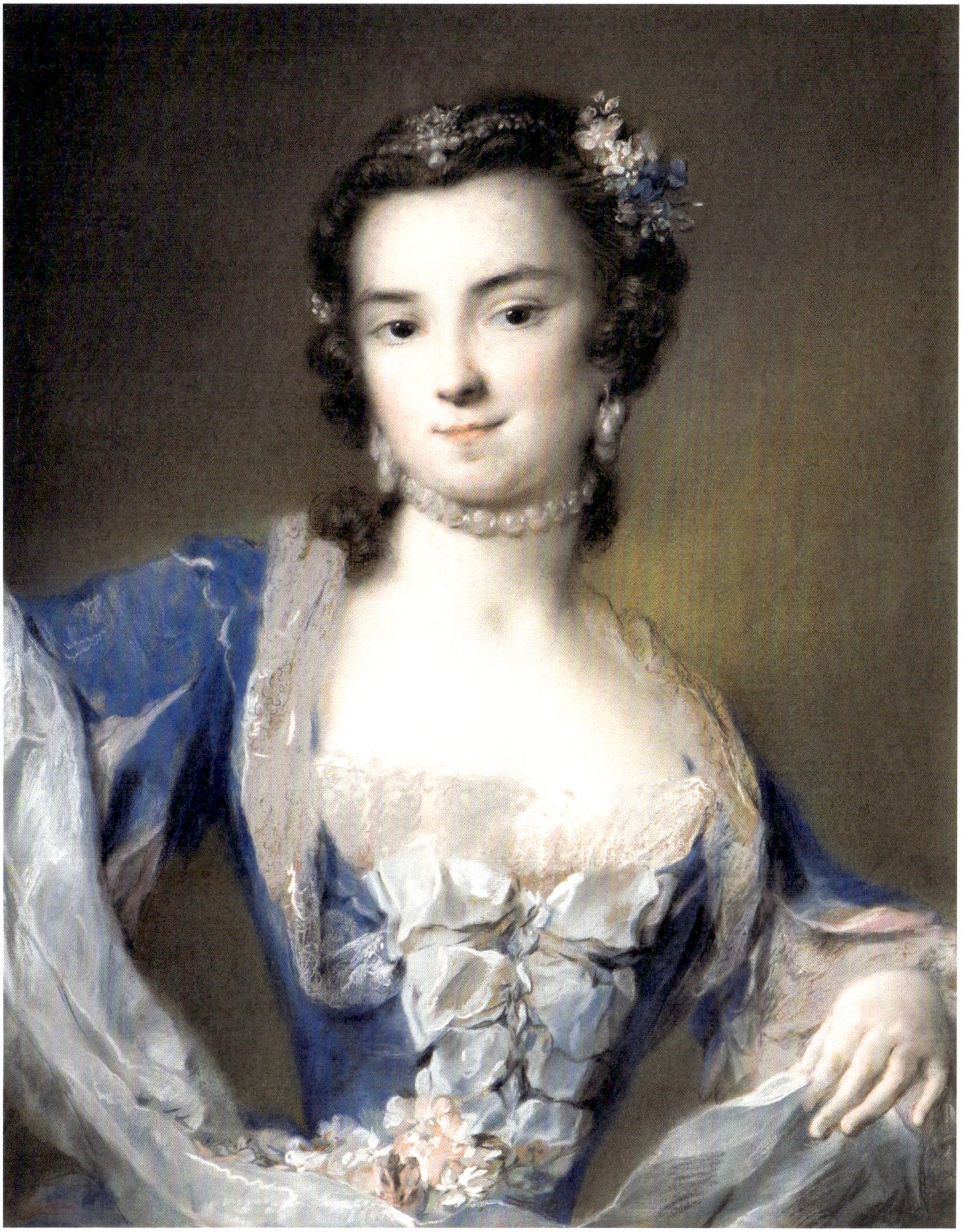

Françoise Duparc

(1726 – 1778)

Ein Bild aus der Mitte des 18. Jahrhunderts. Das genaue Datum ist unbekannt. Die Malerin Françoise Duparc hat ihre Bilder nicht signiert und nicht datiert. Das mag der Grund dafür sein, dass die Künstlerin total vergessen wurde. Erst 1961 ist man in Frankreich auf die große Malerin aufmerksam geworden. Damals veranstaltete das Museum in Marseille eine Ausstellung über die Porträtmalerei in der Provence, auf der drei Bilder von Françoise Duparc gezeigt wurden, darunter das „Kräutermädchen“. Seitdem interessiert man sich für das faszinierende Werk der Frau, die den berühmten französischen Malern des 18. Jahrhunderts durchaus ebenbürtig ist. Aus zeitgenössischen Dokumenten und Berichten wurde die Geschichte ihres Lebens wenigstens in Umrissen rekonstruiert.

Der Bildhauer Antoine Duparc ging 1720 von seinem Heimatort Marseille nach Spanien, arbeitete in der Stadt Murcia und heiratete eine Spanierin. In Murcia ist 1726 die Tochter Françoise zur Welt gekommen. 1730 zog die Familie nach Marseille. Im Atelier des Vaters erhielt Françoise ihren ersten künstlerischen Unterricht. Später hat sie einige Jahre bei dem Maler Jean Baptiste van Loo studiert, der 1745 in Aix-en-Provence starb. Nach dessen Tod wagte sie, zusammen mit ihrer Schwester, die ebenfalls Malerin war, den Sprung nach Paris. Für junge Mädchen war das damals ein ungewöhnliches, geradezu tollkühnes Unternehmen. Die Schwester ist wenig später in Paris gestorben. Françoise dagegen hat hier viele Jahre erfolgreich gearbeitet, obgleich sie sich dem herrschenden Geschmack nicht anpassen mochte. Sie malte keine galanten Schäferszenen und erotischen Pikanterien, wie sie damals in Paris beliebt waren.

Warum sie schließlich von Paris nach London übersiedelte, ob private oder berufliche Gründe den Ausschlag gaben, ist heute unbekannt. Tatsache ist, dass sie sich 1763 zum ersten Mal an einer Porträtausstellung in London beteiligte. Wahrscheinlich waren damals die Chancen für Künstlerinnen in England besser als in Frankreich. Auch die Schweizerin Angelika Kauffmann, die berühmteste Malerin der Epoche, ist 1766 nach London gegangen und hat dort mit ihrer Porträtmalerei ein Vermögen verdient. Doch Françoise Duparc blieb nicht in London. Spätestens 1771 ist sie wieder in Marseille. 1776 wird sie in die dortige Künstlerakademie aufgenommen. Damals war sie, wie es in einer Urkunde heißt, bereits kränklich und „an ihr Haus gefesselt". Im April 1778 hat sie ihr Testament gemacht, sechs Monate später ist sie, zweiundfünfzig Jahre alt, in Marseille gestorben. Im Nachlassregister sind einundvierzig Gemälde verzeichnet, die man in ihrem Atelier fand. Vier Bilder sind ins Museum von Marseille gelangt. Wo die übrigen verblieben sind, ist unbekannt. Man hofft, dass sie eines Tages in südfranzösischen oder in englischen Privatsammlungen auftauchen. Das könnte zu einer sensationellen Neubewertung der Malerin führen. Denn schon die wenigen gesicherten Werke beweisen ihren außerordentlichen Rang.

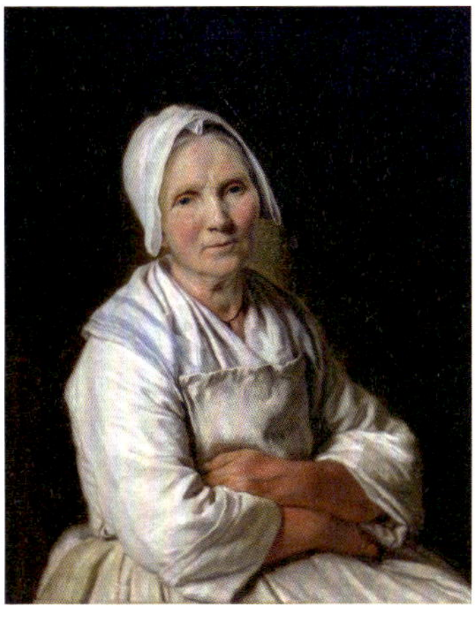

Françoise Duparc
Die alte Frau, 18. Jahrhundert
Öl auf Leinwand, 72 x 58 cm
Musée des Beaux-Arts, Marseille

Françoise Duparc
Kräutermädchen, nach 1750

Öl auf Leinwand, 73 x 58 cm
Musée des Beaux-Arts, Marseille

Der einzige französische Maler des 18. Jahrhunderts, mit dem man sie vergleichen kann, dem sie künstlerisch nahesteht, ist Jean Siméon Chardin. Mit ihm teilte Françoise Duparc die Neigung, Leute aus dem Volk darzustellen. Das war in Frankreich vor der Revolution von 1789 nahezu verpönt. Wenn sie ein „Kräutermädchen“ malte, dann protestierte sie damit gegen soziale Vorurteile und brachte ihre Sympathie für die Frauen zum Ausdruck, die von ihrer Arbeit leben mussten. Die Malerin hat das Mädchen beobachtet, wie es mit der Kräutermühle in der Hand und dem Kräuterbottich auf dem Rücken von Haus zu Haus wandert, um seine Ware loszuwerden. Ein Modell, das durch seinen natürlichen Charme bezaubert, ein Bild von höchster malerischer Qualität.

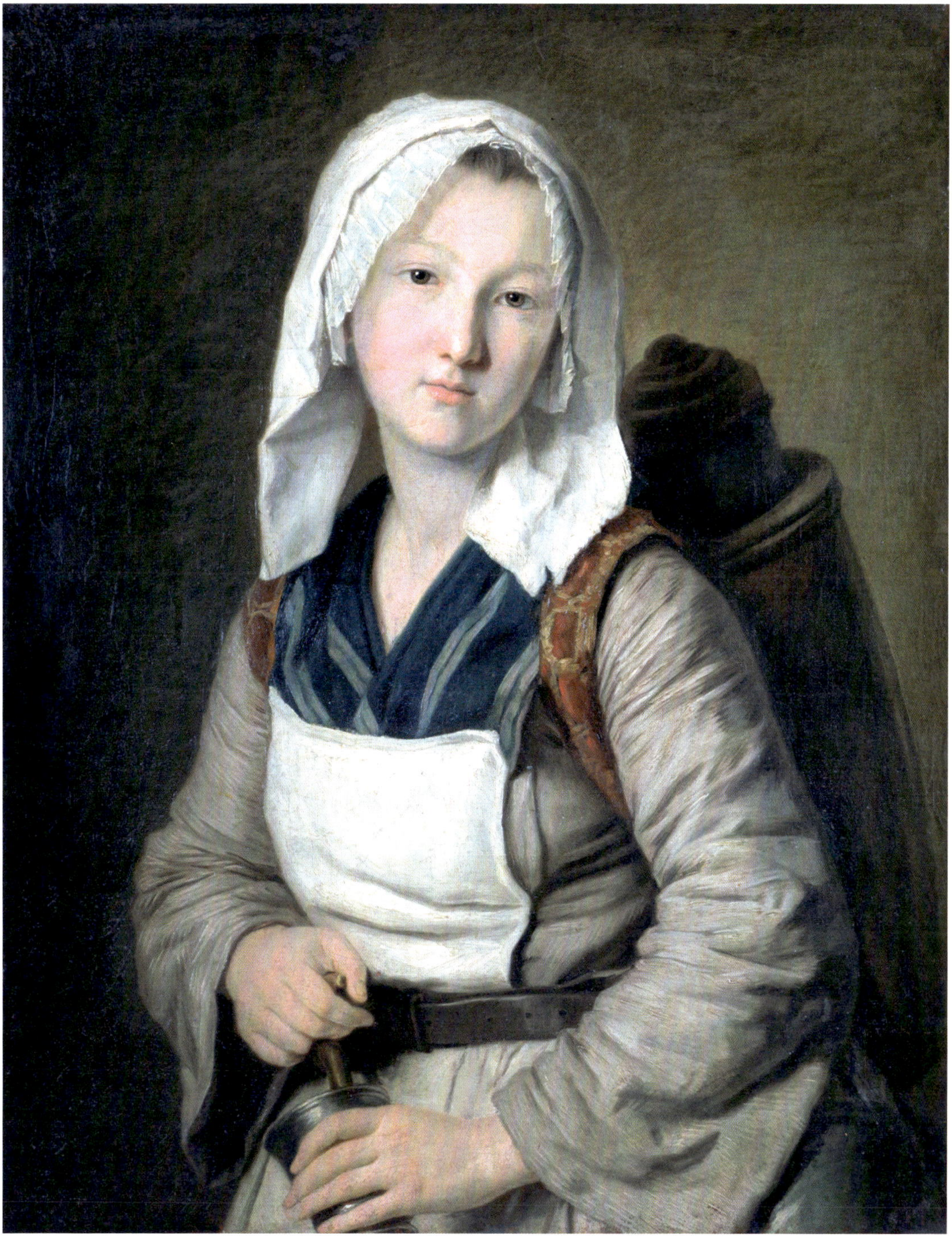

Anna Dorothea Therbusch

(1721–1782)

Anna Dorothea Therbusch wurde 1721 in Berlin geboren und stammt aus einer damals bekannten Malerfamilie. Das hat entscheidend zu ihrer Karriere beigetragen. Der Vater Georg Lisiewski, polnischer Herkunft, hatte sich in Berlin als Porträtmaler einen Namen gemacht. Er hat seinen Kindern nicht nur das Talent vererbt, er hat sie alle, zwei Töchter und einen Sohn, von frühester Jugend an auf den Künstlerberuf vorbereitet. Anna Dorothea und ihre ältere Schwester Barbara Rosina wurden denn auch als „Wunderkinder“ in der Berliner Gesellschaft gefeiert. Nach der Hochzeit mit dem Berliner Gastwirt Therbusch muss Anna Dorothea zunächst das Malen aufgegeben haben. Wahrscheinlich hat sie ihrem Mann in der Gastwirtschaft geholfen. Bis 1760 hört und sieht man von der Malerin Therbusch nichts. 1761 dann wird sie an den Hof des Herzogs Carl Eugen nach Stuttgart berufen. Hier malt sie in kürzester Zeit achtzehn Bilder für die Spiegelgalerie des Schlosses. Seitdem wird sie von einem Hof zum andern weitergereicht. 1765 wagt sie den Sprung nach Paris. Sie ist dort, in der bedeutendsten Kunstmetropole Europas, so erfolgreich, dass sie zwei Jahre später zum Mitglied der Königlichen Akademie ernannt wird.

Kurz danach gerät sie in finanzielle Schwierigkeiten. Paris ist ein teures Pflaster, offenbar versteht sie es nicht, das Geld zusammenzuhalten. Die Schulden zwingen sie, Paris zu verlassen. Über Brüssel und Holland kehrt sie zurück nach Berlin, wo sie sich für den Rest ihres Lebens niederlässt. In Berlin ist es dann vor allem der preußische Hof, der sie mit Aufträgen überhäuft. Friedrich der Große, der kunstverständigste unter allen Hohenzollern, wird ihr Mäzen. Er hat gerade das Neue Palais im Park von Sanssouci gebaut und sucht nach Künstlern, die es dekorieren. Auf seinen Wunsch malt Anna Dorothea Therbusch mythologische Szenen mit pikant erotischer Note wie der König sie liebt: eine „Venus bei der Toilette“ und „Diana mit ihren Nymphen“. Noch wichtiger: Er lässt sich in Lebensgröße von ihr porträtieren. Denn nun wollen auch die anderen, die Mitglieder der königlichen Familie, des Adels und schließlich auch des Berliner Bürgertums, soweit sie sich das leisten können, von ihr gemalt werden.

Gerade in ihren bürgerlichen Porträts, vor allem in den Bildern von Frauen und Mädchen entfaltet sich Anna Dorothea Therbuschs Kunst am schönsten. Bei diesen Arbeiten muss die Malerin nicht das Repräsentationsbedürfnis der Auftraggeber bedienen. Sie kann die Menschen darstellen, wie sie wirklich sind, sie kann ohne Rücksicht auf Konventionen etwas über ihr Wesen aussagen, über ihre besondere psychologische Situation. Das Porträt von Henriette Herz ist 1778 entstanden. Der Vater, ein jüdischer Arzt in Berlin, hatte das Bild bestellt. Er legte Wert darauf, das vierzehnjährige Töchterlein wie eine Frühlingsgöttin auszustaffieren: eine Blumenkrone im Haar,

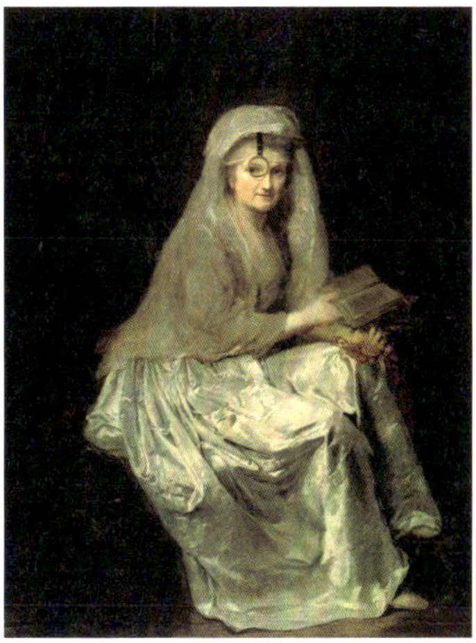

Anna Dorothea Therbusch
Selbstbildnis mit Einglas, wohl 1782
Öl auf Leinwand, 154 x 118 cm
Gemäldegalerie, Staatliche Museen zu Berlin

Anna Dorothea Therbusch
Henriette Herz, 1778

Öl auf Leinwand, 78 x 62 cm
Alte Nationalgalerie,
Staatliche Museen zu Berlin

den kostbaren Pokal in der Hand, dazu eine üppige Blumengirlande. Aber hinter diesem gekünstelten Arrangement kommt das Mädchen Henriette zum Vorschein, ein über seine Jahre reifes Gesicht von ungewöhnlicher Intelligenz, kein fröhliches, unbeschwertes Kind, das nur die Andeutung eines Lächelns zustande bringt, weil es schon zu viel vom Leben weiß.

Ein Jahr nach diesem Porträt hat die fünfzehnjährige Henriette den Arzt und Philosophen Markus Herz geheiratet. Ihr Haus wurde ein Treffpunkt für alle Berühmtheiten der Zeit. Nach dem Tod ihres Mannes hat Henriette Herz ihren „literarischen Salon" weitergeführt. Goethe, Kleist und Schleiermacher zählten zu ihren Freunden, der junge Dichter Heinrich Heine hat sie glühend verehrt. In ihren eigenen Publikationen hat sie fortschrittliche politische und soziale Ideen vertreten. Der Name Henriette Herz steht bis heute als ein großes Beispiel für die Emanzipation der Frau im frühen 19. Jahrhundert.

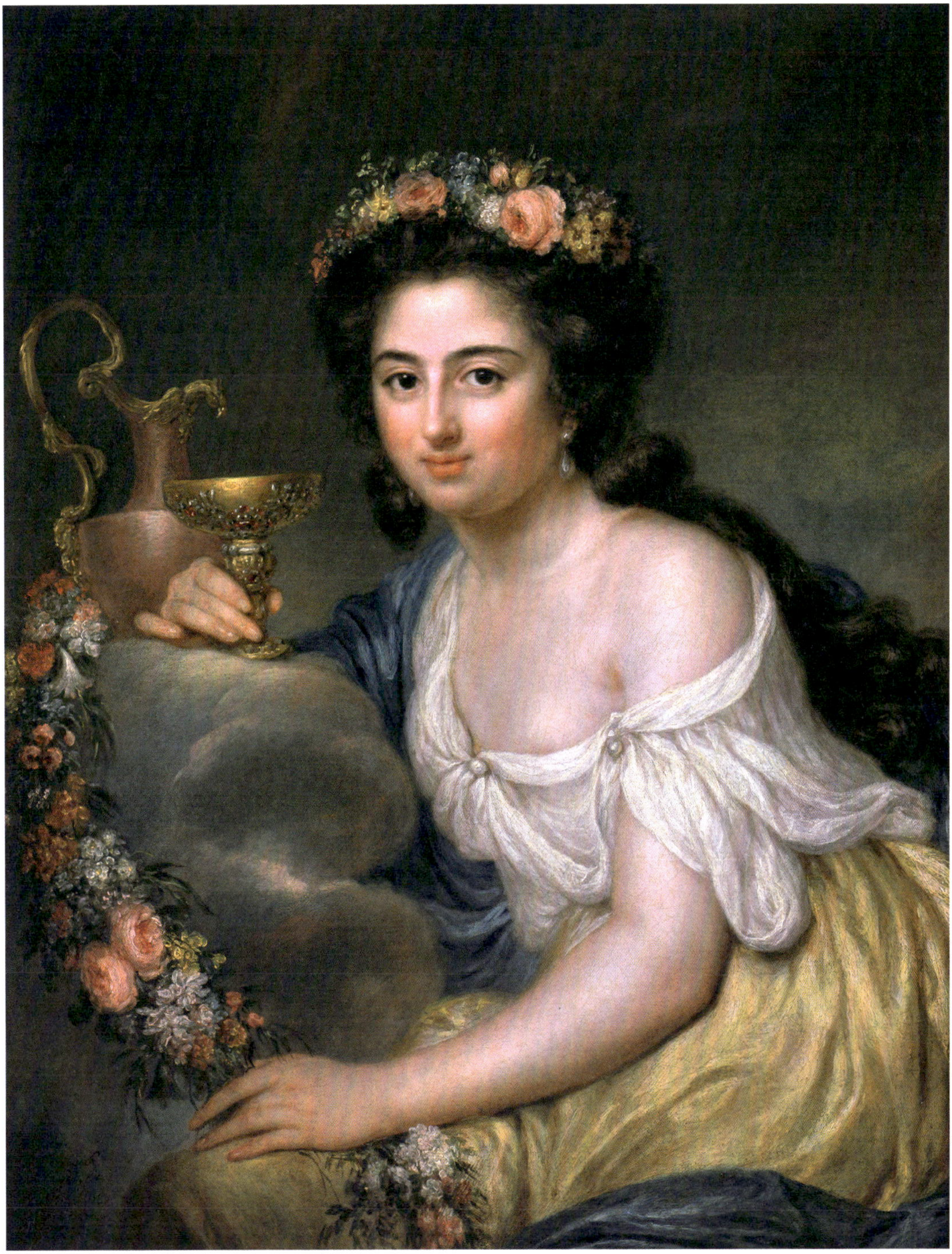

Anne Vallayer-Coster

(1744 – 1818)

Eines der schönsten Blumenbilder des 18. Jahrhunderts, gemalt von einer Frau: Anne Vallayer-Coster gehört zu den wenigen Künstlerinnen ihrer Epoche, die sich gegen eine überstarke männliche Konkurrenz durchgesetzt haben. In Deutschland wäre ihr das vermutlich nicht gelungen. Aber Anne Vallayer hatte das Glück, in Paris zur Welt zu kommen. Paris war damals das künstlerische Zentrum Europas. „Alle Welt spricht, liest und denkt französisch“, heißt es in zeitgenössischen Berichten.

Anne Vallayer wurde 1744 geboren. Ihr Vater war königlicher Hofjuwelier, ein reicher Mann mit vielen Verbindungen zu einflussreichen Leuten, der seiner Tochter jeden Wunsch erfüllen konnte. Anne hatte künstlerisches Talent und wollte Malerin werden. Der Vater ermöglichte es ihr, Unterricht bei den Malern Françoise Basseporte und Claude Joseph Vernet zu nehmen. Aber bereits 1770 wurde sie als Mitglied in die Königliche Akademie aufgenommen. Eine für Frauen ganz ungewöhnliche Ehre. Wer in Paris künstlerische Karriere machen wollte, musste der Akademie angehören. Für die Aufnahmeprüfung hatte Anne Vallayer zwei Stillleben eingereicht, die den Einfluss des großen Chardin erkennen lassen. Beide Bilder befinden sich heute im Louvre, dem berühmtesten Museum der Welt.

Seit 1771 hat Anne Vallayer regelmäßig im Pariser „Salon“ ausgestellt, der von der Akademie veranstaltet wurde. Bis ins späte 19. Jahrhundert war der „Salon“ die einzige Chance für junge Künstler, öffentlich bekannt zu werden. Hier im „Salon“ waren ihre Bilder dem Pariser Kunstpapst Diderot aufgefallen, der sich in der Zeitung lobend über sie äußerte. Damals hatte sie sich bereits von dem Einfluss Chardins freigemacht und malte vor allem Blumen. Üppige Sträuße, in kostbaren Schalen und Vasen kunstvoll arrangiert, sodass die Blüten über den Rand herüberhängen. Häufig liegt auf ihren Bildern ein kleiner Blütenzweig wie absichtslos neben der Vase, als ob er gerade abgebrochen wäre. Am liebsten malt sie Rosen und trifft damit genau den Geschmack ihrer Zeit, der Zeit des Rokoko. Man kann das Rokoko geradezu als rosensüchtig bezeichnen. Die Rose ist Inbegriff der Schönheit und, im galanten Zeitalter, auch der Liebe. Die Rose beherrscht die Mode. Man findet sie als extravagante Krönung hochgetürmter Frisuren. Junge Mädchen tragen Rosenkränze. Die Kleider werden mit Rosenmustern bestickt. Rosengirlanden dienen als Stuckaturen für die Zimmerdecken. Möbel, Stühle, Tische, Leuchter, Stuckuhren werden mit Rosenornamenten verziert. Kein Wunder, dass die gemalten Rosensträuße von Anne Vallayer das Pariser Publikum begeisterten.

1781 hat die gefeierte Malerin den Pariser Advokaten Coster geheiratet. Die Ehe bedeutete damals – und auch späterhin – im Allgemeinen das Ende einer künstlerischen Laufbahn. Umso bemerkenswerter, dass Anne Vallayer trotz familiärer und gesell-

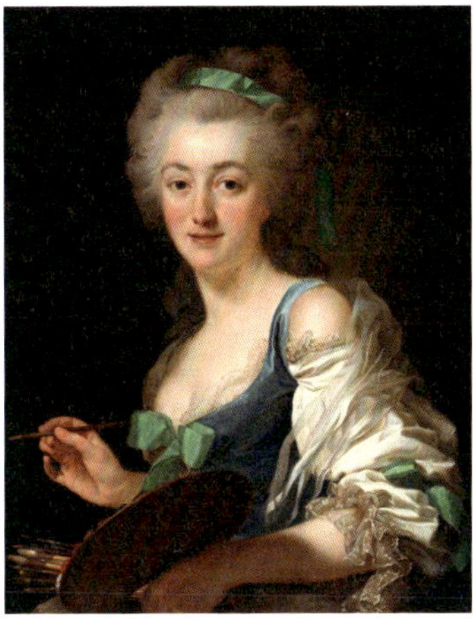

Alexander Roslin
Anne Vallayer-Coster, 1783
Öl auf Leinwand, 74 x 60 cm
Crocker Art Museum, Sacramento

Anne Vallayer-Coster
Blumen in einer blauen Vase, 1782

Öl auf Leinwand, 40 x 32 cm
Privatsammlung

schaftlicher Verpflichtungen die Malerei nicht aufgegeben hat. Das abgebildete Blumenstück ist 1782, ein Jahr nach der Eheschließung, entstanden. Es zeigt sie auf der Höhe ihrer Meisterschaft.

Auch der König von Frankreich, Ludwig XVIII., zählte zu den Bewunderern ihrer Kunst. Er verlieh ihr den Ehrentitel eines königlichen Hofmalers. 1789, mit dem Ausbruch der französischen Revolution ging das Zeitalter des Rokoko zu Ende. Während viele Künstler in der Versenkung verschwanden oder ins Ausland gingen, hat Anne Vallayer-Coster den politischen Umsturz unbehelligt überstanden. Sie hat weiterhin Blumenbilder gemalt, die auch unter den veränderten gesellschaftlichen Verhältnissen Liebhaber und Käufer fanden. Bis 1817 hat sich die Malerin regelmäßig an den Ausstellungen im „Salon" beteiligt. 1818 ist sie in Paris gestorben.

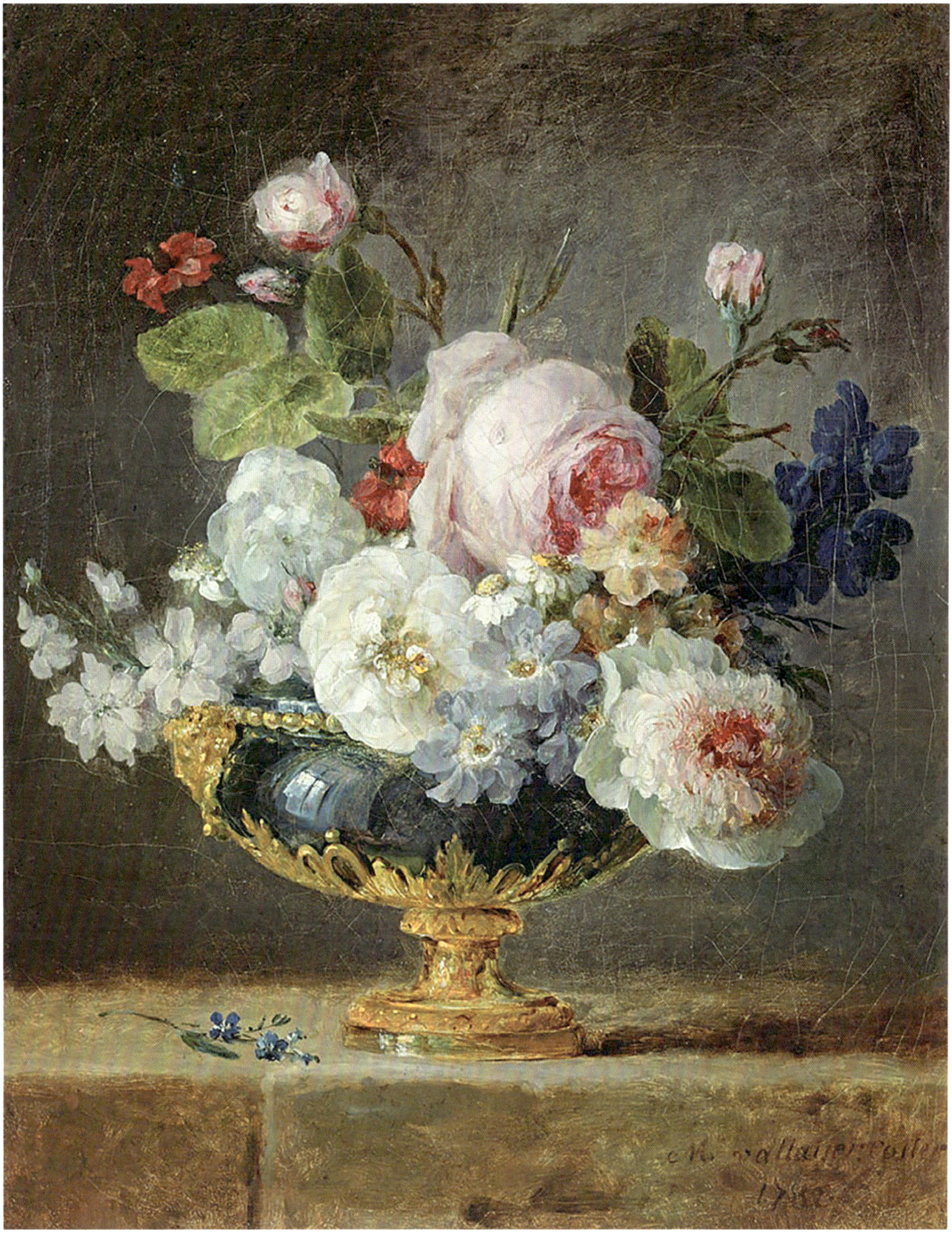

Angelika Kauffmann

(1741 – 1807)

Dichter, Maler, Gelehrte haben sie bewundert und geliebt. Könige ließen sich von ihr porträtieren. Goethe rühmte ihr „unglaubliches Talent". Für ihn war Angelika seine „beste Bekanntschaft hier in Rom". In ihrem Haus las er aus seiner „Iphigenie" vor. Goethes Freund Herder nannte sie die „vielleicht kultivierteste Frau Europas".

Angelika Kauffmann, gebürtige Schweizerin, war in der Tat in ganz Europa zu Hause. 1782 porträtierte sie die Familie des Königs von Neapel. Im gleichen Jahr bestellte ein Londoner Verleger bei ihr Illustrationen zu Shakespeare, den man damals, im späten 18. Jahrhundert, gerade wiederentdeckt hatte. Angelika hat in dem Gemälde „Miranda und Ferdinand" eine Szene aus dem Schauspiel „Der Sturm" dargestellt. Der junge Prinz Ferdinand ist auf eine Insel verschlagen, wo er der schönen Miranda begegnet. Mirandas Vater Prospero sitzt hinten in der Höhle über seinem Zauberbuch. Er will die Liebe der jungen Leute auf die Probe stellen. Ferdinand muss einen riesigen Holzstoß errichten.

Miranda schmilzt vor Mitleid: „Ach, ich bitte, plagt Euch nicht so sehr! Ich wollte, dass der Blitz das Holz verbrennt, das Ihr zu schichten habt. Legt ab und ruht Euch aus!" Angelika hat die literarische Vorlage in ein wundervolles Gemälde verwandelt. Die Landschaft bildet den romantischen Hintergrund für die Szene. Wie ein Bogen wölbt sich der Felsen über die Liebenden. In der Ferne sieht man das Meer, das in den hellen Himmel übergeht. Farbig dominieren ein warmes Braun und Rot. Einen zusätzlichen Reiz erhält das Bild durch das ungewöhnliche Format. Die ganze Szene ist in ein quergestelltes Oval hineinkomponiert. Gegen den schwarzen Rahmen hebt sich die Landschaft umso heller und wirkungsvoller ab.

Angelika Kauffmann hat als „Wunderkind“ angefangen. Ihr erstes Selbstbildnis malte sie mit zwölf Jahren, in der Hand hält sie auf dem Bild ein Notenblatt, das auf ihre enorme musikalische Begabung hinweist. Aber schon viel früher, als Sechsjährige, hat sie ihrem Vater beim Malen geholfen. Der Vater war eine Art Wandermaler, der in der Schweiz und Norditalien von einer Stadt zur andern zog, um Kirchen und Schlösser auszumalen. Angelika wurde 1741 in Chur geboren, wo der Vater in der Residenz des Bischofs arbeitete. Als Kind hat sie ihn auf seinen vielen Reisen begleitet und ganz nebenbei das Malen gelernt. Nach dem frühen Tod der Mutter wurde die Beziehung zwischen Vater und Tochter noch enger. Er übertrug seinen eigenen künstlerischen Ehrgeiz auf die Tochter, die das erreichen sollte, was ihm selber versagt blieb.

1762 reisten sie gemeinsam nach Rom, wo die junge Malerin ihre ersten Triumphe feierte. Hier sind es vor allem die reichen Engländer, die sich von ihr malen lassen und dafür hohe Preise bezahlen. Ihre englischen Freunde raten ihr, nach London zu gehen. Sie ist fünfund-

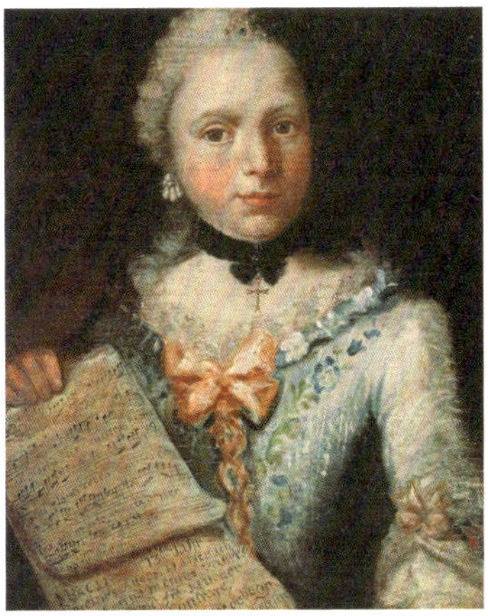

Angelika Kauffmann
Selbstbildnis als Sängerin, 1753
Öl auf Leinwand, 50 x 41 cm
Ferdinandeum, Tiroler Landesmuseen, Innsbruck

Angelika Kauffmann
Miranda und Ferdinand, 1782

Öl auf Leinwand, 36 x 45 cm
Österreichische Galerie Belvedere, Wien

zwanzig Jahre alt, als sie in London eintrifft. Und was sich in London abspielt, wird in zeitgenössischen Berichten als sensationell geschildert. Die Königinmutter bemüht sich zu ihr ins Atelier.

Herzöge und Herzoginnen wetteifern um die Ehre, von ihr porträtiert zu werden. Sie wird Gründungsmitglied der Königlichen Kunstakademie. Sir Josua Reynolds, der prominenteste englische Maler, macht ihr einen Heiratsantrag, den sie aber ablehnt. Stattdessen heiratet sie einen angeblichen schwedischen Grafen, der ein Hochstapler ist und von dem sie sich schon nach einem Jahr wieder scheiden lässt. Inzwischen hat sie ihren Vater nach London geholt, der über ihren künstlerischen Erfolg noch glücklicher ist als sie selbst.

1781 heiratet sie den venezianischen Maler Antonio Zucchi, einen Freund ihres Vaters. Am Tag nach der Hochzeit reisen sie zu dritt von London über die Schweiz nach Venedig. Im nächsten Jahr stirbt Angelikas Vater. Kurz danach ist das Ehepaar Zucchi nach Rom übergesiedelt. Ihr Haus wird zum Mittelpunkt des gesellschaftlichen Lebens.

Künstler und Fürsten aus ganz Europa suchen Angelikas Freundschaft. Sammler und Kunstliebhaber reißen sich um ihre Bilder. Sie gilt als die beste Porträtmalerin ihrer Zeit. Gelegentlich malt sie auch religiöse oder literarische Themen. Für die Pfarrkirche in Schwarzenberg malt sie um 1800, einige Jahre nach dem Tod ihres Mannes, ein Altarbild. 1807 ist sie in Rom gestorben.

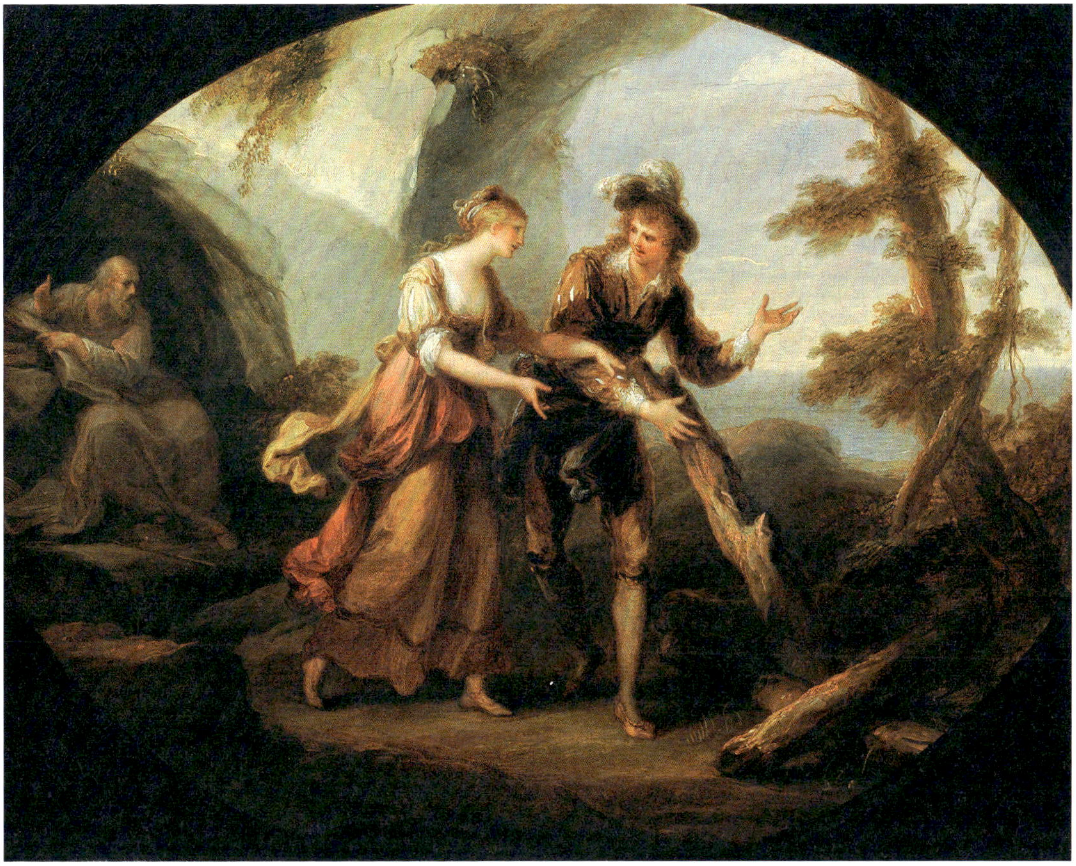

Adélaïde Labille-Guiard

(1749 – 1803)

Sie hat nicht nur selber eine große Karriere gemacht, sie hat sich auch energisch und erfolgreich für die Interessen aller Malerinnen eingesetzt und die Berufschancen der Frauen, die nach ihr kamen, verbessert: Adélaïde Labille, die 1749 als Tochter eines Pariser Kurzwarenhändlers geboren wurde. Sie war das jüngste von acht Geschwistern, lernte wahrscheinlich in einer Klosterschule lesen und schreiben und half anschließend im Laden des Vaters. Mit vierzehn Jahren hatte sie die tollkühne Idee, Malerin zu werden. Ihr Vater kannte den Miniaturenmaler Vincent, der nebenan sein Atelier hatte. Bei ihm lernte sie, kleine Porträts herzustellen für Medaillons oder als Schmuck für Tabatieren (Tabaksdosen). Vincents Sohn François-André war ein hochbegabter Maler, und dieser junge Mann wurde Adélaïdes Freund und ihr eigentlicher Lehrer. Aber schon nach kurzer Zeit wurde diese Freundschaft vorerst unterbrochen. Adélaïde Labille heiratete mit zwanzig Jahren den Steuerbeamten Guiard, und Vincent ging für fünf Jahre nach Rom. Die Ehe blieb kinderlos, und die junge Frau nahm ihr Studium wieder auf. Sie ging zu dem führenden Pariser Pastellmaler Maurice Quentin de La Tour, um seine Technik, die damals sehr in Mode war, zu erlernen. Zu ihrer Enttäuschung musste sie erleben, dass ihre Pastellbilder bei der Masse des Angebots nicht sonderlich beachtet wurden.

Daraufhin nahm sie einen neuen Anlauf und studierte bei ihrem Freund Vincent, der inzwischen aus Rom zurückgekommen war, die Ölmalerei. Und schon mit ihren ersten Ölbildern hatte sie spektakulären Erfolg. Künstler, Minister, Prinzessinnen ließen sich von ihr porträtieren. Dadurch gewann sie so viel Mut und Selbstvertrauen, dass sie sich 1783 um die Mitgliedschaft in der Königlichen Akademie bewarb, der satzungsgemäß höchstens vier Frauen angehören durften. Sie musste zwei Ölbilder zur Probe vorlegen und wurde nach langer Beratung mit neunundzwanzig von insgesamt sechsunddreißig Stimmen in die Akademie aufgenommen.

Inzwischen hatte sich die Künstlerin von ihrem Mann getrennt, und weil sie aus Erfahrung wusste, mit welchen Schwierigkeiten künstlerisch begabte Frauen zu kämpfen haben, eröffnete sie die erste Pariser Frauenschule für Malerinnen. Auf einem Ölgemälde von 1785 hat sie sich selbst mit ihren beiden Lieblingsschülerinnen in voller Lebensgröße dargestellt. Sie sitzt vor der Staffelei, die Palette in der Hand, den Malstock auf dem Schoß. Aber für eine Malerin, die im Atelier arbeitet, ist sie viel zu elegant gekleidet. Eine Salondame: das kostbare blaue Kleid mit Spitzen und Schleifen verziert, der Hut ist mit Straußen- und Reiherfedern besetzt. Die pompöse Aufmachung entsprach dem Geschmack der verwöhnten Pariser Gesellschaft. Das Bild beschwört noch einmal den ganzen Charme und den Glanz des Rokoko, das vier Jahre später, 1789, mit dem Ausbruch der Französischen Revolution zu Ende ging.

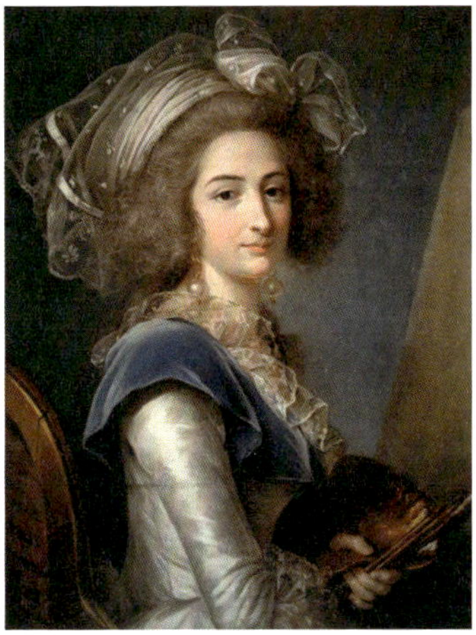

Adélaïde Labille-Guiard
Vermutliches Selbstbildnis,
um 1783
Pastell auf Papier, 72 x 38 cm
Privatsammlung

Adélaïde Labille-Guiard

Selbstbildnis mit zwei Schülerinnen, 1785

Öl auf Leinwand, 211 x 151 cm
Metropolitan Museum of Art, New York

Es ist erstaunlich, dass Politik und Revolution ihre Arbeit nicht beeinträchtigt haben. Wie früher die Prinzessinnen und Aristokraten ließen sich jetzt die neuen Machthaber, die Abgeordneten der Nationalversammlung, allen voran der große Robespierre, von Adélaïde Labille-Guiard porträtieren. Darüber hinaus hat sie sich für das Recht der Frau auf künstlerische Betätigung eingesetzt. In einer Rede vor der Akademie forderte sie, Frauen unbeschränkt zuzulassen. Der Antrag wurde angenommen. Später, als die Revolution vorüber war, wurde diese fortschrittliche Bestimmung freilich wieder annulliert. 1795 erhielt Adélaïde Labille-Guiard als erste Frau die Erlaubnis, ein Atelier im Louvre zu beziehen, wo sie mit ihren Schülerinnen arbeitete. Inzwischen konnte sie sich endlich, aufgrund des neuen liberalen Eherechts, von ihrem Mann scheiden lassen. Als Fünfzigjährige heiratete sie im Jahre 1800 ihren Jugendfreund, den Maler François-André Vincent. Die Ehe dauerte nur drei Jahre: 1803 ist Madame Vincent, geborene Labille, in Paris gestorben. Der Louvre besitzt die größte Sammlung ihrer Werke. Einige Bilder, darunter auch das Gruppenbild mit den Schülerinnen, befinden sich heute in amerikanischen Museen.

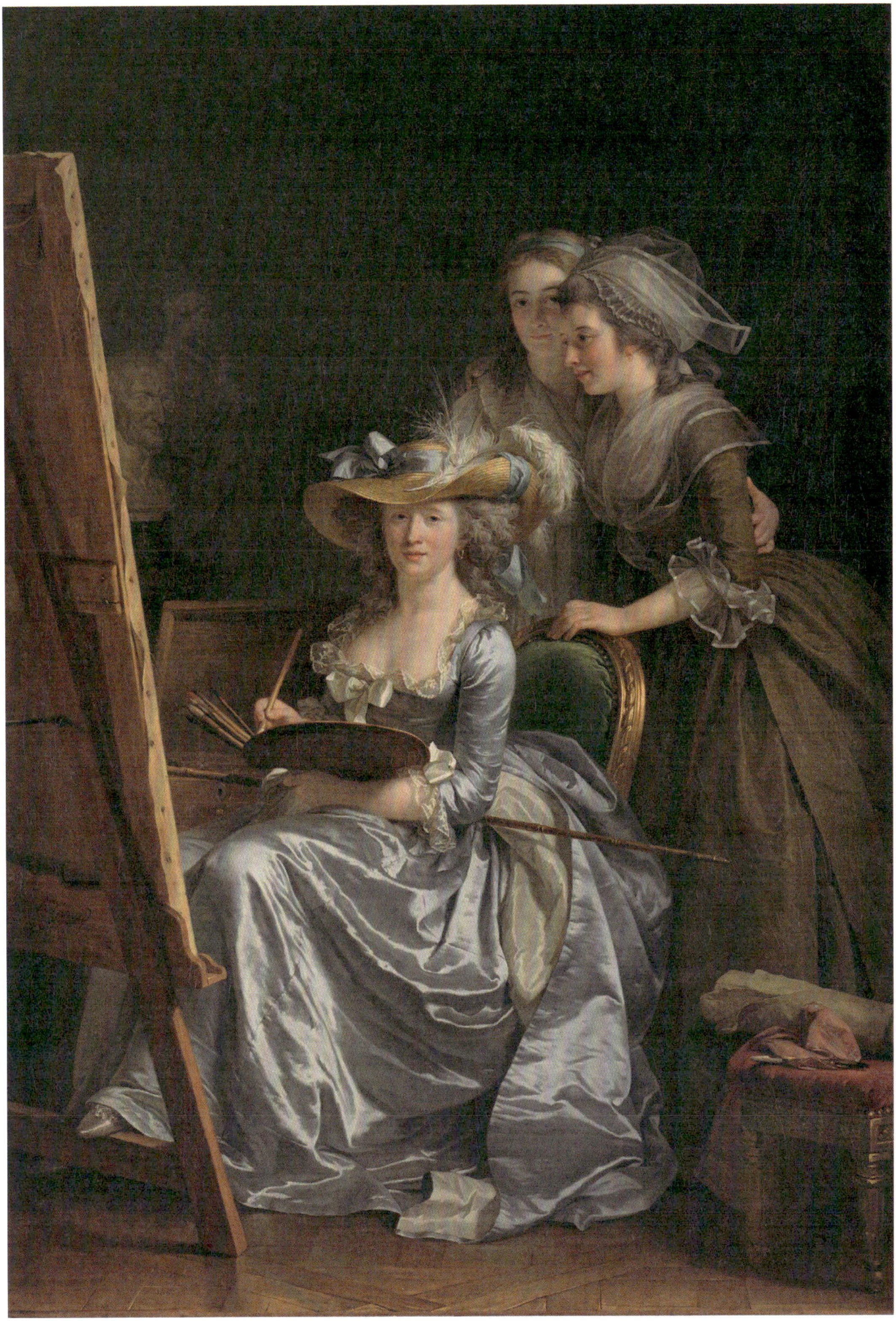

Ludovike Simanowiz

(1759–1827)

Sie sind im gleichen Jahr 1759 geboren, sie sind in der gleichen Stadt Ludwigsburg aufgewachsen, sie haben als Kinder zusammen gespielt: der Dichter Friedrich Schiller und die Malerin Ludovike Simanowiz. Die Familien waren befreundet, die Väter hatten den gleichen Beruf, sie waren Militärärzte im Dienst des Herzogs von Württemberg. Ludovike hat die gesamte Familie Schiller porträtiert. Das Bild der alten Frau Schiller hat sie dem Sohn nach Jena geschickt, wo Friedrich Schiller an der Universität als Professor für Geschichte lehrte. Und Schiller schrieb der Malerin im Juni 1793 einen Dankesbrief: „Schon seit langer Zeit habe ich mir das Vergnügen vorbehalten, meiner bewunderten und verehrungswürdigen Landsmännin für das schöne Geschenk Dank zu sagen, das sie mir mit dem Bilde meiner Mutter gemacht hat ...“

Als er im folgenden Winter seine Eltern in Ludwigsburg besuchte, hat er sich selber von der „verehrungswürdigen Landsmännin“ malen lassen. Mit seinen fünfunddreißig Jahren ist Schiller damals bereits eine europäische Berühmtheit. „Die Räuber“, „Kabale und Liebe“, „Don Carlos“ haben ihn als einen der großen Dramatiker ausgewiesen. Aber Ludovike hat gerade nicht den gefeierten Dichter dargestellt. Sie malt ihren Jugendfreund. Was sie zum Ausdruck bringt, ist das Schwärmerische und Schwermütige in diesem Gesicht. Es existiert eine kleine Fassung in Pastell, nur der Kopf in einem Oval, welches die Privatheit betont, als sei es für ein Poesiealbum bestimmt. Das Gemälde in Öl, auf dem Schiller sinnend auf einem Armstuhl nach links schauend sitzt, wirkt repräsentativer. Ungewöhnlich sind die abgerundeten Ecken, als sollten auch diese die Weichheit betonen. Der Hintergrund ist dunkel, nur eine Büste, welche über ihn wacht und anschaut, ist angedeutet, auch seine Kleidung in dunklen Tönen. Umso stärker leuchtet sein blasses Gesicht im Halbprofil, was seine markante Nase betont, ebenso wie die halblangen hellen Haare und das kunstvoll geschlungene weiße Rüschen-Jabot. Das Schillerporträt gehört sicher zu ihren besten und persönlichsten Leistungen. Aber die große künstlerische Karriere ist ihr nicht gelungen. Es ist erstaunlich, dass sie es in dieser Zeit und unter schwierigsten Umständen überhaupt geschafft hat, Malerin zu werden.

Es fängt damit an, dass man auf der Schule in Ludwigsburg ihr Zeichentalent entdeckt. Der Vater lässt ihr auf Rat eines Lehrers Privatunterricht geben. Über ihren Onkel wird sie an den Hofmaler Nicolas Guibal empfohlen, der in Stuttgart eine „Kunstakademie" eingerichtet hat. Zeichnungen und Skizzen aus dieser Zeit sind im Städtischen Museum Ludwigsburg und im Deutschen Literaturachiv Marbach archiviert.

Nach jahrelangem Studium erklärt Guibal, sie sei so begabt, dass sie unbedingt nach Paris gehen müsse, um sich weiterzubilden. Bevor Ludovike nach Paris aufbricht, lernt sie den Leutnant Franz Simanowiz kennen, mit dem sie sich verlobt. Der Bräutigam hat Verständnis für ihre künstlerischen Ambitionen und lässt sie, schweren Herzens, nach

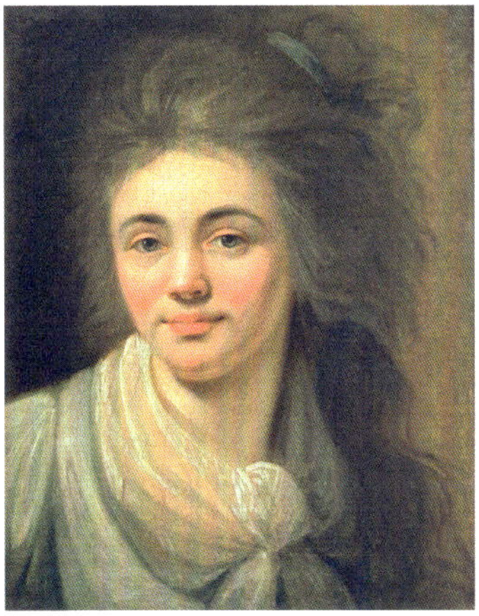

Ludovike Simanowiz
Selbstbildnis, um 1790
Öl auf Leinwand, 46 x 26 cm
Privatsammlung

Ludovike Simanowiz

Friedrich Schiller, 1793 – 1794

Öl auf Leinwand, 104 x 88 cm
Schiller-Nationalmuseum, Deutsches Literaturarchiv Marbach

Paris ziehen. Der Herzog hat ihr ein kleines Stipendium bewilligt. Ludovike ist entzückt von Paris, sie studiert bei dem Hofmaler Vestier. Der verschafft ihr Porträtaufträge in der französischen Aristokratie. Der Aufenthalt zieht sich in die Länge. Nach fünf Jahren drängt der Bräutigam auf Rückkehr. Ludovike verlässt Paris, gibt ihre Freiheit auf und heiratet ihren Verlobten. Als der Leutnant 1791 ins Feld rücken muss, benutzt sie die Gelegenheit, um noch einmal nach Paris zu gehen. Hier erlebt sie die Revolution.

„Wie schön und groß kam mir die Revolution anfangs vor ... ich war eine arme Demokratin aus voller Seele", schreibt sie an ihre Freundin Christophine, Schillers Schwester, und berichtet über die grauenvollen Ereignisse, die sich in Paris abspielen. Auf abenteuerlichen Wegen gelingt ihr die Flucht nach Deutschland. Es folgen ein paar ruhige und glückliche Ehejahre. Simanowiz hat es inzwischen zum Hauptmann gebracht. Sie leben erst in Ludwigsburg, dann in Stuttgart. Ludovike porträtiert Freunde und Bekannte. Einmal darf sie sogar Angehörige der Herzogsfamilie porträtieren, der einzige offizielle Auftrag, den die Malerin in ihrem Leben erhalten hat. Dann tritt die Katastrophe ein, die ihr Glück und ihre künstlerische Laufbahn endgültig zerstört. Simanowiz bricht eines Tages in der Kaserne zusammen, ein Nervenschlag hat seine Beine gelähmt. Jedenfalls ist er nie wieder gesund geworden. Achtundzwanzig Jahre lang hat Ludovike den kranken Mann gepflegt. Weil die magere Majorspension zum Leben nicht ausreichte, hat sie Malunterricht gegeben und junge Mädchen in Kost und Logis aufgenommen. Ludovike hat ihren Mann nur um wenige Monate überlebt. Sie starb 1827 in ihrer Geburtsstadt Ludwigsburg.

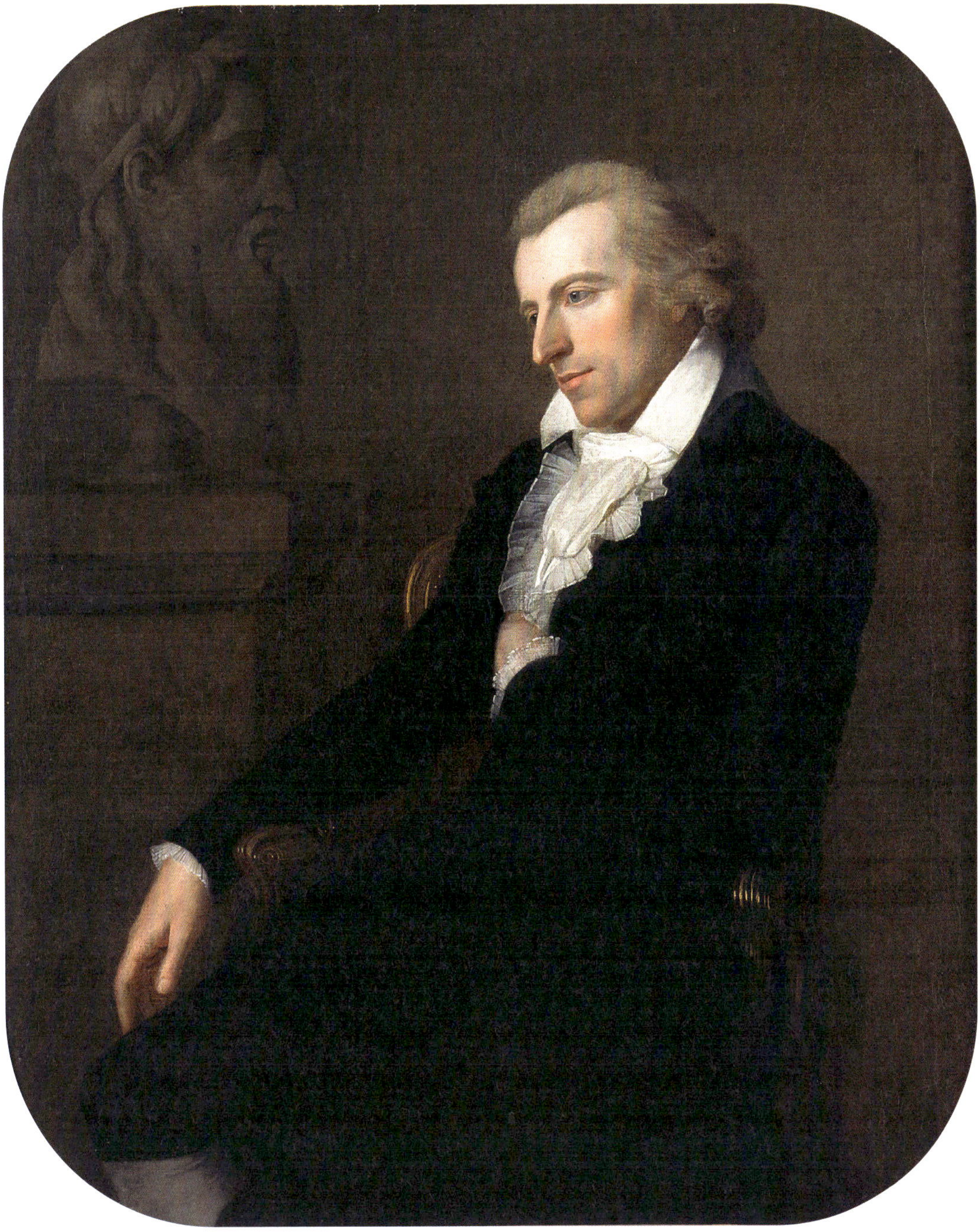

Marie-Geneviève Bouliar

(1763 – 1825)

Marie-Geneviève Bouliar war die einzige Tochter eines Schneiders und wurde 1763 in Paris geboren. Ihre künstlerische Ausbildung erhielt sie von Duplessis, damals der beste Porträtmaler in Paris. Auch seine Schülerin hat fast nur Porträts gemalt. Das war eine verhältnismäßig sichere Sache. Die Fotografie war noch nicht erfunden, die Leute liebten es, ihr Bildnis oder das ihrer Lieben an die Wand zu hängen, und gingen so zum Maler oder auch zur Malerin. Was Marie-Geneviève Bouliar einen Ruf als Porträtistin verschaffte, war die ungezwungene, natürliche Art der Darstellung, das intuitive Eingehen auf den Menschen, der ihr gegenübersaß. Dafür nur ein Beispiel: das Selbstporträt aus dem Norton Simon Museum. Eine Frau von dreißig Jahren sieht ihr Bild im Spiegel, bringt es leicht und unverkrampft auf die Leinwand. Die Haare sind nicht richtig frisiert, das Gesicht ist zur Seite geneigt, nachdenklich, mit der Andeutung eines Lächelns.

Mit einem Porträt ist die Künstlerin zuerst an die Öffentlichkeit getreten, auf dem Pariser Salon von 1791, der großen offiziellen Kunstausstellung. Das war kurz nach der französischen Revolution, und Frauen waren erstmals grundsätzlich zum Salon zugelassen. Eine Jury hatte über die Annahme der Bilder zu entscheiden, wie das auch heute noch üblich ist. Im Salon von 1791 hingen 794 Bilder von 258 Künstlern, darunter von einundzwanzig Frauen. Ein hoher Prozentsatz, wenn man bedenkt, dass bei internationalen Kunstausstellungen von heute der Anteil der Künstlerinnen kaum größer ist.

Für Marie-Geneviève Bouliar war das Jahr 1791 der Anfang ihrer Karriere. Bis 1817 hat sie regelmäßig Bilder zum Salon eingeschickt, die angenommen und in der Mehrzahl auch verkauft wurden. Die

Ausstellungen verschafften ihr weitere private Aufträge. Aber Porträts haben dem künstlerischen Ehrgeiz der Malerin offenbar nicht ganz genügt. Was ihr vorschwebte, war das „Historienbild", die Darstellung von Ereignissen und Persönlichkeiten der Vergangenheit, eine Gattung der Malerei, die seit Jahrhunderten als die edelste bewertet wurde und nach Tradition den Männern vorbehalten war. Dieses Tabu hat Marie-Geneviève Bouliar durchbrochen, als sie 1794 ihr Bild „Aspasia" malte.

Aspasia ist eine der berühmtesten Frauen des Altertums. Sie lebte im 5. Jahrhundert v. Chr., kam mit zwanzig Jahren aus Kleinasien nach Athen, dem geistigen Zentrum der Welt, und wurde nicht nur wegen ihrer Schönheit, sondern auch wegen ihrer Intelligenz, ihrem sicheren Urteil bewundert. Sie wurde die Geliebte des Perikles, der Athen regierte, sie nahm Einfluss auch auf seine politischen Entscheidungen. Sie praktizierte einen Lebensstil, der im klassischen Griechenland unbekannt war. Die Frauen waren nach der Heirat ans Haus gefesselt und durften in der Öffentlichkeit nicht mehr auftreten. Aspasia aber war Gefährtin, ebenbürtige Partnerin des Mannes. Marie-Geneviève Bouliar geht es mit diesem Bild nicht nur um eine historische Figur. Sie will zum Ausdruck bringen, was

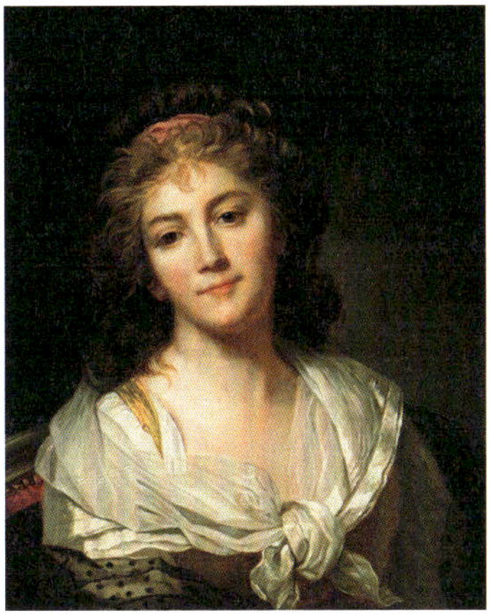

Marie-Geneviève Bouliar
Selbstbildnis, 1792
Öl auf Leinwand, 56 x 46 cm
Norton Simon Museum, Pasadena
Marie-Geneviève Bouliar war eine bekannte Porträtmalerin in Paris. Ihr Selbstbildnis zeigt, wie wenig ihr an großer Pose, wieviel aber an natürlicher Ausstrahlung lag.

Marie-Geneviève Bouliar
Aspasia, 1794

Öl auf Leinwand, 163 x 127 cm
Musée des Beaux-Arts, Arras

Aspasia für die Gegenwart, für das Jahr 1794 bedeutet. Die Französische Revolution hatte sich für die Gleichberechtigung der Frau, für die freie Entfaltung ihrer Anlagen stark gemacht. Die Malerin hat beides darzustellen versucht, den historischen Hintergrund und die Aktualität dieser Frau: ein klassischer Innenraum mit Mauern und Bögen, in der Nische sieht man die Büste des Perikles, rechts auf dem Tisch einen Globus mit den Tierkreiszeichen. Aspasia selbst ist durch ihr purpurrotes Gewand aus der Umgebung herausgehoben, in der einen Hand die Schriftrolle, in der anderen den Spiegel. Die Zeitgenossen verstanden, was die Malerin sagen wollte: Klugheit und Weiblichkeit schließen einander nicht aus.

Marie-Geneviève Bouliar stellte das Bild 1795 im Salon aus. Es hat keinen Skandal ausgelöst, im Gegenteil, die Malerin wurde mit einem „Ermunterungspreis“ ausgezeichnet. Ob der Preis sie zu weiteren Bildern dieser Art ermunterte, ist unbekannt. Außer der „Aspasia“ haben sich nur Porträts erhalten. Marie-Geneviève Bouliar starb 1825 auf einem Schloss an der Loire.

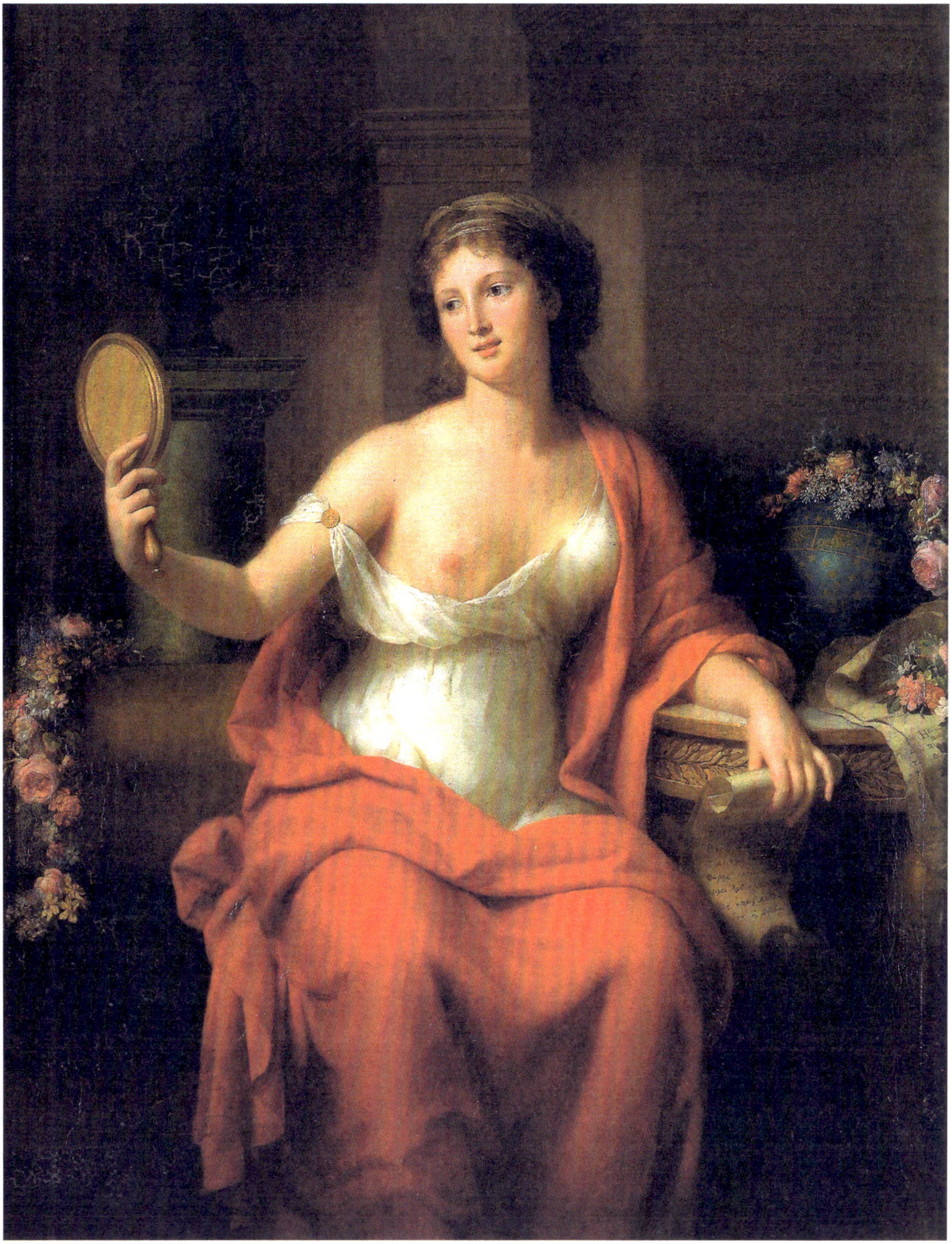

Hortense de Beauharnais

(1783 – 1837)

Ein Bild aus der Zeit der Romantik. Eine helle, schimmernde Gestalt im dämmrigen Park – wie aus einem Gedicht von Eichendorff. Das junge Mädchen ist nach der damaligen Mode in wallende Gewänder gehüllt, hochgeschnürt. Die lange Schleppe ist unzweckmäßig fürs Spazierengehen, aber für die Dame vorgeschrieben. Der Faltenwurf ist ebenso meisterhaft wiedergegeben wie die Lockenfrisur und wie der Weg, der sich in der Ferne verliert. Die Gräser am Weg, die Farnkräuter, das Laubwerk der Bäume verraten ein gründliches Naturstudium. Aber faszinierender als alle gekonnten Einzelheiten ist die seltsam verhaltene Stimmung, die aus dem Bildnis spricht, ein romantischer Zauber. Dieses hinreißende Selbstbildnis stammt von einem achtzehnjährigen Mädchen. Hortense de Beauharnais hätte, nach diesem Jugendwerk, eine der großen Malerinnen ihres Jahrhunderts werden können. Aber das Schicksal hatte ihr eine andere Laufbahn bestimmt: Sie wurde Königin und Mutter eines Kaisers.

Hortense de Beauharnais wurde 1783 in Paris geboren und erlebte als Kind die Französische Revolution. Sie war elf Jahre alt, als ihr Vater, der Vicomte de Beauharnais, auf dem Schafott endete und ihre Mutter Joséphine sie in das eben gegründete Institut für höhere Töchter schickte, wo sie alles lernte, was man an höheren Töchtern schätzte: singen, tanzen, Harfe und Klavier spielen, vor allem aber malen und zeichnen. In diesen beiden Fächern erhielt Hortense bei den jährlichen Prüfungen immer die besten Noten. Während sie noch das Institut besuchte, heiratete ihre Mutter einen jungen General namens Napoleon Bonaparte. Die Familie zog nach Schloss Malmaison bei Paris. Im Park von Malmaison ist 1801 das Selbstbildnis entstanden. Im nächsten Jahr musste sie auf Wunsch Napoleons, der seiner schönen Stieftochter besonders zugetan war, dessen Bruder Louis Bonaparte heiraten. Die Ehe war von Anfang an unglücklich. Hortense war jung, lebenslustig, vielseitig interessiert. Er war mürrisch, misstrauisch und über die Maßen eifersüchtig, nicht ohne Grund, wie man heute weiß. Inzwischen war der General Napoleon zum Kaiser gekrönt und hatte seinen Bruder Louis zum König von Holland gemacht. Hortense musste ihren Mann widerwillig nach Holland begleiten. Wenige Jahre später trennten die beiden sich endgültig, obgleich eine offizielle Scheidung nie ausgesprochen wurde. Louis verzichtete auf den holländischen Thron und ging ins Ausland. Hortense kehrte nach Paris zurück, wo sie Napoleons Glanz und Ende aus nächster Nähe miterlebte. Ihre musischen Neigungen haben unter den politischen Wirren offenbar nicht gelitten. 1813 erschienen als Privatdruck zwölf Lieder, die sie gedichtet, komponiert und illustriert hat. 1815, nach dem Sturz Napoleons, wurde sie wie die ganze Familie Bonaparte aus Frankreich verbannt. Angeblich soll sie Napoleon bei seiner Flucht von Elba geholfen haben. Tatsache ist,

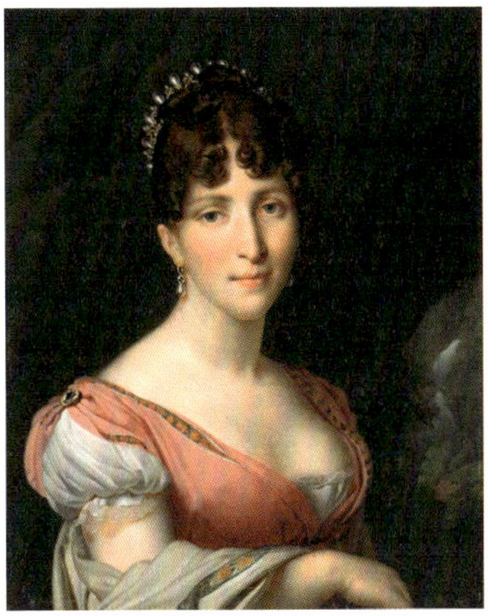

Anne-Louis Girodet-Trioson
Hortense de Beauharnais, Königin von Holland, um 1805 – 1809
Öl auf Leinwand, 61 x 50 cm
Rijksmuseum, Amsterdam
Hortense de Beauharnais, Stieftochter Napoleons, heiratete dessen Bruder Louis Bonaparte, der König von Holland wurde. Hortense, nun Königin von Holland, malte und zeichnete vor allem die illustre Verwandtschaft.

Hortense de Beauharnais
Selbstbildnis, 1801

Schwarzstift auf Papier, 90 x 65 cm
Napoleonmuseum, Arenenberg

dass Napoleon die letzten Tage nach seiner Abdankung bei seiner geliebten Stieftochter in Malmaison verbracht hat.

Nach langen Verhandlungen darf sich Königin Hortense mit ihrem Sohn Charles-Louis Napoléon Bonaparte, dem späteren Kaiser Napoleon III., in der neutralen Schweiz niederlassen. Sie erwirbt Schloss Arenenberg. Arenenberg, in herrlicher Lage am Südufer des Untersees, wird zu einer Art Musenhof, wo Maler, Musiker, Schriftsteller, aber auch Politiker verkehren. Hortense ist nicht nur der gefeierte Mittelpunkt in dieser Runde, sie porträtiert ihre Freunde und Angehörigen, zeichnet vor der Natur und bringt von ihren Reisen durch die Schweiz und Italien viele Landschaftsstudien nach Hause. Einige dieser Arbeiten, darunter drei komplette Skizzenbücher, aber auch das frühe Selbstbildnis von 1801 werden auf Schloss Arenenberg aufbewahrt. Hier kann man sie heute besichtigen: Das Schloss mit seinen zahlreichen Erinnerungen an Napoleon und die Familie Bonaparte, mit seinen prachtvollen Empire-Räumen ist als „Napoleonmuseum Arenenberg" öffentlich zugänglich. Das Selbstbildnis hängt im Schlafzimmer der Königin Hortense, die 1837 in ihrem Schweizer Exil gestorben ist.

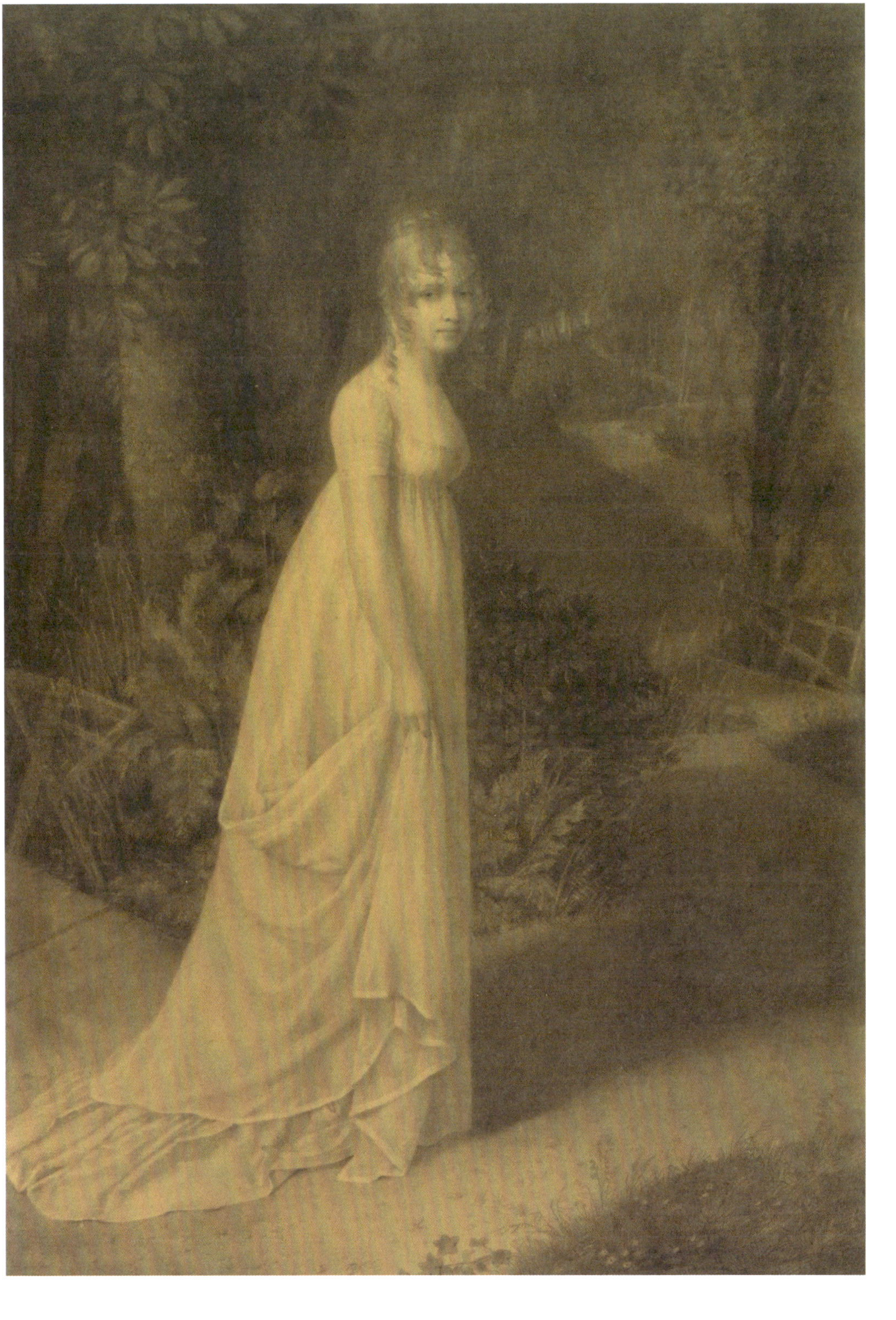

Marguerite Gérard

(1761 – 1837)

Sie war die Tochter eines Parfümfabrikanten und wurde 1761 in der südfranzösischen Kleinstadt Grasse geboren, die bis heute ein Zentrum der französischen Parfümindustrie geblieben ist. Marguerite Gérard wäre sicher nie auf die Idee gekommen, Künstlerin zu werden, wenn ihre ältere Schwester Marie-Anne nicht mit dem berühmten Maler Fragonard verheiratet gewesen wäre. Marguerite war vierzehn Jahre alt, als sie von ihrer Schwester nach Paris eingeladen wurde. Fragonard war Hofmaler des Königs von Frankreich und wohnte mit seiner Familie im Louvre, der damals noch kein Museum, sondern die königliche Residenz war. Fragonard, dreißig Jahre älter als Marguerite, war hingerissen von dem Charme und der Jugend seiner kleinen Schwägerin, sie wurde in die Familie aufgenommen, von der sie sich nicht mehr getrennt hat. Fragonard übernahm es, sie zur Malerin auszubilden, und Marguerite wurde seine beste Schülerin. Dabei hat sie ihren großen Lehrer niemals kopiert. In ihren Bildern lebt etwas vom Geist der niederländischen Genremalerei des 17. Jahrhunderts. Am liebsten malte sie häusliche Szenen, gefühlvolle Darstellungen von jungen Müttern, die ihre Kinder in Schlaf wiegen, glückliche oder traurige Momente aus dem Familienleben, obgleich sie selber nie verheiratet war und keine Kinder hatte. Mit diesen Bildern hat sich Marguerite Gérard rasch einen Namen gemacht. Auch die politischen Umwälzungen, die Frankreich erschütterten, haben ihren Erfolg nicht beeinträchtigt. 1790, nach dem Ausbruch der Französischen Revolution, zog sie zusammen mit der Familie Fragonard für ein Jahr nach Grasse. Eine für ihre Karriere günstige Folge der Revolution: Seitdem durften sich Frauen an der großen alljährlichen Ausstellung, dem Pariser „Salon", beteiligen. Vierzig Jahre lang hat Marguerite Gérard Bilder zum „Salon" eingereicht, im Jahre 1804 erhielt sie die Goldmedaille.

Ihre unpolitischen Bilder waren unter der Herrschaft Napoleons ebenso begehrt wie später unter Ludwig XVIII. und in der Ersten Republik. Sie verdiente so gut, dass sie sich zusammen mit ihrer Schwester und Fragonard für 12 000 Franc ein Haus in Paris kaufen konnte. Hier lebten die drei in bestem Einvernehmen zusammen, Fragonard und die beiden Frauen, die er, wie ein Augenzeuge berichtet, „gerne seine beiden Täubchen nannte". Aus dieser Zeit existieren ein paar Briefe, die Marguerite an Fragonard, ihren „guten Freund" und „lieben kleinen Papa", geschrieben hat. Einmal heißt es: „Mein Freund, wenn ich sagte, dass der Wunsch, ihm Freude zu machen, und der Wunsch zu arbeiten in mir im Widerstreit liegen, dass es mir schwerfällt, seinen Wünschen nicht zu folgen ..."

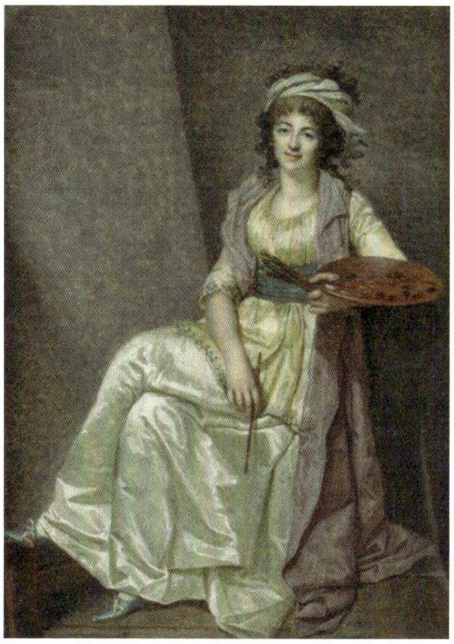

François Dumont
Marguerite Gérard, 1793
Farbe auf Elfenbein, 16 x 12 cm
The Wallace Collection, London

Marguerite Gérard
Schlechte Nachrichten, 1804

Öl auf Leinwand, 64 x 51 cm
Louvre, Paris

Ein schöner und zärtlicher Brief, in dem zugleich ein neues Rollenverständnis der Frau als Künstlerin offenbar wird. Marguerite Gérard besteht, bei aller Zuneigung für Fragonard, auf ihrem Recht, sich künstlerisch zu betätigen, sich in ihr Atelier, ihr eigenes Reich, wann immer sie will, zurückzuziehen. Sie hat ihren Schwager und ihre Schwester um viele Jahre überlebt, sich um deren Kinder gekümmert und sie finanziell unterstützt. 1837 ist sie in Paris gestorben. Ganze Generationen von französischen Genremalern des 19. Jahrhunderts haben von ihr gelernt. Das Gemälde „Schlechte Nachrichten“ gelangte in den Louvre. Ein köstliches Interieur: knisternde Seide, erlesenes Mobiliar, ein helles, intensives Licht, das die häusliche Szene mit den beiden jungen Frauen beleuchtet – die eine ist aus Schreck über den Brief in Ohnmacht gefallen, die andere kommt ihr mit dem Riechfläschchen zu Hilfe. Das Bild ist 1789, unmittelbar vor der Französischen Revolution, begonnen und 1804 fertiggestellt worden.

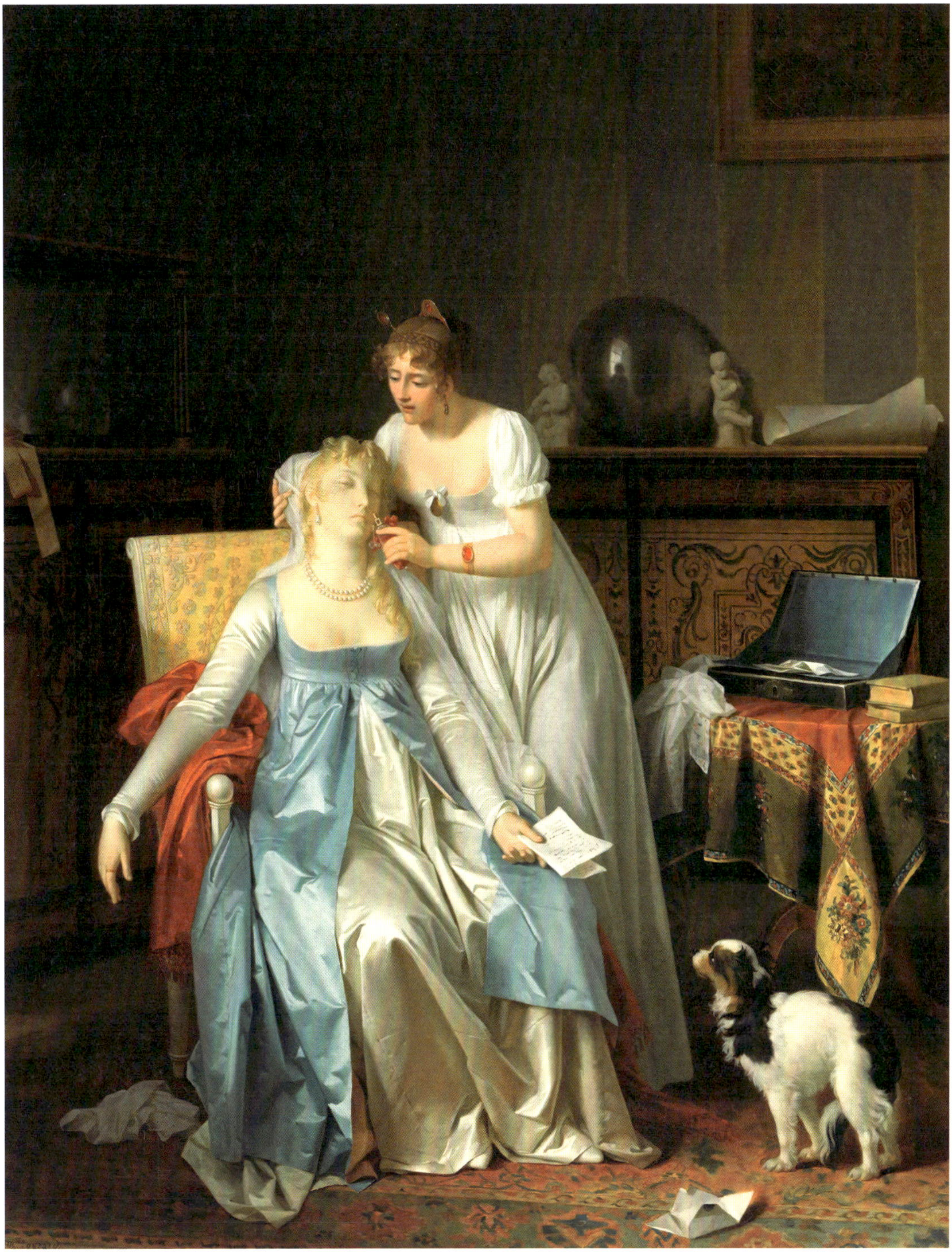

Louise-Élisabeth Vigée-Lebrun

(1755 – 1842)

Beide, die Malerin und ihr Modell, waren in ganz Europa bekannt. Zwei Frauen, die es, jede auf ihrem Gebiet, die eine in der Literatur, die andere in der Malerei, zu Weltruhm gebracht haben. Beide sind in Frankreich geboren und mussten aus politischen Gründen emigrieren, beide sind später im Triumph in ihre Heimat zurückgekehrt. Die eine allerdings, die Malerin, musste sich mühsam und aus eigener Kraft nach oben arbeiten. Madame de Staël dagegen war die Tochter des französischen Finanzministers und eine der reichsten Erbinnen Frankreichs ...

Louise-Élisabeth Vigée war die Tochter eines Pariser Malers, der seine Familie durch Porträtaufträge einigermaßen durchbringen konnte. Von ihm hat sie das Handwerk gelernt. Nach dem frühen Tod des Vaters musste sie für die Mutter sorgen. Um rasch zu Geld zu kommen, spezialisierte sie sich ebenfalls auf die Porträtmalerei – mit überraschendem Erfolg. In den Pariser Salons wurde man auf die junge, hübsche und arme Malerin aufmerksam. Vor allem die Damen der Gesellschaft – Gräfinnen, Schauspielerinnen, Bankiersgattinnen – ließen sich gern von ihr porträtieren. Und sie selbst war intelligent genug, ihre Auftraggeber durch „gefällige" Porträts zufriedenzustellen. Sie war einundzwanzig Jahre alt, als sie 1776 den Maler und Kunsthändler Le Brun heiratete, der schon aus beruflichen Gründen ihre künstlerische Tätigkeit unterstützte.

Ihre große künstlerische Karriere begann, als ihr drei Jahre später die Königin Marie-Antoinette Modell saß. Seitdem entwickelte sich zwischen ihr und der Königin eine Freundschaft, ein für die damalige Zeit unerhörter Vorgang. Marie-Antoinette hat es gegen den Widerstand der männlichen Kollegen durchgesetzt, dass die Malerin in die

Akademie aufgenommen wurde. Das hat der Künstlerin eine Menge Aufträge eingebracht, die Kunden mussten sich monatelang vorher zur Sitzung bei ihr anmelden. Aber die enge Verbindung zum Königshaus machte es ihr auch unmöglich, beim Ausbruch der Französischen Revolution in Paris zu bleiben. 1789 emigrierte sie nach Italien. Später reiste sie nach Wien, Berlin und Petersburg. Überall wurde sie glänzend aufgenommen und mit Aufträgen überhäuft. 1802, unter der Herrschaft Napoleons, konnte sie nach Frankreich zurückkehren. Sie lebte in ihrem Landhaus in der Nähe von Paris und unternahm große Auslandsreisen. Auf einer dieser Reisen traf sie in der Schweiz mit Madame de Staël zusammen. In der Schweiz ist auch das berühmte Porträt der Frau von Staël als Corinna entstanden. „Corinna oder Italien" ist der Titel eines Romans, den die Schriftstellerin 1807 veröffentlicht hatte. Das Buch hat damals ungeheures Aufsehen erregt: eine Frau, die sich frei und rückhaltlos über ihr Liebesleben äußert, die neue, emanzipatorische Thesen vertritt. Corinna plädiert für die freie Liebe und fordert, „Männer und Frauen sollten nicht nach verschiedenen Maßstäben beurteilt werden". Jeder wusste, dass die Autorin mit ihrer Romanheldin Corinna sich selbst dargestellt hatte.

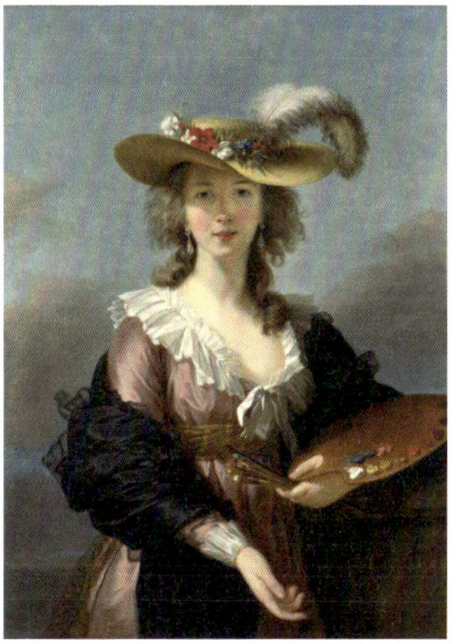

Louise-Élisabeth Vigée-Lebrun
Selbstbildnis mit Strohhut, 1782
Öl auf Leinwand, 98 x 71 cm
The National Gallery, London
Louise-Élisabeth Vigée-Lebrun, eine vielbeschäftigte Porträtmalerin, musste aus politischen Gründen emigrieren und konnte erst unter Napoleon nach Paris zurückkehren.

Louise-Élisabeth Vigée-Lebrun
Madame de Staël als Corinna am Cap Misène, 1809

Öl auf Leinwand, 140 x 125 cm
Musée d'art et d'histoire, Genf

Auf dem Bild von Louise-Élisabeth Vigée-Lebrun erscheint Madame de Staël als eine etwas füllige junge Frau, der man so viel emanzipatorischen Mut kaum zutraut. Der Ausdruck ist eher weich und träumerisch, die Lyra, die sie im Arm hält, ist als Symbol der Dichtkunst gemeint. Mit der Landschaft im Hintergrund ist Italien dargestellt, der Schauplatz des Romans, das Land, wo Corinna ihrem Liebhaber, einem englischen Aristokraten, begegnet. In Wirklichkeit war Madame de Staël eine ungemein couragierte und energische Frau, die sich durch nichts und niemanden aus der Fassung bringen ließ, auch nicht durch den Kaiser Napoleon. Sie hat ihm so deutlich die Meinung gesagt, dass er sich nicht anders zu helfen wusste, als sie aus Frankreich zu verbannen. In der Emigration hat sie ihr Hauptwerk geschrieben, ein Buch „Über Deutschland", das sie von vielen Reisen kannte. In diesem Buch hat sie ein entschieden positives Bild von Deutschland entworfen, sie hat es den Franzosen als „das Land der Dichter und Denker" geschildert.

Napoleon war darüber so empört, dass er das Buch, als es 1810 erschien, vernichten ließ. Es wurde dann in London neu gedruckt. Erst nach dem Sturz Napoleons konnte Madame de Staël in ihre Heimat zurückkehren. Damals kursierte ein Witz unter europäischen Diplomaten, der ihren politischen Einfluss kennzeichnet: „Es gibt drei Mächte in Europa: England, Russland – und Madame de Staël."

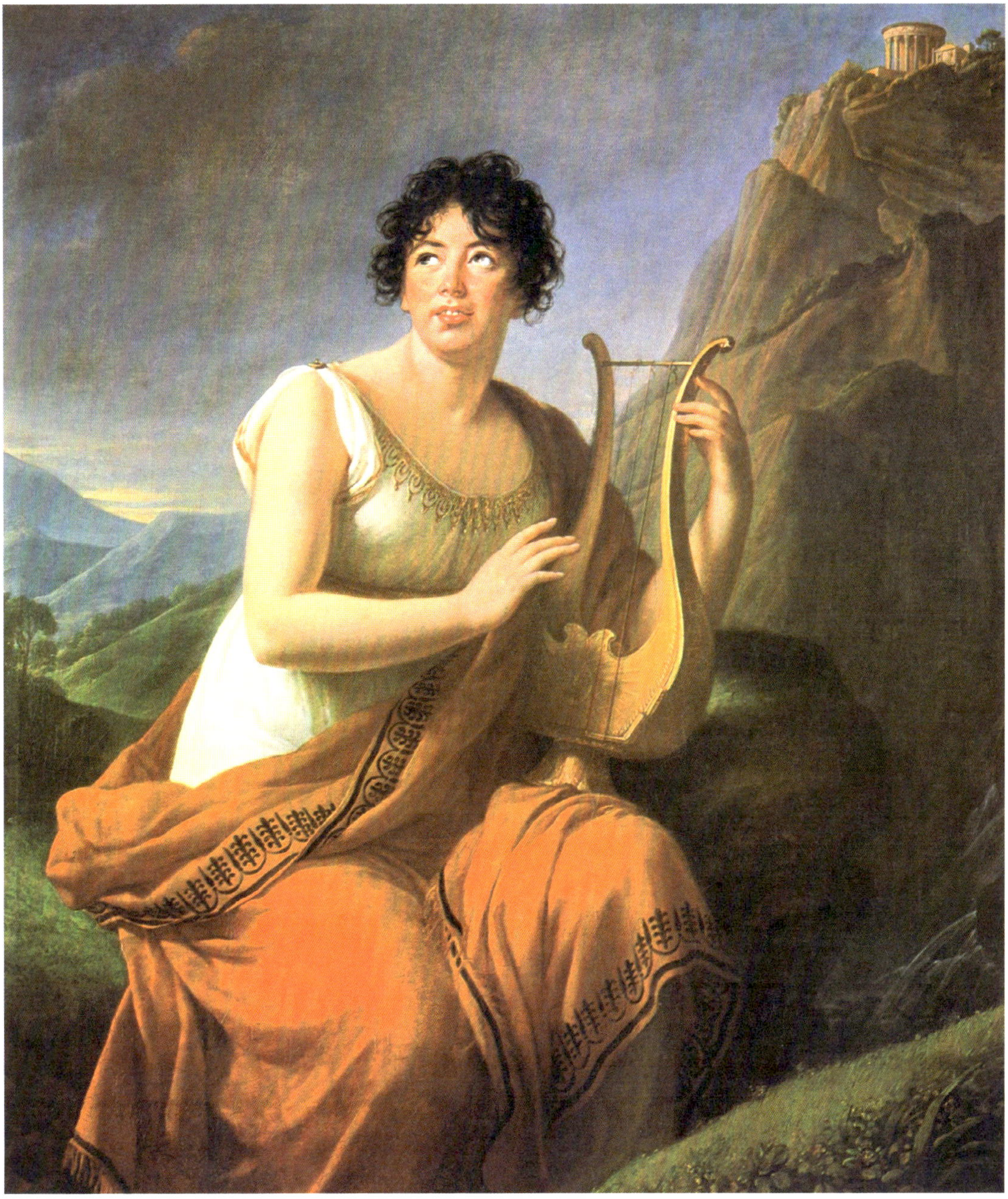

Marie-Éléonore Godefroid

(1778 – 1849)

Kinderporträts waren ihre Spezialität, auf diesem Gebiet konnte es niemand mit ihr aufnehmen. Sie wurde in den Pariser Salons herumgereicht und mit Aufträgen überschüttet. Sie hat die Kinder der Königin Hortense gemalt und die Kinder des Herzogs von Orléans, Kinder von Fürsten und Generälen. Sie wusste, was ihre vornehme Kundschaft von ihr erwartete: Sie sollte nicht nur die Kinder porträtieren, sie sollte auch den Glanz des elterlichen Hauses, ihre gesellschaftliche Stellung ins Bild bringen. Das hat sie auf unnachahmliche Weise vermocht, das erklärt ihren spektakulären Erfolg. Sie lebte in einer politisch bewegten Zeit, in der alle paar Jahre das Regime wechselte. Erst die Revolution, dann die Napoleonische Ära. Nach dem Sturz Napoleons die Rückkehr der Bourbonen, die Restauration. Für Marie-Éléonore Godefroid war es gleichgültig, wer gerade an der Macht war. Immer, unter jedem Regime, gab es eine Oberschicht, die ihre Kinder von ihr porträtieren ließ.

Wie viele Malerinnen der Vergangenheit stammte Marie-Éléonore Godefroid, geboren 1778 in Paris, aus einer Künstlerfamilie. Ihr Vater gehörte zu den bevorzugten Malern, die im Louvre, der Königsresidenz, ein Atelier besaßen. Hier in den Malerateliers des Louvre ist sie aufgewachsen, hat sie fast spielend die Anfangsgründe ihrer Kunst erlernt. Neben ihrem Vater war es vor allem der Maler François Gérard, der sich um die Ausbildung des Mädchens kümmerte. Gérard wohnte ebenfalls im Louvre, er hat später im Leben der Malerin eine entscheidende Rolle gespielt. Seine Schülerin muss ungewöhnlich begabt und frühreif gewesen sein. Schon mit siebzehn Jahren erhält sie ihre erste Anstellung als Zeichenlehrerin an einem exklusiven Pariser

Mädchenpensionat, das sich der besonderen Gunst Napoleons erfreut. Elf Jahre lang hat Marie-Éléonore Godefroid an dieser Schule unterrichtet. Im Jahre 1795 hat die Malerin den Schuldienst quittiert und ist in das Atelier ihres alten Freundes und Lehrers aus Kindertagen, François Gérard, eingetreten. Gérard war inzwischen zum Lieblingsmaler Napoleons avanciert, der ihn zum Baron ernannt hatte. Er war so beschäftigt, dass er eine tüchtige Mitarbeiterin brauchen konnte. Sie half ihm bei den Gemälden, die er für den Kaiser ausführen musste, und er verschaffte ihr Porträtaufträge. Für Marie-Éléonore Godefroid war es wichtig, einen Freund zu haben, der ihr den Start im Pariser Kunstbetrieb erleichterte. Aber sie ist auch dann bei Gérard geblieben, als sie sich längst einen Namen als Porträtmalerin gemacht hatte. Sie zog in sein Haus, mehr als dreißig Jahre haben sie zusammengelebt. Dabei war Gérard verheiratet und hatte mehrere Kinder. Aber das hat ihre Gemeinschaft nicht im mindesten beeinträchtigt. Sie gehörte zur Familie, sie nahm an den großen Empfängen teil, die im Hause Gérard veranstaltet wurden. In zeitgenössischen Berichten heißt es, sie habe darüber hinaus lästige Besucher von ihm ferngehalten und habe Briefe für ihn beantwortet

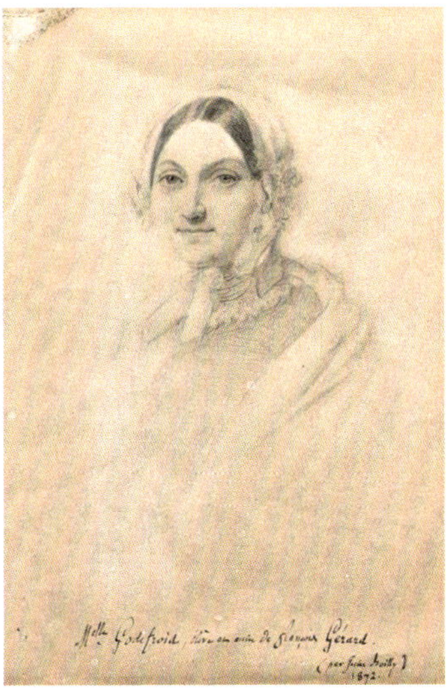

Julien-Léopold Boilly
Marie-Éléonore Godefroid, 1872
Bleistift auf Papier, 21 x 18 cm
Privatsammlung

Marie-Éléonore Godefroid
Die Söhne des Marschall Ney, 1810

Öl auf Leinwand, 162 x 173 cm
Gemäldegalerie,
Staatliche Museen zu Berlin

„in seiner Handschrift", also alles das getan, was man heute von einer tüchtigen Sekretärin erwartet. Auf künstlerischem Gebiet ist Marie-Éléonore Godefroid dem „Meister" Gérard durchaus ebenbürtig gewesen.

Typisch für ihren Stil, aber auch für den Geschmack ihrer Auftraggeber, ist das Bild der Söhne des Marschall Ney, das sie 1810 gemalt hat. Ney, ein Kind armer Leute, hatte es unter Napoleon zum Feldmarschall und Herzog gebracht. Das Bild sollte also auch den gesellschaftlichen Aufstieg der Familie dokumentieren. Die Kinder sind wie kleine Prinzen ausstaffiert, in Samt und Seide gekleidet, und die Kostbarkeit der Stoffe ist mit der gleichen Delikatesse wiedergegeben wie das Prunkschwert, das sich der älteste Sohn umgehängt hat. Napoleon hatte es dem Marschall Ney nach dem siegreichen Ägyptenfeldzug geschenkt.

Bis ins hohe Alter hat Marie-Éléonore Godefroid sich als Porträtmalerin betätigt. Ihren Freund Gérard hat sie um zwölf Jahre überlebt. Auch nach seinem Tod ist sie mit der Familie zusammengeblieben. 1849 ist sie an der Cholera gestorben.

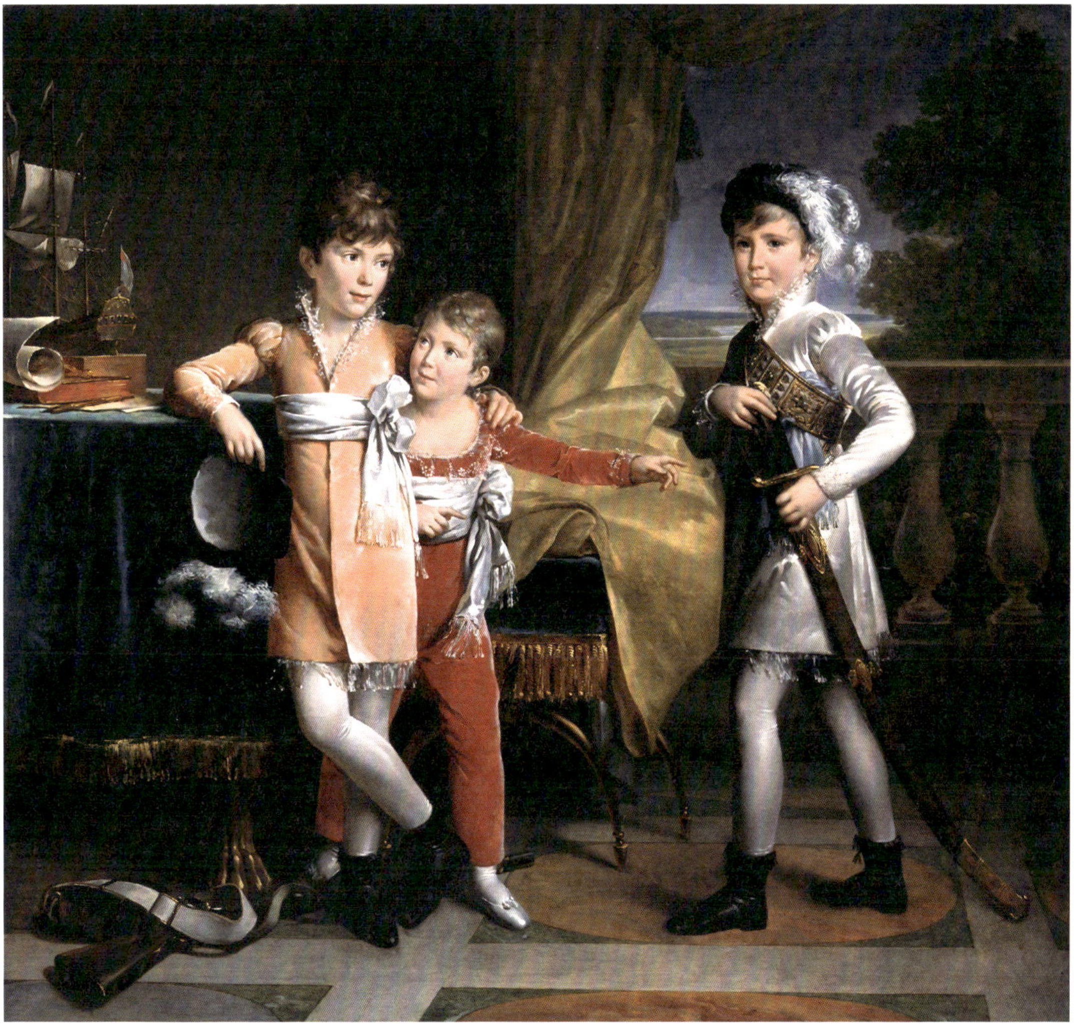

Louise Seidler

(1786 – 1866)

Die 1786 in Jena geborene Louise Seidler war zu ihrer Zeit eine bekannte und geschätzte Malerin. Als sie im Alter erblindete und nicht mehr malen konnte, diktierte sie ihre Erinnerungen, die 1873, sieben Jahre nach ihrem Tod, veröffentlicht wurden. Das Buch vermittelt eine genaue Vorstellung vom Leben dieser heute vergessenen Künstlerin.

Eine traurige Kindheit: Die Eltern leben in einer zerrütteten Ehe, das Kind wächst bei der Großmutter auf, später kümmert sich ihre Tante Dorette um das Mädchen. Mit dreizehn Jahren kommt Louise in ein Pensionat. Hier erhält sie den ersten Zeichenunterricht. Sie ist ungewöhnlich begabt. Ein Maler ist bereit, ihr Unterricht zu geben. Dann darf sie mit einer Freundin nach Dresden reisen. Sie besucht die berühmte Gemäldegalerie. „Eine neue Welt tat sich mir auf. Ein unbeschreibliches Gefühl durchzitterte mich." Professor Vogel nimmt sie kostenlos als Schülerin auf, und sie kopiert, wie damals üblich, Meisterwerke der Galerie. Damit verdient sie ihren Lebensunterhalt. Als sie in der Dresdner Galerie gerade eine heilige Cäcilia kopiert, kommt es zu einer Begegnung, die über ihr weiteres Leben entscheidet: Goethe steht plötzlich neben ihrer Staffelei, macht ihr Komplimente über ihre Arbeit. „Ich fühlte das Blut in meine Wangen steigen, als er mir liebreich die Hand bot." Er unterhält sich mit ihr „in väterlich-wohlwollendem Tone", das junge Mädchen gefällt ihm, er fragt: „Wo wohnen Sie, mein Kind?" So beginnt ihre Freundschaft. Er besucht sie, sie machen Spazierfahrten in seinem Wagen, treffen sich oft in der Galerie. Als er Dresden verlässt, wird sie von ihm nach Weimar eingeladen, wo sie ihn malen soll. Sie wohnt mehrere Wochen in seinem

Haus. Das Porträt (heute im Goethe-Nationalmuseum in Weimar) wird allgemein bewundert. Der Großherzog wird auf die junge Malerin aufmerksam. Er bewilligt ihr 400 Taler „damit ich in München ein Jahr lang die Kunst studiere". Dann erhält sie noch einmal die gleiche Summe, diesmal für ein Studium in Rom.

Fünf Jahre, von 1818 bis 1823, bleibt Louise Seidler in Rom – die schönste Zeit ihres Lebens. Sie arbeitet als einzige Frau mit deutschen Künstlern zusammen. Sie wohnt Wand an Wand mit den berühmten Malern Julius Schnorr von Carolsfeld und Friedrich von Olivier. Ihre Freunde in Weimar sorgen dafür, dass der Großherzog das Stipendium regelmäßig verlängert. Porträtaufträge und Gemäldekopien verschaffen ihr zusätzliches Geld. Als sie nach Weimar zurückkehren muss, um ihren kranken Vater zu pflegen, geben die deutschen Künstler ihr ein rauschendes Abschiedsfest.

Den „Heiligen Rochus" malte Louise Seidler 1816, noch vor der Italienreise – im Auftrag von Goethe! Im Sommer 1814 hatte Goethe das Rochusfest in Bingen miterlebt und war so beeindruckt, dass er ein Altarbild für die Rochuskapelle stiften wollte. Er selbst hat das Bild des Rochus, der als Nothelfer und Schutzheiliger gegen Pest und andere Seuchen verehrt wird, bis in alle Einzelheiten geplant. Den Entwurf ließ er in Weimar vom Hofrat Meyer herstellen, mit der Aus-

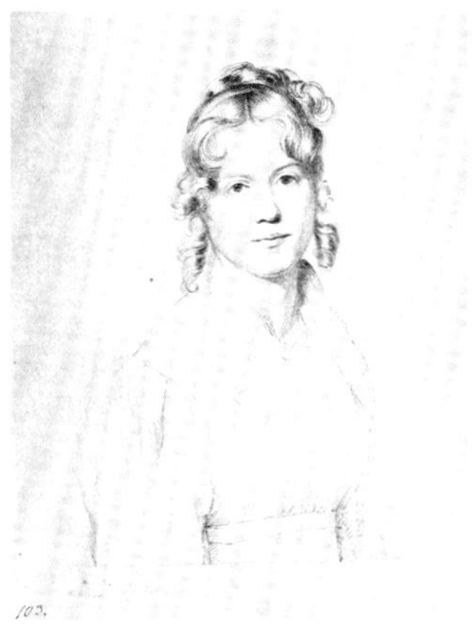

Carl Christian Vogel von Vogelstein
Louise Seidler, 1820
Schwarze Kreide, 20 x 15 cm
Kupferstich-Kabinett,
Staatliche Kunstsammlungen
Dresden (vermisst)

Louise Seidler

Der Heilige Rochus, 1816

Öl auf Leinwand, 166 x 120 cm
St.-Rochus-Kapelle, Bingen am Rhein

führung in Ölfarbe wurde Louise Seidler beauftragt. In einem langen Aufsatz hat Goethe das Bild beschrieben: „Der Heilige ist darauf als Jüngling dargestellt, der seinem verödeten Palast den Rücken wendet. Die Pilgerkleidung zeigt uns den Stand an, den er ergriffen. Zu seiner Rechten sehen wir ein Kind, das sich an Silbergeschirr und Perlen, als einer Ausbeute frommer Güterspende, freut, zur Linken ein zu spät gekommenes unschuldig flehendes Geschöpf, dem er die letzten Geldstücke aus dem Beutel hinschüttet …" Das Hündchen soll Rochus auf der Pilgerfahrt begleiten. Hinter der Mauer mit den Orangenbäumchen ist die Wildnis angedeutet, in die er sich als Einsiedler zurückziehen wird.

Im Sommer 1816 ist das Bild in die Rochuskapelle auf dem Rochusberg bei Bingen gelangt, wo es auch heute noch zu besichtigen ist. Man nennt es nach seinem Stifter das „Goethebild" – der Name der Malerin, die 1866 in Weimar gestorben ist, wurde vergessen.

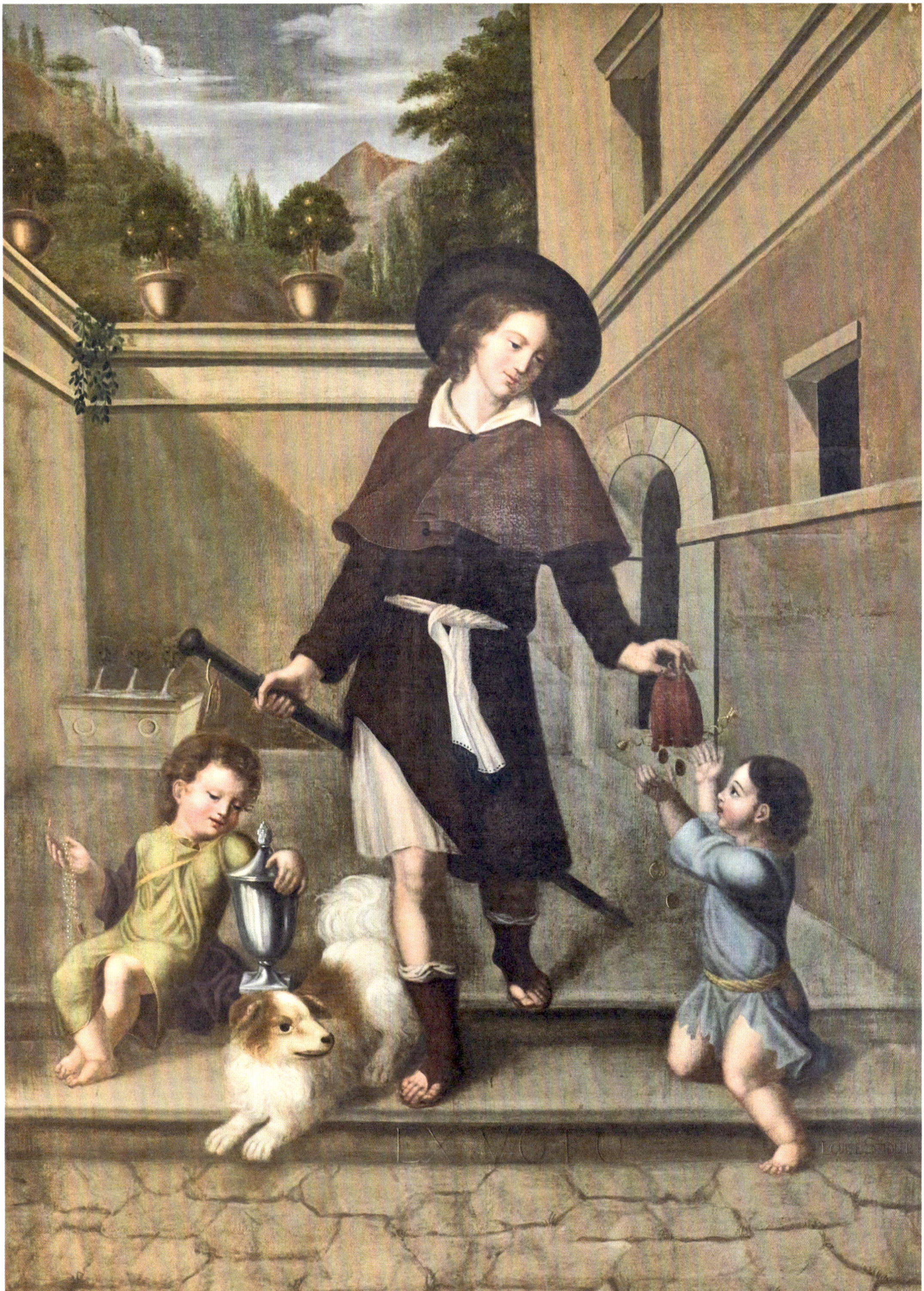

Ruth Whittier Shute

(1803 – 1882)

Das Bildnis einer jungen Frau aus der ersten Hälfte des 19. Jahrhunderts ist typisch für die amerikanische Malerei dieser Epoche, die sich von der europäischen Malerei stark unterscheidet. Den Vereinigten Staaten von Amerika fehlt die große künstlerische Tradition, die in Europa vorhanden ist. Es gab keine Kunstakademien, keine ausgebildeten Künstler. Es gab keine Museen, keine Ausstellungen, keine Fürsten und Herren, die Bilder bestellten und sammelten. Aber auch in Amerika wünschten sich die einfachen Leute – die Bürger, Farmer, Handwerker – Bilder für ihre Wohnungen. Keine Landschaften, keine Stillleben, sondern Porträts wollte man hauptsächlich haben. Eltern ließen sich für ihre Kinder malen, die Frau für ihren Mann nach dem Motto: „So habe ich ausgesehen, als ich jung war." Manchmal sind auch nur die Kinder dargestellt, oder man sieht Mutter und Tochter zusammen. Das Porträt als Erinnerungsbild für die Familie: Das ist eine wichtige künstlerische Aufgabe, die später von Fotografen übernommen wurde.

Ruth Whittier Shute hat sich nur auf dem Gebiet der Porträtmalerei betätigt. Ihr Werk besteht aus einigen Dutzend Porträts, die im letzten Jahrhundert nach und nach zum Vorschein kamen. Sie befinden sich heute in verschiedenen Museen und Sammlungen, die sich mit amerikanischer Volkskunst befassen. Wissenschaftliche Untersuchungen, die 1978 und 1980 veröffentlicht wurden, haben Einzelheiten über das Leben und Schaffen der Malerin ans Licht gebracht. Danach wurde sie 1803 in Dover, einer kleinen Ortschaft in New Hampshire im Nordosten der USA, geboren und war in erster Ehe mit dem Arzt Dr. Samuel A. Shute verheiratet. Ob sie sich schon vor der Heirat künstlerisch betätigt hat, ist unbekannt. Die ersten gesicherten Porträts sind 1827 entstanden. Einige Jahre ist Ruth Whittier Shute im Staat New Hampshire herumgezogen, um Porträtaufträge zu bekommen. Das geht aus Zeitungsannoncen hervor, die sie in verschiedenen Lokalblättern aufgegeben hat. In der Pittsburgher Zeitung beispielsweise erschien am 24. Mai 1834 folgende Anzeige: „Mrs. Shute, Malerin, erlaubt sich, die Damen und Herren von Pittsburgh zu informieren, dass sie im John M'kee's Hotel einen Raum gemietet hat, wo sie nur kurze Zeit bleiben wird. Jeder, der ihre Arbeit beanspruchen möchte, kann versichert sein, dass er ein korrektes, lebensgetreues Bild erhalten wird. Damen und Herren werden gebeten, sich zu melden und die Bilder zu prüfen. Preise von 5 bis 10 Dollar, Miniaturen von 5 bis 8 Dollar." In der gleichen Ausgabe der Zeitung findet sich auch noch eine redaktionelle Besprechung der im Hotel ausgestellten Bilder: „Soweit wir das beurteilen können, ist Mrs. S. in der glücklichen Lage, durch Zeichnung und Farbe ‚das göttliche Menschengesicht' auf die Leinwand zu bringen. Diejenigen, die wünschen, sich selbst zu sehen, so wie andere sie sehen, tun gut daran, die Gelegenheit wahrzunehmen, die ihnen der Aufenthalt von Mrs. S. in unserer Stadt bietet."

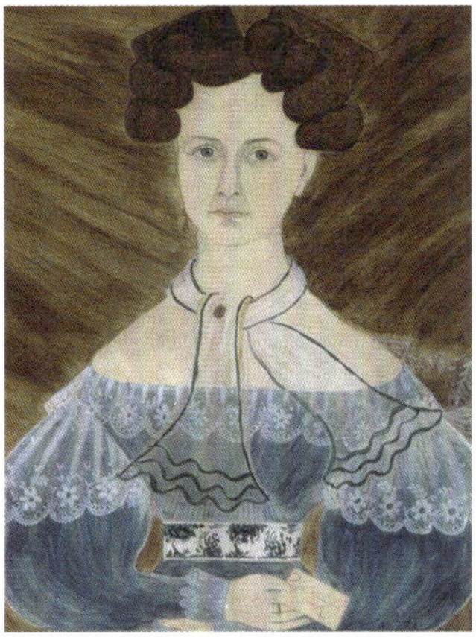

Ruth Whittier Shute,
Samuel Addison Shute
Emeline Parker of Lowell, Massachusetts,
1832
Aquarell, Gouache, Gummi arabicum, Graphit und Goldfolie auf Velinpapier, 60 x 47 cm
Metropolitan Museum of Art, New York

Ruth Whittier Shute

Junge Frau in Schwarz mit brauner Schleife, 1832/1833

65 x 49 cm

Old York Historical Society, York in Maine

Ähnliche Anzeigen und Besprechungen sind auch in anderen Zeitungen erschienen. Die Nachfrage war so groß, dass Dr. Samuel A. Shute zeitweise seine Arztpraxis aufgegeben und ebenfalls zum Pinsel gegriffen hat. Das Ehepaar Shute hat gelegentlich gemeinsam in der Zeitung inseriert, und es existieren mehrere Porträts, die sowohl von Ruth wie von Samuel signiert sind. Auf die Frage, wie die beiden zusammengearbeitet haben, hat die Wissenschaft noch keine schlüssige Antwort gefunden. Möglicherweise war der eine Partner für die Zeichnung, der andere für die Malerei zuständig. So steht es unter einem Porträt mit der Doppelsignatur. Aber das muss nicht auch für die anderen Bilder gelten. In dem Porträt einer jungen Frau sind Farbe und Zeichnung untrennbar verbunden. Man kann sich nicht vorstellen, dass zwei Künstler etwas so Einheitliches zustande bringen. Nach dem Tod ihres Mannes, 1836, arbeitete Ruth Whittier Shute allein weiter. Ihr letztes Porträt ist 1839 datiert. 1840 heiratete sie zum zweiten Mal und zog mit ihrem Mann nach Kentucky. Ihr letztes Porträt ist 1874 entstanden und zeigt ihre Enkeltochter.

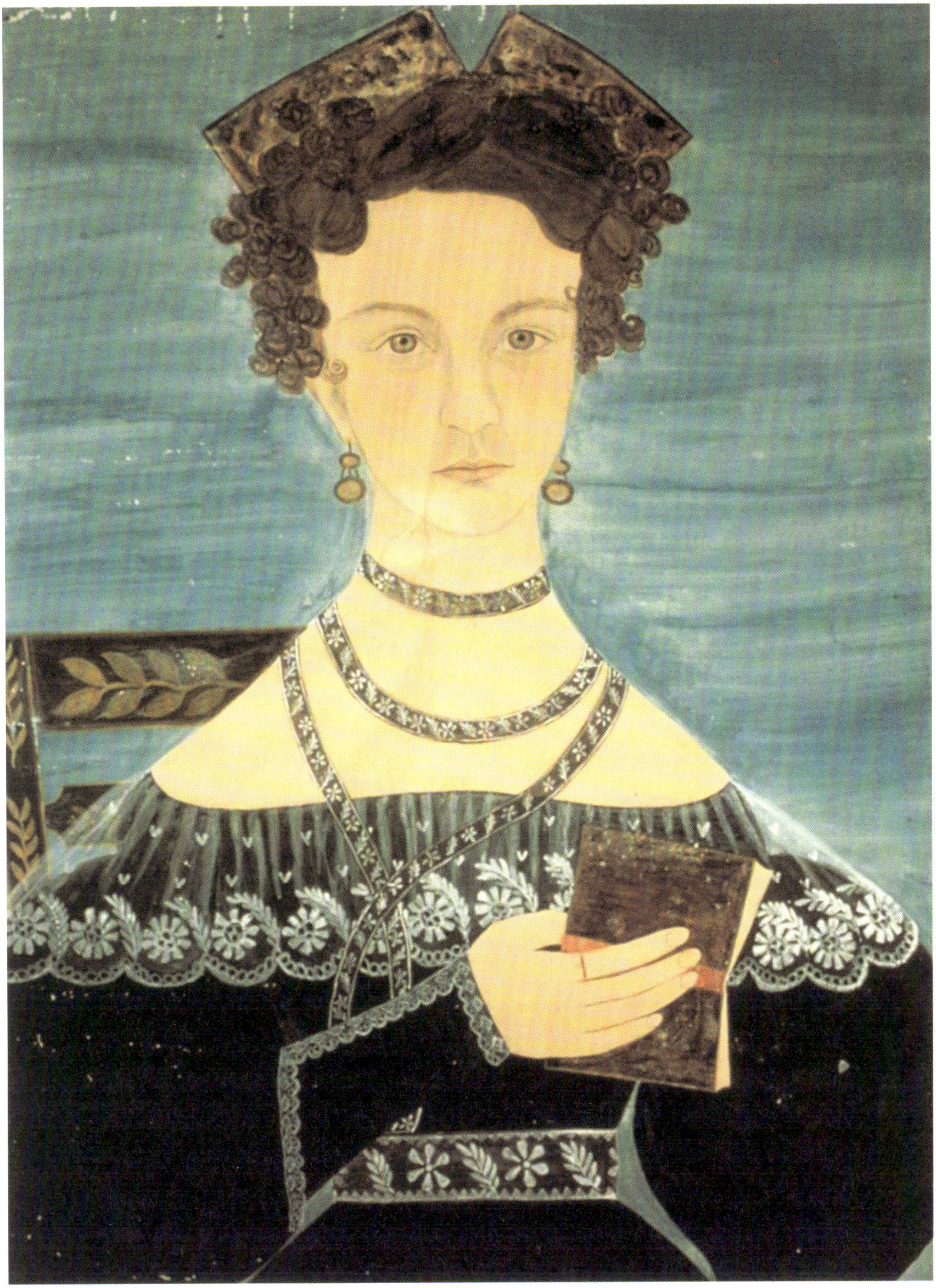

Hannah Cohoon

(1788 – 1864)

Niemand hat ihr das Malen beigebracht. Die wenigen Bilder, die sich von ihr erhalten haben, besitzen eine rätselhafte Schönheit. Die Künstlerin stammt aus einer amerikanischen Farmerfamilie, die im 17. Jahrhundert aus England eingewandert war. In Williamstown, einem neuenglischen Dorf, wurde Hannah Harrison 1788 geboren. Nach dem frühen Tod des Vaters musste die Mutter die drei kleinen Töchter aufziehen. Alle drei haben jung geheiratet. Hannahs Ehe mit einem Mister Cohoon hat nicht lange gedauert. Man weiß nicht, ob ihr Mann sie verlassen hat oder ob er gestorben ist. Jedenfalls hat sich die junge Frau mit ihrem fünfjährigen Sohn und der dreijährigen Tochter 1817 in dem Nachbardorf Hancock gemeldet und um Aufnahme in die dortige Shaker-Gemeinde gebeten.

Die Shaker sind eine Sekte, die sich von den Quäkern abgezweigt hatte. Sie ist von einer Frau namens Ann Lee gegründet worden, und die Shaker-Frauen besaßen mehr Freiheit und Einfluss als die meisten anderen Frauen.

Nach dem Glauben der Shaker existiert neben Gottvater eine weibliche Gottheit. Beide gemeinsam regieren die Welt. Dementsprechend wird jede Shaker-Gemeinde von einem Mann und einer Frau geleitet. Ihre Mitglieder bilden eine feste Lebensgemeinschaft, die in „Familien" organisiert ist, wo jeder dem anderen zu helfen verpflichtet ist. Die Sekte hat bis ins 21. Jahrhundert bestanden. Heute bemüht man sich, die Geschichte und Religion der Shaker wissenschaftlich aufzuarbeiten. Zentrum der Forschung ist das ehemalige Shaker-Dorf Hancock, wo Dokumente der Shaker-Sekte gesammelt werden, darunter auch die Bilder von Hannah Cohoon, die als

„Schwester Hannah“ in die Gemeinschaft aufgenommen wurde und ihr ganzes Leben in Hancock verbracht hat. Hier ist sie 1864 im Alter von fünfundsiebzig Jahren gestorben.

Mit dem Malen hat sie offenbar erst spät angefangen. Der abgebildete „Baum des Lichtes“ ist das früheste ihrer Bilder, die alle auf den Tag genau datiert sind. Es ist am 9. Oktober 1845 entstanden. Die Malerin muss sich in einer religiösen Ekstase befunden haben. In der eigenhändigen Bildunterschrift heißt es: „Ich sah, wie der Engel den ganzen Baum mir vor Augen hielt, so deutlich wie irgendeinen natürlichen Baum.“ Gleichzeitig spricht sie von „Blitzen“, die der Baum aussendet. In der Shaker-Religion gilt der Baum als Symbol für das Leben, für das ewige Wachsen und Werden, das sich im Licht vollzieht. Diesen Symbolgehalt hat sie wiedergegeben, in einer Mischung aus Naivität und künstlerischer Meisterschaft, über die man nur staunen kann. Aus dem Blattwerk entwickelt sie ein reiches lebendiges Ornament, das sich in unterschiedlichen Formen über die weiße Fläche verteilt. Die Blätter selbst sind mit winzigen roten Kringeln umrandet, die den Eindruck des Blitzens und Flimmerns hervorrufen. Aber auch das Grün der Blätter und der braune Baum mit seinen geschlängelten Wurzeln sind mit hellen Lichtpartikeln durchsetzt.

Hannah Cohoon

Der Baum des Lichtes, 1845

Aquarell und Tinte auf Papier, 46 x 57 cm
Hancock Shaker Village, Pittsfield

Hannah Cohoon hat das Baummotiv später noch einmal aufgegriffen und einen „Lebensbaum“ gemalt. Aber eine professionelle Künstlerin ist sie nicht geworden. Sie hat den Pinsel nur auf „höheren Befehl“ in die Hand genommen, um ihre Visionen festzuhalten. Ihr letztes Bild hat sie am 29. Juni 1856 gemalt. Da sei ihr, schreibt sie, eine der Shaker-Frauen erschienen und habe ihr einen Korb mit frischen Äpfeln gebracht. Auf ihrem Bild schweben die Äpfel im Raum, ohne sich zu berühren. Es sind keine Äpfel, wie sie in der Natur vorkommen, sondern Phantasieprodukte, die den Segen des Himmels symbolisieren.

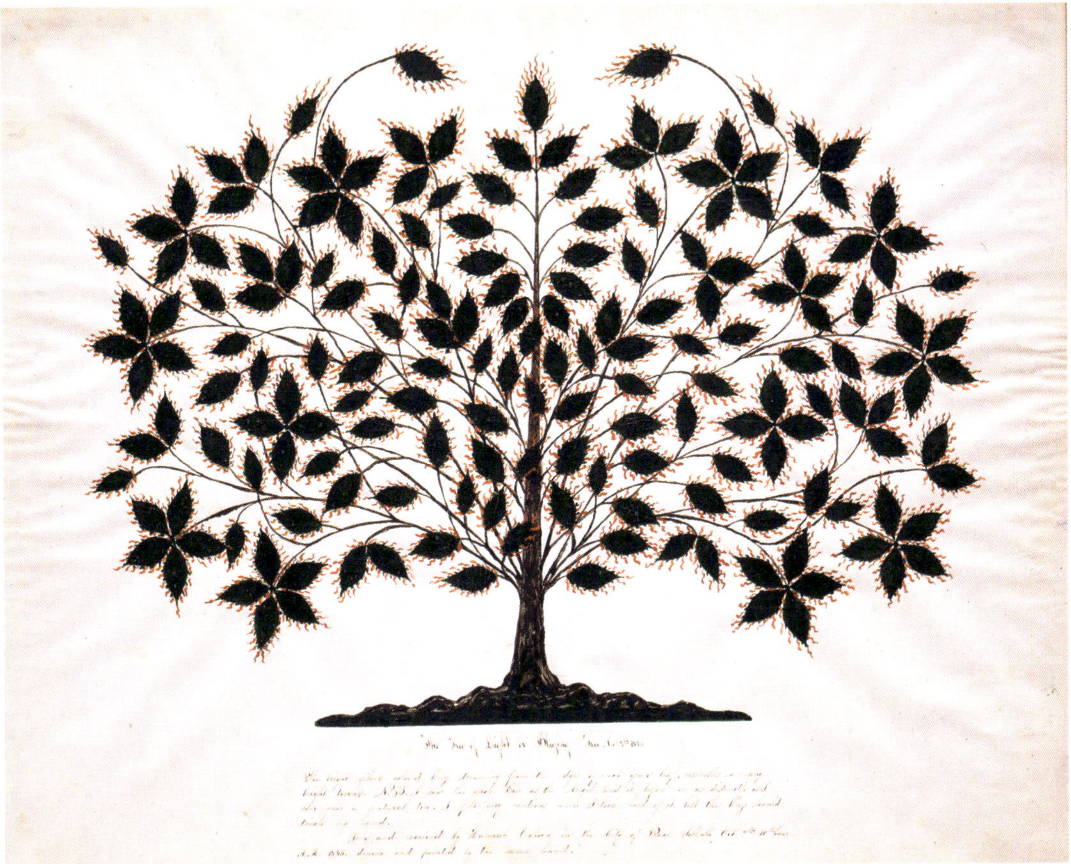

Rosa Bonheur

(1822 – 1899)

„Die größte Künstlerin, die das Frankreich des 19. Jahrhunderts hervorgebracht hat, ist unstreitig die Tiermalerin Rosa Bonheur.“ So heißt es in einem Buch über die bildenden Künstlerinnen der Neuzeit, das 1905 erschienen ist. Die Zeitgenossen haben ihr Werk grenzenlos bewundert. Der berühmte französische Dichter Victor Hugo gab der allgemeinen Bewunderung Ausdruck, als er schrieb: „Ich stelle sie als schöpferische Künstlerin über alle anderen Frauen.“

Rosa Bonheur ist die erste Künstlerin, die mit dem Kreuz der französischen Ehrenlegion ausgezeichnet wurde. Das geschah im Jahr 1865. Diese ungewöhnliche Auszeichnung wurde der Malerin von der Kaiserin Eugénie persönlich überreicht. Damals wohnte Rosa Bonheur bereits in einem Schloss im Wald von Fontainebleau, wo die Kaiserin sie besuchte. Eine zusätzliche Ehre: Die fortschrittliche Kaiserin wollte damit in aller Öffentlichkeit für die Gleichberechtigung der Frau demonstrieren und hat dafür das Zitat „Das Genie hat kein Geschlecht.“ von Madame de Staël übernommen. Das Werk von Rosa Bonheur hat ihr zu dieser Einsicht verholfen. Ein bedeutendes Werk, das keinerlei typisch weibliche, „geschlechtsspezifische“ Merkmale aufweist. In ihrer Malerei und ihrem Lebensstil gab Rosa Bonheur ein Beispiel für die Unabhängigkeit der Frau gegenüber Konventionen und Vorurteilen.

Rosa Bonheur wurde 1822 in Bordeaux geboren. Sie war das älteste Kind eines Zeichenlehrers, der später nach Paris ging und große Mühe hatte, durch Privatstunden seine Familie durchzubringen. Nach dem frühen Tod der Mutter waren die Kinder sich selbst überlassen. Die Tochter Rosa ist ziemlich wild und unbeaufsichtigt herangewachsen. In ihrer Biografie heißt es, sie sei am liebsten einsam durch die Gegend gestreift und habe wie ein Junge auf alles, „was da fleucht und kreucht", Jagd gemacht. Dann habe sie angefangen, Mauern und Wände mit Pferden, Kühen und Schafen zu bemalen. Als der Vater ihr Talent entdeckte, hat er sie, soweit er dafür Zeit hatte, im Malen und Zeichnen ausgebildet. Außerdem schickte er sie in den Louvre, wo sie die Alten Meister kopierte. Dabei bewies sie so viel Geschick, dass sie ihre Kopien an ausländische Touristen verkaufen konnte. Auf diese Weise hat sie bereits mit siebzehn Jahren zum Unterhalt der Familie beigetragen. Aber ihre große Passion blieben die Tiere. „Ich studierte Kühe, Schafe und Ziegen", schreibt die Malerin. „Ich mietete mich bei einer Bäuerin ein und blieb dort einige Monate. Ich liebte es, die schnellen Bewegungen der Tiere zu erfassen, die Reflexe ihres Felles. Jedes Tier hat seine individuelle Physiognomie ..."

Später hat sie ihre Tierstudien auf Pferdemärkten und in Schlachthöfen fortgesetzt. Um von den Fuhrleuten und Schlachtergesellen nicht belästigt zu werden, trug sie Männerkleidung – ein Skandal, ein Verstoß gegen die guten Sitten! Als die Sache ruchbar wurde, besorgte sich die couragierte Malerin eine Sondergenehmigung vom Polizeipräfekten, der ihr die Hosentracht erlaubte. Ihre Tierbilder, Ergebnisse ihrer intensiven Studien, schickte sie zum „Salon", der großen Pariser Kunstausstellung. Gegen den erbitterten Widerstand ihrer männlichen Kollegen konnte sie sich allmählich durchsetzen. 1848 erhielt sie eine „Medaille erster Klasse". Fünf Jahre später war ihr „Pferdemarkt" die

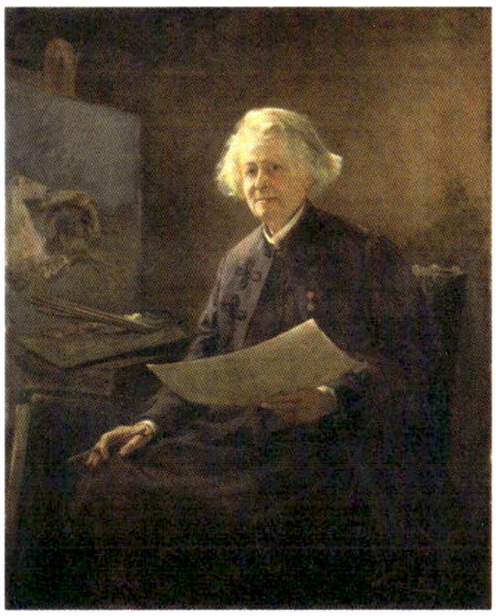

Anna Klumpke
Rosa Bonheur, 1898
Öl auf Leinwand, 117 x 98 cm
Metropolitan Museum of Art, New York

Rosa Bonheur
Weidewechsel, 1863

Öl auf Leinwand, 64 x 100 cm
Hamburger Kunsthalle

Hauptattraktion des „Salons". Das Gemälde wurde später vom amerikanischen Eisenbahnkönig Vanderbilt für eine viertel Million Franken erworben. Er stiftete es dem Metropolitan Museum of Art. Sammler und Museen rissen sich um Rosa Bonheurs Bilder und bezahlten Rekordpreise, wie sie im 20. Jahrhundert für Picasso gezahlt wurden.

Dieser außerordentliche künstlerische und finanzielle Erfolg hat es Rosa Bonheur ermöglicht, sich ihren Wunschtraum zu erfüllen: Mit ihrer Freundin Nathalie Micas hat sie sich auf ein Schloss in den Wäldern von Fontainebleau zurückgezogen und einen Tierpark eingerichtet mit Pferden, Schafen, Elchen, Gazellen, Affen und Schildkröten, die sie als Modelle für ihre Bilder benutzte. Außerdem konnte sie sich Auslandsreisen erlauben. 1899 ist die Malerin, siebenundsiebzig Jahre alt, gestorben. Das Gemälde „Weidewechsel" ist 1863 entstanden. Ein Motiv aus dem schottischen Hochland. Zum Weidewechsel wird die Schafherde in großen Kähnen über den See gerudert. Der alte Schäfer in schottischer Nationaltracht mit dem rotkarierten Schal, der sich im Wasser spiegelt. Die Köpfe der Tiere sind ebenso individuell behandelt wie die Gesichter der Männer. Den Tieren, dieser lebendigen, warmen, in der Sonne leuchtenden Bootsfracht, gehört die besondere Liebe der Malerin. Aber das Bild geht doch weit hinaus über den Begriff der Tiermalerei. Erst die Landschaft mit der bewegten Wasserfläche, den hell- und dunkelblauen Reflexen, den violettdunstigen Bergen – gibt dem Bild diese eigentümliche Atmosphäre, die Stimmung zwischen Romantik und Impressionismus.

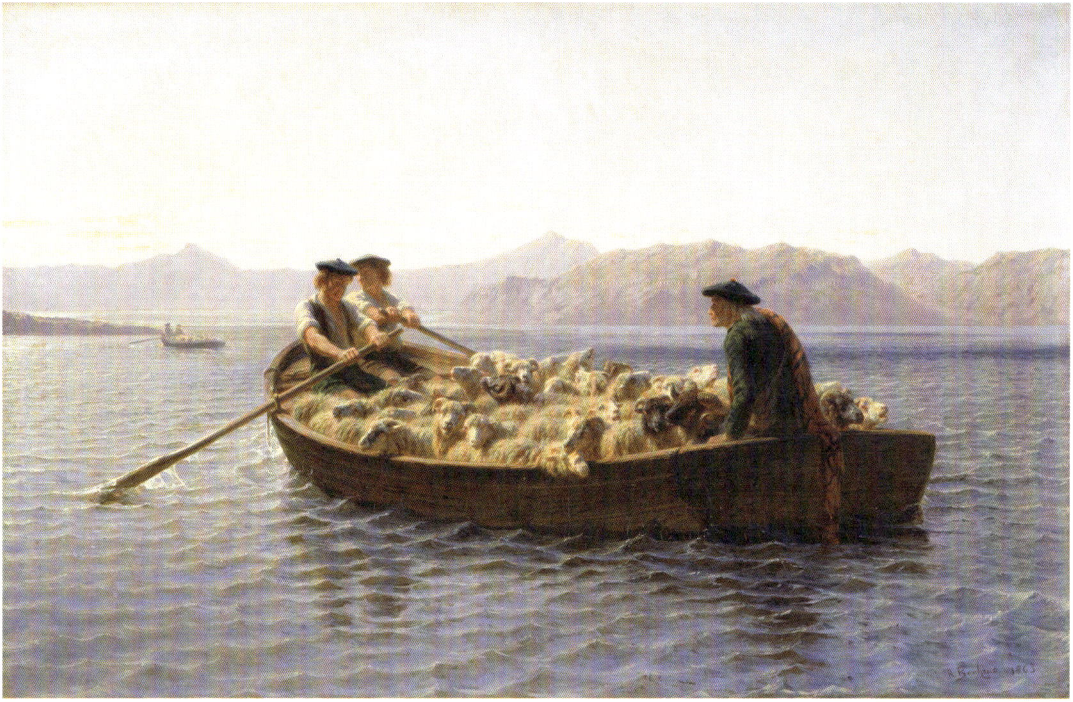

Elizabeth Thompson / Lady Butler

(1846 – 1933)

Als sie im Jahre 1874 in der Königlichen Akademie zu London eines ihrer Schlachtenbilder ausstellte, gab es eine Sensation. Niemand wollte glauben, dass eine Frau dies gemalt hatte. Der englische Kritiker Ruskin nannte es das Werk einer Amazone und lobte es in den höchsten Tönen. Auch das Publikum reagierte, nachdem sich der erste Schock gelegt hatte, enthusiastisch. Der Zulauf war so gewaltig, dass ein Polizist beordert wurde, das Bild zu bewachen. Am Ende der Ausstellung wurde es von Königin Victoria erworben. Damit begann eine beispiellose Karriere. Die Schlachtenmalerin, die damals noch keine Lady war, sondern Elizabeth Thompson hieß, wurde rasch zu einer europäischen Berühmtheit. Ihren größten Erfolg hatte sie, wenige Jahre später, mit dem Gemälde „Balaclawa". Ein Thema, das den Engländern an die Nerven ging, das ihren Nationalstolz berührte.
Die Szene spielt im Krimkrieg, den die Engländer als Verbündete der Türkei 1854 gegen Russland führten. Der Kommandeur der „Leichten Brigade", einer Elitetruppe der britischen Kavallerie, befiehlt den Angriff auf die russische Artilleriestellung bei Balaclawa. Ein sinnloser Befehl: Die Reiterattacke bricht im Feuer zusammen, der Offizier wurde später vors Kriegsgericht gestellt. Trotzdem wurde die Schlacht von Balaclawa zum Heldenmythos erhoben. Lord Tennyson, der offizielle Dichter der viktorianischen Ära, feierte den Untergang der Leichten Brigade als Zeugnis soldatischer Pflichterfüllung in einer berühmten Ballade: „Da gibt es nichts zu fragen, Da gibt es kein Warum, nur sterben ..."

Die Malerin hat nicht den Augenblick des Angriffs dargestellt. Sie zeigt, wie die Überlebenden aus der Schlacht zurückkehren: Verwundete, Männer, die vom Pferd stürzen, die sich am Boden wälzen, die mit aufgerissenen Augen ins Leere blicken. In diesem Schlachtenbild wird nichts beschönigt und idealisiert. Die Malerin ist weit davon entfernt, Krieg und Heldentum zu verherrlichen wie ihr Landsmann Lord Tennyson. Man kann „Balaclawa" als einen Friedensappell auffassen, so wie im 20. Jahrhundert Otto Dix seine Kriegsbilder verstanden hat, weil hier die schauerlichen Folgen des Kriegs schonungslos vorgeführt werden. Elizabeth Thompson will nichts anderes, als das historische Ereignis so sachlich, so genau, so realistisch wie irgend möglich wiedergeben.

Eine Frau, die sich zur Schlachtenmalerei berufen fühlt, die ihr Leben lang nur Schlachtenbilder gemalt hat: Der Fall ist einmalig in der Kunstgeschichte und einigermaßen rätselhaft. Das militärische Genre war bis dahin ausschließlich den Männern vorbehalten. Das 19. Jahrhundert hat es außerordentlich geschätzt, und seit den Napoleonischen Kriegen waren es vor allem französische Künstler, die sich als Militärmaler betätigten, Künstler wie Meissonnier, Neuville und Detaille, die sich jetzt damit abfinden mussten, dass ihnen ausgerechnet eine Frau, eine Engländerin, auf diesem Spezialgebiet den Rang streitig machte.

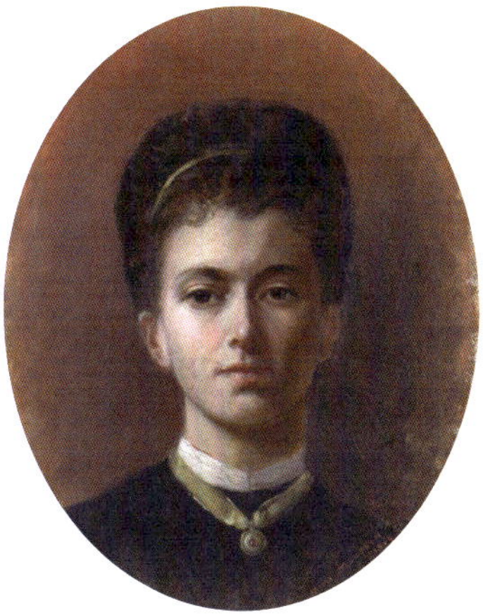

Elizabeth Thompson / Lady Butler
Selbstbildnis, 1869
Öl und Bleistift auf Karton,
22 x 18 cm
National Portrait Gallery, London

Elizabeth Thompson / Lady Butler
Balaclawa, 1876

Öl auf Leinwand, 103 x 188 cm
Manchester Art Gallery

Elizabeth Thompson, Kind britischer Eltern, wurde 1846 in Lausanne in der Schweiz geboren. Die Mutter war eine bekannte Pianistin, der Vater ein ungewöhnlich kultivierter Mann mit musischen Neigungen und so begütert, dass die Familie es sich leisten konnte, auf dem Kontinent zu leben. Die Thompsons hatten zwei Töchter, beide sehr begabt, sehr exzentrisch. Die eine interessierte sich für Malerei, die andere für Literatur. Alice, die jüngere Schwester, hat später in der englischen Frauenbewegung eine führende Rolle gespielt und in ihren Büchern sozialistische Ideen vertreten. Elizabeth dagegen schwärmte für alles Militärische, wurde Malerin und, nachdem sie einen General geheiratet hatte, Lady Butler. Der General hat ihre Schlachtenbilder aufrichtig bewundert. Und während viele Malerinnen, wenn sie verheiratet waren, ihren künstlerischen Beruf aufgeben mussten, hat Lady Butler ihre Arbeit intensiv weitergeführt, ihr sachverständiger Mann hat sie mit Rat und Tat unterstützt. Er hat sie auf seine Dienstreisen mitgenommen, bis nach Ägypten und Südafrika. Sie durfte den General sogar ins Manöver begleiten und das militärische Geschehen aus nächster Nähe beobachten. Er hat ihr historische Uniformen beschafft und ihr einen Veteranen aus dem Krimkrieg ins Atelier geschickt. So erklärt sich die erstaunliche Genauigkeit in allen militärischen Details, die ihre Bilder auszeichnet. Aber auch die Landschaft bringt sie ereignisgetreu ins Bild. Um ein Schlachtfeld, das sie nie gesehen hat, „richtig" zu malen, kauft sie kurz entschlossen ein Kornfeld und lässt es von Kindern zertrampeln ... Diese Art von Schlachtenmalerei hat Lady Butler bis ins 20. Jahrhundert beibehalten, als man dafür kaum noch Verständnis hatte. 1933 ist die Generalswitwe gestorben.

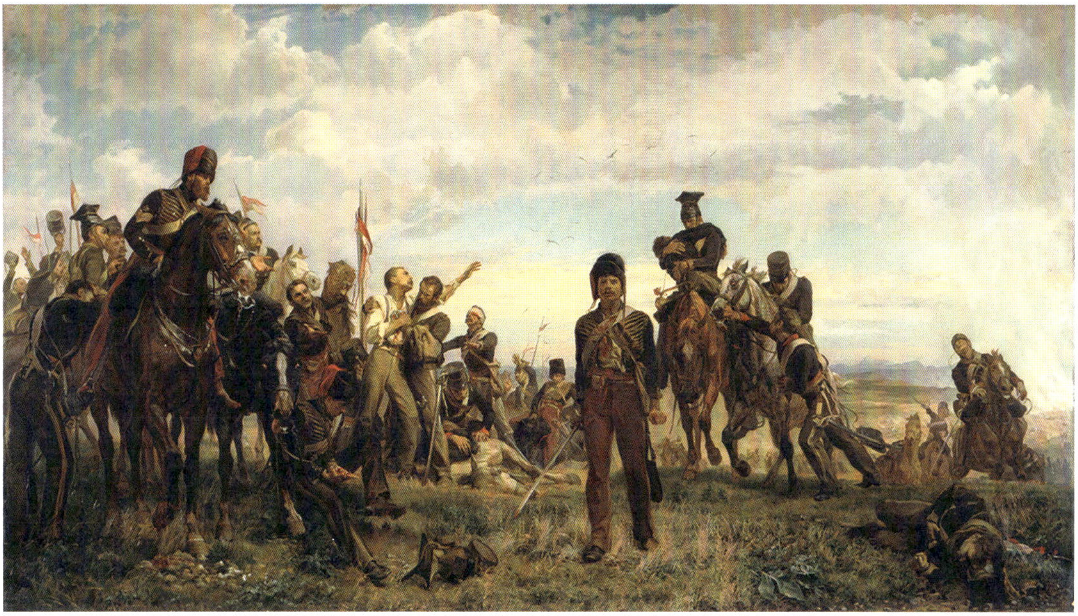

Berthe Morisot

(1841–1895)

„Eine Bande von fünf oder sechs Verrückten, einer von ihnen ist eine Frau, wie es in allen berüchtigten Banden der Fall zu sein pflegt. Ihr Name ist Berthe Morisot ...", schreibt der Kritiker des Pariser „Figaro" im Jahre 1876. Die anderen „Verrückten" sind die heute weltberühmten impressionistischen Maler Manet, Monet, Renoir, Sisley, Pissarro ... Im Kreis der Impressionisten ist Berthe Morisot in der Tat die einzige Frau, die von Anfang an dazugehörte, die alle Kämpfe, alle Beschimpfungen und schließlich auch ihren späten Triumph miterlebte. Aber auch in ihrer Zeit, in der zweiten Hälfte des 19. Jahrhunderts, hatten die Frauen es schwer, sich künstlerisch durchzusetzen.

Berthe Morisot stammt aus einem ungewöhnlich kultivierten Milieu. Sie wurde 1841 geboren. Ihr Vater hatte Architektur studiert und sich später für den Staatsdienst entschieden. Er machte eine große Karriere; zuletzt war er Präsident des Rechnungshofes in Paris. Berthe und ihre ältere Schwester Edma begannen schon früh zu zeichnen. Der Vater engagierte einen Zeichenlehrer, von dem die frühreifen, sehr intelligenten, sehr kritischen Mädchen rasch enttäuscht waren. Der nächste Lehrer sagte nach der ersten Zeichenstunde, die er den Mädchen gegeben hatte, zu ihrer Mutter: „Ihre Töchter haben großes Talent, und ich fürchte, dass mein Unterricht sie nicht befriedigen kann. Sie werden Malerinnen werden. Wissen Sie, was das heißt? In Ihrer Position, als Mitglied der oberen Mittelklasse, wird das eine Revolution sein, beinahe möchte ich sagen: eine Katastrophe. Sind Sie ganz sicher, dass Sie nie den Tag bereuen werden, an dem die Kunst in Ihr friedliches Haus eindrang und das Schicksal Ihrer Töchter formte?" Mit diesen Sätzen ist die Situation der Künstlerin zutreffend beschrieben. Ein bisschen

Zeichnen, ein bisschen Aquarellieren gehörte zum guten Ton, verbesserte die Heiratschancen der „höheren Töchter". Aber die ernsthafte, die professionelle künstlerische Arbeit hatten sie gefälligst den Männern zu überlassen. Edma Morisot hat später einen Marineoffizier geheiratet und sogleich nach der Hochzeit das Malen aufgegeben. Berthe dagegen ist Malerin geworden, eine der großen Malerinnen ihres Jahrhunderts.

Gewiss, die guten Beziehungen ihrer Familie haben ihr zunächst den Weg erleichtert. Sie verschafften ihr Zutritt zu Corot, einem der bedeutendsten französischen Künstler, der sie privat ausbildete. Die entscheidende Begegnung: Als sie im Louvre ein Rubens-Gemälde kopiert, lernt sie den Maler Édouard Manet kennen. Daraus entwickelt sich eine Freundschaft, von der beide profitiert haben. Berthes Malerei wird freier und kühner, sie verlässt endgültig die akademische Tradition. Manet wiederum übernimmt von ihr die Angewohnheit, im Freien, „vor der Natur", zu arbeiten. Sie sitzt ihm Modell für sein berühmtes Bild „Berthe Morisot mit einem Veilchenstrauß" (siehe unten). Er bewundert nicht nur ihren Charme, er akzeptiert auch ihre künstlerische Arbeit.

Die Verbindung zu Manet wird noch enger, als sie 1874 den Bruder des Malers, Eugène Manet heiratet. Zusammen mit Manet beteiligt sie

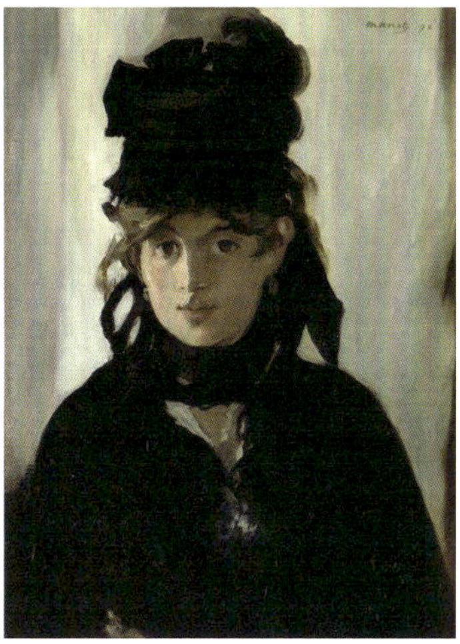

Édouard Manet
Berthe Morisot mit einem Veilchenstrauß, 1872
Öl auf Leinwand, 56 x 41 cm
Musée d'Orsay, Paris
Théodore Duret, ein Freund Berthe Morisots, berichtet: „Sie war nicht wirklich schön, ihre Gesichtszüge waren unregelmäßig und ihre Farben blass. Doch es war unmöglich, sie zu übersehen, denn sie war eine Künstlerin bis in die Fingerspitzen ... Ihr Werk und ihr Wesen stimmten bis ins letzte überein."

Berthe Morisot
Junge sich pudernde Frau, 1877

Öl auf Leinwand, 46 x 39 cm
Musée d'Orsay, Paris

sich an der ersten Impressionistenausstellung, die im gleichen Jahr in Paris stattfindet und mit einem unvorstellbaren Skandal endet. Das wiederholt sich, als die Impressionisten im nächsten Jahr eine gemeinsame Versteigerung veranstalten. Der Auktionator muss die Polizei zu Hilfe rufen. In der Presse liest man: „Die Impression, die die Impressionisten erzielen, ist diejenige einer auf den Tasten des Klaviers herumspazierenden Katze oder eines Affen, der sich eines Farbkastens bemächtigt hat."

Heute erscheint es unverständlich, dass diese impressionistischen Bilder einmal Wut und Empörung hervorrufen konnten. Die „Junge sich pudernde Frau" hat Berthe Morisot 1877 gemalt. Mit einer hinreißenden Frische und Lebendigkeit hat sie die intime Szene wiedergegeben. Die Einzelheiten, die Utensilien auf dem Schminktisch, Halskette und Ohrgehänge sind gerade nur angedeutet und verschmelzen in einem Fluidum aus Licht und Farbe. Ihre Ehe, gesellschaftliche Verpflichtungen, das eigene Haus, das sich das Ehepaar in Paris gebaut hat, haben Berthe Morisot nicht daran gehindert, sich als Künstlerin weiterzuentwickeln. Nach der Geburt ihrer einzigen Tochter Julie hat sie sich in ihrer Malerei ständig mit diesem Kind beschäftigt: Julie im Garten, am Klavier, beim Spielen auf der Straße, mit ihren Freundinnen. Bilder und Pastelle, die in zarten Farben, mit sensiblem Strich den flüchtigen Augenblick festhalten und die ihr schließlich Ruhm und Anerkennung verschafft haben. Bis zuletzt hat sie an allen impressionistischen Gruppenausstellungen teilgenommen. 1895 ist sie in Paris gestorben.

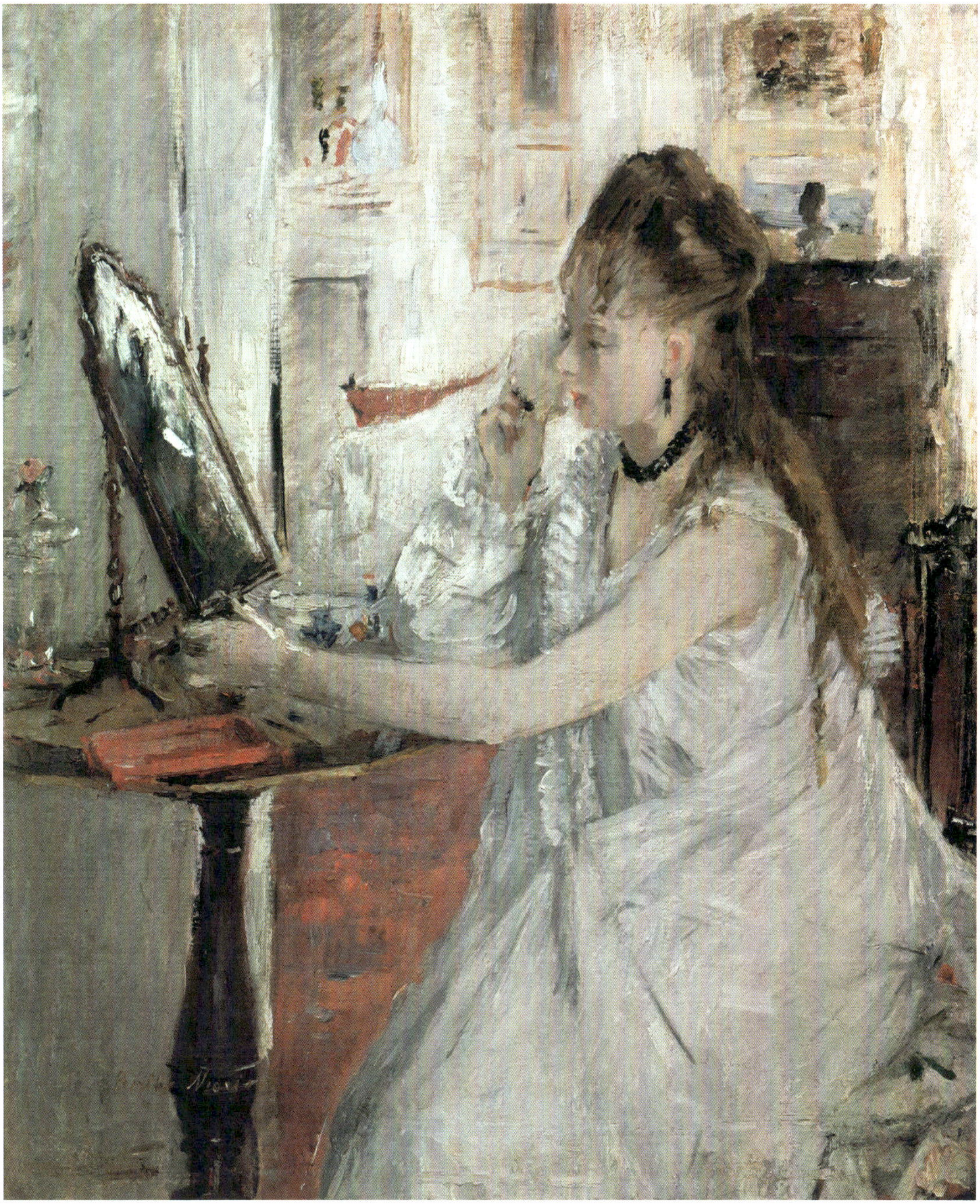

Fanny Churberg

(1845 – 1892)

Fanny Churberg ist eine der wenigen finnischen Malerinnen von Bedeutung. Ihr Name steht trotzdem in keinem Künstlerinnen-Lexikon, er war außerhalb Skandinaviens unbekannt, bis die Hamburger Kunsthalle im Sommer 1983 eine Ausstellung finnischer Malerinnen des 19. und 20. Jahrhunderts veranstaltete. Niemand hierzulande hatte geahnt, dass im äußersten Norden Europas so bedeutende Künstlerinnen gelebt und gearbeitet haben. Künstlerinnen, die wie Fanny Churberg ihrer Zeit weit voraus waren, die in Stil und Technik neue, unkonventionelle Wege gegangen sind. Auf den Ausstellungen, die der Finnische Kunstverein seit 1850 durchführte, stellten die Frauen etwa ein Drittel der Teilnehmer.

Fanny Churberg war die Tochter eines Arztes und wurde 1845 in Vaasa geboren. Nach dem Besuch eines Mädchenpensionats, wo den Zöglingen Bildung, gutes Benehmen, aber auch ein bisschen Malen und Zeichnen für den Hausgebrauch vermittelt wurde, war Fanny Churberg entschlossen, Malerin zu werden. Dieser Entschluss wurde ihr dadurch erleichtert, dass sie vom Vater ein kleines Vermögen erbte, das sie finanziell unabhängig machte. Damit konnte sie sich eine gründliche Ausbildung leisten, erst in Helsinki, später in Düsseldorf, wo sie jahrelang Privatunterricht nahm. Die Düsseldorfer Kunstakademie galt zwar als eine der besten in ganz Europa, aber Frauen waren zum Studium nicht zugelassen.

Fanny Churberg war in ihren Arbeiten auch viel zu eigenwillig, um sich von der Düsseldorfer Schule beeinflussen zu lassen. Ihre Bilder sind ein Protest gegen den glatten akademischen Stil, der damals um 1870 in Düsseldorf propagiert wird. Das beginnt schon mit der Wahl der

Motive. Es sind keine lieblichen Landschaften, keine Idyllen, sondern sie malt die wilde, elementare Natur, die sie auf ihren einsamen Wanderungen erlebt. „Ich war überglücklich, dass niemand mit mir war, der gesagt haben würde: schau, wie schön“, schreibt sie an eine Freundin, „... die Wolken wurden schwarz, und die Wattebäusche färbten sich feuerrot, die Bäume bogen sich im heulenden Sturm.“ So erlebt sie, so gestaltet sie den finnischen Winterabend. Graugrüne Eisflächen, die wie eine riesige Woge gegen den Weg branden. Der Weg führt in die Tiefe zu einem Gehöft, das unter den Schneemassen versinkt, von dem nur ein einziges erleuchtetes Fenster zu erkennen ist. Über dem dunklen Horizont ein glühender Abendhimmel mit wild jagenden schwarzen Wolken. Die Malerin erfasst den dramatischen Augenblick zwischen Tag und Nacht, zwischen Hell und Dunkel. Sie arbeitet mit starken Farb- und Lichtkontrasten, mit heftigen Pinselzügen, die ihre innere Erregung verraten. Ihr Bild ist ein frühes Beispiel expressionistischer Malerei. Man könnte an Edvard Munch oder Emil Nolde denken, die erst viele Jahre später ähnliche Wege gegangen sind.

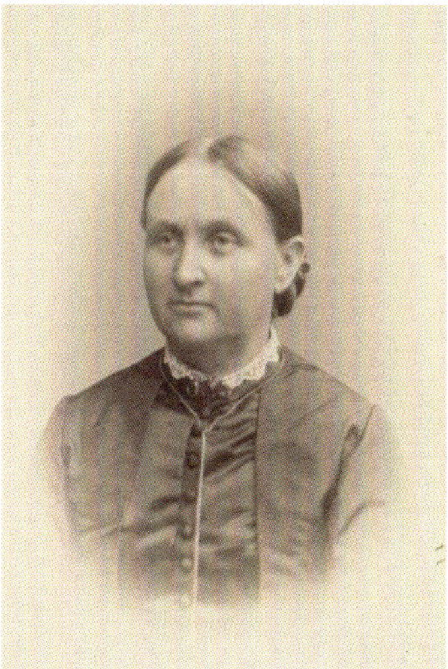

Lauritz Olsen
Fanny Churberg, 1880er Jahre
Visitenkartenfoto, 10 x 6 cm
Finnish Heritage Agency, Helsinki
Fanny Churberg gehört zu einem Kreis finnischer Malerinnen des 19. Jahrhunderts, die erst spät wiederentdeckt wurden. Damals hatten die finnischen Künstlerinnen weit bessere Berufschancen als ihre Kolleginnen in anderen Ländern. Sie konnten seit 1850 öffentliche Kunstschulen besuchen, sie durften sich im Finnischen Kunstverein organisieren und an dessen Ausstellungen teilnehmen. Fanny Churberg wurde 1879 bei einer solchen Ausstellung mit dem ersten Preis des Finnischen Kunstvereins geehrt.

Fanny Churberg

Winterlandschaft im Sonnenuntergang, 1878

Öl auf Leinwand, 26 x 41 cm
Ateneum Art Museum, Helsinki

Fanny Churbergs Werk umfasst rund 300 Gemälde, die alle zwischen 1870 und 1880 entstanden sind. Ein Jahrzehnt intensiver künstlerischer Arbeit – danach hat sie abrupt mit dem Malen aufgehört und sich ein neues Arbeitsgebiet gesucht: die Entwicklung und Organisation eines eigenständigen finnischen Kunsthandwerks. Sie hat Werkstätten für Weberei und Töpferei ins Leben gerufen, hat Ausstellungen arrangiert und sich auch publizistisch für das finnische Kunsthandwerk eingesetzt, das heute international viel bekannter ist als die finnische Malerei. Was Fanny Churberg veranlasst hat, das Malen aufzugeben, ist nicht überliefert.

Vermutlich war sie enttäuscht über die mangelnde Resonanz bei ihren Zeitgenossen. Es kann auch sein, dass sie die Isolation, die Einsamkeit überwinden und die Kunst mit dem Leben, mit den praktischen Bedürfnissen des Alltags verbinden wollte. Jedenfalls hat man sich erst viele Jahre nach ihrem Tod – sie ist 1892 in Helsinki gestorben – an das umfangreiche Werk der Malerin Fanny Churberg erinnert. Das geschah in einer großen Gedächtnisausstellung 1919, zu einer Zeit, als der Expressionismus sich voll entfaltet hatte.

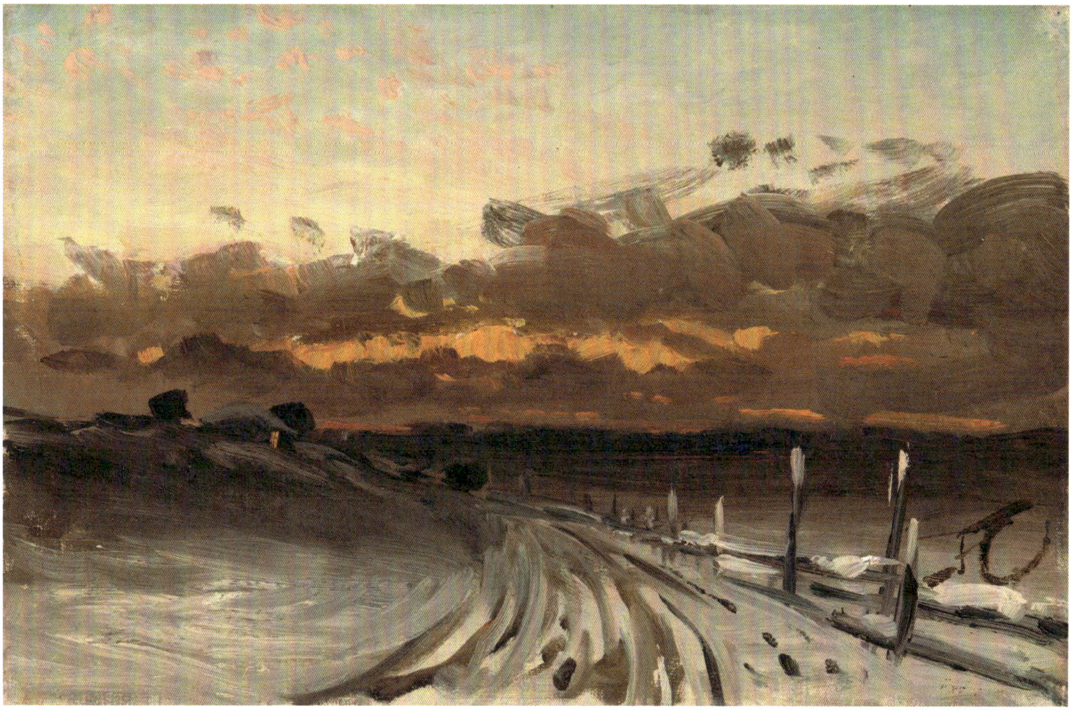

Mary Cassatt

(1844 – 1926)

Mary Cassatt gilt heute als die bedeutendste amerikanische Malerin des 19. Jahrhunderts. Als Tochter eines reichen Bankiers 1844 in Pittsburgh geboren, hat sie materielle Schwierigkeiten, unter denen andere Künstler zu leiden haben, nicht kennengelernt. Trotzdem hat sie es nicht leicht gehabt, sich als Künstlerin durchzusetzen. Das erste Buch, das über Mary Cassatt erschienen ist, hat den Titel „Eine Malerin von Kindern und Müttern". Als ob sie sich mit nichts anderem beschäftigt hätte als mit dem Thema „Mutter und Kind"! Motto: Wenn Frauen schon malen, dann sollen sie sich wenigstens auf ein typisch weibliches Gebiet beschränken, auf das Malen von Blumen und Kindern beispielsweise. Dass Mary Cassatt auch ganz andere Themen gestaltet hat, hat man erst spät und mit einiger Überraschung zur Kenntnis genommen, um gleich ein neues Vorurteil gegen ihre künstlerische Leistung in die Welt zu setzen: Ihre Malerei stehe vollkommen unter dem Einfluss der Pariser Impressionisten. Speziell der große Edgar Degas sei ihr Meister und Lehrer, dem sie alles verdanke. Aber Mary Cassatt ist nie seine Schülerin gewesen.

Es hat lange gedauert, bis man endlich ihren künstlerischen Rang, ihre Selbständigkeit gewürdigt hat. Mary Cassatt hat zunächst eine Kunstschule in Philadelphia besucht. Hier erhält sie eine solide technische Grundlage. Aber künstlerisch ist die Ausbildung unbefriedigend. Amerika ist damals, was die Malerei betrifft, tiefste Provinz. Paris ist das Zauberwort, das die jungen Amerikaner fasziniert. Wer es sich leisten kann, geht nach Europa. Mary Cassatt ist zweiundzwanzig, als sie in Paris eintrifft. Ihr Vater hält nicht viel von Kunst. Aber er finanziert die Reise. Eine Reise ohne Wiederkehr: Mary

Cassatt ist für immer in Europa geblieben. Die ersten sechs Jahre verbringt sie in Frankreich, Spanien, Italien und Holland. Sie besucht die Museen, studiert die Alten Meister, erarbeitet sich die gesamte europäische Kulturgeschichte. 1874 lässt sie sich endgültig in Paris nieder und nimmt ihr Malstudium wieder auf. Sie gewinnt Selbstvertrauen, sie hat den Mut, sich über akademische Regeln hinwegzusetzen, der eigenen Stimme zu folgen. Sie beteiligt sich an Ausstellungen in Paris. Degas, der ihre Bilder sieht, ist so beeindruckt von ihrem freien, persönlichen Stil, dass er sie in ihrem Atelier besucht und sie auffordert, sich der Gruppe der Impressionisten anzuschließen und mit ihr auszustellen.

Seit 1879 hat sich Mary Cassatt regelmäßig an den Ausstellungen der Impressionisten beteiligt. Damals war das eine zweifelhafte Ehre. Die Impressionisten wurden verlacht und verspottet, ihre Bilder waren so gut wie unverkäuflich. In diesen schweren Jahren hat sich Mary Cassatt für ihre Malerfreunde eingesetzt. Sie hat selber Bilder von ihnen erworben und, was noch wichtiger war, ihre amerikanischen Landsleute dazu gebracht, Bilder der Impressionisten zu kaufen. In ihrem Haus in Paris, wo amerikanische Bankiers und Industrielle ein- und ausgingen, konnten sie Werke von Degas, Renoir, Pissarro sehen und erwerben. Durch die Initiative von Mary Cassatt sind Meisterwerke des Impressionismus nach Amerika gelangt.

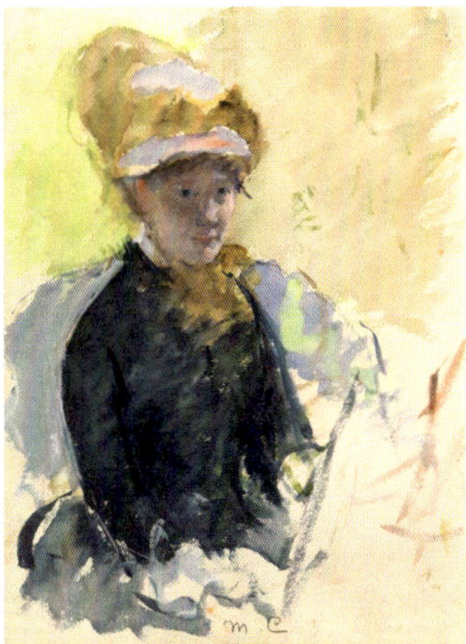

Mary Cassatt
Selbstbildnis, um 1880
Gouache und Aquarell über Graphit auf Papier, 33 x 25 cm
National Portrait Gallery, Smithsonian Institution, Washington, D.C.

Mary Cassatt
In der Loge, 1878

Öl auf Leinwand, 81 x 66 cm
Museum of Fine Arts Boston

Die schönsten impressionistischen Gemälde aus europäischen und amerikanischen Museen waren 1974, zur Hundertjahrfeier des Impressionismus, in Paris versammelt. In dieser knappen Auswahl von nur zweiundvierzig Bildern war Mary Cassatt mit dem Gemälde „In der Loge" vertreten, ein großartiges Werk, das sich mühelos neben Bildern von Degas, Manet und Renoir behauptet. Das Werk einer intelligenten Malerin, die sich nicht vom Gefühl, von der spontanen Eingebung leiten lässt, die ihre künstlerischen Mittel sehr bewusst, sehr überlegt einsetzt. Die Farbskala ist auf wenige Töne zwischen Schwarz und Rot reduziert. Die Frau in der Loge erscheint als große dunkle Silhouette, die genau in das durchlaufende Oval der Balustrade eingefügt ist. Die Einzelheiten sind außerordentlich großzügig behandelt und haben zugleich eine erstaunliche Prägnanz. Man muss sich nur einmal ansehen, wie Mary Cassatt das Opernglas, die Perle im Ohr oder den Fächer in der Hand der jungen Frau gemalt hat. Das Seltsamste an diesem Bild: Alle Personen sind damit beschäftigt, etwas zu betrachten, was der Bildbetrachter nicht sieht, nämlich das, was sich auf der unsichtbaren Bühne abspielt. Nur der Herr in der gegenüberliegenden Loge blickt durchs Opernglas auf die Frau im Vordergrund. Und dieses intensive Schauen überträgt sich gleichsam von den dargestellten Opernbesuchern auf den Betrachter der gemalten Szene.

Die Malerin hat die Zeit des Impressionismus lange überlebt. Sie ist 1926 in ihrem Schloss Beaufresne in Frankreich gestorben.

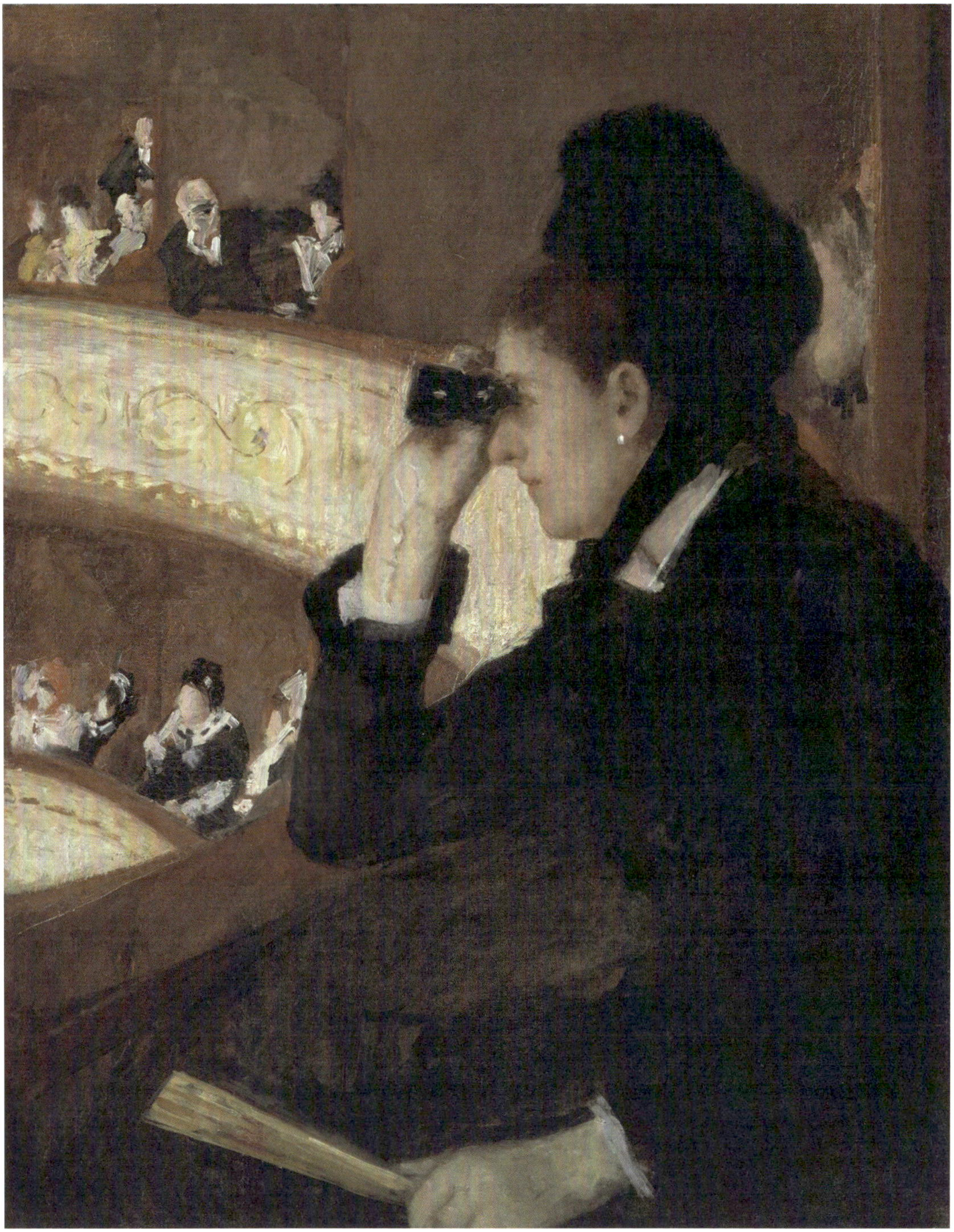

Eva Gonzalès

(1847 – 1883)

Sie war die Tochter eines berühmten französischen Romanschriftstellers und wurde 1847 in Paris geboren. Ganz Paris verkehrte im Hause ihres Vaters, schon als Kind hat sie viele bedeutende Literaten und Künstler kennengelernt. Mit sechzehn Jahren begann sie ihre künstlerische Ausbildung bei einem damals geschätzten, heute vergessenen Maler, der – wie der große Komiker – Charles Chaplin hieß (nur dass der Name französisch ausgesprochen wurde). Der Vater mietete ihr ein kleines Atelier, das zum Treffpunkt junger Maler und Dichter wurde. Der Mann, über den sie diskutierten, dessen Bilder Skandale entfesselt hatten, den die jungen Künstler am meisten bewunderten, war der Maler Édouard Manet. Einer von ihren Malerfreunden, der mit Manet bekannt war, hat sie eines Tages zu ihm mitgenommen. Für die zwanzigjährige Eva Gonzalès wurde es die entscheidende Begegnung ihres Lebens. Es fing damit an, dass Manet sie sogleich fragte, ob sie ihm Modell sitzen wolle. Sie fühlte sich geschmeichelt und war einverstanden. Die Arbeit an dem Bild zog sich über Monate hin. Zwischen Maler und Modell entwickelte sich eine Freundschaft, sehr zum Ärger von Berthe Morisot, einer Malerin, die seit Jahren mit Manet befreundet war und die er häufig als Modell gewählt hatte. Es klingt nach Eifersucht und Schadenfreude, wenn sie ihrer Schwester schreibt: „Augenblicklich richtet sich seine ganze Bewunderung auf Fräulein Gonzalès, aber ihr Porträt kommt nicht voran. Er sagte mir, dass er bei der vierzigsten Sitzung sei, und dennoch hat er den Kopf wieder abgekratzt. Er lacht selbst darüber." Das Bild „Eva Gonzalès im Atelier Manets" ist schließlich doch fertig geworden, im Frühjahr 1870. Es wurde noch im gleichen Jahr im Pariser „Salon" ausgestellt und erhielt schlechte Kritiken.

Heute urteilt man anders über das Bild, das inzwischen in die Londoner National Gallery gelangt ist. Eva Gonzalès im langen weißen Musselinkleid mit schwarzem Gürtel sitzt vor der Staffelei und malt ein Blumenstillleben. Aber seltsamerweise wirkt das Ganze etwas steif, als ob Manet tatsächlich zu lange daran gearbeitet hätte, und in dem Gesicht der Malerin ist von dem Charme, der Manet bezaubert hat, nicht viel zu spüren.

In dem gleichen Salon von 1870 war auch Eva Gonzalès mit einem Gemälde „Der kleine Soldat" vertreten, das von der Kritik mit Lob und Anerkennung aufgenommen wurde. Damals hat sie sich selbst noch als Schülerin von Chaplin bezeichnet, obgleich sie ihren Lehrer gleich nach ihrem ersten Besuch bei Manet verlassen hatte und dessen Schülerin geworden war. Manet hat in seinem ganzen Leben außer Eva Gonzalès keinen Schüler angenommen, ein Beweis, dass er nicht nur die schöne junge Frau, dass er auch und vor allem die Künstlerin geschätzt hat. Manet war ein vorzüglicher Lehrer. Er hat sie in ihrem Selbstvertrauen bestärkt, hat ihr Mut gemacht zu einer sehr persönlichen, unkonventionellen Auffassung. Aber er hat ihr niemals seinen Stil aufgezwungen. Und wenn es heute in einem Künstler-

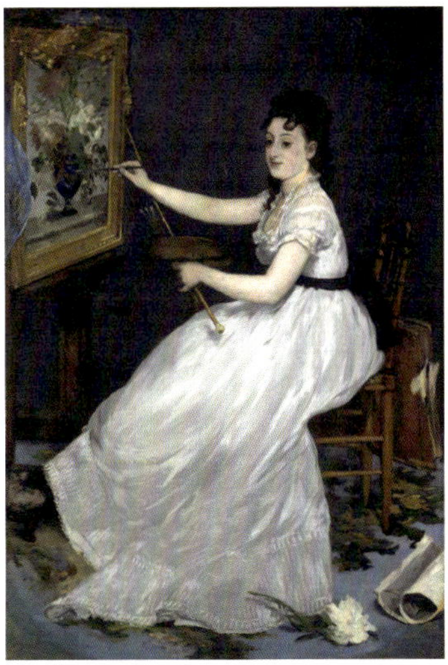

Édouard Manet
Eva Gonzalès, 1870
Öl auf Leinwand, 191 x 133 cm
The National Gallery, London

Eva Gonzalès
Lektüre im Wald, 1879

Öl auf Leinwand, 132 x 164 cm
Rose Art Museum, Waltham in Massachusetts

lexikon heißt, ihre Malerei sei eine „typisch feminine Umbiegung des Manet-Stiles in das Weiche, Weibliche“, so ist das ein typisch männliches Vorurteil, das durch das Werk von Eva Gonzalès widerlegt wird. Ein Bild wie die „Lektüre im Wald“ hat mit Manet nichts zu tun, es besitzt einen ganz eigenen Charme, den es der ungezwungenen Haltung der beiden jungen Frauen und der sie umgebenden herbstlich warmen Atmosphäre verdankt. Der Waldboden ist wie ein grüngoldener Teppich, der durch das silbrig schimmernde Grau und das zart abgestufte Rosa der Kleider kostbare farbige Akzente erhält. Möglicherweise hat Eva Gonzalès in den beiden Frauen sich selbst und ihre Schwester Jeanne dargestellt.

Das Bild ist 1879 gemalt, im gleichen Jahr, in dem sie geheiratet hat. Sie hatte ihren Mann, den Graphiker Henri Guérard, bei Manet kennengelernt. Im April 1883 wurde ihr Sohn Jean Raimond geboren. Kurz davor erhielt sie die Nachricht von Manets Tod, der sie zutiefst erschütterte. Eva Gonzalès hat ihren Freund und Lehrer nur um fünf Tage überlebt. Sie ist am 5. Mai in Paris an einer Embolie im Kindbett nach der Geburt ihres Sohnes gestorben. Der Sohn ist bei seinem Vater und bei ihrer Schwester Jeanne aufgewachsen, die Henri Guérard in zweiter Ehe geheiratet hat.

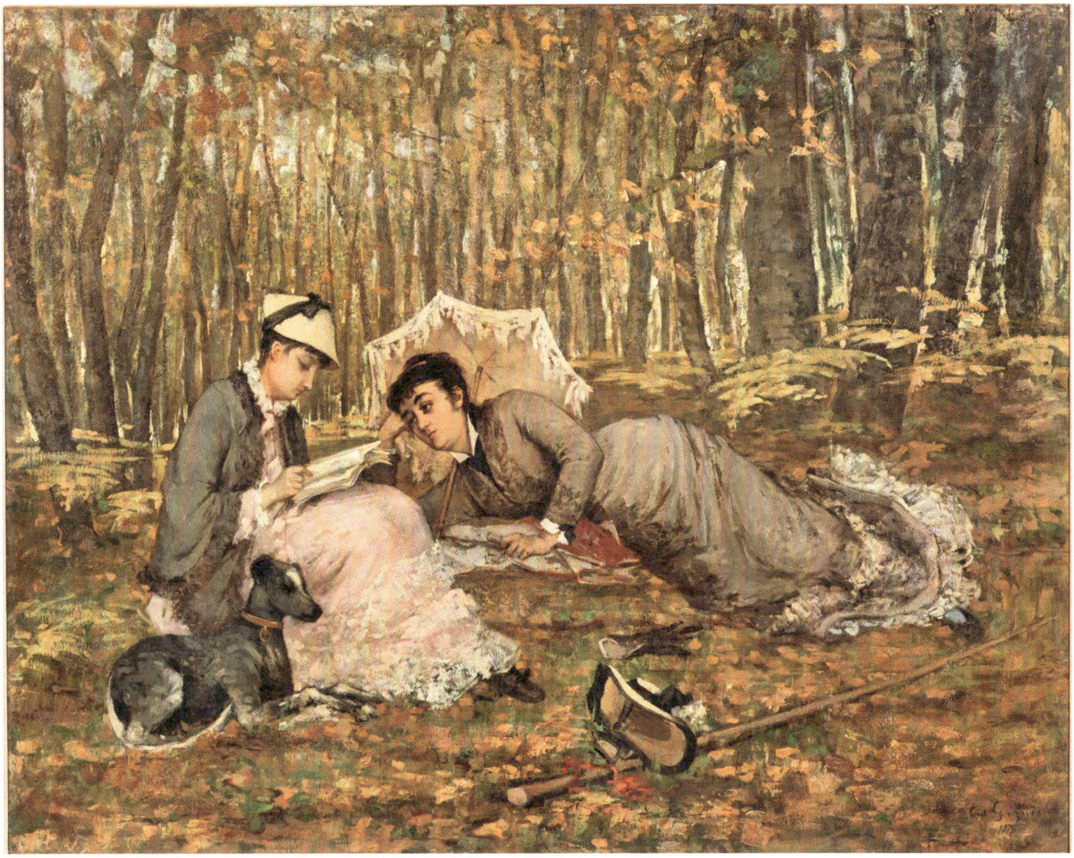

Anna Barbara Aemisegger-Giezendanner

(1831 – 1905)

Kein Künstlerlexikon verzeichnet ihren Namen. Man nannte sie „s'Giezedanners Babeli". Sie war die Tochter eines Schweizer Dorfschulmeisters, der nebenbei Landwirtschaft betrieb, und wurde 1831 im Weiler Bendel im Toggenburg geboren, einem Bergtal im Kanton St. Gallen. Als Lehrer zog der Vater mit seiner kinderreichen Familie von Dorf zu Dorf und unterrichtete auch das Babeli im Schreiben und Zeichnen. Das war die ganze künstlerische Ausbildung. Jeden Hof, den die Familie bewohnte, hat die Tochter aufgezeichnet, samt Stallungen und Viehzeug. Sie zeichnete, weil es ihr Spaß machte. Später heiratete sie den Schuhmacher Ulrich Aemisegger. Sie musste den Haushalt besorgen, in der Landwirtschaft helfen und ihre drei Buben aufziehen. Zum Malen und Zeichnen blieb da keine Zeit. Ihr Mann arbeitete auswärts, kam nur über Sonntag heim, bis er im Winter 1873 vermisst und nach der Schneeschmelze ertrunken im Bach gefunden wurde.

Die zweiundvierzigjährige Witwe muss nun sehen, wie sie sich und ihre Kinder durchbringt. Sie fängt wieder zu malen an. Nicht mehr zum eigenen Vergnügen, wie vor der Ehe, sondern um den Lebensunterhalt zu verdienen. Sie malt, was die Bauern bei ihr bestellen. Gedenktafeln zu Familienereignissen, zu Hochzeiten, Kindstaufen und Begräbnissen. Die passenden Verse liefert sie gleich mit. Bauern hängen sich die Bilder ihrer Höfe stolz ins Zimmer. Besonders beliebt für die gute Stube sind die Bilder, auf denen dörfliche Ereignisse dargestellt sind. Etwa die „Alpfahrt", der Tag, an dem das Vieh vom Tal zur Alm aufgetrieben wird. Diese „Alpfahrten" machten die Malerin im ganzen Toggenburger Land bekannt. Sie sind so genau und zuverlässig in allen Einzelheiten, dass sie heute eine wichtige Quelle für die Volkskunde sind. Der Zug der Alpfahrt wird von drei Sennen in der typischen Toggenburger Tracht angeführt: kurze Wildlederhose, weiße Strümpfe, rote Weste und flacher Biberfladenhut, auf dem Rücken den Melkeimer. Auch das Toggenburger Bauernhaus ist naturgetreu wiedergegeben: ein aus Holz gezimmertes Blockhaus mit Satteldach und flachem Giebel. Aber das Bild ist nicht nur kulturhistorisch interessant. Es hat den naiven, treuherzigen Charme echter Volkskunst und die Landschaft im Hintergrund mit den Bergketten und Gletschern unter hellem Wolkenhimmel zeugt von einem erstaunlichen Sinn der Malerin für farbige Tönungen, für Weite und Atmosphäre.

Anna Barbara Aemisegger-Giezendanner
Die Alpfahrt, um 1880

Aquarell, Buntstift, Tusche auf Papier, 16 x 24 cm
Toggenburger Museum, Lichtensteig

Genug Aufträge hatte Anna Barbara Aemisegger-Giezendanner seit dem Erfolg ihrer „Alpfahrten", doch reich ist sie nicht geworden. Mit ihren Kindern führte sie notgedrungen ein unstetes Wanderleben. Auf der Suche nach billigen Wohnungen geriet sie immer höher ins Gebirge. Zuletzt, als die Söhne längst aus dem Haus waren, zog sie zu ihrem Bruder, der in Rheineck eine Gastwirtschaft „Zum Toggenburg" besaß. Bei ihm verbrachte sie drei ruhige Jahre, ehe sie freiwillig ins Armenhaus ging, wo sie im Oktober 1905 starb.

Ihr Name und ihre Arbeiten wären längst vergessen, hätte nicht der Toggenburger Heimatforscher Dr. Otmar Widmer bei seinen Studien zufällig zwei Bilder von ihr entdeckt. Gespräche mit alten Bauersleuten, die das Babeli noch gekannt hatten, halfen ihm, allmählich das ganze Werk wieder aufzuspüren und die bemerkenswerte Lebensgeschichte der Malerin zu rekonstruieren, die er 1937 veröffentlichte. Ihm ist es zu danken, dass inzwischen viele ihrer Bilder ins Toggenburger Museum in Lichtensteig gelangt sind.

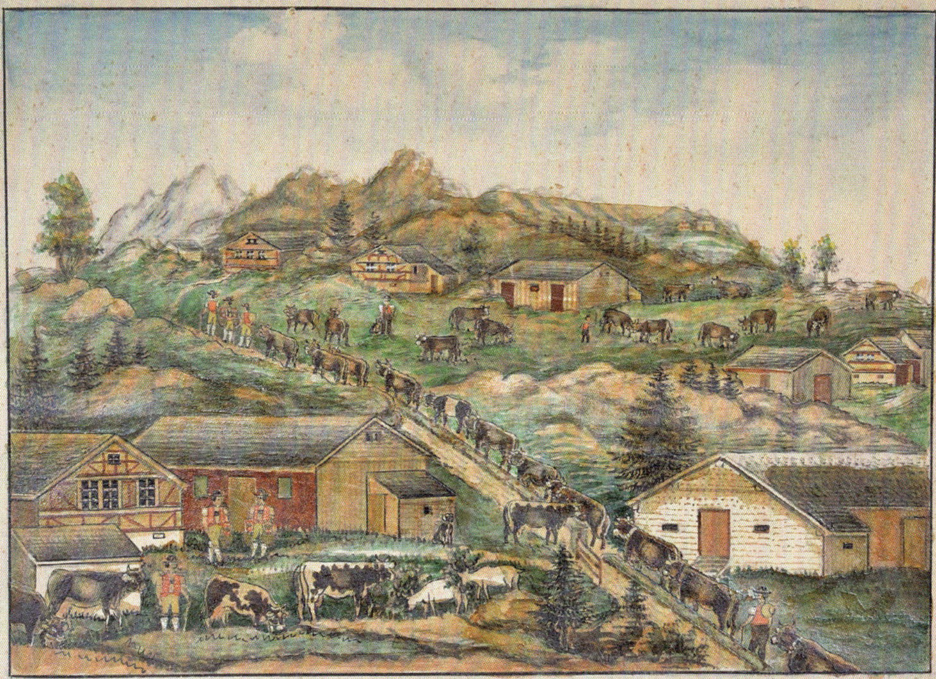

Die Alpfahrt.

Louise-Cathérine Breslau

(1856 – 1927)

Um die Jahrhundertwende galt Louise-Cathérine Breslau als eine Malerin von europäischem Rang. Im Jahr 1900 erhielt sie auf der Weltausstellung in Paris zusammen mit dem großen Schweizer Maler Ferdinand Hodler die Goldmedaille. Im folgenden Jahr wurde sie mit dem Kreuz der Ehrenlegion ausgezeichnet. Ihre Bilder hingen in zahlreichen europäischen Museen. In Büchern und Kunstkritiken wurde sie als geniale Malerin gefeiert. Dann wurde sie total vergessen. Niemand kannte ihren Namen, bis im Sommer 1977, zu ihrem fünfzigsten Todestag, das kleine Schweizer „Historische Museum Baden" im Landvogteischloss den Mut hatte, zum ersten Mal nach Jahrzehnten ihr Werk wieder auszustellen. Ein Werk, das den Enthusiasmus der Zeitgenossen verständlich macht, das auch den heutigen Betrachter auf seltsame Weise fasziniert.

Louise-Cathérine Breslau hat am liebsten Porträts gemalt. Bedeutende Künstler und Schriftsteller haben ihr Modell gesessen. Aber ihr besonderes Interesse galt der Darstellung von jungen Frauen und Kindern. Das Doppelporträt von ihrer Schwester Henriette von Stockar und deren Sohn Armin hat sie 1882 gemalt. Das Bild zeigt ihre Nähe zum Impressionismus, der sich damals in Paris gerade durchzusetzen begann. Impressionistisch ist der landschaftliche Hintergrund, den sie den Figuren gegeben hat, ist das flimmernde Grün des Waldbodens, das aus unendlich vielen, prägnant gezeichneten Einzelblättern besteht, die in der Ferne zu einer lichtdurchfluteten Masse zusammenwachsen. Helles Sommerlicht rieselt an den Baumstämmen herab, es verwandelt die Hängematte in ein Bündel farbiger Strahlen und bildet auf dem dunkelvioletten Gewand der jungen Frau ein Funkenwerk von glitzernden Reflexen. Trotzdem scheut man sich, das Bild als ein impressionistisches Werk zu bezeichnen. Man muss nur die von ihr dargestellten Menschen betrachten, um den Unterschied zum Impressionismus festzustellen. Die Gesichter der jungen Frau und des Kindes sind nicht atmosphärisch verschleiert, sie sind realistisch, mit einer strengen Objektivität wiedergegeben. Beide, Mutter und Kind, zeigen einen Ausdruck von gesammeltem Ernst, und gerade diesen Augenblick stärkster seelischer Konzentration hat die Malerin erfasst. Porträtieren heißt für sie: etwas über den Menschen aussagen, das über äußere Ähnlichkeit, über das Registrieren von optischen Tatsachen hinausgeht.

Louise Breslau ist 1856 in München zur Welt gekommen. Zwei Jahre später wurde ihr Vater, ein bedeutender Gynäkologe, als Professor nach Zürich berufen. Nach dem frühen Tod des Vaters bleibt die Mutter mit vier Töchtern zurück. Louise, die älteste, interessiert sich für Literatur und Philosophie. Außerdem entwickelt sie ein ungewöhnliches Zeichentalent. Aber eine Frau mit ernsthaften künstlerischen Ambitionen hat in der Schweiz keine Chance. An den Kunstakademien sind weibliche Studierende nicht zugelassen.

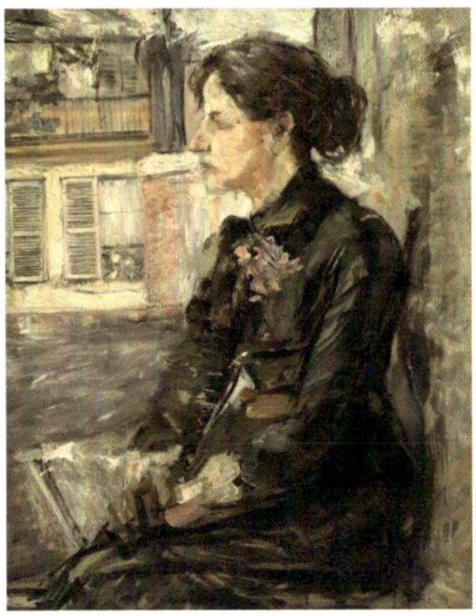

Ernst Josephson
Louise-Cathérine Breslau, 1886
Öl auf Holz, 55 x 45 cm
Nationalmuseum, Stockholm

Louise-Cathérine Breslau

Die Schwester der Künstlerin mit ihrem Sohn, 1882

Öl auf Leinwand, 135 x 105 cm
Privatsammlung

Darum entschließt sie sich, nach Paris zu gehen. Mit zwei Freundinnen mietet sie eine Wohnung am Stadtrand und besucht die Académie Julian, wo sie eine gründliche Ausbildung erhält. Das erste Bild, das sie bereits 1879 ausstellt, ist das Porträt des englischen Dichters Henry Davison, das heute dem Musée d'Orsay gehört. Degas, einer der führenden impressionistischen Maler, ist von dem Bild so angetan, dass er die Künstlerin in ihrem Atelier aufsucht und ihr seine Bewunderung ausspricht. Seitdem steht sie in engem persönlichen Kontakt zu den impressionistischen Malern. Aber sie hat sich an deren Ausstellungen nie beteiligt. Sie hat sich ihre Eigenart, ihre Unabhängigkeit bewahrt. Sie ist für immer in Frankreich geblieben.

Vierzig Jahre hat sie mit ihrer Freundin Madeleine Zillhardt zusammengelebt, zuletzt in einem Landhaus in Neuilly bei Paris, wo sie 1927 gestorben ist. Louise Breslau war nicht nur eine bedeutende und anerkannte Malerin. Sie hat auch über die Rolle der Frau als Künstlerin und die außerordentlichen Schwierigkeiten, mit denen sie zu kämpfen hatte, intensiv nachgedacht: „Dabei habe ich feststellen können: Immer wenn ich mich an einen wahrhaft bedeutenden Meister gewandt habe, fand ich einen Freund, der sich für meine Arbeit interessierte. Aber es wurde mir ebenso klar, dass der Künstler von mittlerem Rang nicht unser Freund ist. Wenn ich einmal ganz am Anfang meiner Ausbildung nicht weiterwusste und den Mut aufbrachte, es meinem Lehrmeister zu sagen, dann antwortete der Professor: „Haben Sie sich noch nie klargemacht, dass das Leben für die Männer gemacht ist? Aber lassen Sie sich nicht entmutigen ...".

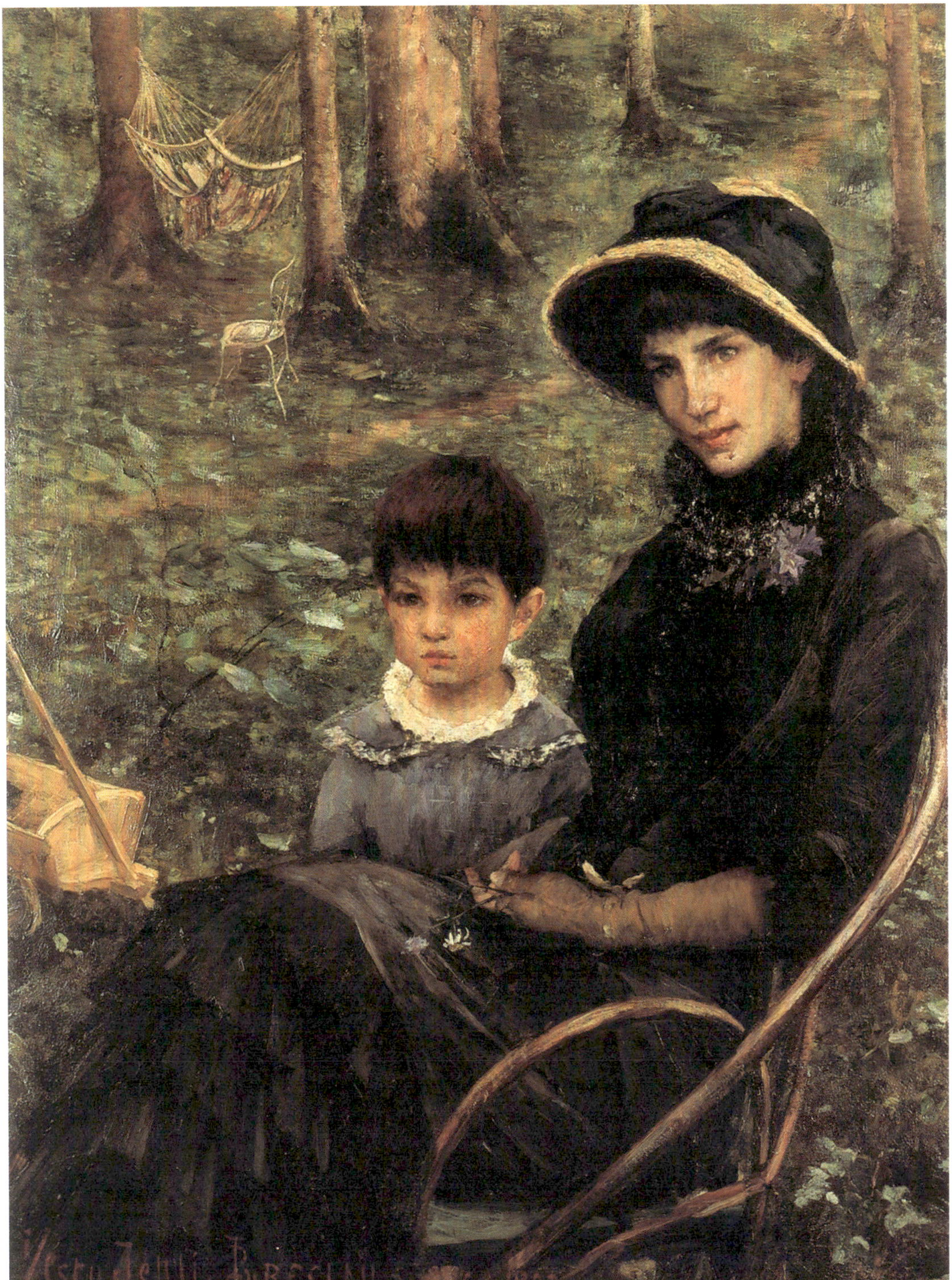

Edith Hayllar

(1860 – 1948)

Das Bild wurde 1883 in England gemalt – eine der berühmtesten Genreszenen des 19. Jahrhunderts – und noch im gleichen Jahr in der Königlichen Akademie in London ausgestellt. Mit sensationellem Erfolg: Das Publikum war begeistert, weil es sich selbst, seinen Lebensstil darin wiedererkannte. Es ist der Lebensstil des gehobenen Bürgertums in der Viktorianischen Ära. Man kennt das Milieu aus der englischen Literatur, aus den Romanen von John Galsworthy, aus seiner „Forsyte-Saga". „Ein Sommerschauer" könnte eine Szene daraus sein. Aber die Malerin Edith Hayllar war auf keine literarischen Vorlagen angewiesen. Sie schildert ihre eigene Umwelt, ihre Lebensatmosphäre. Die weite, holzgetäfelte Halle befindet sich in ihrem Elternhaus, im Castle Priory, einem herrlichen Landsitz, wo sie 1860 geboren wurde. Das junge Mädchen mit dem Racket ist wahrscheinlich eine ihrer Schwestern. Tennis war damals gerade erst in Mode gekommen, der neue Lieblingssport in England für begüterte Kreise. Vor allem: endlich ein Sport, an dem auch die Damen teilnehmen dürfen. Wie sie freilich in diesem Dress, mit knöchellangem spitzenbesetztem Rock, spielen können, ist ihr Geheimnis. Aber es ging damals auch nicht um sportliche Leistungen, sondern um angenehme Unterhaltung.

Ein Regenschauer hat das Match unterbrochen. Damit auch jeder merkt, dass es regnet: Die Dame im Hintergrund hat einen aufgespannten Regenschirm in der Hand. Die Spieler sind in die Halle geflüchtet. Erfrischungen stehen bereit, spiegelblanke Gläser, Karaffen. Der Hausherr gießt sich Limonade ins Glas, seinen Schläger hat er an die Wand gelehnt. Das Interesse konzentriert sich auf die

Gruppe im Vordergrund, auf die junge Dame in Rot und ihren Partner. Sie scheint nicht ganz unempfänglich für das, was der junge Mann ihr zu sagen hat. Aber offenes Flirten würde den strengen viktorianischen Moralbegriffen widersprechen. Junge Mädchen haben sittsam und ein bisschen träumerisch vor sich hinzuschauen.

Im Übrigen: Das Spiel kann bald weitergehen, der Regenschauer ist gleich vorüber. Das helle Licht des Nachmittags dringt in den Raum, es schimmert auf dem Kachelboden, es glitzert auf der Tischkante und den Gläsern. Das ist bewundernswert gemalt und erinnert in der differenzierten Lichtführung an holländische Interieurs des 17. Jahrhunderts. Diese brillante Technik hat Edith Hayllar aber nicht bei den Alten Meistern gelernt, sondern bei ihrem Vater.

James Hayllar war ein bedeutender Maler der Viktorianischen Ära, der es zu Ruhm und Wohlstand und einem Schloss auf dem Land gebracht hatte. Er hatte vier Töchter, und alle vier Hayllar-Girls sollten nach seinem Wunsch Malerinnen werden. Er hat sie in seinem Atelier wie in einer Privatakademie ausgebildet. Die beiden älteren, Jessica und Edith, haben denn auch eine erfolgreiche Karriere gemacht, die

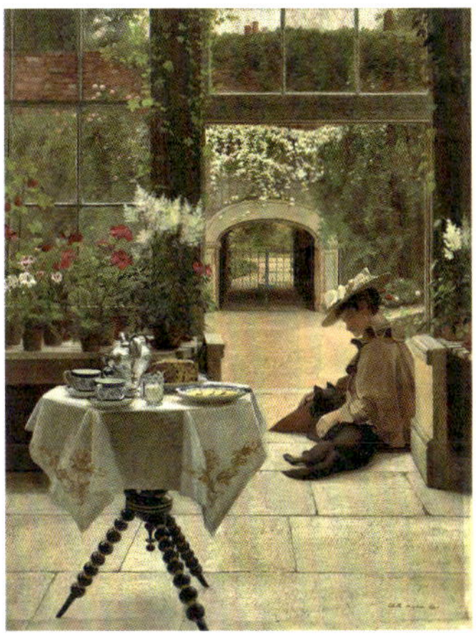

Edith Hayllar
Fünf-Uhr-Tee, 1895
Öl auf Leinwand, 46 x 36 cm

Edith Hayllar
Ein Sommerschauer, 1883

Öl auf Holz, 53 x 44 cm
Privatsammlung

beiden jüngeren, Kate und Mary, haben das Malen bald aufgegeben. Jessica und Edith haben meistens die gleichen Motive gemalt, die alle mit der Familie, mit dem Leben auf Castle Priory zusammenhängen: die Teestunde auf der Terrasse, Bootsfahrten, Tennispartys. Man kann ihre Bilder schwer auseinanderhalten, und es ist bis heute nicht entschieden, wer nun eigentlich die Begabtere war: Edith oder Jessica.

Dabei haben sich die Schwestern nie als Konkurrentinnen betrachtet, und Jessica hat sich leicht damit abgefunden, dass Edith schließlich doch bekannter geworden ist. Dann aber fand ihre glänzende Laufbahn ein vorzeitiges Ende: Edith Hayllar heiratete einen Pfarrer namens Bruce MacKay, und sie hat seit dem Tag ihrer Hochzeit kein Bild mehr gemalt. Sie wurde sozusagen ein spätes Opfer der viktorianischen Grundsätze von der „natürlichen Bestimmung der Frau" als Gattin und Mutter. Sie hat Kinder in die Welt gesetzt, sie ist achtundachtzig Jahre alt geworden, und sie hat darauf bestanden, dass auch im Kreis der Familie ihre künstlerische Vergangenheit mit keinem Wort erwähnt werden durfte. Erst als sie 1948 gestorben war, hat ihre Enkelin erfahren, ihre liebe alte Großmama sei einmal in ihrer Jugend eine berühmte Malerin gewesen.

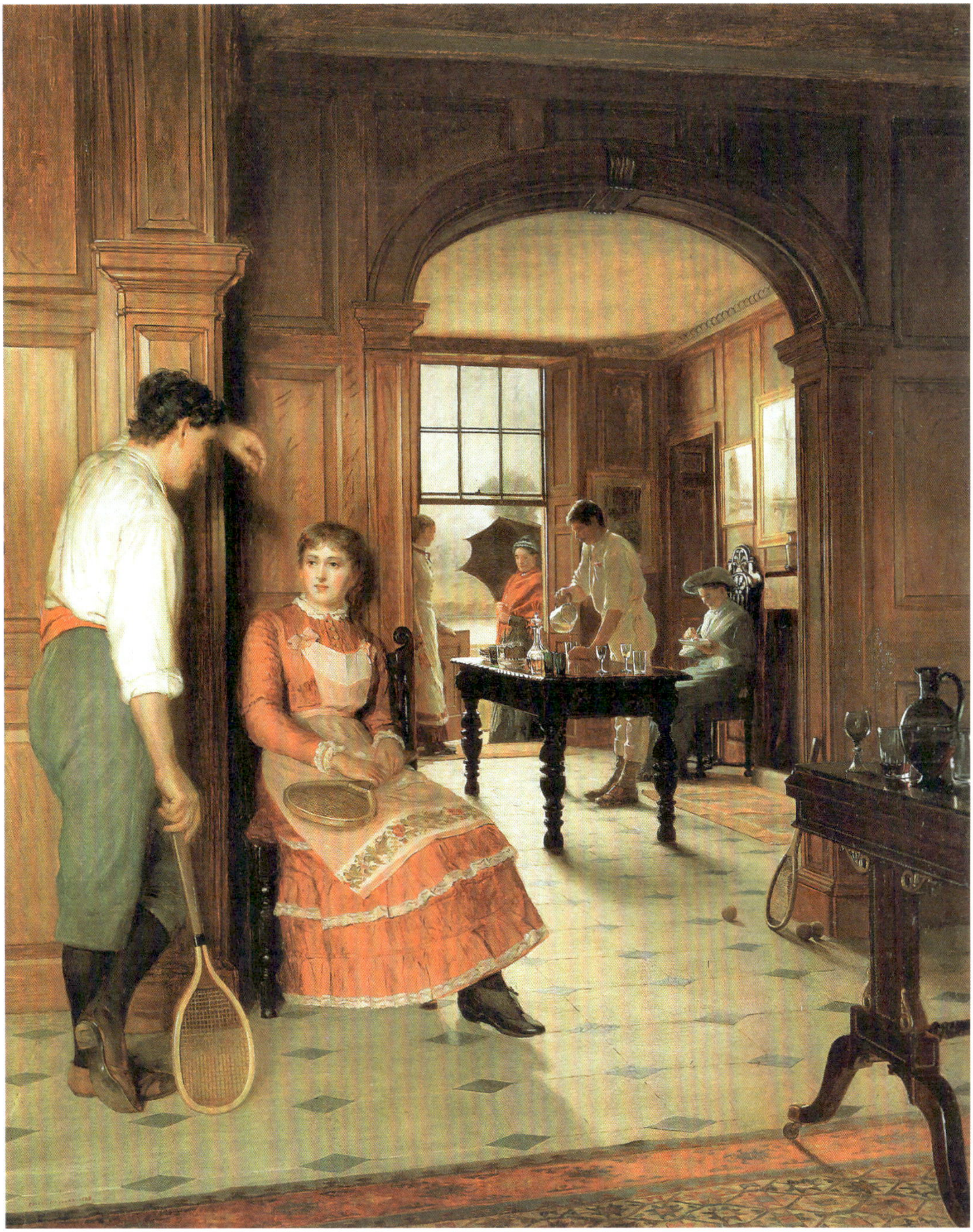

Helene Schjerfbeck

(1862 – 1946)

Die Kinder und jungen Frauen auf ihren Bildern sehen zart und blass aus, erholungsbedürftig. Und die Malerin selbst war von schwacher Konstitution. Helene Schjerfbeck, 1862 in Helsinki geboren, kränkelte schon als Kind. Der Arzt hatte ihr den Schulbesuch verboten. Also wurde sie zu Hause unterrichtet, von einer Gouvernante. Später, als es dem Mädchen gesundheitlich besser ging, schickten die Eltern es auf eine Zeichenschule, die der Finnische Kunstverein in Helsinki eingerichtet hatte. Helene Schjerfbeck war eine ungewöhnlich begabte Schülerin: Mit siebzehn Jahren durfte sie sich bereits an einer Ausstellung des Kunstvereins beteiligen. Ein Jahr darauf geht sie nach Paris. Denn wenn Künstler aus Skandinavien damals vorwärtskommen wollten, mussten sie in Paris studiert haben.

Helene Schjerfbeck blieb zwei Jahre in Paris und studierte dort an verschiedenen Privatakademien – an der staatlichen Kunstakademie waren Frauen noch nicht zugelassen. Von Paris aus unternahm sie Studienreisen in die Bretagne, nach Italien und England.

Das Bild „Die Genesende“ malte Helene Schjerfbeck in England. Es ist eine Erinnerung an die eigene Kindheit, auch wenn ein englisches Mädchen Modell sitzt: ein Kind im großen Korbstuhl, fest eingewickelt in die Bettdecke. Auf der spiegelnden Tischplatte in der blauweißen Tasse ein Zweig mit winzigen grünen Blättern, den das Kind unverwandt, mit weit aufgerissenen Augen anschaut. Das ist vielleicht etwas zu gefühlvoll für unseren heutigen Geschmack, an der Grenze der Rührseligkeit. In der Biografie der Künstlerin heißt es, sie habe damals, 1888, gerade eine schwere Enttäuschung erlebt. Helene Schjerfbeck hatte sich verlobt, und diese Verlobung war wegen ihrer schwachen Gesundheit auseinandergegangen. Danach hätte im Bild „Die Genesende“ nicht nur ihre eigene Kindheit, sondern auch die Lebenskrise und Enttäuschung der erwachsenen Frau Gestalt gefunden.

Das Bild wurde noch im Entstehungsjahr in Helsinki ausgestellt. Die Resonanz war zwiespältig. Technisch einwandfrei, schrieb ein Kritiker, aber das Motiv sei „gefühlsmäßig nicht ansprechend“. Die Malerin habe die fatale Neigung, die Schattenseiten des Lebens hervorzukehren, die niemand sehen wolle. Helene Schjerfbeck ließ sich dadurch nicht entmutigen und schickte das Bild zur Weltausstellung nach Paris, wo es 1889 mit einer Medaille ausgezeichnet wurde – eine Ehre, die bis dahin nur wenige Künstlerinnen erfahren hatten, und ein verdienter Erfolg für die finnische Malerin. In Paris hat man keine Vorurteile wie in Helsinki, verpönte Motive gibt es nicht. Jedes Thema ist zugelassen, auch Krankheit, auch physisches oder seelisches Leiden. Man bewertet die künstlerische Bewältigung, die malerische Qualität, die das Bild der Genesenden im Ganzen und in allen Einzelheiten, unabhängig vom Thema, aufzuweisen hat. Die vermischte Bücherwand aus alten, in Leder gebundenen Folianten ist ebenso delikat gemalt wie das Stillleben auf der Tischplatte: eine brennend rote Blüte neben den irisierenden Gläsern.

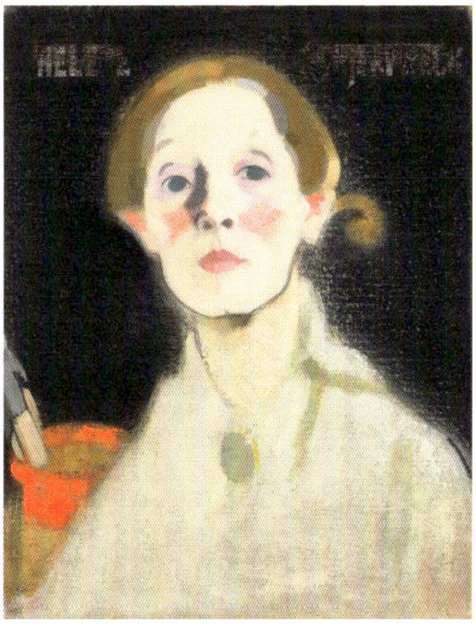

Helene Schjerfbeck
Selbstbildnis vor schwarzem Hintergrund, 1915
Öl auf Leinwand, 46 x 36 cm
Ateneum Art Museum, Helsinki
Die Finnin Helene Schjerfbeck hat trotz schwerer Krankheit bis an ihr Lebensende gemalt.

Helene Schjerfbeck

Die Genesende, 1888

Öl auf Leinwand, 92 x 107 cm
Ateneum Art Museum, Helsinki

Nach dem sensationellen Erfolg in Paris wurde Helene Schjerfbeck auch in ihrer finnischen Heimat stärker beachtet. Sie bekam Staatsaufträge und wurde an die Zeichenschule in Helsinki berufen, an der sie ihre Ausbildung begonnen hatte. Die Lehrtätigkeit musste sie aus Gesundheitsgründen bald wieder aufgeben. Seit 1901 lebte sie auf dem Land, und sie hat, trotz ihrer Krankheit, ein hohes Alter erreicht. Mit dreiundachtzig Jahren ist sie 1946 in einem schwedischen Sanatorium bei Stockholm gestorben. Das Thema, das sie bis zuletzt beschäftigt hat, war das eigene Gesicht. „Wo ich jetzt selten Kraft habe zu malen, habe ich begonnen, mich selbst zu porträtieren", schreibt sie an eine Freundin, „man hat das Modell immer zur Hand, nur ist es nicht immer lustig, sich selber zu sehen." Schonungslos, mit einer sich steigernden Intensität hat sie die fortschreitende Krankheit, ihren körperlichen Verfall dargestellt. Die Reihe dieser späten Selbstporträts ist einzigartig in der Malerei des 20. Jahrhunderts.

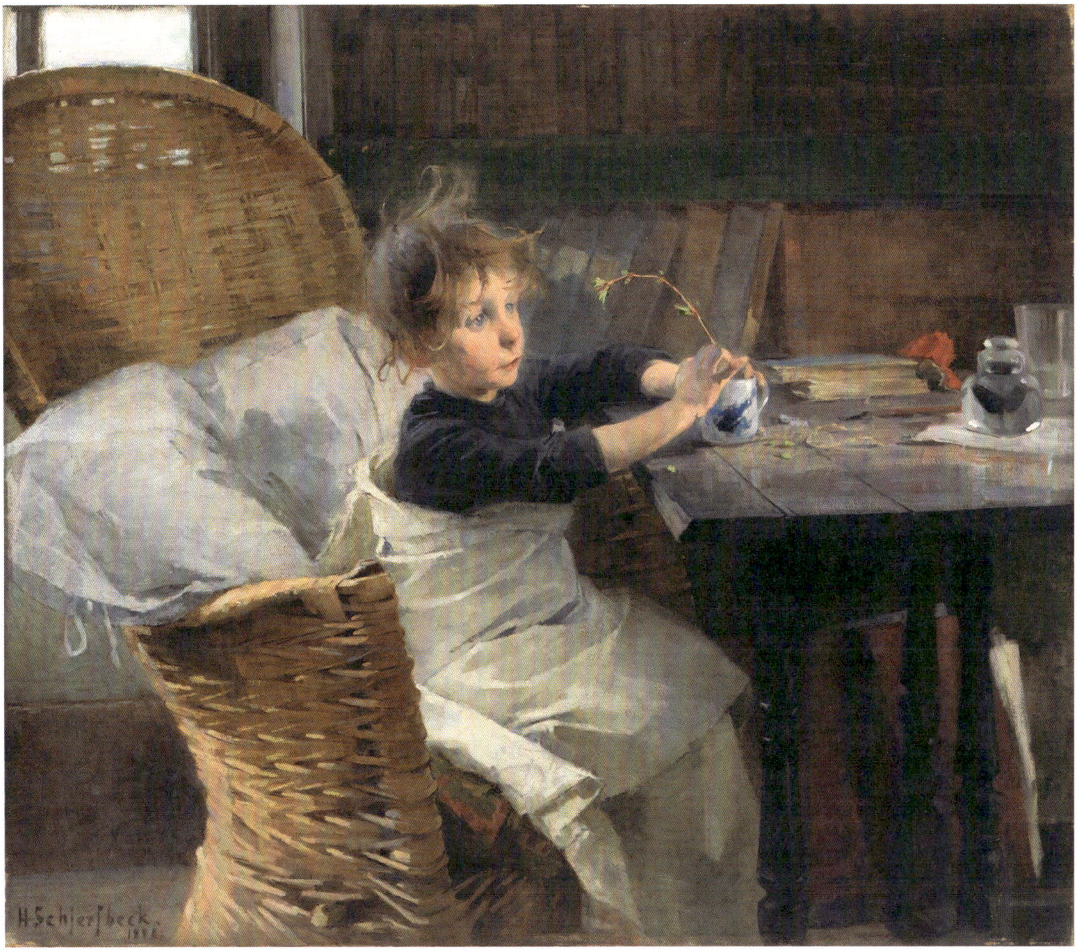
H. Schjerfbeck.

Anna Bilińska-Bohdanowicz

(1854 – 1893)

Die „Junge Frau mit Rose“ galt lange Zeit als Selbstporträt der Künstlerin. Heute weiß man, dass es sich um ein „Bildnis des Fräulein R.“ handelt. Neue Untersuchungen polnischer Kunsthistoriker haben festgestellt, wie es zu dieser Verwechslung gekommen ist. Der polnische Graf Milewski, ein Kunstfreund und Patriot, hatte für seine Sammlung polnischer Künstlerporträts bei der Malerin Anna Bilińska ein Selbstporträt in Auftrag gegeben. Während sie an dem Bild arbeitete, wurde sie krank. Das Bild ist nie vollendet worden. Nach ihrem Tod erhielt der Graf dann das Bildnis der Dame mit der Rose, das er für ein Selbstporträt hielt. Inzwischen sind mehrere authentische Selbstbildnisse aufgetaucht, die sich von dem Damenbildnis deutlich unterscheiden. Die junge Dame mit Rose, weich modelliert, hat einen Ausdruck von tiefer Melancholie, während das Gesicht der Malerin auf den Selbstporträts Energie ausstrahlt. Eine Frau, die eine aktive Rolle als Künstlerin zu spielen entschlossen ist, die keine Rose in der Hand hält, sondern ihr Arbeitsgerät, Pinsel und Palette. Es ist das Bild einer Künstlerin, die genügend Selbstvertrauen und Willensstärke besitzt, um sich gegen alle Widerstände durchzusetzen.

Anna Bilińska wurde 1854 in der polnischen Kleinstadt Złotopol (heute Nowomyrhorod, Ukraine) geboren. Es ist die Zeit, in der Polen seine Unabhängigkeit verloren hat. Russland, Preußen und Österreich haben das Land unter sich aufgeteilt, die politische Situation ist durch ständige Konflikte zwischen der polnischen Bevölkerung und den Besatzungsmächten gekennzeichnet. Auch die Familie Bilińska gerät in das Räderwerk der Politik. Sie wird für zwei Jahre nach Sibirien verbannt. Anna ist gerade zwölf Jahre alt und erhält hier im sibirischen Dorf Wjatka ihren ersten Zeichenunterricht bei einem Künstler namens Andriolli, der ebenfalls nach Sibirien verbannt ist. Die nächste Station ist Warschau, wo sie bei dem Akademiedirektor Gerson eine reguläre Ausbildung beginnt. Gerson findet seine Schülerin außerordentlich begabt und rät ihr, ins Ausland zu gehen, weil Künstler in Polen keine Chance haben. Auch das gehört zur polnischen Tragödie, dass die meisten, und gerade die talentierten Maler, nicht in der Heimat arbeiten und leben können. Anna Bilińska ist längere Zeit in Wien, München und Italien gewesen und hat sich 1882 in Paris niedergelassen. Hier hat sie an der renommierten Académie Julian ihr Studium abgeschlossen. Dann wurde ihr die Leitung einer Malklasse anvertraut – ein Beweis, wie hoch sie von den Kollegen geschätzt wurde. Auch in dem fortschrittlichen Paris ist es so gut wie nie vorgekommen, dass Frauen an einer Akademie unterrichten durften. In dieser Zeit entstanden, bei Sommeraufenthalten in der Bretagne, neben Stillleben und Genrebildern einige Meereslandschaften, die so spontan gemalt sind, dass sie zu den Meisterwerken des Impressionismus gezählt werden können.

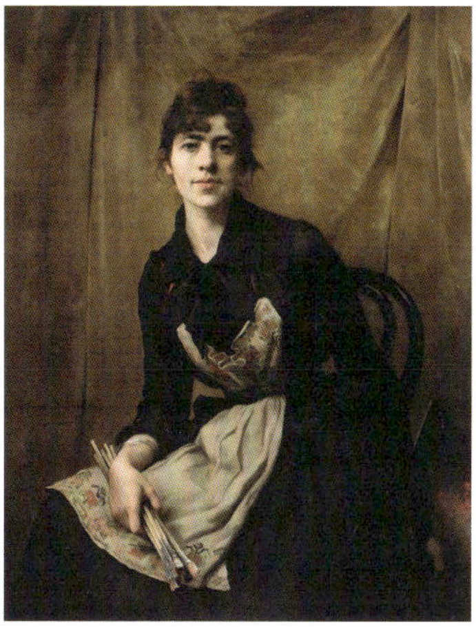

Anna Bilińska-Bohdanowicz
Selbstbildnis mit Palette, 1887
Öl auf Leinwand, 117 x 90 cm
Nationalmuseum Krakau

Anna Bilińska-Bohdanowicz
Junge Frau mit Rose, 1892

Öl auf Leinwand, 147 x 98 cm
Nationalmuseum Warschau

Das Gebiet jedoch, auf dem sie sich in den Pariser Jahren besonders erfolgreich betätigt hat, ist die Porträtmalerei. Einer der ersten, der ihr Modell gesessen hat, ist der berühmte polnische Pianist Ignacy Paderewski, der damals in Paris und allen europäischen Hauptstädten konzertierte. Paderewski war auch ein leidenschaftlicher Politiker. Er wurde 1919, als Polen seine staatliche Selbständigkeit wiedergewonnen hatte, Ministerpräsident der Republik Polen, musste später allerdings erneut emigrieren. 1941 ist er in New York gestorben. Für Anna Bilińska bedeutete das Paderewski-Porträt den Anfang einer steilen Karriere. Ihre Bilder wurden in Europa und Amerika ausgestellt und hoch bezahlt. Ein Beispiel für diese immer noch faszinierende Porträtkunst ist das Bildnis einer jungen Dame mit der Rose, eines der letzten Porträts, die Anna Bilińska gemalt hat. Da geht es nicht nur um das äußere Erscheinungsbild eines Fräulein R., sondern um die Darstellung eines psychischen Sachverhalts: das Bild einer Frau, die unter gesellschaftlichen Zwängen und Konventionen leidet und nicht in der Lage ist, sich von ihnen zu befreien.

Das Bild ist 1892 entstanden. Im gleichen Jahr hat Anna Bilińska in Paris den polnischen Arzt Antoni Bohdanowicz geheiratet. Mit ihm zusammen ist sie nach Warschau zurückgekehrt. Hier wollte sie, durch ihre Lehrtätigkeit an der Pariser Akademie ermutigt, eine Kunstschule für Frauen aufmachen, die erste in Polen. Eine schwere Herzkrankheit hat diesen Plan vereitelt. 1893 ist Anna Bilińska-Bohdanowicz in Warschau gestorben.

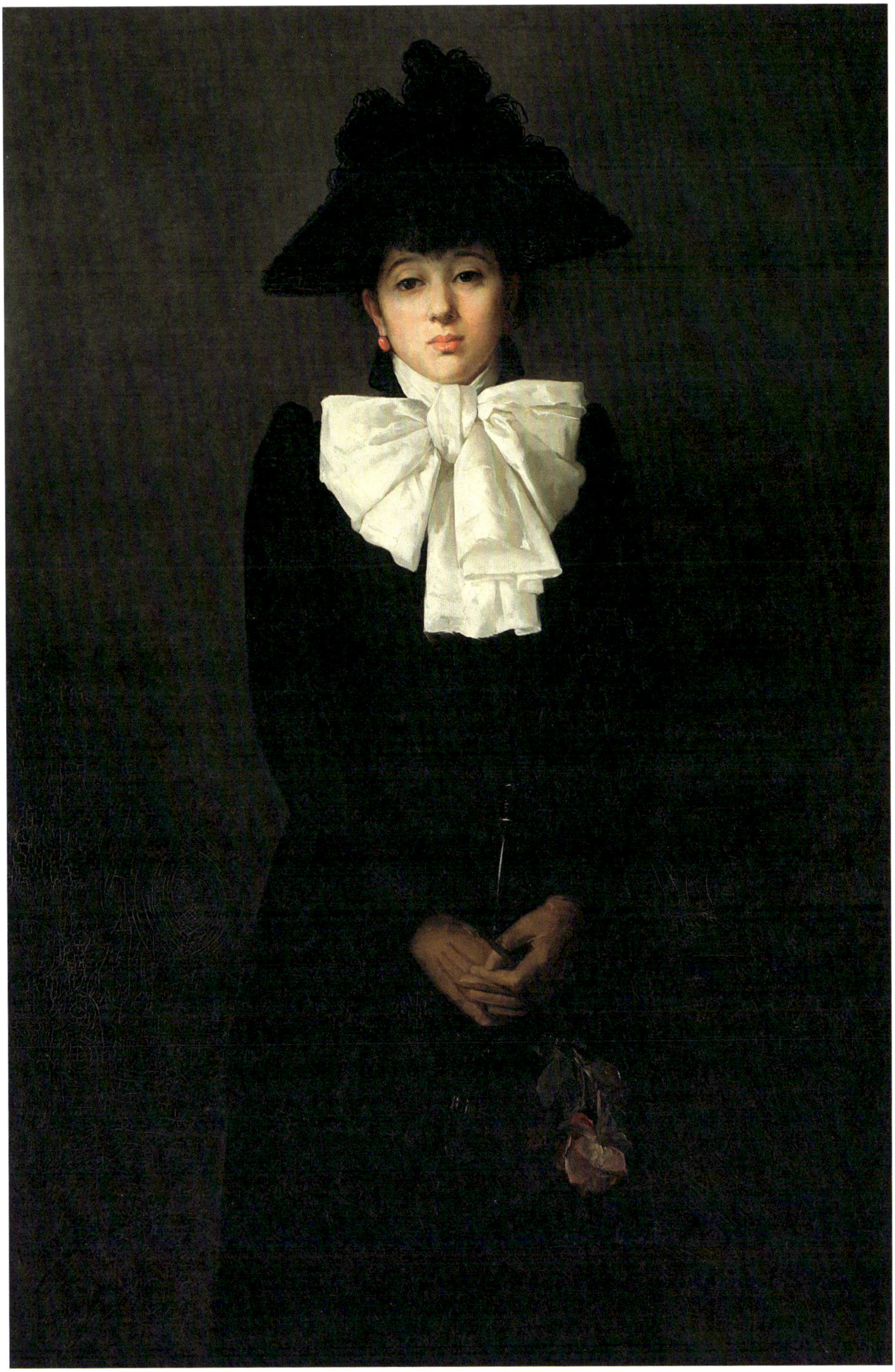

Paula Modersohn-Becker

(1876 – 1907)

Solange sie lebte, hat man ihre Kunst nicht ernst genommen: Eine Frau, die mit einem Maler, dem großen Otto Modersohn verheiratet war und auch ein bisschen malte ... 1976 dagegen, zum hundertsten Geburtstag von Paula Modersohn-Becker, haben deutsche und amerikanische Museen ihr Werk ausgestellt, wird sie als die größte deutsche Malerin des 20. Jahrhunderts gefeiert. Heutige Künstlerinnen betrachten sie als ihr Vor- und Leitbild. Ihr Leben ist die Geschichte einer Emanzipation: eine Frau auf dem Wege zu sich selbst, zu der eigenen Identität, und eine Künstlerin, die sich über Konventionen und Vorurteile hinwegsetzt und ihren unverwechselbaren Stil findet.

Paula Becker wurde 1876 in Dresden geboren und ist in Bremen im Kreis einer großen und glücklichen Familie aufgewachsen. Als sie die Schule hinter sich hat, kommt es zu familiären Schwierigkeiten. Sie will Malerin werden, und das ist nach damaligen Begriffen kein Beruf für eine höhere Tochter. Auf Drängen der Eltern muss sie ein Lehrerinnen-Seminar absolvieren. Aber sie ist dickköpfig: Sie macht zwar das Lehrerinnen-Seminar, aber dann geht sie auf die Kunstschule in Berlin. 1897 kommt sie zum ersten Mal nach Worpswede, in die Künstlerkolonie im Teufelsmoor bei Bremen, wo sie ihre Ausbildung fortsetzt. Sie hat Kontakt mit Malern und Dichtern, fühlt sich wohl in diesem Kreis, den sie jedoch plötzlich verlässt: In der Silvesternacht 1899 reist sie allein nach Paris. Sie wird noch einmal Studentin der Akademie und studiert nebenbei die Bilder im Louvre. In Paris trifft sie Otto Modersohn wieder, den sie in Worpswede kennengelernt hat. Ein Jahr später wird sie, in

Bremen, seine Frau. Sie besorgt den Haushalt, kümmert sich um Elsbeth, Modersohns Tochter aus erster Ehe, und benutzt jede freie Stunde für ihre Malerei.

Worpswede wird ihr zu eng, sie fährt zwischendurch nach Paris. Von der Ehe ist sie, nach einer ersten glücklichen Phase, enttäuscht. 1906 trennt sie sich von Otto Modersohn, ein schwerer und schmerzhafter Entschluss. Modersohn besucht sie in Paris, er bittet sie, es noch einmal zu versuchen. Sie geht mit ihm zurück nach Worpswede, verlebt mit ihm einen wundervollen Sommer und bringt am 2. November 1907 ein Kind zur Welt, das sie sich immer gewünscht hatte, die Tochter Mathilde. Drei Wochen später ist sie an einer Embolie gestorben. „Wie schade?", so überlieferte Otto Modersohn, seien ihre letzten Worte gewesen.

Ihr künstlerischer Weg führt von akademischen Anfängen zu einer sehr persönlichen und selbständigen Gestaltung. Sie will nicht die Natur kopieren. Sie will das Wesen der Dinge und Menschen, die sie

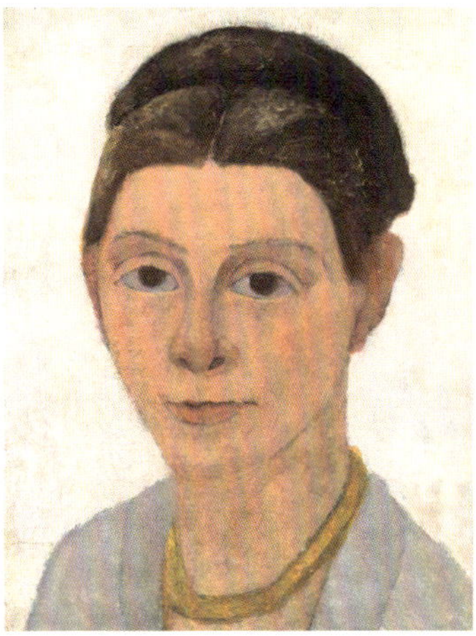

Paula Modersohn-Becker
Selbstbildnis mit Bernsteinkette,
um 1905
Öltempera auf Leinwand,
35 x 27 cm
Paula-Modersohn-Becker-Stiftung, Bremen
Paula Becker kam mit einundzwanzig Jahren als Schülerin Mackensens nach Worpswede. Ihre künstlerische Wahlheimat war jedoch Paris, das sie für mehrere intensive Studienaufenthalte besuchte. Sie wurde dort von den Werken Paul Cézannes und Paul Gauguins stark beeinflusst.

Paula Modersohn-Becker

Alte Armenhäuslerin mit Glaskugel und Mohnblumen, 1907

Öl auf Leinwand, 96 x 80 cm
Paula Modersohn-Becker Museum, Bremen

malt, in großen einfachen Formen zum Ausdruck bringen. Ihre Lieblingsmodelle sind Kinder und alte Leute aus dem Dorf. Mehrfach hat sie die „alte Dreeben" gemalt, die im Armenhaus wohnt. Das abgebildete Porträt der alten Frau ist die letzte und eindrucksvollste unter den zahlreichen Darstellungen, ein Beispiel für den reifen Stil von Paula Modersohn-Becker. Man spürt die menschliche Teilnahme der Malerin am Schicksal der alten Dreeben, die ein schweres Leben hinter sich hat. Aber zugleich ist das Bild aus der nur privaten Sphäre herausgehoben. Die schwere monumentale Gestalt mit den schwieligen Arbeitshänden gewinnt eine zwingende Allgemeingültigkeit. Die Umgebung stimmt auf eine seltsame Weise mit der Figur zusammen. Der Fingerhutstengel in ihrer Hand, die Mohnblumen, das auf einen Stock gestülpte große Glas schaffen eine geheimnisvolle, düstere, bedrohliche Atmosphäre. Das ist keine ländliche Idylle, wie man sie von den Worpsweder Malern gewohnt ist. Mit solchen Bildern gelangt sie aus der provinziellen Enge der Worpsweder Künstlerkolonie in die Nähe von Vincent van Gogh und Edvard Munch, den Wegbereitern der europäischen Moderne.

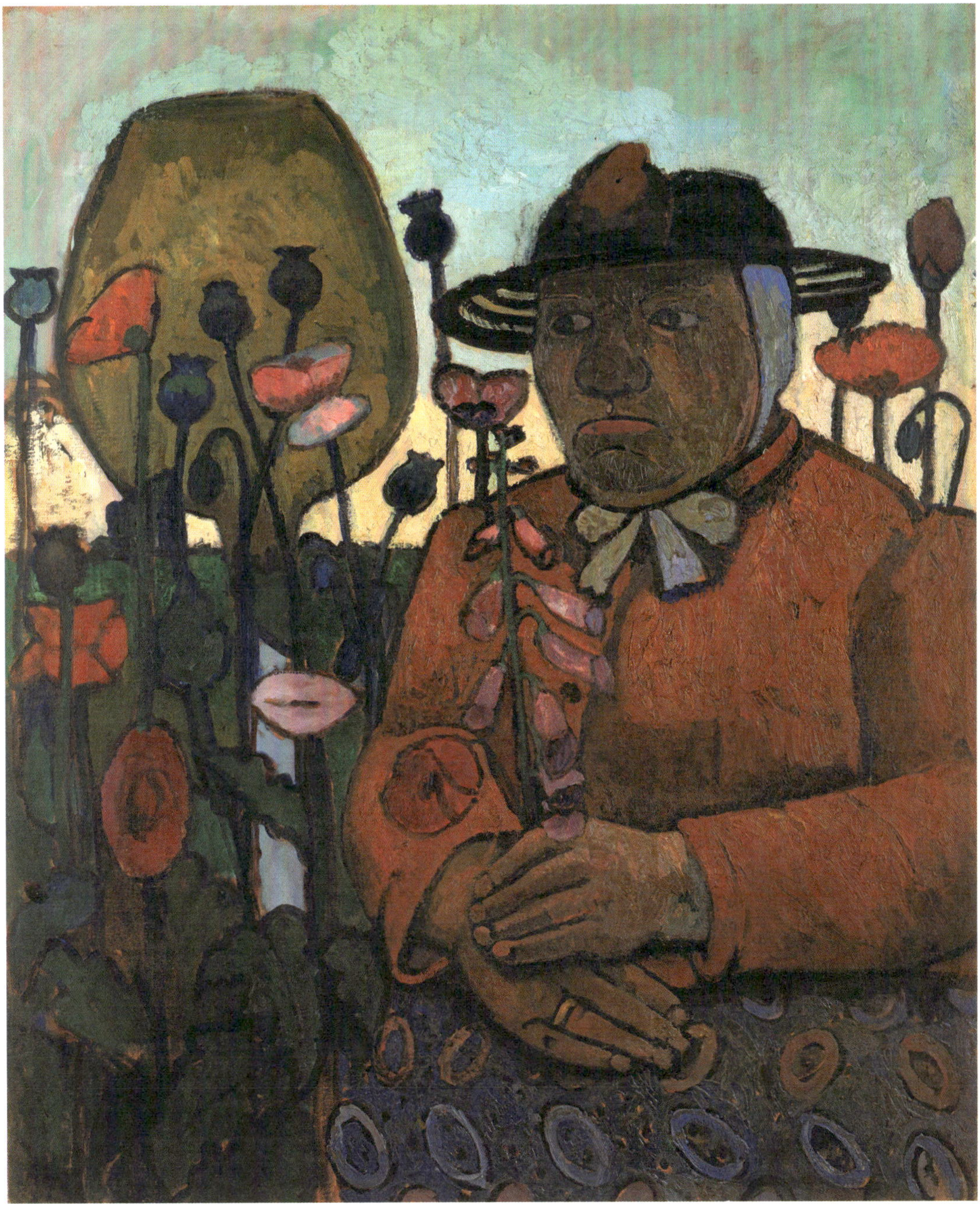

Broncia Koller-Pinell

(1863 – 1934)

Sie war zu ihren Lebzeiten vom Erfolg verwöhnt. Bis heute ist ihr Name in Deutschland nur Eingeweihten bekannt. Aber auch in ihrer Heimat Österreich war das Werk der Malerin in Vergessenheit geraten. Erst in den 1960er Jahren, als der „Wiener Jugendstil" und die Kunst der Jahrhundertwende wiederentdeckt und aufgewertet wurden, kamen auch die Bilder von Broncia Koller wieder zum Vorschein. Sie wurden in der historischen Ausstellung „Wien um 1900" gezeigt. Seitdem waren sie häufig in österreichischen Museen und Galerien zu sehen, unter anderem im Herbst 1983 in der Neuen Galerie der Stadt Linz, wo im Rahmen eines Festivals Künstlerinnen vorgestellt wurden, „die international die Entwicklung von Frauen-Kunst maßgeblich mitbestimmt haben".

Sie war eine Malerin von europäischem Rang, die mit den größten Künstlern ihrer Epoche befreundet war und von ihnen als ebenbürtig anerkannt wurde. Eine Frau, die nie in ihrem Leben mit materiellen oder persönlichen Schwierigkeiten zu kämpfen hatte. Ihr Weg stand von Anfang an unter einem glücklichen Stern. Und trotzdem sind ihre Bilder durch einen schwermütigen Ernst bestimmt. Die Menschen, die Broncia Koller darstellt, sogar die Kinder, blicken starr und freudlos ins Leere, als ob sie sich von der Zukunft nichts Gutes erwarten. Das gilt auch für die Selbstporträts, die jeden Anflug von Heiterkeit vermissen lassen.

Broncia Koller stammt aus einer alten jüdischen Familie und wurde 1863 in Sanok, einer Kleinstadt in Österreich-Galizien, als Tochter des Bauunternehmers Pineles geboren.

Der zog wenige Jahre später mit seiner Frau und den fünf Kindern nach Wien und gründete in Oberwaltersdorf bei Wien eine Textilfabrik. Die Eltern förderten die künstlerische Begabung ihrer Tochter Broncia nach Kräften. Sie durfte bei prominenten Künstlern studieren, erst in Wien, dann in München. Nach dem Abschluss ihrer Studien hat sie eine erste Ausstellung im Wiener Künstlerhaus, die ungewöhnlich erfolgreich verläuft. Man wird aufmerksam auf die junge Malerin, sie wird in den Wiener Salons herumgereicht. Auf einer Soirée im Hause des Komponisten Hugo Wolf lernt sie den Elektrochemiker Dr. Hugo Koller kennen, den sie 1896 heiratet. Dieser Dr. Koller ist nicht nur ein überaus tüchtiger Unternehmer, der es nach wenigen Jahren zum Chef eines der größten österreichischen Industriekonzerne bringt, er versteht auch etwas von Kunst, Musik, Literatur, er interessiert sich für die Arbeit seiner Frau, sammelt Bilder. Alles, was in Wien Rang und Namen hat, verkehrt bei den Kollers, die abwechselnd in Wien oder auf dem Landsitz Oberwaltersdorf (den sie von Broncias Vater übernommen haben) residieren. Sie sind eng befreundet mit Gustav und Alma Mahler – ihr Sohn Rupert Koller hat später die Mahlertochter Anna

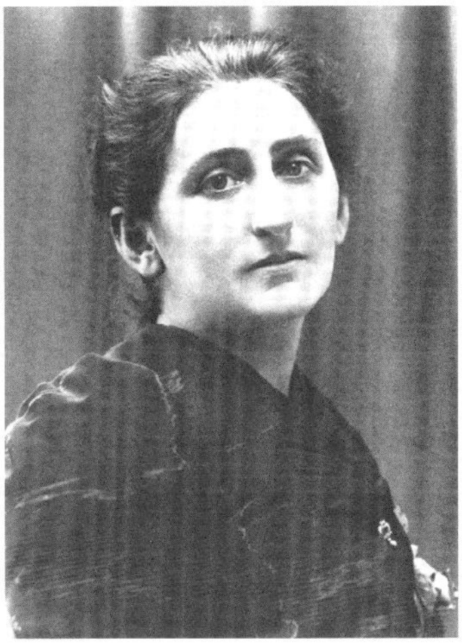

Unbekannt
Broncia Koller-Pinell, um 1900
Fotografie
Broncia Koller musste die Malerei nie als Broterwerb betreiben. So kümmerte sie sich auch nicht um den Verkauf ihrer Bilder. Ihr genügte die Anerkennung der Kollegen. Ihre exzellenten farbigen Holzschnitte wurden oft nur in Einzelexemplaren statt in Serie gedruckt.

Broncia Koller-Pinell
Silvia Koller mit Vogelkäfig, um 1907 – 1908

Öl auf Leinwand, 100 x 100 cm
Privatsammlung

geheiratet. Auch Gustav Klimt, Egon Schiele, Oskar Kokoschka, die führenden Maler im Vorkriegs-Wien, gehören zu ihrem Freundeskreis. Aber der äußere Glanz kann über die innere Unruhe dieser Epoche, über die Ahnung der kommenden Katastrophe nicht hinwegtäuschen. Im Tagebuch von Broncia Koller heißt es: „Ganz dumpf lebte in mir immer das Gefühl, dass es so nicht weitergeht und noch etwas Furchtbares kommen muss, um die jetzige Zeit zu zerstören. Ist es denn ein Krieg, dem wir entgegengehen?“

Diesem Gefühl einer drohenden Gefahr hat Broncia Koller in ihren Bildern Ausdruck gegeben. Selbst bei einem so harmlosen Motiv wie „Silvia Koller mit Vogelkäfig“ ist etwas davon zu spüren. Das rote Kleid des Mädchens, das die Komposition beherrscht, wirkt vor den schwarzen Bodenfliesen wie ein Alarmsignal. Todernst beobachtet das Mädchen Silvia, wie die gefangenen Vögel im Käfig hocken. Man kann wohl annehmen, dass Broncia Koller im Bild der Tochter ihre eigene Angst mitgestaltet hat.

Der Ausbruch des Ersten Weltkriegs lähmte die künstlerischen Kräfte der sensiblen Malerin für lange Zeit. Erst Mitte der 1920er Jahre beteiligte sie sich wieder an Ausstellungen. 1934 starb Broncia Koller in Wien. Ihre Tochter Silvia, die sie häufig porträtiert hat, ist wie die Mutter Malerin geworden.

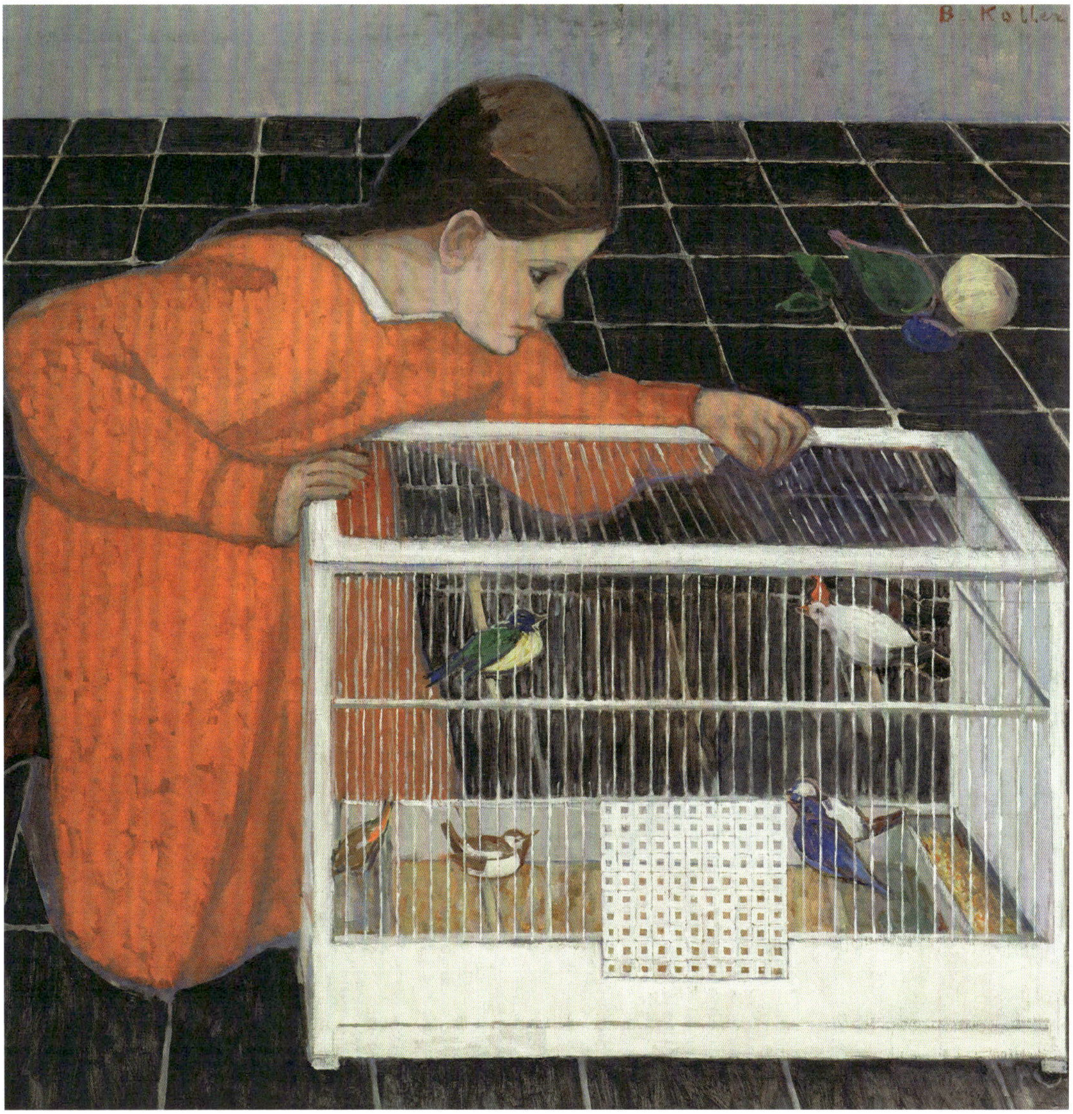
B. Koller

Marianne von Werefkin

(1860 – 1938)

Den „russischen Rembrandt" nannte man die Russin schon in ihrer Jugend. Später, in München, war sie der geistige Mittelpunkt eines Künstlerkreises, der unter dem Namen „Der Blaue Reiter“ weltberühmt wurde. Maler wie Kandinsky und Franz Marc haben ausgesprochen, was sie ihr verdanken. Paul Klee hat sie verehrt, ein Bild von ihr hing in seiner Wohnung. In den Durchbruchsjahren der modernen Kunst vor 1914 war sie an den wichtigen Ausstellungen der europäischen Avantgarde beteiligt. Dann geriet der Name Marianne von Werefkin in Vergessenheit. Mit einer Ausstellung leitete das Museum Wiesbaden im Herbst 1980 die Wiederentdeckung dieser großen Malerin ein.

Marianne von Werefkin wurde 1860 in Russland geboren. Der Vater war General, die Mutter Malerin. Mit vierzehn Jahren, während einer Scharlacherkrankung, zeichnet Marianne ihre Fiebervisionen aufs Papier. Sobald sie wieder gesund ist, wird eine Zeichenlehrerin für sie engagiert. 1883 wird der Vater nach Moskau versetzt und lässt ihr im Garten ein Atelier bauen, wo sie von bedeutenden Künstlern unterrichtet wird. Nach dem Umzug der Familie nach Petersburg wird Marianne Privatschülerin von Ilja Repin, dem berühmtesten Maler im zaristischen Russland. „Er begeisterte sich riesig für meine Sachen, aber einig waren wir nie“, schreibt seine Schülerin über diese Jahre. „Ich bekam brillante Kritiken und geriet in Verzweiflung. Mir war die realistische Welt ebenso fremd wie die romantische. Eigene Ziele schwebten mir vor.“ Im Atelier von Repin lernt sie Alexej Jawlensky kennen. Er ist Leutnant und studiert nebenbei Malerei an der Petersburger Akademie. In seinen Erinnerungen schreibt er: „Ich wurde der Freund dieser klugen, genial begabten Frau. Wir arbeiteten zusammen ..." Dreißig Jahre haben sie zusammen gelebt und gearbeitet, erst in Petersburg, seit 1896 in München. Es war eine komplizierte Beziehung. Sie lehnt es ab, ihn zu heiraten. Denn sie glaubt nicht, den Mann zu lieben, sondern ausschließlich seine Kunst. Ihr einziger Daseinszweck ist, ihn zum großen Künstler heranzubilden, und so verzichtet sie jahrelang auf die eigene Arbeit. „Ich gab ihm ein Atelier und die Möglichkeit, ohne Sorge zu arbeiten, umgab ihn mit Glorienschein, brachte ihn ins Ausland", notiert sie 1901. „Ich dachte, mit fremden Händen zu schaffen. Ist es möglich, dass in mir ein echter Künstler war und ich an ihm vorbeischaute?" Schließlich, nach einer Paris-Reise, beginnt sie endlich wieder künstlerisch zu arbeiten. Seit 1907 entstehen in dichter Folge die Bilder, die ihren Rang in der Kunst des 20. Jahrhunderts dokumentieren. Anregungen von Gauguin, Munch und Matisse werden aufgenommen und zum eigenen Stil weiterentwickelt. Der „Ballsaal" von 1908: ein festliches Rot, in dem die wogende Menge der Tanzenden sich verliert. Im Vordergrund: der Herr in Schwarz und die Dame in Gelb,

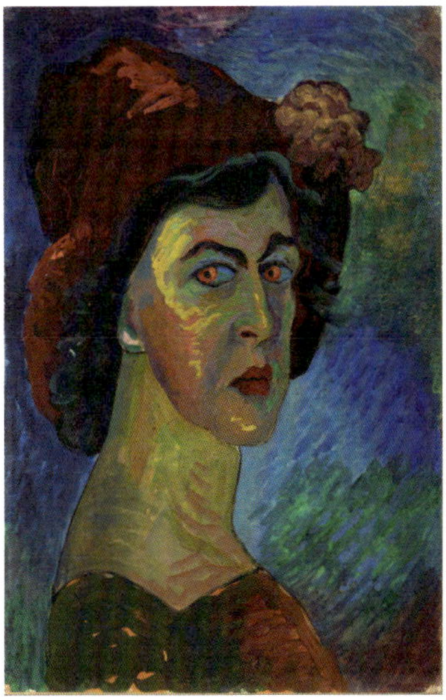

Marianne von Werefkin
Selbstbildnis I, um 1910
Tempera und Lackbronze auf Papier über Pappe, 51 x 34 cm
Städtische Galerie im Lenbachhaus und Kunstbau München
Marianne von Werefkin war in ihrer Heimat Russland eine anerkannte realistische Malerin.
Als sie 1896 nach München zog, wurde sie neben Wassily Kandinsky und Franz Marc zu einer Wegbereiterin der europäischen Moderne.

Marianne von Werefkin
Ballsaal, 1908

Tempera auf Karton, 56 x 76 cm
Privatsammlung

die mit gerafftem Kleid die Treppe herabsteigt, während am rechten Bildrand in der schwingenden Rückenfigur das gleiche Gelb noch einmal auftaucht. Ein Bild zwischen Jugendstil und Expressionismus, der sich im kühnen Umgang mit der Farbe ankündigt.

Als 1914 der Weltkrieg ausbricht, müssen Marianne von Werefkin und Jawlensky München verlassen. Sie fliehen in die Schweiz. 1921 kommt es zum Bruch zwischen ihnen. Jawlensky zieht nach Wiesbaden, sie bleibt in Ascona. Im vorherigen Jahr wurden ihre Bilder auf der Biennale in Venedig, der größten internationalen Kunstausstellung, gezeigt. Sie beteiligt sich auch weiterhin an Ausstellungen. Aber neben der Kunst beschäftigen sie mehr und mehr soziale Probleme. Die ehemalige Baronin Werefkin, die ihr Vermögen infolge der russischen Revolution verloren hat, entdeckt ihr Herz für die Sorgen und Nöte der einfachen Leute. Um helfen zu können, verkauft sie ihre Bilder. Ihre Schützlinge nennen sie liebevoll „la nonna", die „Großmutter von Ascona". Heute befindet sich in Ascona, wo sie 1938 gestorben ist, ein Museum, in dem viele Gemälde und ihre Skizzenbücher aufbewahrt werden.

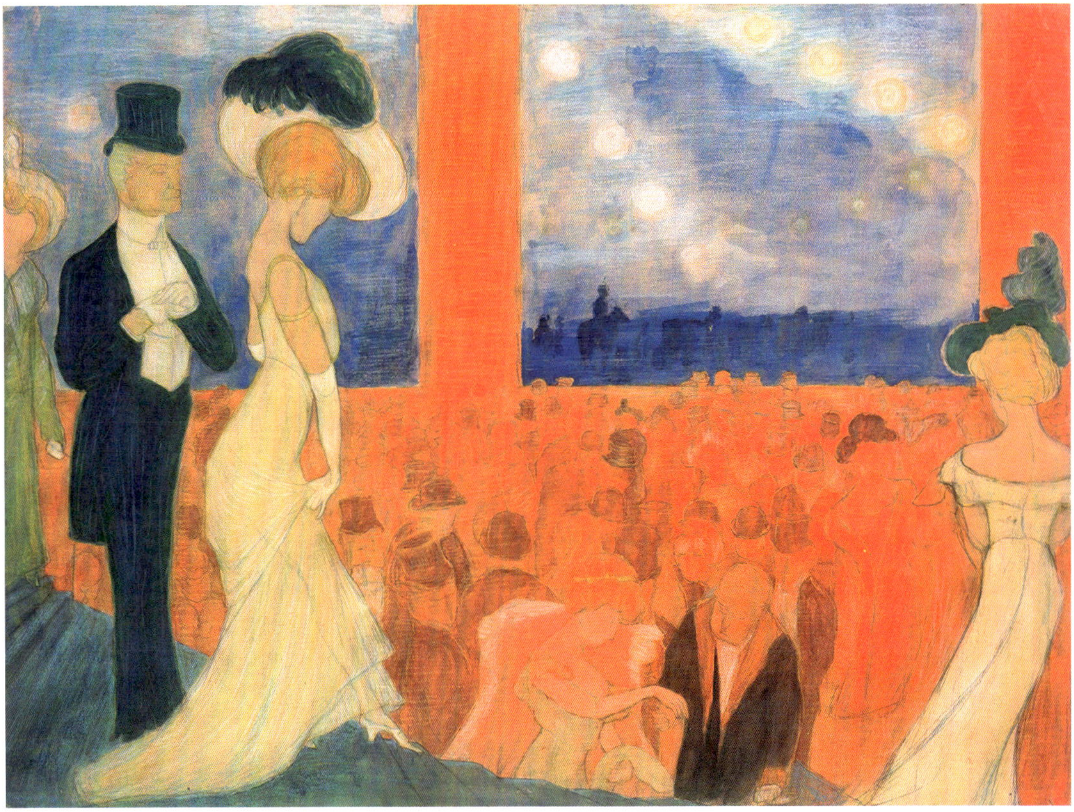

Gabriele Münter

(1877 – 1962)

1909 malte Gabriele Münter das „Bildnis einer jungen Dame“. Sie hatte damals alte Hinterglasbilder gekannt und gesammelt, später hat sie selbst Hinterglasbilder gemalt. Was sie an diesen Werken der Volkskunst liebte, waren die klaren, einfachen Formen, die starken Konturen, die als dunkle Linien die Farbflächen begrenzen. Hier war etwas vorgebildet, was ihren eigenen Vorstellungen entsprach. Im Rückblick auf diese Zeit schreibt sie, sie habe 1908 bei ihrem ersten Studienaufenthalt in Murnau „nach einer kurzen Zeit der Qual einen großen Sprung gemacht – vom Naturabmalen – mehr oder weniger impressionistisch – zum Fühlen eines Inhalts – zum Abstrahieren – zum Geben eines Extraktes“. Das Porträt dieser jungen Dame zeigt, wohin ihr „Sprung“ sie geführt hat. Dunkel sind alle Flächen konturiert, was Klarheit und Reduktion bewirkt. Als Erstes fallen bei diesem Brustbild die großen, nach unten gesenkten Augen auf. Ein selten eingefangener Augenblick. Verwunderlich, dass das Gesicht dieser schüchternen jungen Dame so ausdrucksstark und faszinierend wirkt, obwohl es nur flächig gemalt ist. Die Farbpalette von Gabriele Münter ist hier verhalten, anders als bei ihrer späteren, glühenden Farbigkeit, die noch intensiver an Hinterglasmalerei erinnert. Der blaue Hintergrund flüchtig, wie belanglos dahingewischt wirkend, dünn aufgetragene Farbe.

Gabriele Münter, 1877 in Berlin geboren, war 1901 zum Kunststudium nach München gekommen. Sie besuchte die Kunstschule, die der Künstlerinnen-Verein eingerichtet hatte. (Auf der Kunstakademie waren Frauen damals noch nicht zugelassen – eine Tatsache, die man heute kaum noch begreifen kann.) An dieser Schule war

Wassily Kandinsky als Lehrer für Aktzeichnen beschäftigt. Gabriele Münter ist von dem neuen Lehrer begeistert, der die Dinge „eingehend, gründlich erklärte und mich ansah, wie einen bewusst strebenden Menschen, der sich Aufgaben und Ziele stellen kann. Das war mir neu und machte Eindruck". Aus dem ersten Eindruck wird eine langjährige Lebensgemeinschaft. Sie unternehmen gemeinsame Radtouren durch Oberbayern, später durch Sachsen bis nach Dresden, wo sie zwei Monate bleiben. Sie verbringen ein Jahr in Paris. Ihre Münchner Wohnung wird zum Treffpunkt der künstlerischen Avantgarde. Zu ihren Freunden zählen die russischen Maler Marianne von Werefkin und Alexej Jawlensky, die deutschen Maler Paul Klee, Franz Marc, August Macke. Es ist der Kreis, aus dem 1911 „Der Blaue Reiter", eine der wichtigsten Künstlervereinigungen des 20. Jahrhunderts hervorgegangen ist, dem Gabriele Münter angehörte. Bereits 1909 hat sie in Murnau am Staffelsee ein Haus gekauft, das sie mit Kandinsky bezieht. Ein Haus ohne Komfort, ohne Wasserleitung und elektrisches Licht. Die einfachen Möbel hat Kandinsky bemalt – sie stehen heute noch in dem Haus, welches inzwischen ein Museum ist, zusammen mit den Bildern von Gabriele

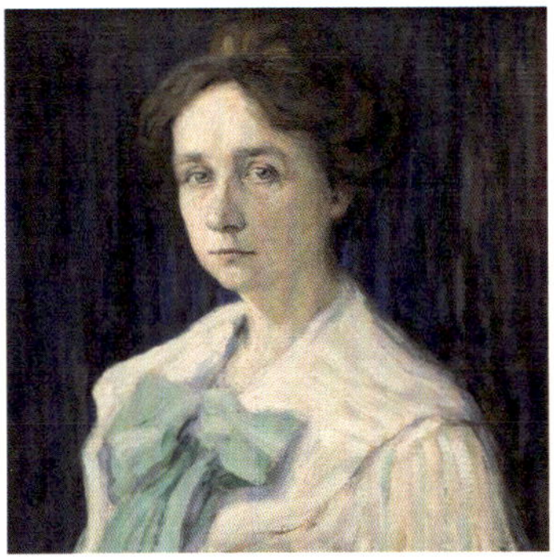

Wassily Kandinsky
Gabriele Münter, 1905
Öl auf Leinwand, 45 x 45 cm
Städtische Galerie im Lenbachhaus und Kunstbau München
So malte Kandinsky seine frühere Lebensgefährtin, Gabriele Münter, die zu den Begründern der Künstlergruppe „Der blaue Reiter" zählt.

Gabriele Münter

Bildnis einer jungen Dame, 1909

Öl auf Leinwand, 70 x 48 cm
Milwaukee Art Museum

Münter und Kandinsky. 1914, mit dem Ausbruch des Weltkriegs, ging die glückliche Murnauer Zeit zu Ende. Der Russe Kandinsky musste Deutschland verlassen, Gabriele Münter hat ihn in die Schweiz begleitet, dann ging er nach Russland zurück. 1916 haben sie sich noch einmal in Schweden getroffen. Sie hatte eine Ausstellung in Stockholm, zu der Kandinsky die Einführung schrieb. Ein Jahr später hat er in Moskau die Tochter eines russischen Generals geheiratet.

Gabriele Münter hat viele Jahre gebraucht, bis sie wieder malen konnte. Erst 1931 bezog sie das Murnauer Haus erneut. In dem Kunsthistoriker Johannes Eichner fand sie einen Lebensgefährten, der ein Buch über „Kandinsky und Gabriele Münter: Von Ursprüngen moderner Kunst" geschrieben hat. Eine noch 1937 geplante Ausstellung ihrer Werke wurde von den Nationalsozialisten verboten. Erst 1949 (in Braunschweig) und dann ab 1950 in über zwanzig weiteren Städten kam es zu Gesamtausstellungen ihrer Bilder. Endlich hatte sich Kandinskys Prophezeiung erfüllt: Gabriele Münters Anerkennung werde spät, doch sicher kommen. 2023 legt die Ausstellung „Menschenbilder" im Bucerius Kunst Forum in Hamburg erstmals den Fokus auf Porträtdarstellungen der Künstlerin.

1962 ist sie in Murnau gestorben. Vor ihrem Tod hat sie ihren gesamten Besitz an Kandinsky-Gemälden der Städtischen Galerie im Lenbachhaus München gestiftet, die damit zum bedeutendsten Museum für die Kunst des „Blauen Reiters" geworden ist.

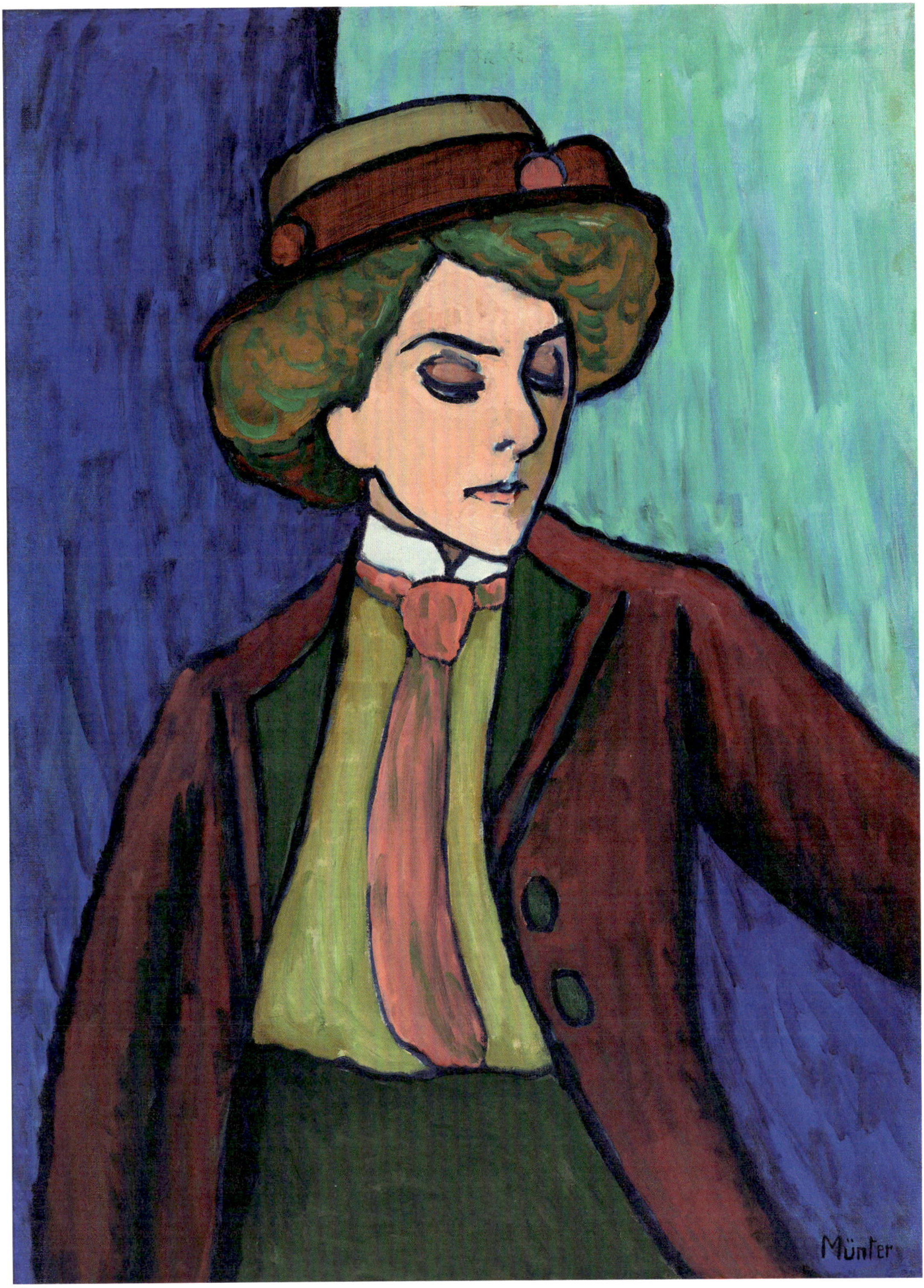
Münter

Natalja Sergejewna Gontscharowa

(1881–1962)

Natalja Sergejewna Gontscharowa war siebzehn Jahre alt, als sie 1898 die Kunstakademie Moskau bezog. Sie wollte Bildhauerin werden, ist dann aber rasch zur Malerei übergewechselt. An der Akademie lernte sie den gleichaltrigen Michail Larionow kennen, der ebenfalls Malerei studierte. Aus dieser Begegnung wurde eine Arbeits- und Lebensgemeinschaft. Sie bewohnten das gleiche Atelier, sie blieben nach dem Studium zusammen, gemeinsam haben sie ihre revolutionären künstlerischen Konzepte ausgearbeitet. Zwanzig Jahre später sind sie nach Frankreich emigriert. Beide hielten nichts von der bürgerlichen Institution der Ehe. Erst 1955, als sie weit über siebzig alt waren, sind sie in Paris aufs Standesamt gegangen und haben schließlich doch noch ihre lebenslange Verbindung legalisiert, aus juristischen Gründen, um Schwierigkeiten mit dem Nachlass zu vermeiden. Natalja Gontscharowa ist in Paris gestorben. Ihr Mann hat sie um zwei Jahre überlebt.

Seltsamerweise kann man noch heute in einigen Biografien von Natalja Gontscharowa lesen, sie sei eine Schülerin von Larionow gewesen, was den Tatsachen in keiner Weise entspricht. Sie haben gleichzeitig ihr Studium an der Moskauer Akademie begonnen, und Natalja Gontscharowa hat sich nicht mehr und nicht weniger von Larionow beeinflussen lassen als er von ihr. Es ist ein Vorurteil, dass in einer Künstlergemeinschaft der Mann die dominierende Rolle zu spielen habe. Aber solche Vorurteile sind offenbar schwer auszurotten.

Natalja Gontscharowa hat nie unter Komplexen gelitten, ihrem Gefährten Larionow gegenüber ebenso wenig wie gegenüber der Öffentlichkeit. Sie besaß ein natürliches, unverkrampftes Selbstbewusstsein. Und das ist typisch für die russischen Frauen ihrer Generation. Früher als in den westlichen Ländern haben die Russinnen die Gleichberechtigung praktiziert, zum mindesten auf kulturellem und künstlerischem Gebiet. Das ist das überraschende Ergebnis der Untersuchungen über die russische Kunst des frühen 20. Jahrhunderts: In keinem anderen Land, weder in Frankreich noch in Deutschland oder in Amerika, haben die Frauen einen so großen und entscheidenden Anteil am künstlerischen Geschehen wie in Russland, und das gilt bereits für die Zeit vor der Oktoberrevolution 1917, die den russischen Frauen die politische Gleichberechtigung gebracht hat.

In diesem Zusammenhang muss man das Wirken von Natalja Gontscharowa sehen: Sie gehört, neben Ljubow Popowa und Alexandra Exter, zu den zahlreichen russischen Künstlerinnen, die ihre künstlerische Arbeit als Mittel der Selbstbefreiung und Selbstverwirklichung begreifen. Und sie ist unter allen diesen Künstlerinnen die erfolgreichste und produktivste. Wo immer in diesen stürmischen Aufbruchsjahren der modernen Kunst wichtige Ausstellungen stattfinden, ist sie dabei. Schon 1906 werden Bilder von ihr in Paris gezeigt. 1912 beteiligt sie sich an einer Ausstellung der berühmten Künstlergruppe „Blauer

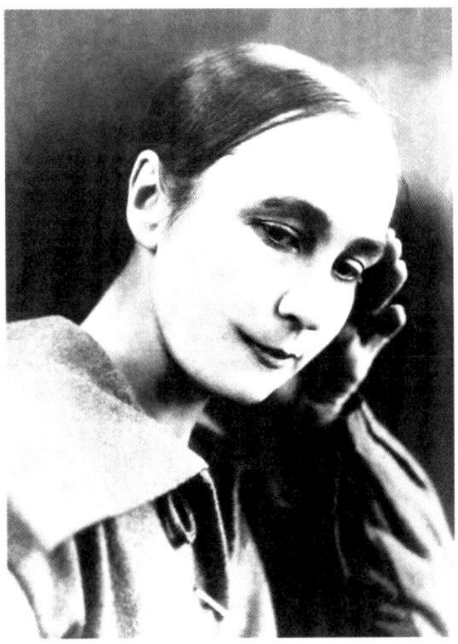

Pierre Choumoff
Natalja Sergejewna Gontscharowa,
um 1915
Fotografie

Öl auf Leinwand, 105 x 79 cm
Neue Nationalgalerie, Staatliche Museen zu Berlin

Reiter" in München. Auf einer Sonderschau in Moskau werden 1913 nicht weniger als 761 Bilder von ihr ausgestellt. Natalja Gontscharowa versteht es, moderne westliche Tendenzen wie den Kubismus mit alten russischen Traditionen zu verbinden. Sie selber hat einmal erklärt, sie liebe die Formenwelt des Kubismus, weil er sie an russisches Holzspielzeug erinnere, wie es in ihrer Kindheit auf Jahrmärkten verkauft wurde.

Bevor 1914 der Erste Weltkrieg ausbricht, hat Natalja Gontscharowa bereits ein neues Arbeitsfeld entdeckt: das Bühnenbild. Sie arbeitet für das Russische Ballett, das Sergei Djagilew in Paris gegründet hat und das in ganz Europa gastiert. 1915 verlässt sie Russland und geht als Bühnenbildnerin zu Djagilew in die Schweiz.

Bei der Auswahl ihrer Bildmotive beweist Natalja Gontscharowa eine erstaunliche Originalität. Sie malt, was niemand vor ihr gemalt hat. Beispielsweise das Innere einer Uhr. Dieses faszinierende Ineinandergreifen von Zahnrädern, Spiralen, Federn und Ringen, das die Uhr in Gang hält. Man hat den Eindruck, dass die Zeiger über das Zifferblatt wandern, dass die Räder sich tatsächlich drehen. Aber die Malerin sieht das Gangwerk nicht mit den Augen des Mechanikers, sie will nicht erklären, wie eine Uhr wirklich funktioniert. Dieser riesenhaft vergrößerte Uhrenausschnitt könnte auch ein Sonnensystem darstellen, das sich nach kosmischen Gesetzen bewegt. Der Blick in die Uhr wird zum Blick in den Weltraum.

1918 haben sich Natalja Gontscharowa und Larionow endgültig in Paris niedergelassen. Ihren größten Erfolg hatte Gontscharowa 1926 mit der Ausstattung von Stravinskys Ballett „Der Feuervogel" in Paris.

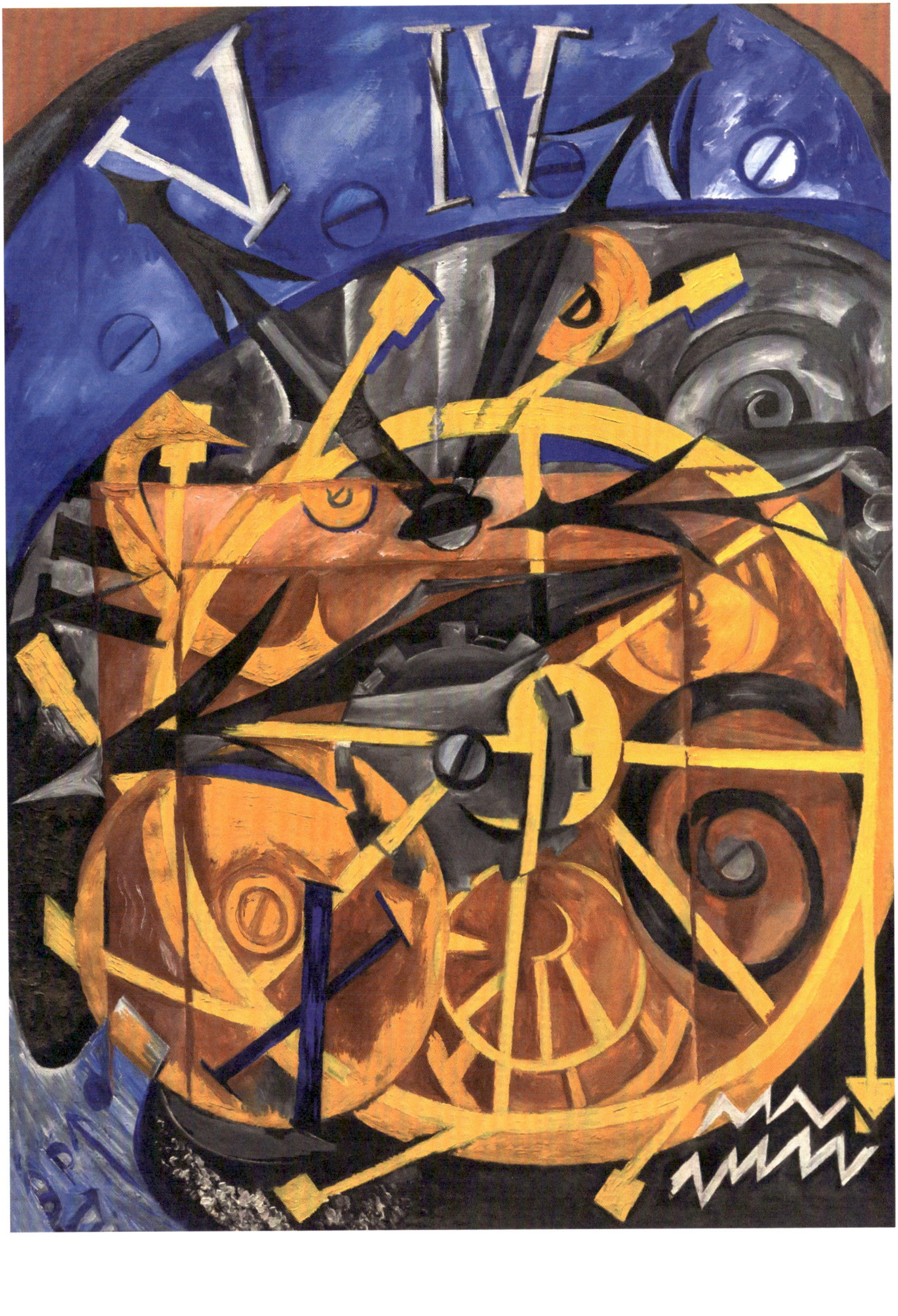

Vanessa Bell

(1879 – 1961)

Sie war die Schwester der weltberühmten Schriftstellerin Virginia Woolf. Dass sie, Vanessa Bell, eine bedeutende Malerin war, hat man fast schon vergessen. Vanessa war drei Jahre älter als Virginia und wurde 1879 in London geboren. Der Vater Sir Leslie Stephen war ein prominenter Schriftsteller, die Mutter eine gefeierte Schönheit der Londoner Gesellschaft. Die Kinder sind in einer musischen, anregenden Atmosphäre herangewachsen. Als Vanessa sechzehn war, starb die Mutter, und Vanessa musste sich um den Haushalt und die jüngeren Geschwister kümmern. Damals entwickelte sich zwischen den beiden Schwestern eine enge und intensive Beziehung. „Ohne Zweifel liebe ich Dich mehr als irgendjemand anderen auf der Welt", schrieb Virginia als erwachsene Frau an Vanessa.

Weil sie künstlerisch auffallend begabt war, erhielt Vanessa zunächst Privatunterricht. Dann, 1901, besuchte sie die königliche Kunstakademie, wo damals nur wenige Frauen studierten. Nach dem Tod des Vaters, 1904, zogen Vanessa und Virginia mit ihren beiden Brüdern in den Stadtteil Bloomsbury in ein gemeinsames Haus. Dort trafen sich junge Künstler, Schriftsteller, Musiker, Kritiker, Journalisten. Aus diesem Kreis entwickelte sich die sogenannte „Bloomsbury-Gruppe", die durch exzentrischen Lebensstil Skandale provozierte, dem verschlafenen englischen Kulturbetrieb aber frische Impulse brachte und ihn für alle modernen, zukunftsträchtigen Ideen öffnete.

Mittelpunkt der Gruppe waren die Schwestern Vanessa und Virginia, zwei junge Frauen, schön, intelligent, exzentrisch. So hat Leonard Woolf, Virginias Mann, sie später geschildert: „Sie trugen weiße Kleider und große Hüte mit Sonnenschirmen in den Händen, und ihre Schönheit raubte einem buchstäblich den Atem, denn wenn man sie plötzlich anblickte, hielt man staunend inne, und alles, auch das Atmen, hörte eine Sekunde lang auf, wie wenn man in einer Galerie plötzlich einem Rembrandt oder Velazquez gegenübersteht." In Temperament und Charakter sind die beiden Schwestern grundverschieden. Im Gegensatz zu Virginias kühlem, sprödem Naturell ist Vanessa leidenschaftlich, sinnenfroh, lebenshungrig. Sie heiratet einen Künstler aus der Bloomsbury-Gruppe, Clive Bell, mit dem sie zwei Söhne hat. Der jüngere, Quentin Bell, ist später durch ein Buch über Virginia Woolf bekannt geworden, der ältere, Julian Bell, fiel 1937 im Spanischen Bürgerkrieg. Entscheidend für Vanessas künstlerische Entwicklung ist ihre Beziehung zu dem führenden englischen Kunstkritiker Roger Frey, durch den sie Kontakt zur europäischen Avantgarde erhält, vor allem zu Matisse und Picasso, den sie häufig in Paris besucht. Ihre kühnen und eigenwilligen Bilder, die regelmäßig in London ausgestellt werden, erregen Aufsehen, Widerspruch und Begeisterung. Sie gelten als das Fortschrittlichste, was man in England sehen kann. Ebenso erfolgreich arbeitet sie auf dem

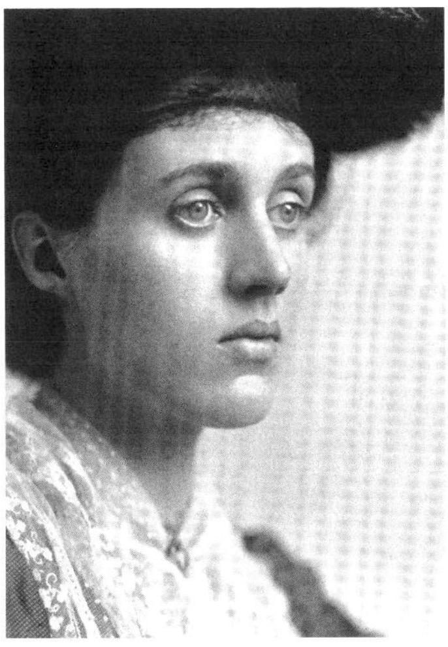

George Charles Beresford
Vanessa Bell, 1902
Fotografie
The Charleston Farmhouse,
Firle in Sussex

Vanessa Bell

Im Atelier, 1912

Öl auf Leinwand, 57 x 48 cm
Privatsammlung

Gebiet der angewandten Kunst. Zusammen mit Roger Frey gründet sie den Workshop „Omega", für den sie Kleider, Teppiche, Lampenschirme, Wandbehänge, Mosaiken, Bucheinbände entwirft, die das englische Kunstgewerbe revolutionieren. Nach ein paar turbulenten Jahren macht ihr der ganze Londoner Betrieb keinen Spaß mehr, und sie zieht aufs Land, zusammen mit dem Maler Duncan Grant, dem Vater ihrer Tochter Angelica. Sie bewohnen ein altes Bauernhaus in Charleston in Sussex.

Vanessa Bell hat viele Jahrzehnte im ländlichen Milieu von Charleston glücklich und zufrieden gelebt. Mit Duncan Grant zusammen hat sie große dekorative Arbeiten ausgeführt. Neben Auftragsarbeiten haben beide Landschaften, Interieurs und Porträts gemalt und immer gemeinsam ausgestellt. 1961 ist Vanessa Bell, einundachtzig Jahre alt, in Charleston gestorben.

Das abgebildete Gemälde, ein Frühwerk aus dem Jahr 1912, gibt eine Vorstellung von Vanessa Bells großzügiger, temperamentvoller, heftiger Malerei. Ein Blick ins Atelier, in dem zwei Maler arbeiten. Der eine, an der Staffelei, ist der französische Maler Henri Doucet. Der andere, der auf dem Sofa sitzt, ist Vanessas Lebensgefährte Duncan Grant.

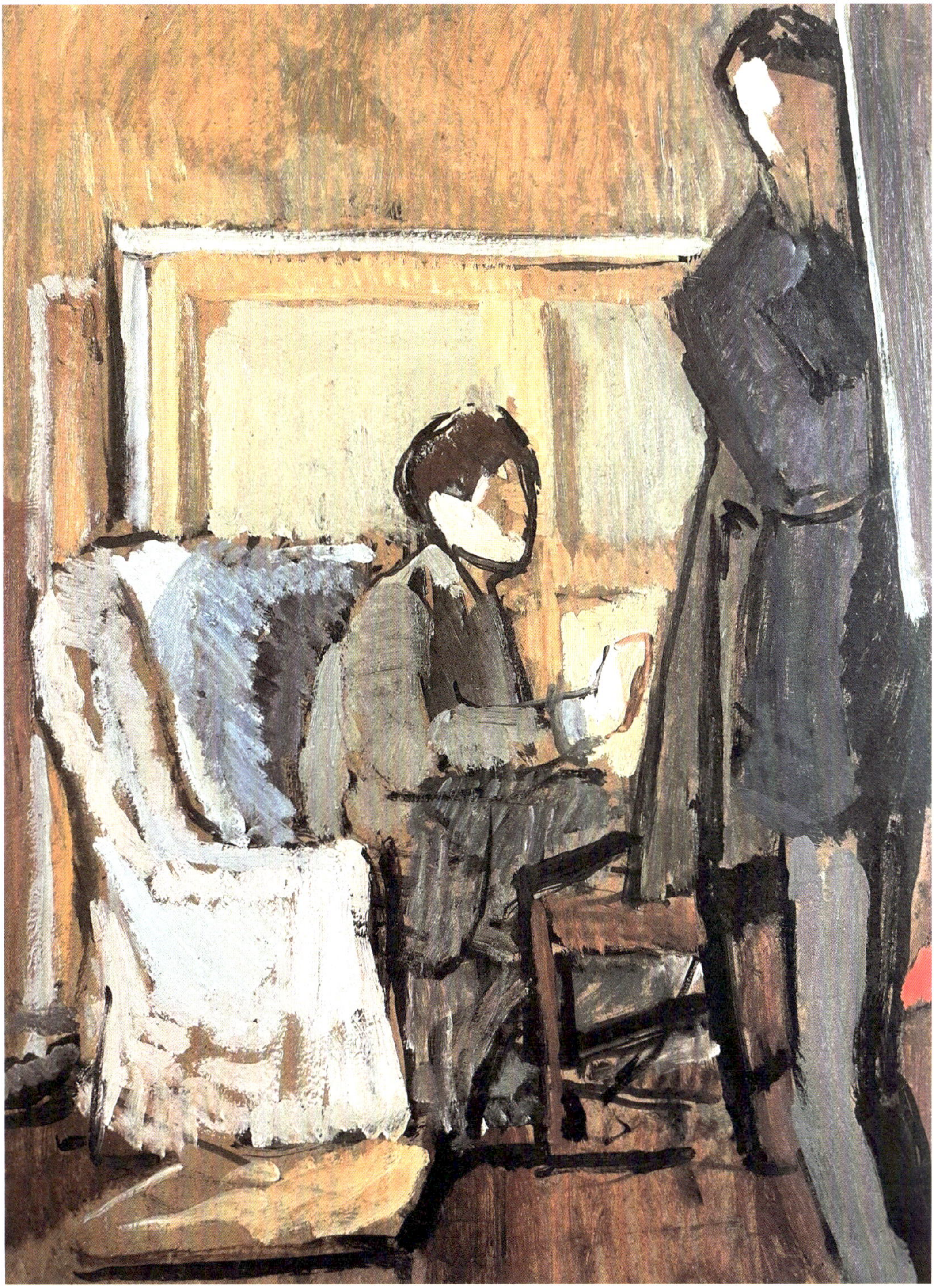

Olga Boznańska

(1865 – 1940)

Das Bild der polnischen Malerin Olga Boznańska „Im Atelier" war bereits in den 1970er Jahren in der Kunsthalle in Kiel und im Von der Heydt-Museum der Stadt Wuppertal zu sehen. Zusammen mit dem Warschauer Nationalmuseum hatten beide Museen eine Ausstellung „Polnische Malerei von 1830 bis 1914" veranstaltet. Solche Ausstellungen sind wichtig und notwendig, weil sie den Blick auf ein unbekanntes Gebiet der Kunstgeschichte lenken. Was weiß man bei uns von der polnischen Kunst, von den unglaublichen Schwierigkeiten, mit denen sie gerade im 19. Jahrhundert zu kämpfen hatte, und von den großartigen Ergebnissen, die sie gelegentlich erreicht hat? Dass auch Frauen in der Malerei dieser Epoche eine Rolle gespielt haben, ist nicht weiter verwunderlich. Aber es ist immerhin erfreulich und bemerkenswert, dass ihr Anteil in einer offiziellen Ausstellung nicht völlig ignoriert wird, wie das häufig geschieht.

Olga Boznańska wurde 1865 in Krakau geboren. Sie hat den größten Teil ihres Lebens im Ausland verbracht, aus politischen Gründen. Polen ist im 19. Jahrhundert kein selbständiger Staat. Drei europäische Mächte – Russland, Österreich und Preußen – haben das Land unter sich aufgeteilt. Das Volk ist nicht bereit, sich mit der Teilung und der politischen Unterdrückung abzufinden. Die Geschichte Polens besteht in diesem Zeitraum aus einer fast ununterbrochenen Reihe von Aufständen, die alle zum Scheitern verurteilt sind. Erst 1918, als Folge des Ersten Weltkriegs, kann Polen seine staatliche Selbständigkeit zurückgewinnen.

Vor diesem historischen Hintergrund muss man die polnische Kunst und das Leben der polnischen Künstler sehen. Erst dann wird es verständlich, warum die meisten Maler ins Ausland gegangen sind, und warum sie sich trotzdem mit ihrer Heimat so stark verbunden fühlten. Ausbildungschancen und Existenzbedingungen für Künstler sind in Polen bis gegen Ende des 19. Jahrhunderts denkbar schlecht. Es gibt keine Sammler und Käuferschicht für Kunstwerke. Die Kunstakademien sind in einem beklagenswerten Zustand.

Olga Boznańska hat ihren ersten Mal- und Zeichenunterricht auf der Akademie in ihrer Geburtsstadt Krakau erhalten. Dann hat sie ihre Studien in München an einer privaten Malschule fortgesetzt. Nach dem Abschluss der Ausbildung ist sie für weitere zehn Jahre in München geblieben. 1898 ist sie nach Paris gegangen, der Stadt mit der lebendigsten Kunstszene, wo sich viele polnische Künstler und Literaten aufhielten. Ihr Atelier wurde zu einem kulturellen Zentrum der polnischen Kolonie. Von Paris aus ist sie häufig in ihre alte Heimat gereist, um Warschau und Krakau zu besuchen. Aber sie ist immer wieder nach Paris zurückgekehrt, wo sie ihre größten künstlerischen Erfolge erlebte. 1912 erhielt sie von der französischen Regierung den Orden der Ehrenlegion, von der polnischen Regierung wurde sie 1938 mit dem Orden „Polonia Restituta“ ausgezeichnet. Aber auch in

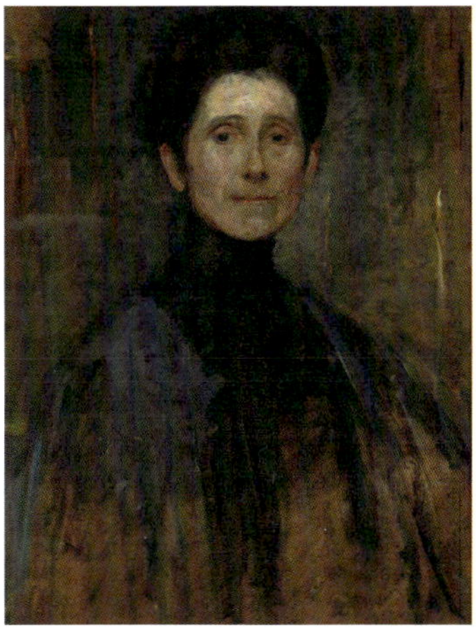

Olga Boznańska
Selbstbildnis, 1906
Öl auf Karton, 68 x 57 cm
Nationalmuseum Krakau

Olga Boznańska
Im Atelier, 1913

Öl auf Pappe, 68 x 44 cm
Nationalmuseum Warschau

Berlin, München, London, Pittsburgh waren ihre Bilder ausgestellt und haben der Malerin Kunstpreise und Goldmedaillen eingebracht.

Olga Boznańska muss, wenn man die lange Liste ihrer Auszeichnungen liest, so etwas wie eine europäische Berühmtheit gewesen sein. Umso erstaunlicher ist die Tatsache, dass ihr Werk, jedenfalls außerhalb Polens, völlig in Vergessenheit geraten ist.

Das Bild von ihrem Pariser Atelier ist 1913 auf dem Höhepunkt ihrer künstlerischen Arbeit entstanden und gehört mit Sicherheit zu den schönsten Interieurs, die damals gemalt worden sind. Der Raum ist ganz aus der Farbe heraus gestaltet, die in reich nuancierten Tönen eingesetzt wird, und diese unterschiedlichen Töne ergeben einen einheitlichen, seltsam gedämpften Farbakkord, aus dem nur das Rot einer einzelnen Blüte kräftig herausleuchtet. Die Dinge, die sich in dem Atelier befinden, ein Sessel, ein Teppich, die Blumentöpfe am Fenster, sind in knappen Andeutungen wiedergegeben und dem Gesamteindruck untergeordnet, der durch das einfallende Licht bestimmt wird. Olga Boznańska hat manches von den französischen Impressionisten gelernt und deren Erfahrungen auf eine höchst eigenwillige und persönliche Art weiterentwickelt. Ihr Werk ist ein Beitrag nicht nur zur polnischen oder französischen, sondern zur europäischen Malerei.

1940 ist sie in Paris, im Alter von fünfundsiebzig Jahren, gestorben. Die meisten ihrer Bilder (soweit sie nicht in Privatbesitz sind) gehören heute den Museen von Warschau und Krakau.

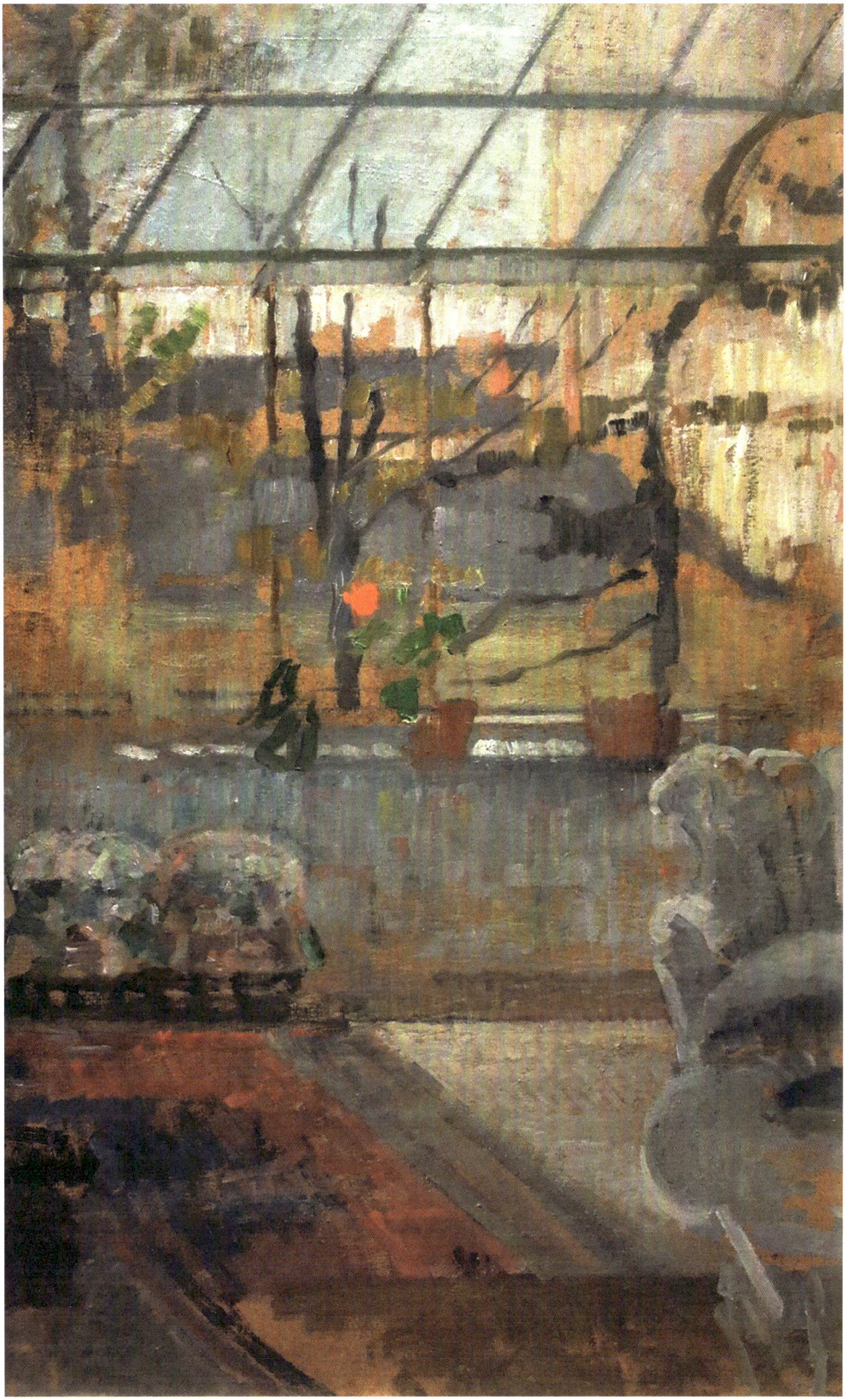

Sonia Delaunay-Terk

(1885 – 1979)

Man kennt sie als die Frau eines berühmten Malers. Und vergisst dabei leicht, dass sie selbst eine Malerin ist, eine Malerin von Rang, die ein großes Werk geschaffen hat: Sonia Delaunay-Terk, verheiratet mit Robert Delaunay. Man kann das oft bei Künstlerehen beobachten. Der Mann übernimmt automatisch die dominierende Rolle, oder ihm wird diese Rolle von der Öffentlichkeit zugeteilt. Aber es gibt auch künstlerische Ebenbürtigkeit und Partnerschaft. Bei den Delaunays muss es so gewesen sein. In dem Buch, das der deutsche Museumsdirektor Gustav Vriesen über Robert Delaunay geschrieben hat, heißt es darüber: Diese Ehe „war mehr als eine menschliche Verbindung zweier künstlerischer Persönlichkeiten. Sie begründete für viele Jahre eine Arbeitsgemeinschaft von höchster schöpferischer Produktivität, bei der oftmals nicht auszumachen ist, von welcher Seite der zündende Funke kam“.

Sonia Terk und Robert Delaunay sind beide 1885 geboren, er in Paris, sie im Süden der Ukraine. Robert Delaunay ist 1941 gestorben, Sonia Delaunay-Terk lebte bis 1979. Als Zwanzigjährige war sie 1904 nach Paris gekommen, studierte an einer privaten Kunstakademie und wohnte mit ihren russischen Freundinnen in einer Pension, wo viele Künstler verkehrten. Von ihrer Familie in Petersburg bekam sie so viel Geld, dass sie sich ein eigenes Atelier mieten konnte. 1908 heiratete sie den deutschen Kunstschriftsteller Wilhelm Uhde, der damals in Paris eine Galerie besaß. In dessen Haus hat sie die jungen Maler kennengelernt, die später weltberühmt wurden: Picasso, Braque und viele andere. Auch Delaunay gehörte zu den Freunden des Hauses. Was die beiden füreinander empfanden, war nicht nur „Liebe auf den ersten

Blick". Sie hatten die gleichen Ideen, die gleichen Forderungen, die sie an die Kunst und ans Leben stellten. Uhde erwies sich als einsichtiger Ehemann und willigte in die Scheidung ein. In seinen Memoiren schreibt er: „Ein Freund von mir konnte annehmen, dass er meine Frau in vollkommenerer Weise glücklich machen würde als ich, und mir lag es fern, ihrer schönen Zukunft entgegenzustehen."

Sie heiraten 1910. Ihr Haus wird zum Mittelpunkt der künstlerischen Avantgarde. Maler, Schriftsteller, Musiker treffen sich bei den Delaunays. Jeden Donnerstagabend gehen sie alle zusammen in das Tanzlokal Bullier am Boulevard Saint-Michel, wo sich die Künstler ebenso amüsieren wie die Kleinbürger und die Pariser Midinetten (Näherinnen). Hier ist jede Extravaganz erlaubt. Die Delaunays erscheinen in phantastischen Kostümen. Er trägt einen bunten Smoking. Sonia kreiert für die Donnerstagsbälle eine neue Damenmode: Kleider aus verschiedenfarbigen, bogenförmigen Stoffstücken, die so zusammengenäht werden, dass sie ein abstraktes Gemälde in harmonischen Farben ergeben. Die Zeitungen berichten über diese Moderevolution, die auf Künstlerkreise in Italien und Russland übergreift.

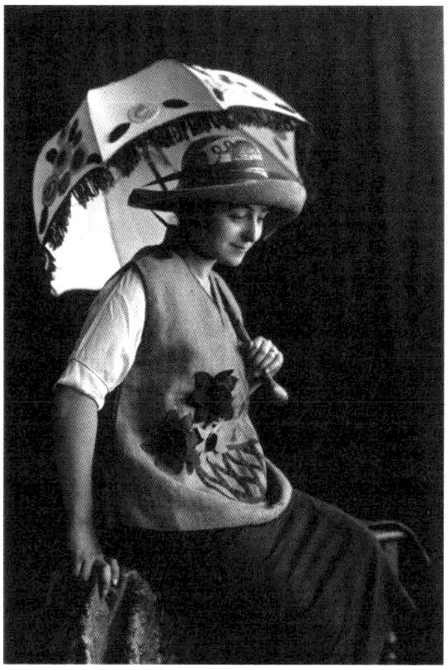

Unbekannt
Sonia Delaunay-Terk in einer Kreation von Casa Sonia, um 1920
Fotografie
Thyssen-Bornemisza Museum, Madrid

Sonia Delaunay-Terk
Ball Bullier, 1913

Öl auf Leinwand, 97 x 132 cm
Kunsthalle Bielefeld

Diese rauschenden, ausgelassenen Tanzabende im Bullier haben Sonia Delaunay zu dem Gemälde „Ball Bullier“ inspiriert, das sie 1913 gemalt hat und das noch im gleichen Jahr im Berliner „Herbstsalon“ ausgestellt wurde. Man wird hier vergeblich nach Gegenständen und Figuren von Tänzern und Tänzerinnen suchen. Das Einzige, was sich identifizieren lässt, ist eine elektrische Bügellampe, die das Licht reflektiert, oder die Andeutung von irgendwelchen Phantasiekostümen oder von bunten Papierschlangen. Sonia Delaunay will die Atmosphäre, die Fröhlichkeit dieser Abende ins Bild bringen. Sie malt das Tanzen, indem sie die Farben und Formen in eine rhythmische Tanzbewegung versetzt.

Die freie Verbindung von Farbe, Licht und Bewegung, das ist der Stil, den sie in diesen Jahren gemeinsam mit Robert Delaunay entwickelt hat. Über das Wesen ihres gemeinsamen Kunstwillens schrieb Robert Delaunay: „Jeder Mensch hat Augen, die für Farben empfänglich sind und dafür, dass diese Farben Wellenspiele und -schwingungen, Rhythmen, Kontrapunkte, Fugen, Tiefen, Variationen, harmonische Zusammenklänge ausdrücken. Das bedeutet eine Architektur. Ich will damit sagen: eine Ordnung. Keine erzwungene Ordnung, sondern eine Konstruktion, die unserem Sinn für Maß entspringt, dem Maßgefühl des Menschen ... Es ist der Herzschlag des aktiv lebenden Menschen.“

Zahlreiche europäische Künstler haben diesen Stil übernommen und weiterentwickelt, die italienischen Futuristen und die deutschen Maler des „Blauen Reiter“, wie Franz Marc und August Macke. Beide haben 1912 die Delaunays in Paris besucht.

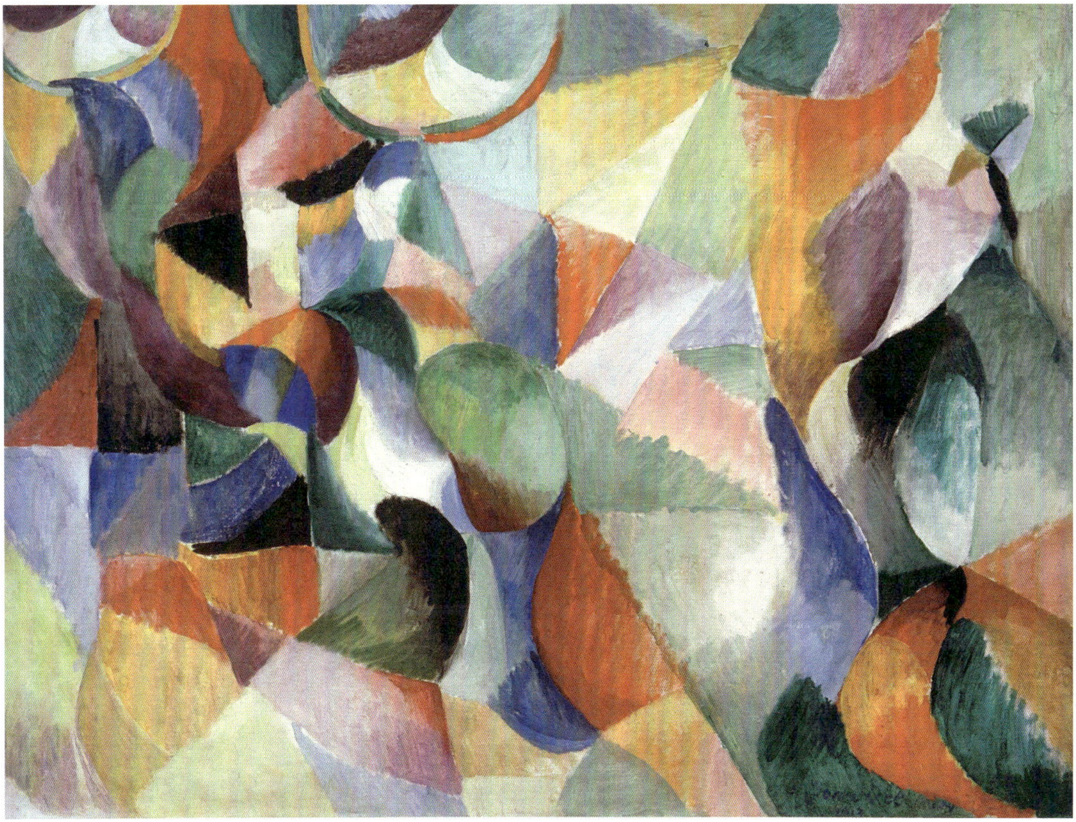

Olga Wladimirowna Rosanowa

(1886 – 1918)

Für die russische Kunst bedeuten die Jahre zwischen 1910 und 1920 eine große Epoche, zu der Frauen entscheidend beigetragen haben. In keinem anderen Land hat es damals so viele Talente gegeben, konnten Künstlerinnen sich so frei und kreativ entfalten wie in Russland. Einige Malerinnen wie Sonia Delaunay oder Natalja Gontscharowa sind nach Frankreich gegangen und international bekannt geworden. Andere sind in Russland geblieben und zunächst einmal in Vergessenheit geraten, bis sie endlich wiederentdeckt wurden. Zu ihnen zählt Olga Wladimirowna Rosanowa. Eine stattliche Anzahl Bilder von ihr war Anfang 1980 auf der Ausstellung „Künstlerinnen der russischen Avantgarde" in der Kölner Galerie Gmurzynska zu sehen.

Es sind Bilder einer Künstlerin, die von einer inneren Unruhe vorangetrieben wird, die sich nie mit dem gerade Erreichten zufrieden gibt, die nach immer neuen und radikaleren Lösungen sucht. „Nur derjenige ist schöpferisch, der sich selbst als etwas absolut Neues, ein mit nichts Vergleichbares der Zukunft empfindet", schrieb sie in einem ihrer kunsttheoretischen Aufsätze und traf damit die Aufbruchsstimmung dieser Epoche, die totale Absage an „hinfällig gewordene Vergangenheitsmuster".

Olga Rosanowa, 1886 in einer Kleinstadt in der russischen Provinz Wladimir geboren, muss eine außerordentlich energische und zielbewusste junge Frau gewesen sein. Sonst hätte sie es ganz sicher nie geschafft, nach dem Besuch des Gymnasiums als Achtzehnjährige gegen den Widerstand der Familie und gegen bürgerliche Vorurteile nach Moskau zu gehen und Malerei zu studieren. Mit der akademischen Ausbildung konnte sie dann allerdings nicht viel anfangen. Aber sie gab nicht auf. Fünf Jahre dauerte das Studium. Dann zog sie nach Petersburg, wo sie mit den neuen revolutionären Kunsttendenzen in Kontakt kam. Zusammen mit ihren Freunden gründete sie den „Union der Jugend", dem Maler, Schriftsteller, Schauspieler und Musiker angehörten. Man organisierte gemeinsame Ausstellungen, Dichterlesungen, Theateraufführungen, begeisterte sich für den Futurismus, für eine Kunst, die das feste Bildgefüge aufsprengt und durch bewegte, dynamische Formen ersetzt. Aus dieser futuristischen Periode stammt das Porträt, welches vermutlich den Dichter Alexei Jelissejewitsch Krutschonych zeigt. Es ist keine realistische Wiedergabe seiner Person. Zu erkennen, jedoch abstrahiert, sind lediglich ein Auge, die Nase und Zähne. Warum senkrecht? Ansonsten Stangen, Masten, Schneckenornamente, ein Textband und noch ein Auge. Eine weitere Auffälligkeit: die obere Bildhälfte in Braun-, die untere in Blautönen! Alles wird wie in einem Kaleidoskop durcheinandergewirbelt und ergibt eine abstrakte Komposition.

In Petersburg hat Olga Rosanowa den Lyriker Krutschonych geheiratet, seine Bücher illustriert und selber Verse geschrieben. Auch

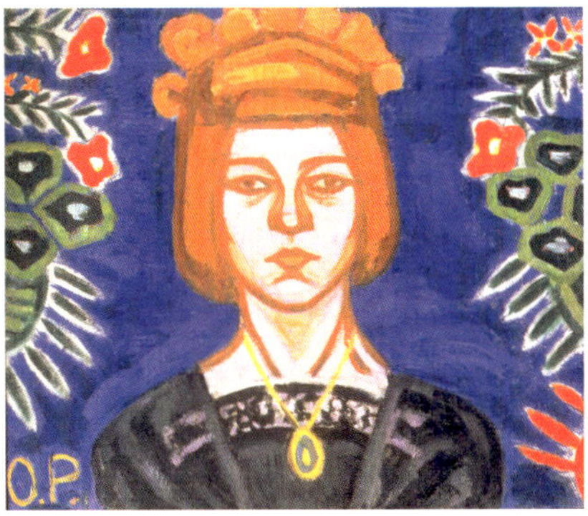

Olga Wladimirowna Rosanowa
Selbstbildnis, um 1912
Öl auf Leinwand, 52 x 62 cm
Ivanovo Regional Art Museum

Olga Wladimirowna Rosanowa
Vermutliches Porträt von Alexei Jelissejewitsch Krutschonych, 1913

Öl auf Leinwand, 86 x 54 cm
Privatsammlung

auf dem Gebiet der angewandten Kunst hat sie erfolgreich gearbeitet. Ihre Entwürfe für Stickereien belebten alte handwerkliche Traditionen. Nach der Oktoberrevolution wurde sie Mitglied des obersten Kunstkollegiums in Moskau und gründete zahlreiche Werkstätten für handwerkliche und industrielle Produktion, nach der Devise, die Kunst müsse ins alltägliche Leben hineinwirken. Für dieses Ziel hat sie alle ihre Kräfte eingesetzt, bis zum physischen Zusammenbruch. Im November 1918 starb Olga Rosanowa in Moskau an den Folgen einer Erkältung, die sie sich beim Dekorieren eines Flugplatzes für den Jahrestag der Oktoberrevolution zugezogen hatte. Sie ist nur zweiunddreißig Jahre alt geworden. In den Nachrufen wurde sie als die führende russische Künstlerin gefeiert, die „zeit ihres Lebens an vorderster Front im Kampf um neue Ideen in der Kunst" gestanden habe. Im Januar 1919 wurde ihr zu Ehren in Moskau eine Gedächtnisausstellung mit 270 Arbeiten eröffnet. Zehn Jahre später schon war die Künstlerin Olga Rosanowa vergessen.

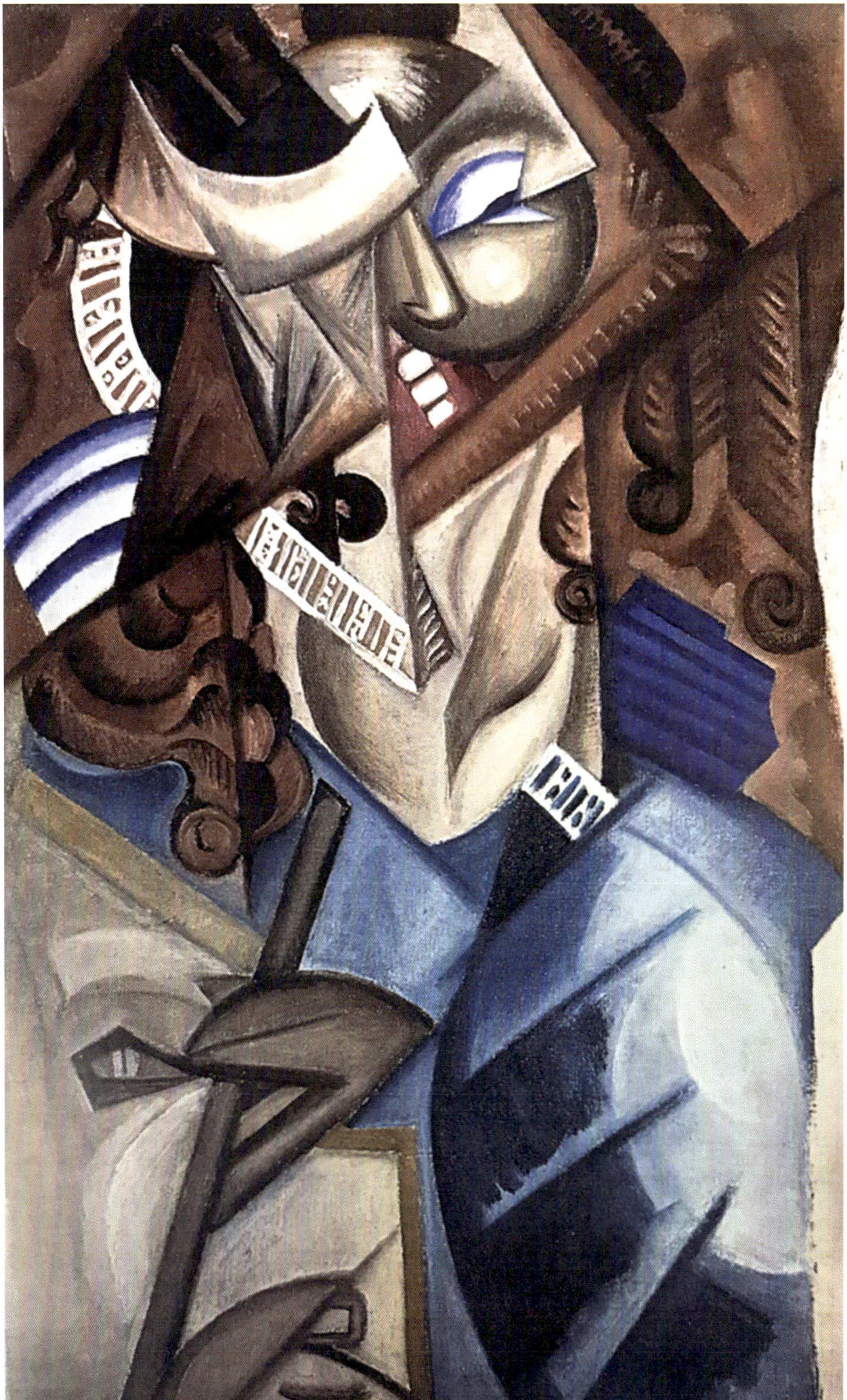

Cecilia Beaux

(1855 – 1942)

Sie sei die größte amerikanische Malerin, so stand es 1933 in der New York Times. In einem anderen Artikel konnte man lesen, sie sei sogar die beste Malerin aller Zeiten. Das ist maßlos übertrieben, aber es beweist: Cecilia Beaux war zu ihrer Zeit weltberühmt. Sie hat als erste Frau an der Pennsylvania Academy of Fine Arts unterrichtet, und sie hat eine Menge Preise für ihre Malerei kassiert, in Amerika, aber auch in Paris, bereits im Jahre 1900. 1930 veröffentlichte Cecilia Beaux ihre Autobiografie unter dem Titel „Hintergrund mit Figuren". Dennoch geriet sie bald nach ihrem Tod, 1942, in Vergessenheit – Ruhm ist vergänglich. Erst 1974 veranstaltete die Pennsylvania Academy, der Cecilia Beaux ihre ersten Erfolge verdankt, eine große Gedächtnisausstellung. Seitdem weiß man wieder, wer sie ist: gewiss nicht die allergrößte, aber eine hervorragende Malerin, deren Bilder heute ebenso sehenswert sind wie vor achtzig Jahren.

Cecilia Beaux stammt aus Philadelphia. In älteren Katalogen wird ihr Geburtsjahr mit 1863 angegeben. Aber das kann nicht stimmen. Denn schon 1876 wird sie zur Pennsylvania Academy als Studentin zugelassen, und da muss sie mit Sicherheit älter als dreizehn Jahre gewesen sein. Inzwischen ist sicher, dass sie 1855 geboren wurde. Nach dem frühen Tod der Mutter ist sie zusammen mit ihrer Schwester bei Verwandten mütterlicherseits aufgewachsen, der französische Vater hat sich um die beiden Töchter nicht viel gekümmert. Mit sechzehn Jahren erhält Cecilia ihren ersten Zeichenunterricht von einer Tante, die als Malerin religiöser und historischer Bilder bekannt war. Die Tante findet das Mädchen begabt und strebsam, lässt es bei einem holländischen Künstler weiter ausbilden. Schließlich wird Cecilia von der Pennsylvania Academy angenommen. Um von der Familie finanziell unabhängig zu werden, liefert sie während des Studiums Zeichnungen für eine geologische Zeitschrift und Entwürfe für eine Porzellanmanufaktur. Schon mit ihrem ersten Gemälde, das sie 1885 in Philadelphia ausstellt, hat sie einen unglaublichen Erfolg. Es heißt „Die letzten Tage der Kindheit" und behandelt mit starkem Gefühl, aber ohne jede Sentimentalität die Verbindung zwischen Mutter und Kind. Schon zwei Jahre später wird das Bild in Paris ausgestellt, wo es ebenso bewundert wird. Heranwachsende Mädchen, junge Frauen in träumerischer, schwermütiger Atmosphäre sind ihre bevorzugten Motive. 1888 macht Cecilia Beaux ihre erste Europareise. In Paris begeistert sie sich für Monet und für die Impressionisten, sie besucht England und Italien und studiert in den Museen die Alten Meister, vor allem Rubens und Tizian. Seit 1900 lebt sie in New York und wird zur gefeierten Porträtmalerin, überwiegend für die gesellschaftliche Oberschicht. In ihrem Haus verkehrt die Prominenz aus Kunst, Wirtschaft und Regierung. Es gehört zum guten Ton, sich von ihr malen zu lassen. Ihre Ausstellungen sind ein künstlerisches und ein gesellschaftliches Ereignis.

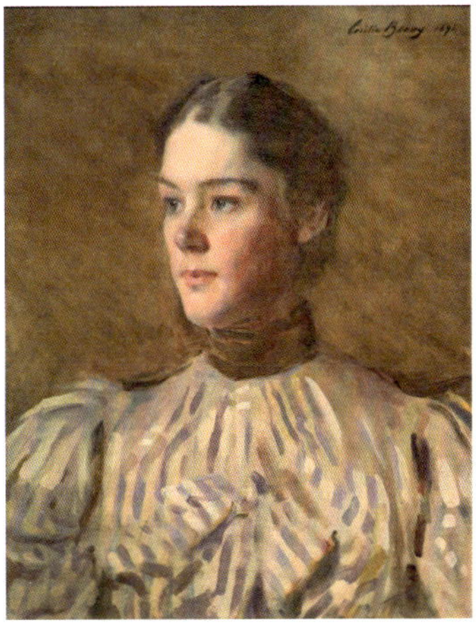

Cecilia Beaux
Selbstbildnis, 1894
Öl auf Leinwand, 64 x 51 cm
National Academy of Design, New York
Cecilia Beaux war zu Lebzeiten als Malerin uneingeschränkt anerkannt: Sie war die erste Amerikanerin, deren Selbstbildnis 1925 in die berühmte Sammlung von Künstlerporträts in den Uffizien in Florenz aufgenommen wurde, wo alle großen Maler der Welt vereinigt sind.

Cecilia Beaux

Nach dem Stelldichein, 1914

Öl auf Leinwand, 104 x 71 cm
Toledo Museum of Art

Für das Gemälde „Nach dem Stelldichein" von 1914 „hat ihr eine Freundin, die Frau des New Yorker Verlegers Gilder, Modell gesessen. Die Szene spielt offenbar in einer eleganten Hotelhalle. Der Herr hat sich verabschiedet, die Dame ist allein zurückgeblieben, eine mondäne Erscheinung mit Federhut, Fuchspelz, langen Handschuhen. Viel auffälliger als die Frau ist der riesige geblümte Sessel, in dem sie sich niedergelassen hat, eine helle, schwingende Form, die das ganze Bild beherrscht. Der dunkle Wandschirm bildet den Hintergrund, vor dem sich das Profil der Frau und der weiße Handschuh wirkungsvoll abheben. Ein vibrierendes Licht erfüllt den Raum, die festen Konturen werden aufgelöst, die Personen, die hinter der Lampe auftauchen, verschwimmen in der farbigen Umgebung. Das ist so schön und sensibel gemalt wie die Bilder der Impressionisten, und darin liegt die künstlerische Leistung der Malerin Cecilia Beaux: Sie hat die Ideen des Impressionismus ins amerikanische Milieu übertragen.

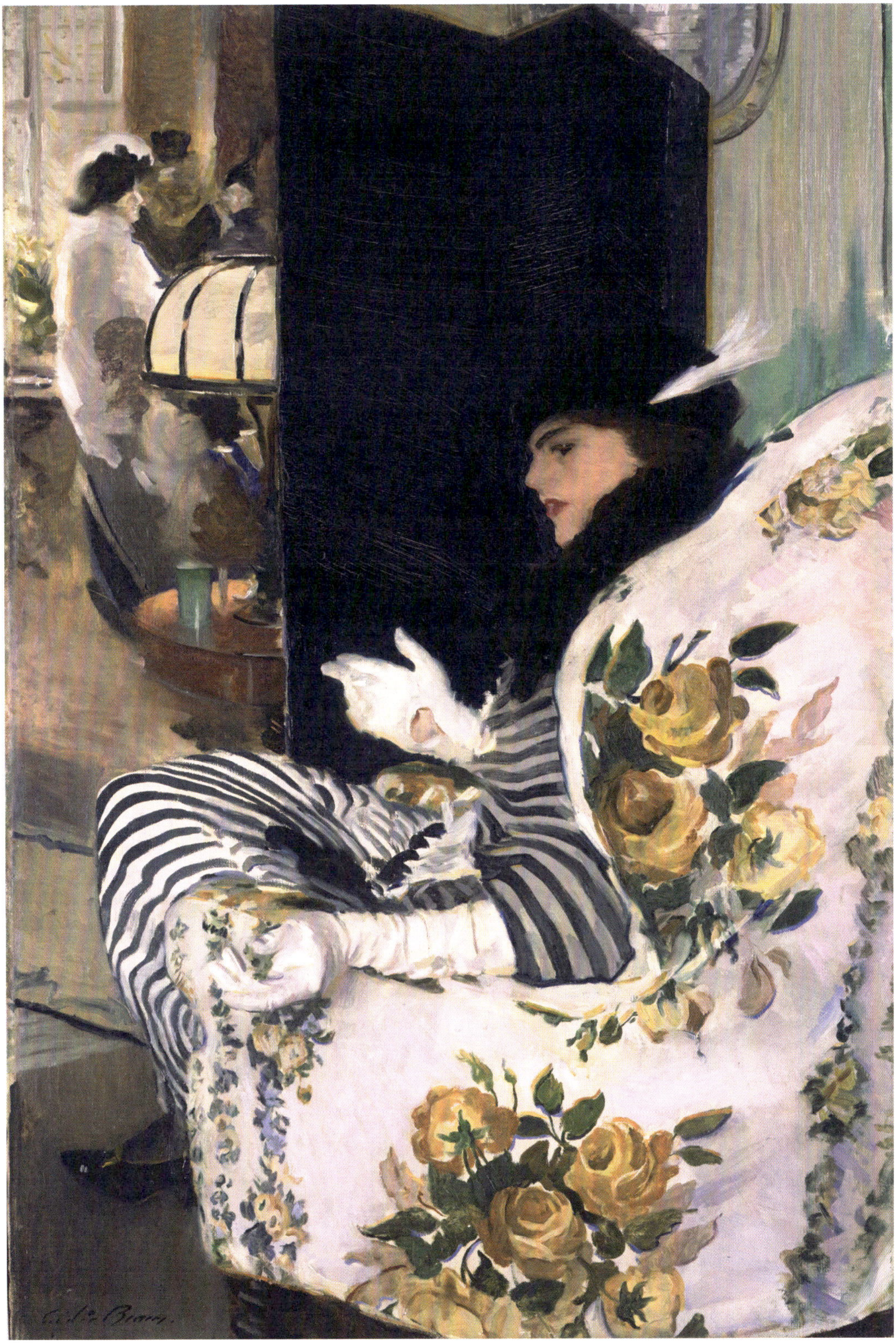

Sophie Taeuber-Arp

(1889 – 1943)

Sie ist 1889 in Davos geboren und gehört zu den großen, wegweisenden Malerinnen des 20. Jahrhunderts. Aber wie es so oft geschieht, wenn Frauen mit bedeutenden Künstlern verheiratet sind: Ihr Werk stand im Schatten des weltberühmten Bildhauers Hans Arp. Dabei hat niemand der künstlerischen Leistung von Sophie Taeuber so viel Verständnis und Bewunderung entgegengebracht wie eben Hans Arp. In zahlreichen Texten und Gedichten hat er ihr Schaffen beschrieben. „Ich sah Dich oft im Profil bei der Arbeit/vor dem Fenster,/vor dem weiten Meer. Immer hast Du mit Hingabe gearbeitet./Ich sah Dich aufmerksam den Kopf senken –/Deine Gedanken waren Traumperlen./... Bedächtig zogst Du die Linien./Bedächtig färbtest Du den Entwurf./Ruhig ging Dein Atem./Deine Augen glänzten./Leise, ohne zu zittern, hast Du die Türe/geöffnet dem Licht./... Du bist gegangen, klar und still./Freundlich war das Leben bei Dir./Dein letztes Bild war vollendet,/geordnet Deine Pinsel.“ Die beiden hatten sich 1915 in einer Zürcher Galerie kennengelernt.

Beide sind sie dabei, als ein Jahr später, ebenfalls in Zürich, Dada gegründet wird, die radikalste und turbulenteste Bewegung in der modernen Kunst. Dichter, Maler, Bildhauer überbieten sich mit absurden Einfällen und antibürgerlichen Demonstrationen. Sophie Taeuber zählt zu den wenigen Frauen, die im Dadaismus eine aktive Rolle übernehmen. Nicht als Malerin, sondern als Tänzerin: Neben ihrer künstlerischen und kunstgewerblichen Ausbildung hat sie eine Schule für Ausdruckstanz absolviert. Die Zuschauer sind von ihren Tanzauftritten fasziniert. „Ein Tanz voller flirrender Sonne und von schneidender Schärfe, grotesk und verzückt“, heißt es in einem zeitgenössischen Bericht. Im gleichen Jahr, 1916, wird Sophie Taeuber Lehrerin an der Kunstgewerbeschule in Zürich, und diese Lehrtätigkeit, schreibt Hans Arp, ermöglichte ihnen beiden das freie künstlerische Arbeiten über viele Jahre. Die Schulleitung wiederum ist empört über die wilden Dada-Tänze der jungen Lehrerin und verbietet ihr weitere Auftritte. Sophie Taeuber hat trotzdem weitergetanzt, mit einer Maske und unter einem Decknamen. Zur gleichen Zeit entstehen ihre berühmten Marionetten zum „König Hirsch" von Gozzi, die heute als kostbare Dada-Zeugnisse im Museum für Gestaltung Zürich aufbewahrt werden.

Um 1920 ist die Dada-Phase vorüber. Sophie Taeuber findet ihren eigenen unverwechselbaren Stil, der einen wesentlichen Beitrag zur abstrakten Kunst darstellt. Ein Beispiel dafür ist die abgebildete „Komposition". Kleine Farbflecken, Quadrate und Rechtecke, werden senkrecht und waagerecht aneinandergereiht und ergeben ein intensiv leuchtendes Gebilde, das im Aufbau an ein Mosaik erinnert. Die Malerin verwendet keine starren geometrischen Formen. Dadurch wirkt das Bild nicht konstruiert, es hat eine schwebende Leichtigkeit, und in den schwingenden Kurven, die vom oberen zum unteren Bildrand verlaufen, spürt man etwas von einer geradezu tänzerischen Bewegtheit. Man könnte an Paul Klee denken, der später

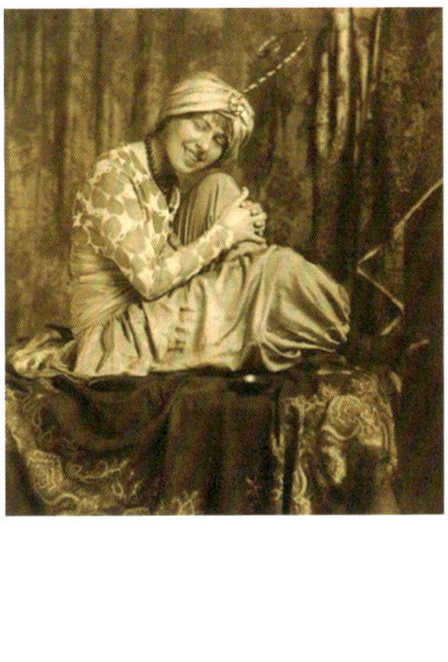

Eduard Wasow
Sophie Taeuber-Arp als Odaliske, 1914
Fotografie
Stiftung Arp e.V.,
Berlin und Rolandswerth
Sophie Taeuber-Arp gehört zu den wegweisenden Malerinnen des 20. Jahrhunderts. Sie hat ein auch quantitativ großes Werk hinterlassen: mehr als 600 Gemälde, Aquarelle und Reliefs.

eine derart sensible rhythmische Gliederung, einen so melodiösen Farbklang erreicht hat wie Sophie Taeuber.

Am 20. Oktober 1922 heirateten Sophie Taeuber und Hans Arp im Tessin. 1929 konnte sie endlich den Schuldienst in Zürich aufgeben und mit Hans Arp nach Meudon bei Paris ziehen. Hier hat sie das gemeinsame Wohn- und Arbeitshaus entworfen, mit zwei übereinanderliegenden Ateliers, damit jeder ungestört für sich arbeiten konnte. Auch die Möbel aus einfachem, graublau gestrichenem Holz wurden nach ihren Entwürfen hergestellt, passend zu den selbstgewebten Decken und den von ihr gestickten Sofakissen. In den 1930er Jahren hat Sophie Taeuber-Arp eine bedeutende Rolle im Pariser Kunstleben gespielt. Sie war Gründungsmitglied der Gruppe „Abstraction-Création“ und hat einige Jahre eine Kunstzeitschrift herausgegeben. Nach dem Ausbruch des Zweiten Weltkriegs mussten sie und Hans Arp Meudon verlassen. Sie flüchteten mit einigen Künstlerfreunden nach Grasse in Südfrankreich. 1943 reisten sie nach Zürich, um eine Ausstellung vorzubereiten. Hier starb Sophie Taeuber-Arp an einer Kohlenmonoxidvergiftung durch einen falsch gehandhabten Ofen im Haus des Architekten und Künstlers Max Bill.

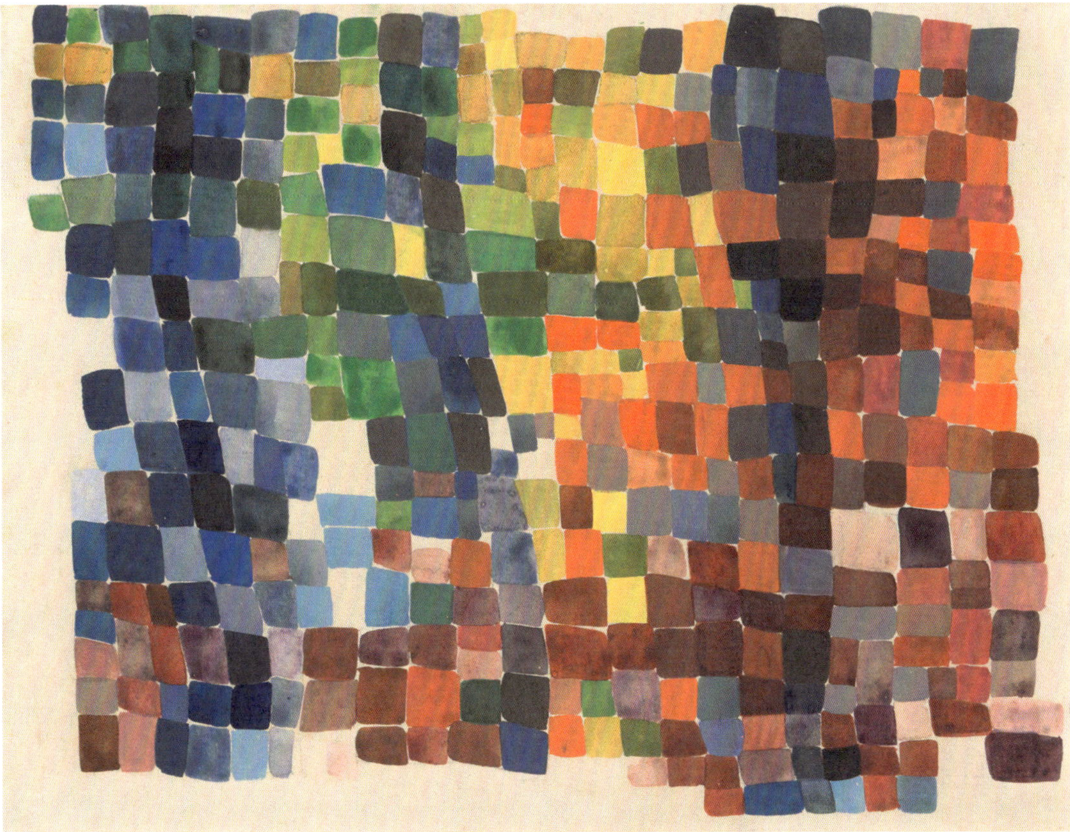

Dora Carrington

(1893 – 1932)

Die Kunst war für sie Sinn und Erfüllung ihres Lebens. Die Malerei war ihr lange Zeit wichtiger als privates Glück. Aber ihr fehlte Selbstvertrauen. Dora Carrington hatte weder den Wunsch noch die Fähigkeit, sich zur Geltung zu bringen. Aus dem offiziellen Kunstbetrieb hielt sie sich konsequent heraus. Erst 1970, fast vierzig Jahre nach ihrem Tod, wurde in London eine erste große Carrington-Ausstellung veranstaltet. Sir John Rothenstein, Direktor der berühmten Tate Gallery in London, nannte die Malerin „die Unbekannteste unter den bedeutenden Künstlern ihrer Zeit“ und schrieb ein enthusiastisches Vorwort zu dem 1978 erschienenen Buch über das Leben und Werk der Malerin Dora Carrington. Die darin zitierten Briefe und Tagebücher sind beispielhaft für die Situation der Künstlerin zu Beginn des 20. Jahrhunderts. Sie bekunden die außerordentlichen Schwierigkeiten, mit denen Dora Carrington zu kämpfen hatte.

Sie war die Tochter eines Eisenbahningenieurs, der als junger Mann nach Indien gegangen war und sich in Hereford, einer englischen Kleinstadt, zur Ruhe gesetzt hatte. Hier wurde sie 1893, als viertes von fünf Geschwistern geboren. Aus ihrer Schulzeit haben sich einige Zeichnungen erhalten, darunter ein Selbstporträt aus ihrem siebzehnten Lebensjahr. Diese ersten Arbeiten sind eigenwillig und zeigen sehr viel Talent. Mit achtzehn Jahren geht Dora Carrington auf die Slade School in London, eine der besten englischen Kunstakademien. Mit neunzehn lernt sie den Maler Mark Gertler kennen. Es kommt zu einer ebenso stürmischen wie komplizierten Beziehung. Er sieht in ihr nur die attraktive junge Frau und will mit ihr zusammenleben, sie wehrt sich dagegen, weil sie um ihre künstlerische

Selbständigkeit fürchtet. Es dauert fünf Jahre, bis sie sich endgültig von ihm trennt. In ihrem Abschiedsbrief schreibt sie: „Ich denke, es wäre unfair, wenn ich verspreche, mit dir zu leben, weil ich das für immer nicht könnte. Ja, es ist meine Arbeit, die zwischen uns tritt. Aber ich kann sie nicht aus meinem Leben verbannen ... Ich könnte nicht mehr arbeiten, wenn ich jeden Tag mit dir zusammenlebte."

Wenig später begegnet sie dem Mann, mit dem sie sich ein gemeinsames Leben vorstellen kann. Es ist der Schriftsteller Lytton Strachey, der sie als Künstlerin akzeptiert und sie als einziger zum Malen ermutigt. Sie ziehen aufs Land nach Tidmarsh in Mittelengland. Hier, in dem Haus neben der Mühle, verlebt Dora Carrington ihre glücklichsten Jahre. Hier malt sie ihre schönsten Bilder. In dieser Zeit ist 1921 auch die „Farm bei Watendlath" entstanden, ein unspektakuläres Motiv: Eine Scheune vor einem halbverdeckten weißen, schlichten Farmhaus vor hohen Bergen. Aufgehängte Wäsche links unter den Kiefern und rechts halb versteckt nimmt das strahlende Weiß des Hauses und der zwei Personen, Mutter und kleine Tochter beim Spazierengehen, auf. Ein starker Kontrast zu den blaugrün

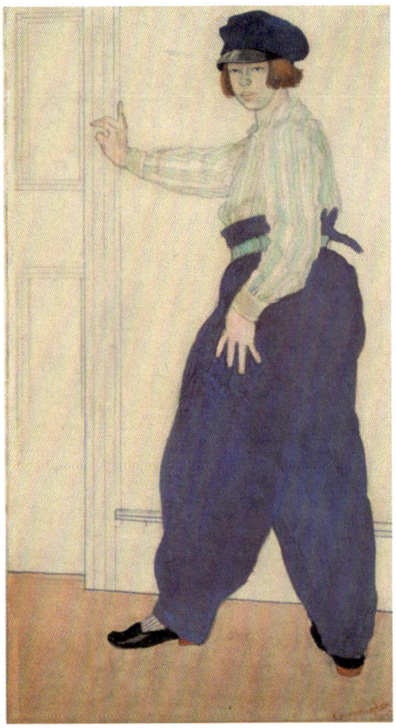

Dora Carrington
Selbstbildnis, 1913
Bleistift und Aquarell auf Papier, 56 x 31 cm
Jerwood Collection, Ludlow

Dora Carrington
Farm bei Watendlath, 1921

Öl auf Leinwand, 61 x 67 cm
Tate Gallery, London

changierenden, eher düsteren Farben der Landschaft. Nur ein kleiner Himmelsstreifen bietet zusätzliche Helligkeit. Seltsam wirkt zudem der dichte, riesige Baum am rechten Bildrand, schwarzgrün, er erscheint wie ein Schattenriss, wie aufgeklebt. Auch der kleine Hügel in der Mitte des Blattes hat etwas Schematisches durch die perfekte Rundung, welche mit geraden Linien von Mauern betont bzw. in zwei Dreiecke unterteilt wird. Ein Ort des Schutzes, ein Zuhause, magisch und strahlend in diesem Sonnenaugenblick, in einer kargen, im Winterhalbjahr wohl bedrückend einsamen Landschaft.

Aber Dora Carrington hatte offenbar kein Talent zum Glücklichsein. Das friedliche Leben in Tidmarsh nimmt eine seltsame Wendung. Ein Freund von Strachey kommt ins Haus, Ralph Partridge, den sie von früher kennt und 1921 schließlich heiratet. Die Bindung an Strachey bleibt weiterhin bestehen. Inzwischen ist Tidmarsh zum Treffpunkt von Künstlern und Schriftstellern geworden. Dora Carrington findet immer weniger Zeit und Ansporn zum Malen. Gelegentlich porträtiert sie ihre Freunde. Oder sie macht Buchillustrationen und übernimmt dekorative Arbeiten. Mehrfach versucht sie, aus dem Milieu auszubrechen, reist nach Spanien und Italien, um immer wieder zu Strachey zurückzukehren, der mit den Jahren zu einem der erfolgreichsten englischen Schriftsteller geworden ist. Seinen Wünschen, seinen Bedürfnissen hat sie sich bis zur Selbstaufgabe untergeordnet. Als er 1932 starb, brach ihre Welt zusammen. Sechs Wochen nach seinem Tod ist auch Dora Carrington aus dem Leben geschieden. Wenige Tage vor ihrem neununddreißigsten Geburtstag erschoss sie sich.

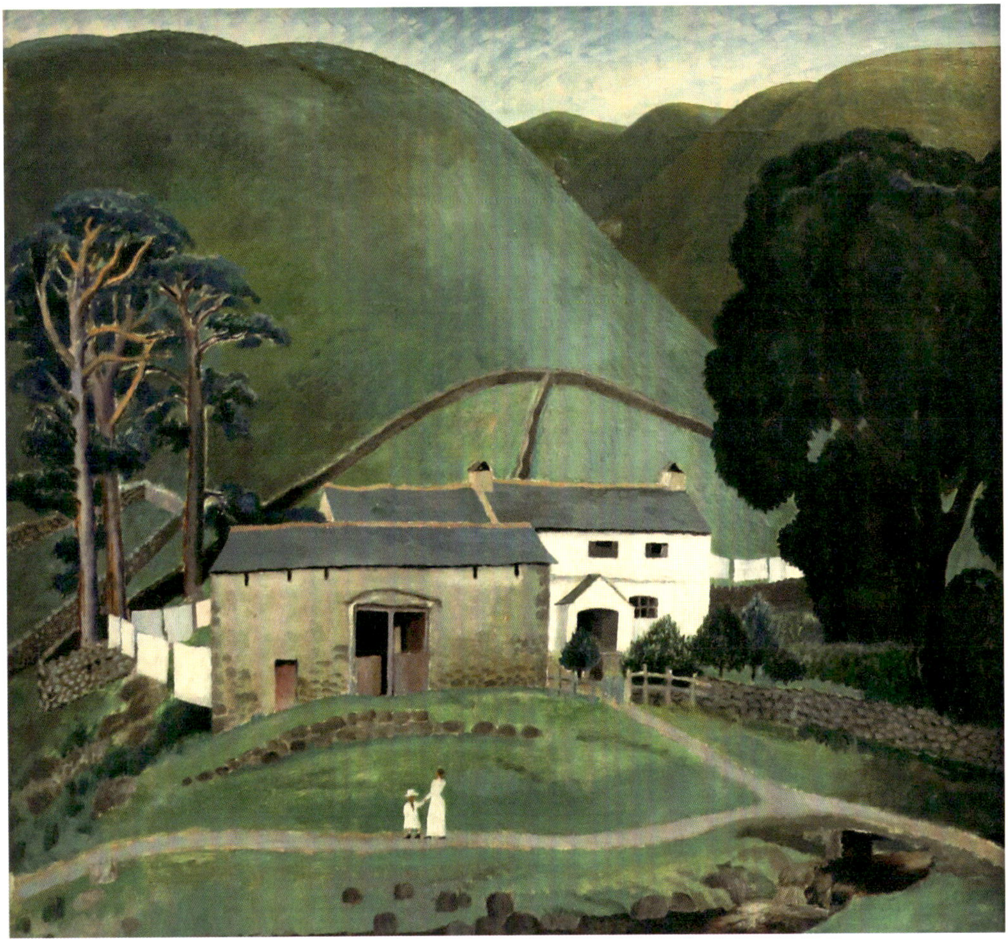

Elena Liessner-Blomberg

(1897 – 1978)

Während der 1920er Jahre gehörte sie in Berlin zur künstlerischen Avantgarde. Als damals russische Emigranten das berühmte literarische Kabarett „Der Blaue Vogel“ gründeten, entwarf Elena Liessner-Blomberg den Bühnenvorhang, der allabendlich bejubelt wurde. Da sah man den blauen Wundervogel aus dem russischen Märchen über einer verzauberten Landschaft schweben, in der sich die Bäume in Musikinstrumente verwandeln. Es war eine der ersten Arbeiten der jungen Malerin in Berlin. Kurz zuvor war sie aus Moskau emigriert.

„Ich bin am 31. Januar 1897 in Moskau geboren. Mein Vater, Arthur Liessner, stammte aus Riga, er ist 1901 in Moskau gestorben.“ So beginnt Elena Liessner-Blomberg ihre Biografie, die 1978, kurz nach ihrem Tod, in der DDR veröffentlicht wurde. „Meine Mutter hieß Natalja Sassukowa. Sie war 18 Jahre alt, als sie heiratete. Sie war eine hübsche Person, schick und sehr geschäftstüchtig. Sie hatte eine Lehre bei einer französischen Schneiderin und Korsettmacherin absolviert … Um 1900 war es außergewöhnlich, dass eine so junge Frau sich selbständig eine Existenz aufbaute, das hat sie geschafft … Die Werkstatt hatte ihr noch mein Vater eingerichtet. Ich war das erste Kind. Ein Bruder starb ganz klein. Und so wäre ich beinahe in dieses Korsettmacher-Atelier hineingeraten. Aber das tat ich nicht. Einmal, weil ich dazu nicht neigte, zum anderen, weil 1917 die Revolution kam und für mich ein neues Leben begann.“

Als Kind hatte Elena Liessner bei ihrem Onkel, einem Berufskünstler, Zeichnen gelernt. Nach der Oktoberrevolution 1917 erhält sie eine Anstellung als Zeichnerin in der Architekturabteilung des

Volkskommissariats für Bildung. 1920 wird die begabte junge Frau zum Studium an der Moskauer Kunstakademie zugelassen, wo radikale moderne Maler wie Kandinsky und Malewitsch lehren und arbeiten. Sie wird Schülerin von Antoine Pevsner, später von der bekannten Malerin Ljubow Popowa. Dann gibt sie selbst Zeichenkurse für Arbeiterkinder. Bereits Anfang 1921 entsteht das Hauptwerk ihrer Moskauer Zeit, das abgebildete „Stillleben mit einem Gedicht Majakowskis". Diesen großen revolutionären Dichter haben die russischen Künstler bewundert und geliebt.

Elena Liessner lernte ihn persönlich kennen. Verse von ihm klebte sie in ihr Stillleben. Außer diesem Gedicht verwendete sie auch andere bedruckte Papiere für ihre Collage: Annoncen für Nahrungsmittel und für ein Grand-Hotel, eine Paste „gegen Husten und Heiserkeit" und einen „Amato"-Schokoladekarton, alles Dinge, die damals in Moskau unerreichbar waren, von denen man nur träumen konnte. „Ein Loblied auf eine wunderbare Zukunft, wo es alles geben wird": So hat die Malerin den Sinn des Stilllebens gedeutet.

Nur wenige Jahre später waren solche modernen Kunstäußerungen in Moskau unerwünscht. Viele Künstler wie Kandinsky,

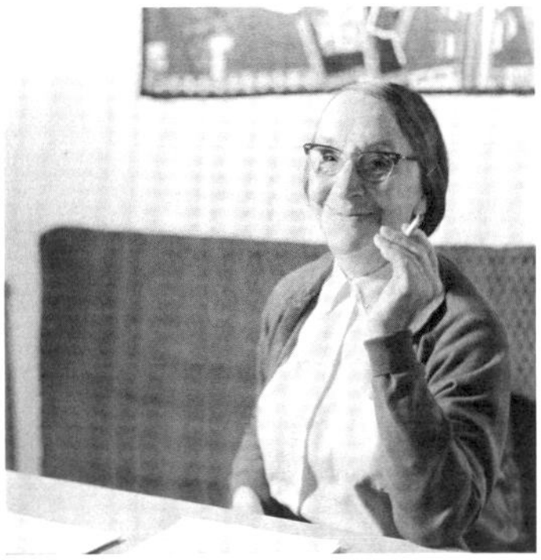

Unbekannt
Elena Liessner-Blomberg, 1974
Fotografie

Elena Liessner-Blomberg
Stillleben mit einem Gedicht Majakowskis, 1921

Collage, 34 x 32 cm
Kupferstichkabinett, Staatliche Kunstsammlungen Dresden

Chagall, die Gontscharowa sind in den Westen gegangen. Auch Elena Liessner begriff früh, dass sie in Russland künstlerisch verkümmern würde. Im Sommer 1921 emigrierte sie mit ihren Bildern, darunter auch der Majakowski-Collage, nach Berlin.

Hier schloss sie sich der „Novembergruppe“, einer Vereinigung fortschrittlicher Künstler, an und beteiligte sich an zahlreichen Ausstellungen. 1923 heiratete sie in Berlin den Innenarchitekten Albrecht Blomberg. Mit ihm und ihren beiden Kindern ist sie 1927 noch einmal in Moskau gewesen, um ihre Mutter zu besuchen. Im Zweiten Weltkrieg zog die Familie dann nach Bayern, 1951 übersiedelte Elena Liessner-Blomberg mit ihrem Mann in die DDR. In ihrer künstlerischen Arbeit hat sie kompromisslos ihren modernen Stil beibehalten. Lange Zeit blieben ihre Bilder und Collagen, die der offiziellen Kunstdoktrin widersprachen, unbeachtet. Erst 1969, nach der ersten Ausstellung im Berliner Club der Kulturschaffenden, begann man sich für die vergessene Künstlerin wieder zu interessieren, einige ihrer Werke gelangten in die Staatlichen Kunstsammlungen von Dresden. 1978 ist die Malerin gestorben.

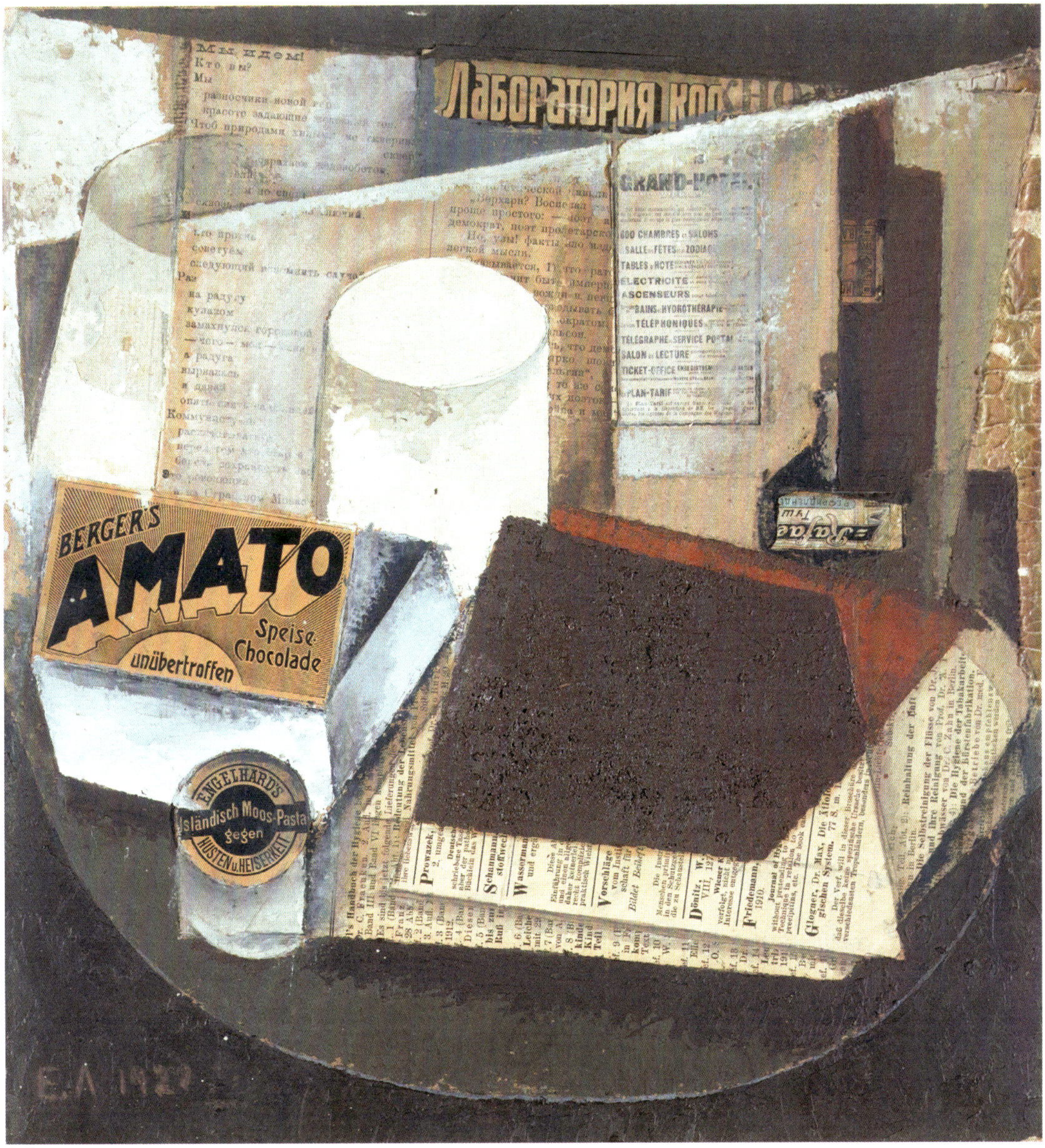
Лаборатория
600 CHAMBRES ET SALONS
SALLE DES FÊTES
TABLES D'HOTE
ELECTRICITÉ
ASCENSEURS
BAINS ET HYDROTHÉRAPIE
TÉLÉPHONIQUES
TÉLÉGRAPHE ET SERVICE POSTAL
SALON DE LECTURE
TICKET-OFFICE
PLAN-TARIF
BERGER'S
AMATO
Speise-
Chocolade
unübertroffen
ENGELHARD'S
Isländisch Moos-Pasta
gegen
HUSTEN u. HEISERKEIT

Ljubow Sergejewna Popowa

(1889 – 1924)

Die Kunst und die Revolution: Das sind die beiden Faktoren, die das Leben der russischen Malerin Ljubow Sergejewna Popowa bestimmt haben. Ein Leben, an dem die Widersprüche, die Kämpfe, die Spannungen einer ganzen Epoche deutlich werden.

Ljubow Sergejewna Popowa wurde 1889 in der Nähe von Moskau geboren. Sie stammt aus einer wohlhabenden Familie, wo man auf alle Wünsche und Neigungen des begabten Mädchens großzügig und verständnisvoll eingeht. Erst besucht sie ein Moskauer Gymnasium, dann beginnt sie ihre künstlerische Ausbildung bei einem berühmten Maler. Anschließend darf sie allein nach Italien reisen, um in Rom und Florenz die Kunst der Renaissance zu studieren.

Dann geht sie mit einer Freundin für ein Jahr nach Paris, dem Zentrum der modernen Kunst. Im Atelier von Metzinger, bei dem sie Privatunterricht nimmt, lernt sie das Neueste kennen, den Kubismus. Mit diesen Erfahrungen kehrt sie zurück nach Moskau und wird sogleich in den Kreis der russischen Avantgarde aufgenommen. Sie beteiligt sich an allen spektakulären Ausstellungen dieser Jahre, die unter so seltsamen Titeln wie „Karo-Bube“ oder „Tramway V“ veranstaltet werden und ganz darauf angelegt sind, das Bürgertum zu schockieren. Die ersten Bilder, mit denen sie Aufsehen erregt, ein „Sitzender weiblicher Akt“, ein „Italienisches Stillleben“, zeigen noch Anklänge an den Kubismus. Aber schon 1916 malt sie rein abstrakte Kompositionen.

Bald gilt sie als die bedeutendste Vertreterin der abstrakten Richtung in Russland. „In der neuen Kunst hat sich der Gegenstand wie Rauch verflüchtigt. Die Kunst verfolgt ein selbstgeschaffenes Ziel.“

Dann, im Oktober 1917, tritt das Ereignis ein, das ihr Leben total verändert: die Revolution. Das überlebte zaristische Regime bricht zusammen, und für einige Jahre kommt es zu einem Bündnis zwischen den fortschrittlichen Künstlern und den neuen politischen Machthabcrn. Dic abstraktc Kunst wird zur offiziellen Kunst der russischen Revolution. Daraus ergeben sich auch für die Malerin Ljubow Sergejewna Popowa entscheidende Konsequenzen. Sie erhält eine Professur an einer Kunstakademie. Sie wird in die „Abteilung für schöne Künste“ berufen, die das Kulturleben in Sowjetrussland organisiert. Sie übernimmt auch ganz konkrete politische Aufgaben wie den Entwurf von Plakaten oder die Dekoration des Roten Platzes in Moskau zur Jahresfeier der Oktoberrevolution. Ihre Bilder werden auf den großen staatlichen Ausstellungen präsentiert, die im Moskauer Puschkin-Museum veranstaltet werden. Und diese Bilder, die sie in den frühen 1920er Jahren malt, sind frei von politischen Inhalten und Propaganda.

Ein Beispiel für ihren abstrakten Stil ist die abgebildete „Dynamische Raumkomposition“. Das Bild entspricht dem Programm der russischen Konstruktivisten, das „die Verbindung von Grundfarbe mit

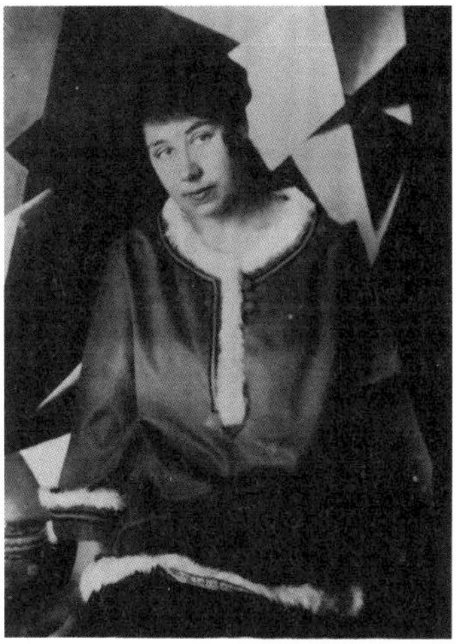

Unbekannt
Ljubow Sergejewna Popowa in ihrem Atelier, 1919
Fotografie
Privatsammlung
Ein spätes Bekenntnis Ljubow Sergejewna Popowas: „Kein künstlerischer Erfolg macht mich so froh wie der Anblick eines Bauern oder Arbeiters, der ein Stück Stoff kauft, dessen Muster ich selbst entworfen habe.“

Ljubow Sergejewna Popowa
Dynamische Raumkomposition, um 1921 – 1922

Öl, Aquarell und Gouache auf Karton, 40 x 30 cm
Wilhelm-Hack-Museum, Ludwigshafen am Rhein

einfachen geometrischen Formen“ verlangt. Dieser theoretischen Forderung gibt die Malerin eine ganz persönliche Note, die sie von anderen konstruktivistischen Malern, von Kandinsky oder Malewitsch, unterscheidet. Typisch für ihre Malerei: Statt streng geometrischer Gebilde arbeitet sie mit Formen, die an Bretter erinnern. Man sieht gemasertes Holz, ein Gerüst aus breiten und schmalen Planken: Ein Zaun wird errichtet, hinter dem helle, sich überschneidende Linien erkennbar werden, während im Hintergrund ein Farbraum entsteht aus stumpfen Rot- und Brauntönen. Der Gegensatz zwischen dem hellen, hart konturierten Gerüst und dem dunklen, weich verschwimmenden Bildgrund gibt dieser Raumkonstruktion ihre eigentümliche Spannung, ihre überzeugende Dynamik.

Dann erfolgt etwas völlig Unerwartetes. Ljubow Sergejewna Popowa, die eben noch erfolgreich ihre Raumkonstruktionen ausgestellt hat, gibt wie viele andere Konstruktivisten das Malen auf. Die Künstler wollen praktische Aufgaben übernehmen. Ljubow Sergejewna Popowa arbeitet zunächst fürs Theater. Schließlich erscheint ihr auch das Theater als zu lebensfern. Sie entschließt sich, Stoffentwürfe für eine Textilfabrik herzustellen. Zwei Jahre später, im Sommer 1924, stirbt sie an Scharlach. Noch im gleichen Jahr wird in Moskau eine große Gedächtnisausstellung eröffnet, die ihre Gemälde, aber auch ihre angewandten Arbeiten, Plakate und Textilentwürfe zeigt.

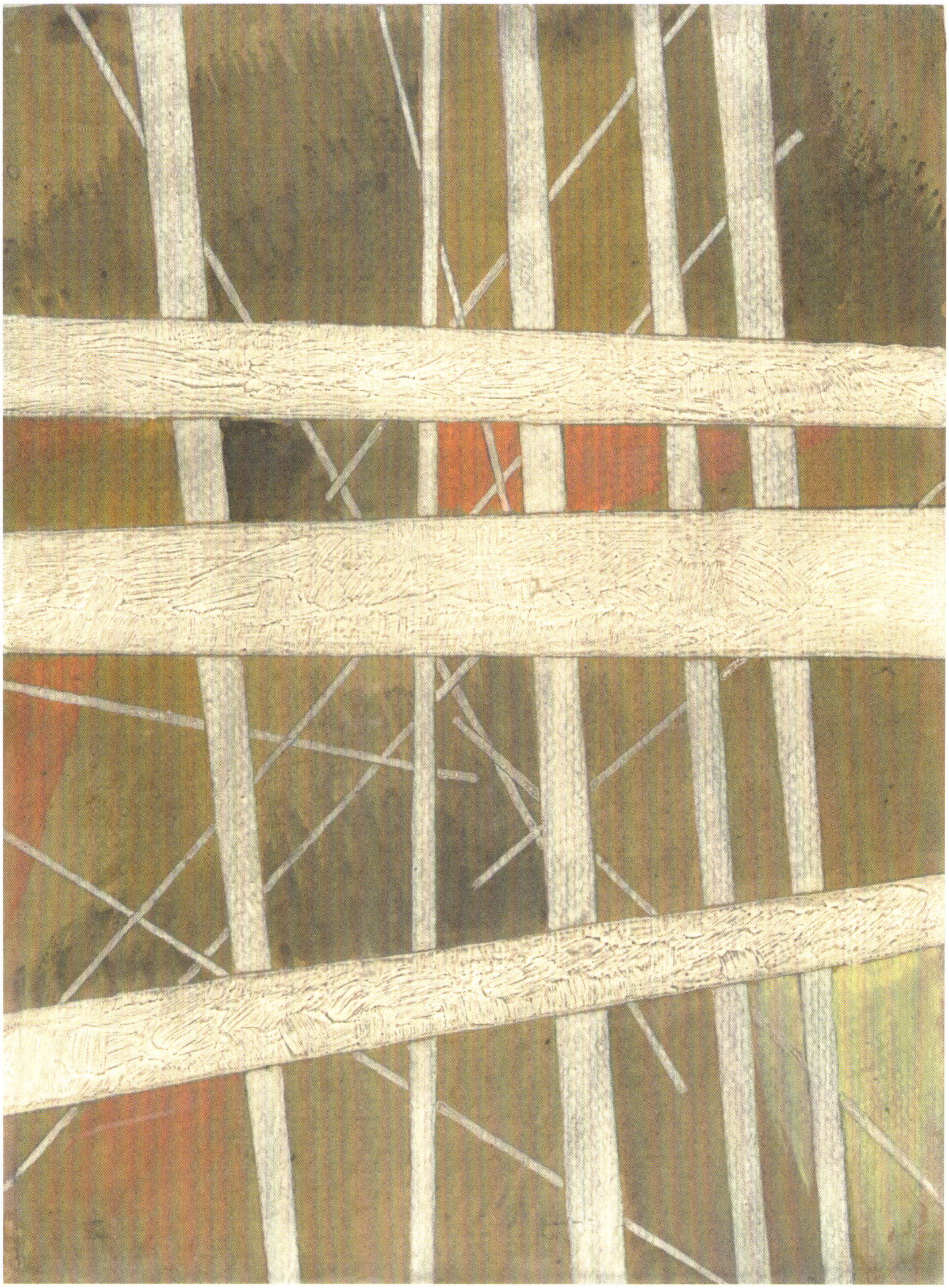

Suzanne Valadon

(1865 – 1938)

Suzanne Valadon ist 1865 in einem französischen Dorf als uneheliche Tochter einer Wäscherin zur Welt gekommen. Als sie 1938 starb, galt sie als eine der größten Malerinnen ihrer Zeit. Eine riesige Trauergemeinde versammelte sich in der alten Pfarrkirche von Montmartre. Ein pensionierter Premierminister, Édouard Herriot, hielt die Ansprache.

Der Pariser Stadtteil Montmartre, heute eine Touristenattraktion, damals ein Sammelpunkt für Exzentriker jeder Art, für kommende Genies und gescheiterte Existenzen, bildet den Hintergrund für ihre abenteuerliche Lebensgeschichte. Die Mutter hatte gleich nach der Geburt der Tochter ihr Heimatdorf verlassen und sich nach Paris aufgemacht. Auf Montmartre hauste sie mit der Tochter in einer Kammer, arbeitete als Scheuerfrau oder Flickschneiderin und verfiel mit den Jahren dem Alkohol. Die kleine Suzanne hat sich auf der Straße herumgetrieben, eine reguläre Schulausbildung hat sie nie erhalten. Lesen und Schreiben haben ihr die Nonnen in einer Klosterschule beigebracht. Mit elf Jahren wird sie Lehrmädchen in einem Modegeschäft, mit dreizehn ist sie Aushilfskellnerin. Dann geht sie, weil sie schön und geschmeidig ist, zum Zirkus und tritt auf Rummelplätzen als Trapezkünstlerin auf. Nach einem unglücklichen Sturz muss sie, sechzehnjährig, diese Karriere aufgeben, danach beginnt eine neue Karriere: als Malermodell. Anfangs ist das ein hartes Brot. Die Maler schätzen die körperlichen Vorzüge des gut gewachsenen Mädchens. Aber oft haben sie nicht das Geld, das Modell zu bezahlen. Das ändert sich mit einem Schlag, als der berühmte und reiche Maler Puvis de Chavannes sie engagiert. Ein paar Monate lebt sie als sein Modell und seine Geliebte in seiner luxuriösen Wohnung. Seitdem wird sie von einem Maler zum andern empfohlen.

Degas und Toulouse-Lautrec haben sie gezeichnet und in ihren Bildern dargestellt.

Im Jahr 1883, sie ist gerade achtzehn geworden, wird ihr Sohn Maurice geboren, dem später der Spanier Miguel Utrillo y Molins, einer von Suzannes Freunden, seinen Namen gibt. Als Maurice Utrillo ist der Sohn von Suzanne Valadon weltberühmt geworden. Die Mutter hat sich um den kleinen Maurice zunächst nicht viel gekümmert. Er ist ebenso wild auf Montmartre aufgewachsen wie sie selber. Die Erziehung des Jungen hat sie der trunksüchtigen Großmutter überlassen. Aber ohne Suzanne Valadon wäre Utrillo vermutlich nie Maler geworden. Sie hat ihm Farbstifte und Papier besorgt, um ihn zu beschäftigen, und sie hat ihn über Jahre hinweg immer ermutigt und bestärkt.

Als sie nach der Geburt ihres Sohnes wieder die gewohnte Arbeit als Malermodell aufnimmt, fängt sie an, selber zu zeichnen. Sie hat nie eine Akademie besucht, niemand hat sie unterrichtet. Sie hat nur den Künstlern bei der Arbeit zugesehen. Toulouse-Lautrec ist von ihren Zeichnungen begeistert. Er kauft ein paar Blätter, hängt sie bei sich zu Hause auf, wo sie von Künstlern und Kunstfreunden gesehen und bewundert werden. Degas lobt ihren „harten und geschmeidigen“

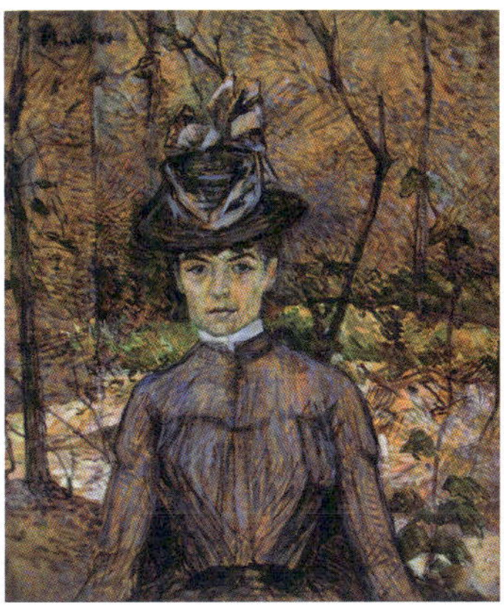

Henri de Toulouse-Lautrec
Suzanne Valadon, 1885
Öl auf Leinwand, 55 x 46 cm
Museo Nacional de Bellas Artes, Buenos Aires
Suzanne Valadon war vor allem von den Werken Gauguins beeindruckt, die sie auf der Pariser Weltausstellung von 1889 sah. Um 1914 gelang ihr der Durchbruch zum eigenen Stil – damit auch zum Ruhm.

Suzanne Valadon

Weiblicher Akt auf gestreifter Decke, 1922

Öl auf Leinwand, 104 x 79 cm
Musée d'Art Moderne de Paris

Strich. Sie zeichnet ihren Sohn Maurice, ihre Mutter, ihre Freunde. Dann verlegt sie sich auf die Malerei. Es entstehen großformatige Aktbilder und Interieurs. Sie arbeitet mit ungeheurer Intensität, und sie gelangt zu einem völlig eigenen Stil. Keiner ihrer vielen Malerfreunde hat sie beeinflusst, nicht Renoir, nicht Degas. Über den Impressionismus, wie ihn diese Maler vertreten, ist Suzanne Valadon bereits in künstlerisches Neuland vorgestoßen. In Bildern wie dem „Weiblichen Akt auf gestreifter Decke“ von 1922 findet man nichts von weicher, verschwimmender Atmosphäre. Die Figur ist klar und energisch konturiert, eine helle Diagonale in der Gesamtkomposition. Die Farben werden als kräftige Kontraste eingesetzt: das Laken, das farbig mit der Figur übereinstimmt, gegen den rotblauen Teppich. Das Bild überzeugt durch seine unsentimentale Sachlichkeit.

1921 haben Suzanne Valadon und ihr Sohn Maurice Utrillo gemeinsam in Paris ausgestellt, mit größtem Erfolg. Die Malerin ist zu dieser Zeit mit dem zwanzig Jahre jüngeren André Utter verheiratet, der den künstlerischen Erfolg geschäftlich auszunutzen versteht. Durch seine Vermittlung bekommen Mutter und Sohn einen Vertrag von einer Pariser Galerie, der ihnen ein Mindesteinkommen von jährlich 60 000 Dollar garantiert. Das Ereignis wird eine Woche lang auf dem Montmartre gefeiert. Alle drei beziehen eine Luxusvilla, außerdem besitzen sie ein Schloss in der Nähe von Lyon. Utrillo freilich, ein nervenkranker Alkoholiker, ist ein künstlerisches Wrack. Suzanne Valadon dagegen hat mit größter Energie weitergearbeitet und bis 1937 an den Malerinnen-Ausstellungen in Paris teilgenommen.

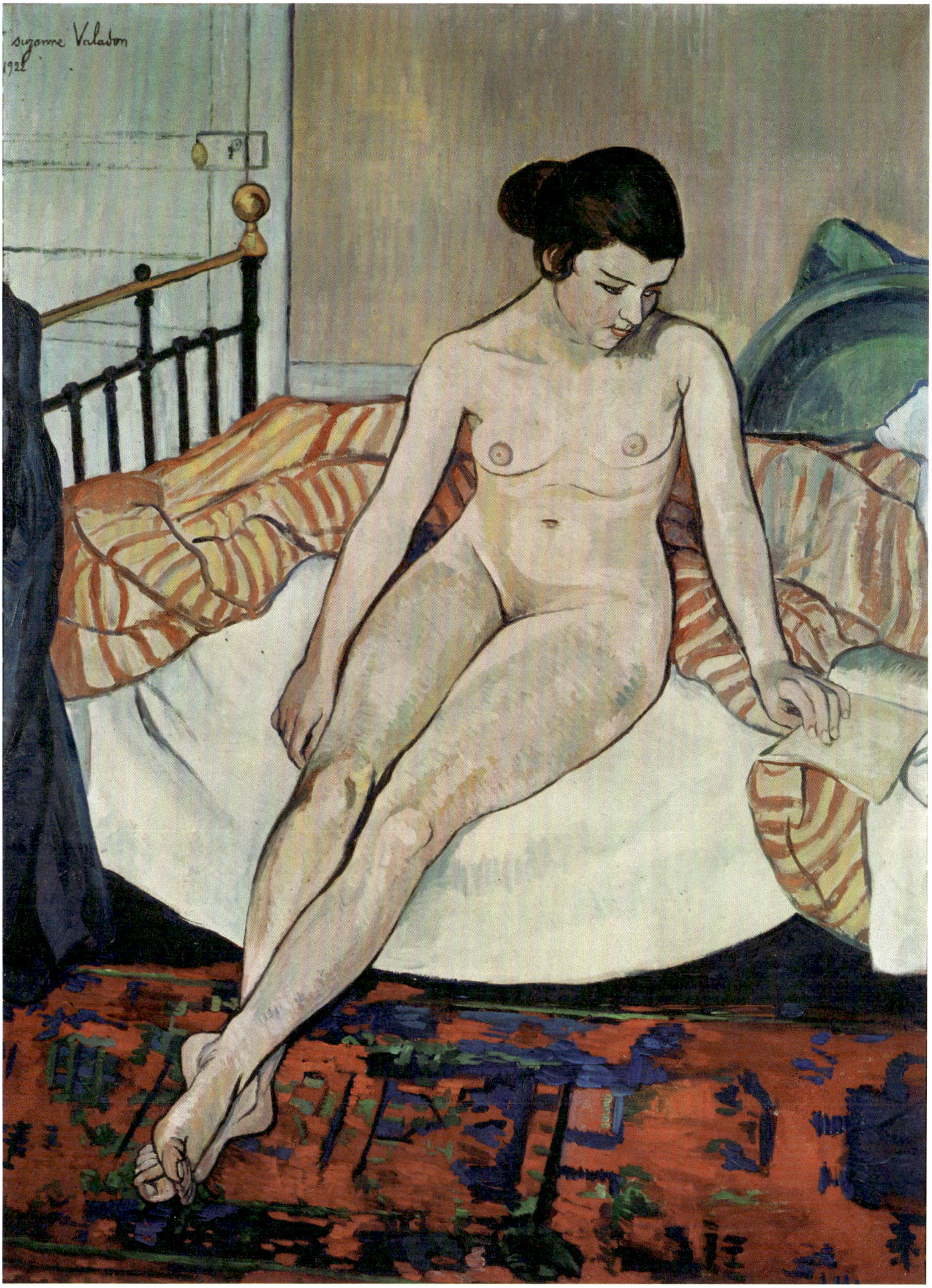
suzanne Valadon

Georgia O'Keeffe

(1887 – 1986)

Sie ist neunundneunzig Jahre alt geworden, lebte Jahrzehnte in der mexikanischen Wüste und gilt als die bedeutendste amerikanische Malerin des 20. Jahrhunderts. Georgia O'Keeffe, 1887 geboren, aufgewachsen auf einer Farm im Staat Wisconsin, hat alles erreicht, was ein Künstler in Amerika erreichen kann: die Ausstellung ihrer Bilder im Museum of Modern Art in New York und in anderen führenden Museen, die Goldmedaille für Malerei, verliehen vom Nationalen Institut für Kunst und Wissenschaft in Amerika, sowie zahlreiche andere Auszeichnungen. Diesen außerordentlichen Erfolg verdankt sie ihrem großen Talent, aber auch dem festen Willen und der Fähigkeit, sich durchzusetzen. Mit zehn Jahren schon hatte die Farmerstochter beschlossen, Malerin zu werden, und nichts und niemand hat sie davon abbringen können. Geholfen hat ihr dabei eine sehr seltene Mischung aus Selbstkritik und Selbstvertrauen. Als Georgia O'Keeffe dreißig war, vernichtete sie alles, was sie bis dahin gemalt hatte, weil diese Bilder nach ihrem eigenen strengen Urteil von Lehrern und Vorbildern beeinflusst waren. Dann fing sie noch einmal von vorn an. „Ich erkannte, dass ich eine Menge Dinge im Kopf hatte, die andere nicht in ihren Köpfen hatten. Ich habe mich entschlossen, nur das, was in meinem Kopf ist, in meinen Bildern zu verwirklichen."

Die ersten eigenen Bilder entstanden 1915. Es waren abstrakte Kompositionen, eine ungeheure Kühnheit für die damalige Zeit. Diese Arbeiten bezeichnen die erste Phase abstrakter Kunst in Amerika. Damals hatte Georgia O'Keeffe eine Mappe mit ihren Bildern an eine Freundin nach New York geschickt. Die zeigte sie dem Galeristen und damals weltberühmten Fotografen Alfred Stieglitz.

Stieglitz war so begeistert, dass er die Arbeiten sogleich in seiner „Galerie 291“, dem wichtigsten Forum der New Yorker Avantgarde, ausstellte. Durch seine finanzielle Hilfe konnte Georgia O'Keeffe ihren Beruf als Lehrerin in Texas aufgeben und nach New York ziehen. 1924 heiratete sie Stieglitz. Bis zu seinem Tod 1946 stellte er ihre Arbeiten regelmäßig aus, und als Berufsfotograf setzte er seiner Frau ein einzigartiges Denkmal: eine „Porträtsammlung“ mit 500 Fotos aus zwanzig Jahren. Eine amerikanische Zeitschrift nannte diese Sammlung „das schönste Liebesgedicht in der Geschichte der Fotografie“. Georgia O'Keeffe ist am 6. März 1986 in Santa Fe gestorben.

Stieglitz war der einzige, auf dessen Urteil Georgia O'Keeffe Wert legte und der immer zu ihr gehalten hat. Die anderen Maler aus dem Kreis der Galerie haben sie zunächst nicht akzeptiert, und es hat lange gedauert, bis ihre männlichen Kollegen bereit waren, Georgia O'Keeffes überragende künstlerische Leistung anzuerkennen. Sie selber hat sich nie einer Richtung oder Schule angeschlossen. Sie hat abstrakt gemalt, lange bevor es Mode wurde, und sie hat sich dann in den 1920er Jahren für eine gegenständliche Malerei entschieden. Aber

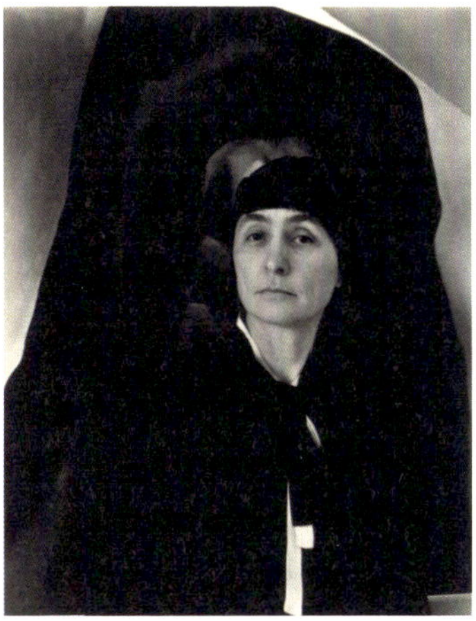

Alfred Stieglitz
Georgia O'Keeffe, 1930
Silbergelatineabzug, 24 x 19 cm
Metropolitan Museum of Art, New York

Georgia O'Keeffe
Rote Canna, 1923

Öl auf Leinwand, 31 x 25 cm
Pennsylvania Academy of the Fine Arts, Philadelphia

auch ihre Landschaften und Stadtansichten beweisen die totale Selbständigkeit der Malerin, ihre persönliche Handschrift, ihre Originalität.

Ein Beispiel für ihre Grenzwanderung zwischen der Abstraktion und der gegenständlichen Malerei sind ihre monumentalen Blumenbilder in den 1920er Jahren, wie hier bei einem ihrer unzähligen Canna-Motiven. Durch die Übergröße ihrer dargestellten Motive wird Folgendes deutlich: Sie übernimmt Neuerungen europäischer Kunst, doch durch deren Übergröße konfrontiert sie mit der Aussage, dass in Amerika quasi alles größer, weiter und unfassbarer ist. Damit macht sie das Unfassbare sichtbar. Wie viele Progressive in Europa und Amerika war auch sie beeinflusst von der aufregend neuen Sicht auf den Menschen durch die Psychoanalyse Sigmund Freuds und die „Entdeckung der Sexualität", was bei vielen Künstlern zu einer Beschäftigung mit dieser Thematik führte. Tabuthemen, unerhört, ungesehen bis dahin. So auch ihre Blumenbilder. Weiblichkeit evozierend, fleischlich, wulstig, in mächtigen Rot-Orange-Tönen, wie Blicke in einen weiblichen Körper hinein. Vielleicht aber auch die Angst in dem Mythos der Urmutter und vor der Natur als verschlingende Vulva thematisierend?

Sie malte, was sie vor Augen und was sie im Kopf hatte: die Wirklichkeit als eine von ihr erlebte Vision!

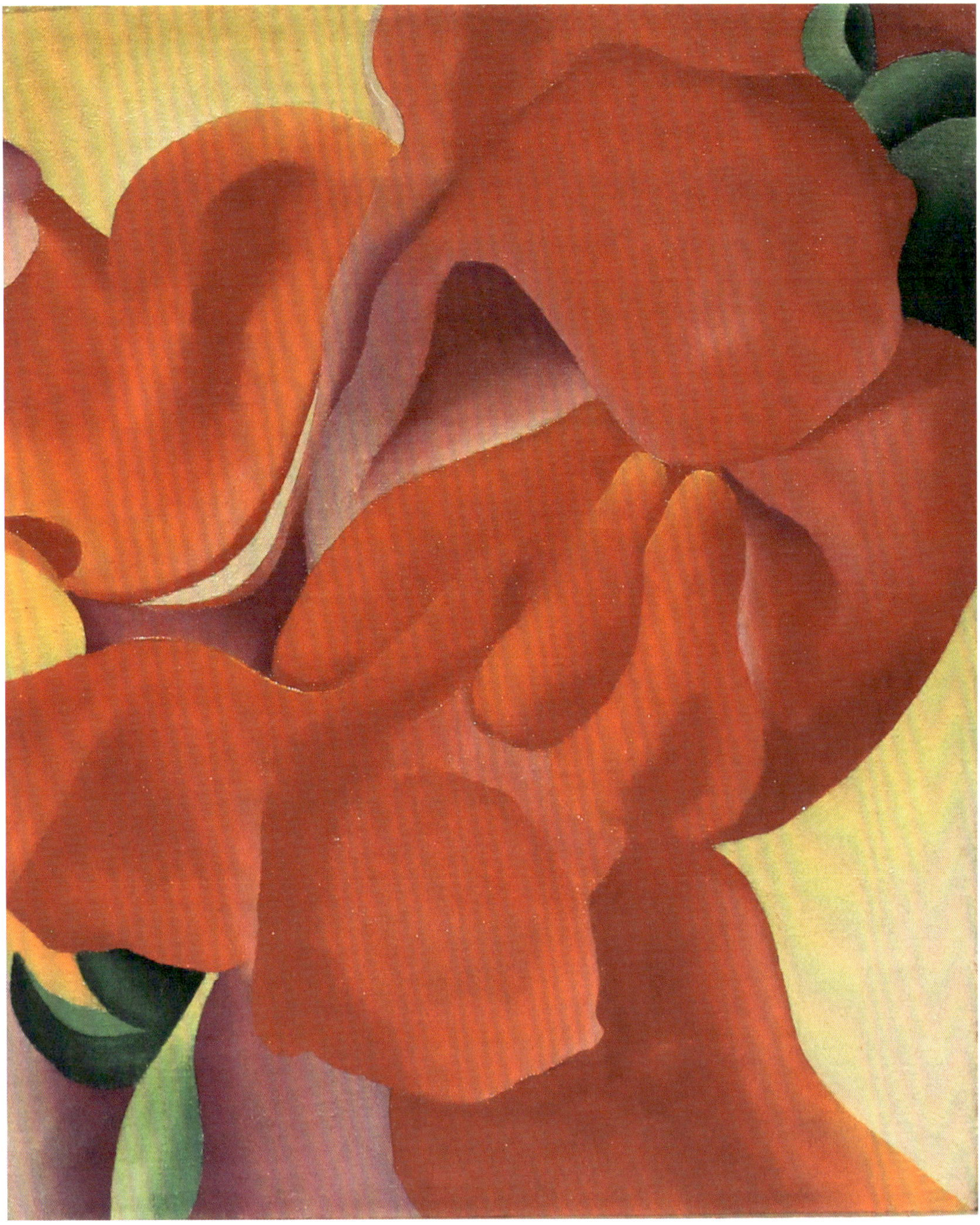

Romaine Brooks

(1874–1970)

Ein Bild aus den 1920er Jahren. Eine widerspruchsvolle, eine turbulente Zeit, nach dem Motto „Erlaubt ist, was gefällt". Und da alles gefiel, war alles erlaubt – in der Kunst, in der Mode, im Leben. Je ausgefallener, desto besser. Man wollte schockieren, sich über bürgerliche Moralbegriffe hinwegsetzen. Die meisten Menschen freilich führten auch in den tollen 1920er Jahren ein ganz normales Leben. Nur eine winzige Minderheit – heute reden wir von Schickeria – konnte sich diesen extravaganten Lebensstil leisten und zwischen Paris, London, Berlin und Rom hin- und herpendeln. Die von Romaine Brooks porträtierte Lady Troubridge konnte es. Sie war berühmt durch ihre freizügigen Bücher, durch ihre Affären und die Skandale, die sie provozierte. In ihren Kreisen galt es bei Frauen als schick, Männerkleidung zu tragen. Die Dame im Smoking, mit weißer Hemdbrust, Pagenfrisur, mit Monokel und – einziges feminines Zugeständnis – mit der kostbaren Perle im Ohr. Was die Lady da vorführte, ist später fast ein Modetrend geworden. Man denke an Marlene Dietrich, die ein paar Jahre später in Herrenkleidung im Film erschien und sang „Ich bin von Kopf bis Fuß auf Liebe eingestellt …"

Das Porträt der Lady Troubridge ist ein Beispiel für mondäne Eleganz mit einem leisen Stich von Verruchtheit. Steht die Dame mit den beiden Dackeln im Zimmer oder im Freien vor einem riesigen grauen Himmel? Die Malerin lässt die Frage offen. Sie liebt diese unbestimmbaren Hintergründe, weil es ihr nicht auf den Raum ankommt, sondern ausschließlich auf die Farbe. In der Palette von Romaine Brooks gibt es keine grellen Töne. Immer begnügt sie sich mit wenigen Farben, im Porträt der Lady Troubridge sind es Schwarz, Weiß und ein reich abgestuftes Grau, das manchmal ins Grün und manchmal ins Bläuliche spielt. Und plötzlich sieht man das Bild mit anderen Augen. Es ist auch ein Zeitdokument, das über die 1920er Jahre und über den Lebensstil einer bestimmten Gesellschaftsschicht Auskunft gibt. Es beweist aber auch einen hochkultivierten, fast schon überzüchteten Geschmack.

Romaine Brooks war mindestens so berühmt und auch so exzentrisch wie die Lady, deren Bild sie gemalt hat. Sie wurde zum Mitglied der französischen Ehrenlegion ernannt, eine seltene Auszeichnung für Künstlerinnen. Ihre Bilder waren in Paris ebenso geschätzt wie in London und New York. Sie hat, als sie alt war, ihre Memoiren geschrieben, die bis heute nur in Auszügen veröffentlicht wurden, wahrscheinlich aus familiären Rücksichten. Aber was man von ihrem Leben weiß, ist abenteuerlich genug. Sie ist 1874 in Rom zur Welt gekommen. Die Mutter war eine reiche und launenhafte Amerikanerin. Eines Tages war die Mutter – das Kind war sechs oder sieben Jahre alt – verschwunden, das kleine Mädchen blieb in der Obhut einer Waschfrau. Die ging mit der Kleinen nach New York, wo das Kind im

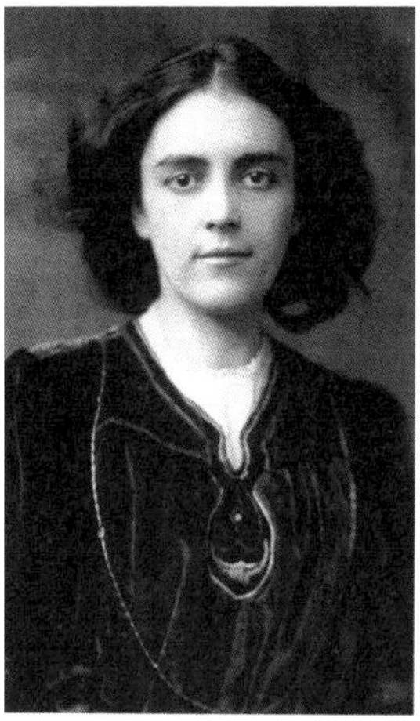

Unbekannt
Romaine Brooks, 1890er Jahre
Fotografie

Romaine Brooks
Una, Lady Troubridge, 1924

Öl auf Leinwand, 127 x 76 cm
Smithsonian American Art Museum, Washington, D.C.

Armenviertel aufwuchs. Es wurde auf die Straße geschickt, wo es Briefpapier verkaufen musste. Dann taucht der Großvater auf, ein Millionär. Die Enkeltochter kann sich nun jeden Luxus erlauben. Sie reist an die Riviera, in Paris fängt sie an, Gesang zu studieren. Dann entdeckt sie ihr bildnerisches Talent, geht nach Rom, wird als einzige Frau an der Akademie zugelassen und absolviert ein gründliches Kunststudium. Inzwischen hatte auch die Mutter wieder Kontakt zur Tochter aufgenommen und ihr einen Monatswechsel zur Verfügung gestellt.

1899 mietet Romaine Brooks ein Studio auf Capri, wo sie in einen Kreis von Künstlern und Schriftstellern gerät, die in ihrer Kunst, aber auch in ihren persönlichen Beziehungen totale Freizügigkeit praktizieren. Als 1902 die Mutter stirbt und der Tochter ein riesiges Vermögen hinterlässt, richtet sich Romaine Brooks in Paris ein komfortables Appartement ein, wo bald bedeutende Männer und Frauen aus allen künstlerischen Bereichen verkehren. Die Malerin hat viele ihrer Freunde und Freundinnen porträtiert. Hier lernt sie auch die Schriftstellerin Natalie Clifford Barney kennen, mit der sie vierzig Jahre zusammenlebt, erst in Paris, später dann in Italien, in Fiesole bei Florenz. Romaine Brooks starb 1970, im Alter von sechsundneunzig Jahren, als Künstlerin vergessen, in Nizza.

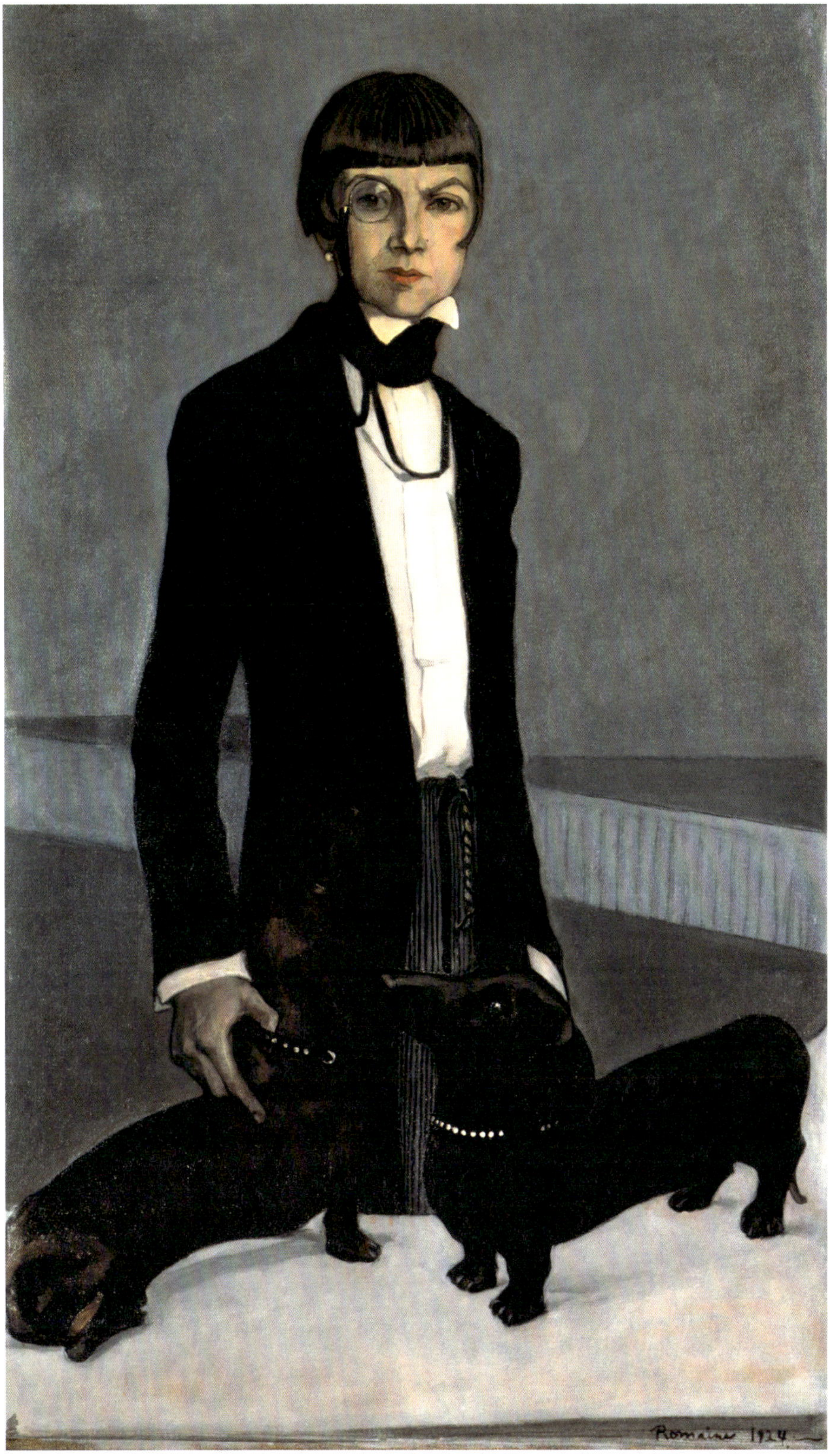
Romaine 1924

Marie Laurencin

(1883 – 1956)

Ihre Bilder hängen in den großen französischen, englischen, amerikanischen Museen und Sammlungen. Führende Maler und Schriftsteller haben sich enthusiastisch über sie geäußert. Keine Frage: Marie Laurencin gehört zu den erfolgreichsten Malerinnen des 20. Jahrhunderts. Dabei fehlt ihrer Malerei alles Sensationelle. Sie ist zwar mit Picasso befreundet gewesen, aber das hat sie nicht gehindert, einen sehr persönlichen Stil zu entwickeln, der mit Picasso und dem Kubismus nur wenig zu tun hat.

„Marie Laurencin verstand es, in der Kunst der Malerei eine völlig weibliche Ästhetik auszudrücken. Schon in ihren ersten Gemälden, ihren ersten Zeichnungen, ihren ersten Radierungen war zu spüren, dass die Malerin, die sich bald danach offenbaren sollte, eines Tages der Anmut und dem Zauber der Welt Ausdruck verleihen würde." Das schreibt Guillaume Apollinaire, einer der großen französischen Dichter, in seinem Buch über die „Maler des Kubismus", das 1913 erschienen ist. Marie Laurencin, die er als einzige Frau neben Picasso, Braque und Juan Gris vorstellt, ist damals gerade erst siebenundzwanzig Jahre alt. Ihre Kunst sei weniger streng als die Kunst Picassos, heißt es weiter bei Apollinaire. „Die Malerin schließt sich an die Natur an, studiert sie mit großem Eifer und scheidet alles aus, was weder jung noch anmutig ist. Ich glaube, dass sie mit voller Absicht ihre Kunst auf das Junge und Neue ausgerichtet hat, mag es nun ernst sein oder lachen. Die weibliche Ästhetik, die sich bisher fast nur in den angewandten Künsten gezeigt hatte, musste in der Malerei vor allem das eigentlich Neue dieser Weiblichkeit ausdrücken. Später werden dann weitere Frauen auftreten und andere weibliche Aspekte der Welt erkunden."

Anmut und Jugend sind die Themen, die Essenz ihrer Kunst. Marie Laurencin hat ihr ganzes Leben lang kaum etwas anderes gemalt als junge Mädchen und junge Frauen. Ein Thema mit unendlichen Variationen. Mädchen als Einzelfigur oder in einer Gruppe. Auffällig ist es, dass sich die Mädchen auf ihren Bildern ähnlich sehen. Marie Laurencin hat die verschiedensten Modelle gehabt. Aber man könnte glauben, sie habe immer das gleiche Mädchen gemalt, den gleichen Typ, der ihren Vorstellungen von Anmut und Schönheit entspricht, der in der Wirklichkeit nicht existiert.

„Die Italienerin", die sie 1925 gemalt hat, ist alles andere als ein realistisches Porträt, sie verkörpert das Ideal, das in vielen Bildern wiederkehrt: ein ungemein zartes Geschöpf, dunkle Augen in einem fast weißen Gesicht, das an Porzellan erinnert und das von schwarzen Haaren umrahmt wird. Ein Mädchen, das Gitarre spielt und ernst, nachdenklich, verträumt aus dem Bild herausblickt. Was heute noch an diesem Bild fasziniert, ist die farbige Delikatesse dieser Malerei, ist die Meisterschaft, mit der die Figur des Mädchens in das Oval einbezogen ist und wie die Gestalt gleichsam aus der Farbe modelliert wird.

Marie Laurencin hat ihr ganzes Leben, mit kurzen Unterbrechungen, in Paris verbracht. Sie wurde 1883 geboren und ist als uneheliches Kind ohne Vater aufgewachsen. Der französischen Schriftstellerin Colette hat sie später einmal erzählt, sie habe nie gewagt,

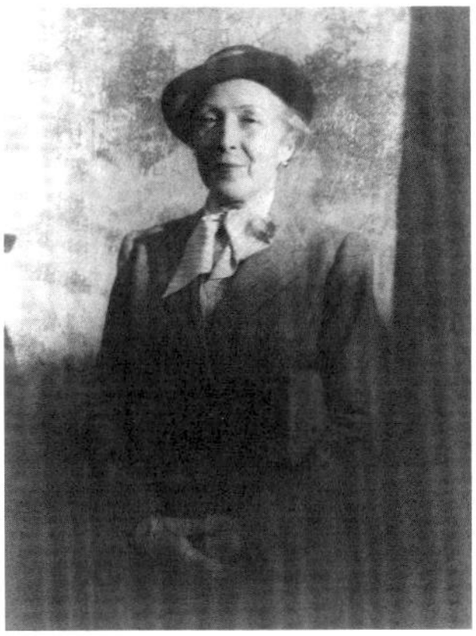

Carl van Vechten
Marie Laurencin, 1949
Silbergelatineabzug
Library of Congress, Washington, D.C.
Marie Laurencin: Von Anfang an gehörte sie zu dem Kreis der Künstler, der sich um Picasso und Braque in Paris zusammengefunden hatte und der schon bald Weltruhm erlangte.

Marie Laurencin
Die Italienerin, 1925

Öl auf Leinwand
Privatsammlung

ihre Mutter nach ihrem Vater zu fragen. Die Mutter hat ihr eine gute Ausbildung ermöglicht. Nach dem Lyzeum durfte sie die Akademie Humbert besuchen. Einer ihrer Mitschüler war Georges Braque, der später weltberühmt wurde. Durch Braque kam sie in Kontakt mit Picasso und seinem Künstlerkreis. Hier hat sie Apollinaire kennengelernt, der von ihrer Malerei und von ihrem Charme gleichermaßen entzückt war. Fünf Jahre waren die beiden unzertrennlich.

Dann nahm die Liaison ein überraschendes Ende. Marie Laurencin heiratete im Sommer 1914 den deutschen Maler Otto von Wätjen, der in Paris lebte. Kurz nach der Hochzeit bricht der Erste Weltkrieg aus. Die beiden gehen nach Spanien, wo sie unter den schwierigsten Umständen die Kriegsjahre verbringen. Nach dem Krieg leben sie ein Jahr in Düsseldorf. Dann lässt sich Marie Laurencin von ihrem Mann scheiden, der ihr künstlerisch und geistig nicht gewachsen ist. 1920 kehrt sie nach Paris zurück.

Die nächsten zehn Jahre bedeuten den Höhepunkt ihrer Karriere. Museen und Sammler reißen sich um ihre Bilder. Ihre Bühnenausstattungen für das russische Ballett werden ein Welterfolg. Sie erhält viele Aufträge für Buchillustrationen. Sie lebt in einem Kreis von Künstlern, Musikern, Schriftstellern, Modeschöpfern: eine vielumworbene Frau. Aber nach den Erfahrungen ihrer ersten Ehe kann sie sich nicht entschließen, ein weiteres Mal zu heiraten. Noch mit siebzig Jahren arbeitet sie täglich in ihrem Atelier, malt sie Bilder von jungen Mädchen. 1956 ist sie in Paris gestorben.

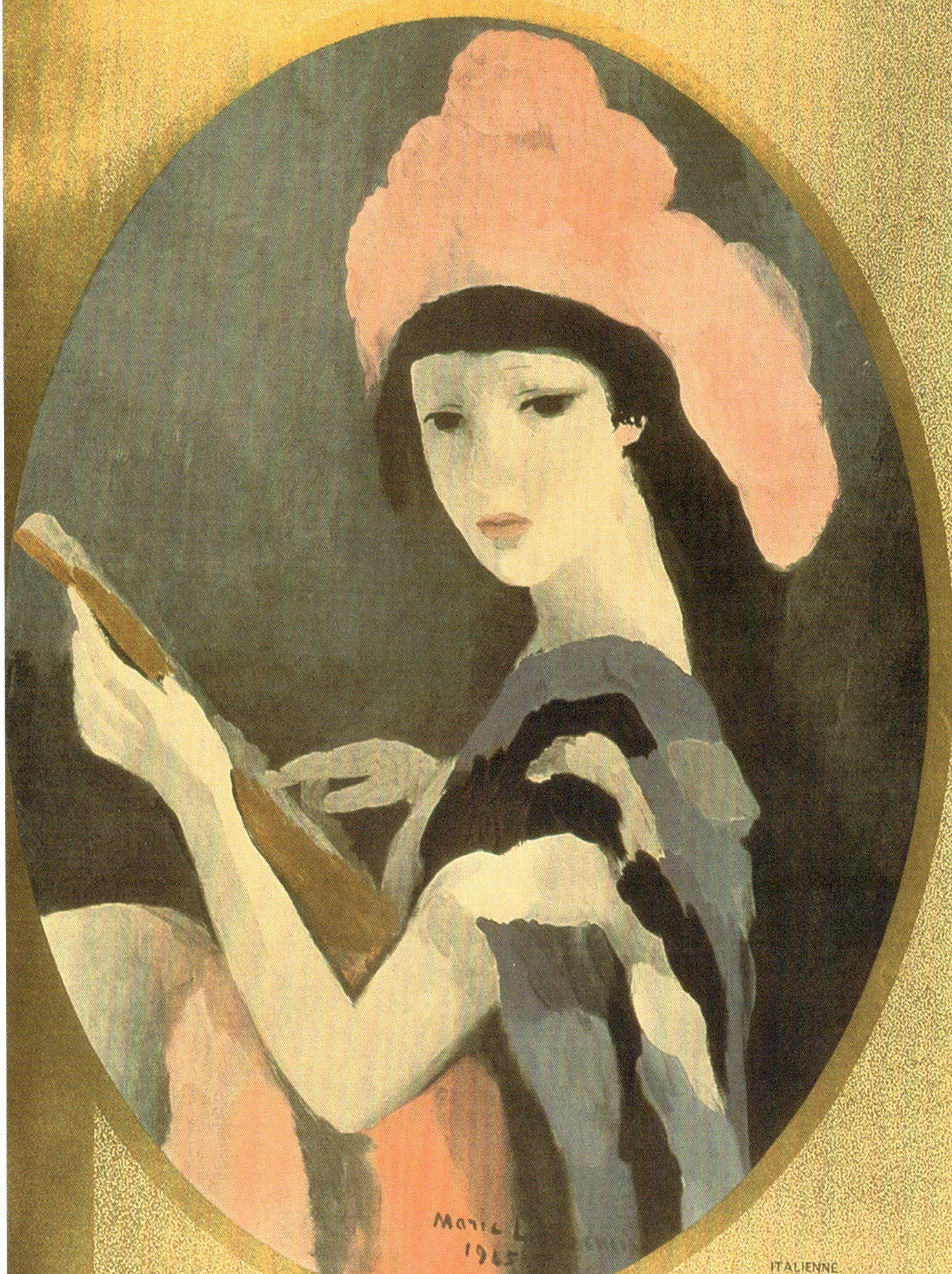

ITALIENNE
Collection Albert Flament.

Hannah Höch

(1889 – 1978)

Vierzig Jahre lebte Hannah Höch am Stadtrand von Berlin. Das kleine Holzhaus in Heiligensee war angefüllt von Erinnerungen. An den Wänden hingen Bilder ihrer berühmten Künstlerfreunde neben ihren eigenen Arbeiten. Im Vertiko stapelten sich seltsame Fundstücke, getrocknete Blumen, Figürchen, Puppen aus aller Welt. Um das Haus herum ein großer Garten, mit üppigen Blumen und Sträuchern. Der Garten, meinte Hannah Höch, sei ein Bestandteil ihres Lebens. „Er gibt mir Freude, dient der Gesundheit und der Abschaltung. Ich brauche ihn, weil Früchte wachsen und weil Schönheit da ist und immer wieder neue Wunder. Dinge, die den Menschen abschirmen von den schwierigen Umständen, in denen wir alle leben. Auch: Der Kopf ruht aus, wenn man Gartenarbeit macht. – Hier ist alles so gewachsen, wie ich es brauche. Im Haus, wie drum herum. Ich bin ein introvertierter Mensch, aber mein heftiges Interesse am Geschehen während meiner Spanne Zeit auf dieser Welt lässt mich bis heute, auch in der Zurückgezogenheit, an allem was mir wichtig erscheint, teilnehmen."

Hannah Höch ist 1978 gestorben. Jahrzehntelang hat sich niemand um sie und ihr Werk gekümmert. Erst in den 1970er Jahren ist sie wiederentdeckt worden. Die großen Museen der Welt haben ihre schöpferische Leistung der Öffentlichkeit bekanntgemacht. 1979 war ihr Gesamtwerk im Pariser Museum für moderne Kunst und anschließend in der Berliner Nationalgalerie zu sehen. Im April 1977 wurde die erste Hannah-Höch-Ausstellung in New York zu einem beispiellosen Erfolg.

Sie gilt als eine der großen Gestalten in der Kunst des 20. Jahrhunderts. 1912 ist Hannah Höch aus ihrer Geburtsstadt Gotha nach Berlin gekommen. Ein junges Mädchen aus bürgerlichem Haus, das Kunst studieren wollte und nach dem Abschluss ihrer Ausbildung in den Strudel der künstlerischen Ereignisse hineingerissen wurde. Berlin wird, gegen Ende des Ersten Weltkriegs und bis in die frühen 1920er Jahre, zum Forum der europäischen Dada-Bewegung. Dada: Das ist der leidenschaftliche Protest gegen die überkommene Ordnung, in der Politik und in der Kunst. Erstarrte, verbrauchte Formen sollen zerschlagen werden zugunsten einer freiheitlichen, humanen, menschenwürdigen Welt.

Im Kreis der revolutionären Künstler ist Hannah Höch die einzige Frau. Sie beteiligt sich an allen Dada-Aktivitäten, an Ausstellungen, Manifesten, Demonstrationen. In ihrer künstlerischen Arbeit beschäftigt sie sich mit der Rolle der Frau in der künftigen Gesellschaft. Ihr Freund Raoul Hausmann, Wortführer der Berliner Dada-Bewegung, fordert die „Ablösung der Besitzrechte des Mannes an der Frau“. In diesem Sinne muss man ihre Bilder und Fotomontagen verstehen: Hannah Höch malt ein bürgerliches „Brautpaar“, wobei die Braut als Schneiderpuppe dargestellt ist, die der befrackte Bräutigam mit Besitzerstolz am Arm führt. Der Alltagsbereich der Frau wird durch ironische Verfremdung von Kaffeemühle und Eisenofen ins Bild gebracht. Sie polemisiert gegen die Verquickung von Sex und Technik in der Werbung.

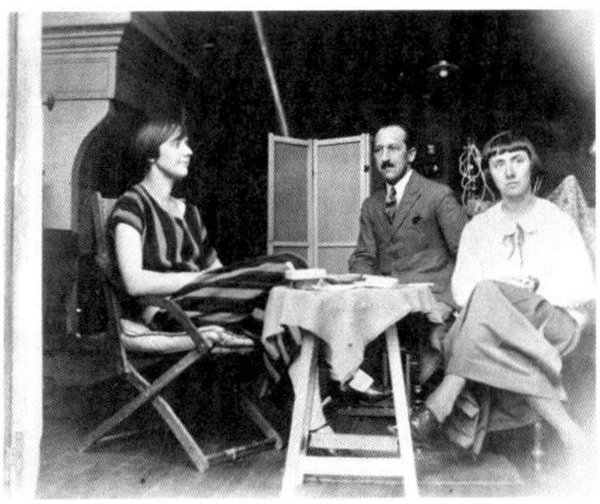

Theo van Doesburg
Nelly van Doesburg, Piet Mondrian und Hannah Höch in Clamart (Hauts-de-Seine), 1924
Fotografie
Berlinische Galerie

Hannah Höch
Roma, 1925

Öl auf Leinwand, 90 x 106 cm
Berlinische Galerie

Die Fotomontage ist das Instrument, mit dem die Dada-Künstler bevorzugt arbeiten. Hannah Höch hat diese Technik zur Meisterschaft entwickelt, und sie ist darüber hinaus zu völlig neuen künstlerischen Ergebnissen gelangt: Sie hat das Prinzip der Montage in Malerei übersetzt. Ein Beispiel dafür ist das Bild „Roma", das sie 1925 gemalt hat, ein Bild, mit dem sie Tendenzen der 1960er Jahre vorweggenommen hat. Wie bei einer Montage besteht das Bild aus unterschiedlichen Teilen, die von der Künstlerin nach eigenem Belieben zusammengesetzt werden. Aber alle diese Einzelteile sind keine ausgeschnittenen und zusammengeklebten Fotos. Hannah Höch hat sie ins Bild hineingemalt. Der Zettel mit dem Titel „Roma", mit einer Stecknadel an die Wand gepinnt, ist ein Meisterstück realistischer Malerei. Das Thema Rom wird durch quergestellte antike Säulen und Kirchenkuppeln angedeutet. Aber auch in diesem Bild beweist Hannah Höch ihr politisches und gesellschaftliches Engagement. In dem Männerporträt ist unschwer der Diktator Mussolini zu erkennen, der kurz zuvor in Italien zur Macht gekommen war. In der Frauenfigur hat Hannah Höch die Schauspielerin Asta Nielsen dargestellt, den Star der Stummfilmzeit. Sie erscheint noch einmal als Schattenriss vor dem hellen Hintergrund. Mit ausgestrecktem Arm zeigt sie Mussolini, dass er aus Rom, aus der Weltgeschichte zu verschwinden habe.

Später waren die Bildthemen Höchs weniger aggressiv. Aber sie arbeitete bis zuletzt noch immer nach den Prinzipien der Collage wie in ihren Dada-Jahren.

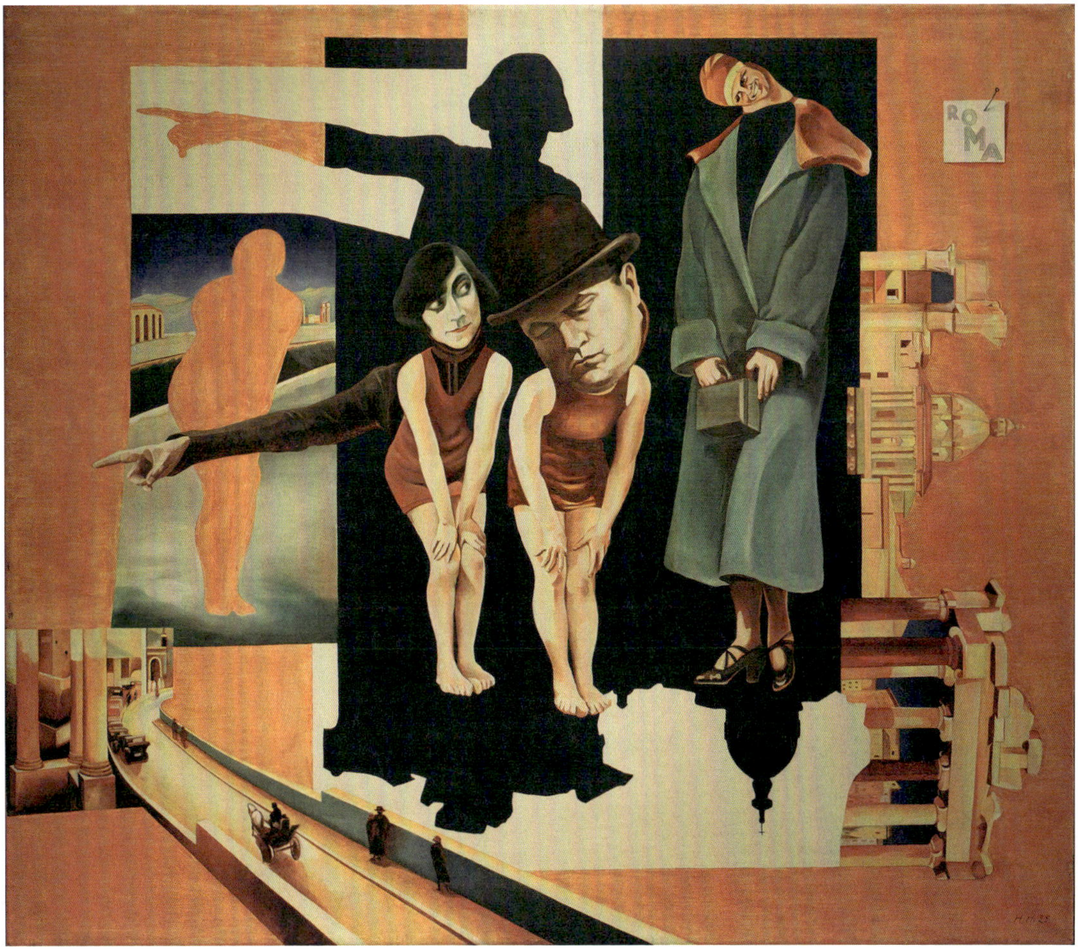
ROMA

Tamara de Lempicka

(1898 – 1980)

Im Herbst 1977 war in West-Berlin die bis dahin größte Ausstellung über die Kunst der 1920er Jahre zu besichtigen. Alles, was in der europäischen Malerei Rang und Namen besitzt, war im Schloss Charlottenburg versammelt: Picasso, Léger, Beckmann, Dix, Dalí waren mit Meisterwerken vertreten. Dazwischen die Bilder einer Frau, die der großen Öffentlichkeit völlig unbekannt war: Tamara de Lempicka. Eine Malerin, die um 1930 eine europäische Berühmtheit war und später vergessen wurde.

Die Malerin wurde 1898 in Warschau als Kind reicher Eltern geboren. Nach dem Ersten Weltkrieg verlässt die Familie Polen und zieht nach Paris. Die Tochter studiert Malerei. Bereits 1923 nimmt sie zum ersten Mal an einer großen Pariser Ausstellung teil, im „Salon der Unabhängigen". Sie besucht Italien, in Mailand findet die erste Einzelausstellung statt. Sie kommt mit italienischen Künstlern und Schriftstellern in Kontakt. Der berühmte Dichter Gabriele D'Annunzio ist einer der ersten, der sich von ihr porträtieren lässt. In St. Petersburg heiratet sie den polnischen Anwalt Lempicki. Die Tochter Kizette wird geboren. Aber Tamara de Lempicka hat nicht viel Zeit für ein ausgiebiges Privatleben. Sie ist ausgefüllt von ihrem Beruf. Man schätzt sie vor allem als Porträtmalerin. In den Kreisen der europäischen Hocharistokratie gilt es als schick, sich von ihr malen zu lassen. Sie porträtiert König Alfons von Spanien und Königin Elisabeth von Griechenland. Herzoginnen und Marquisen gehören zu ihren Klienten. Sie verdient ein Vermögen und kann es sich leisten, Bilder ohne Auftrag zu malen. Sie bittet vor allem Frauen und Mädchen in ihr Atelier, die ihr nackt oder bekleidet Modell stehen.

Bei dem „Jungen Mädchen in Grün", gemalt ab 1927, ist die Frage, ob nackt oder bekleidet, nicht eindeutig zu entscheiden. Das Kleid, soweit vorhanden, ist hauchdünn und hautnah, es soll nichts verhüllen, es soll die Körperformen in ihrer sinnlichen Präsenz erst recht zur Geltung bringen. Aber dieser Körper schimmert wie Metall. Ist das junge Mädchen überhaupt lebendig, ein Wesen aus Fleisch und Blut, oder ist es aus Bronze gegossen? Auch diese Frage lässt die Malerin offen, und dass sie sich bald für das eine, bald für das andere entscheidet, gibt ihrem Bild eine seltsame Faszination. Der linke Arm eine blanke Metallröhre, während die rechte Hand, durchaus realistisch, nach der breiten Hutkrempe greift, um das Gesicht vor dem grellen Licht oder einem Windstoß zu schützen, der sich in den gekräuselten Locken und in den kubistisch verformten Schleierfalten verfängt. Ein Gesicht mit dem unnachahmlichen Augenaufschlag, den man von der Kinoleinwand kennt.

Diesen Frauentyp hat Tamara de Lempicka in die Malerei der 1920er Jahre eingebracht. Man findet ihn in allen ihren Porträts, ob sie nun eine Herzogin oder ihre Freundin Boucard oder das Straßenmädchen Raffaele darstellt. Alle sind sie mondän und elegant, alle haben sie diesen Hauch von Exzentrik und Raffinement. Aber dahinter verbirgt

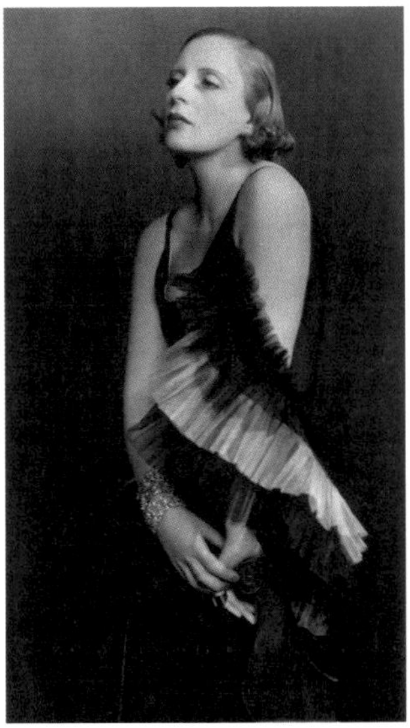

Dora Kallmus
Tamara de Lempicka in einem Kleid von Marcel Rochas, um 1930
Fotografie, 22 x 12 cm
Galerie Berinson, Berlin

Tamara de Lempicka
Junges Mädchen in Grün, 1927 – 1930

Öl auf Holz, 62 x 46 cm
Centre Pompidou, Paris

sich oft genug innere Leere und Einsamkeit. Wahrscheinlich hat sie in diesen Frauenporträts auch ihre eigene Situation beschrieben. Dafür spricht ein Selbstbildnis, auf dem sie sich am Steuer ihres Sportwagens gemalt hat. Sie liebte schnelle Autos und war bekannt für ihren extravaganten Lebensstil. Ihr Atelier, das sie sich von ihrer Schwester hatte einrichten lassen, war eine Pariser Sehenswürdigkeit: ein kühler, chromblinkender Raum im Stile des Art deco.

Bis 1938 ist Tamara de Lempicka in Paris geblieben. Dann ging sie mit dem ungarischen Baron Kuffner, den sie in zweiter Ehe geheiratet hatte, nach Amerika. 1980 ist sie in Mexiko gestorben.

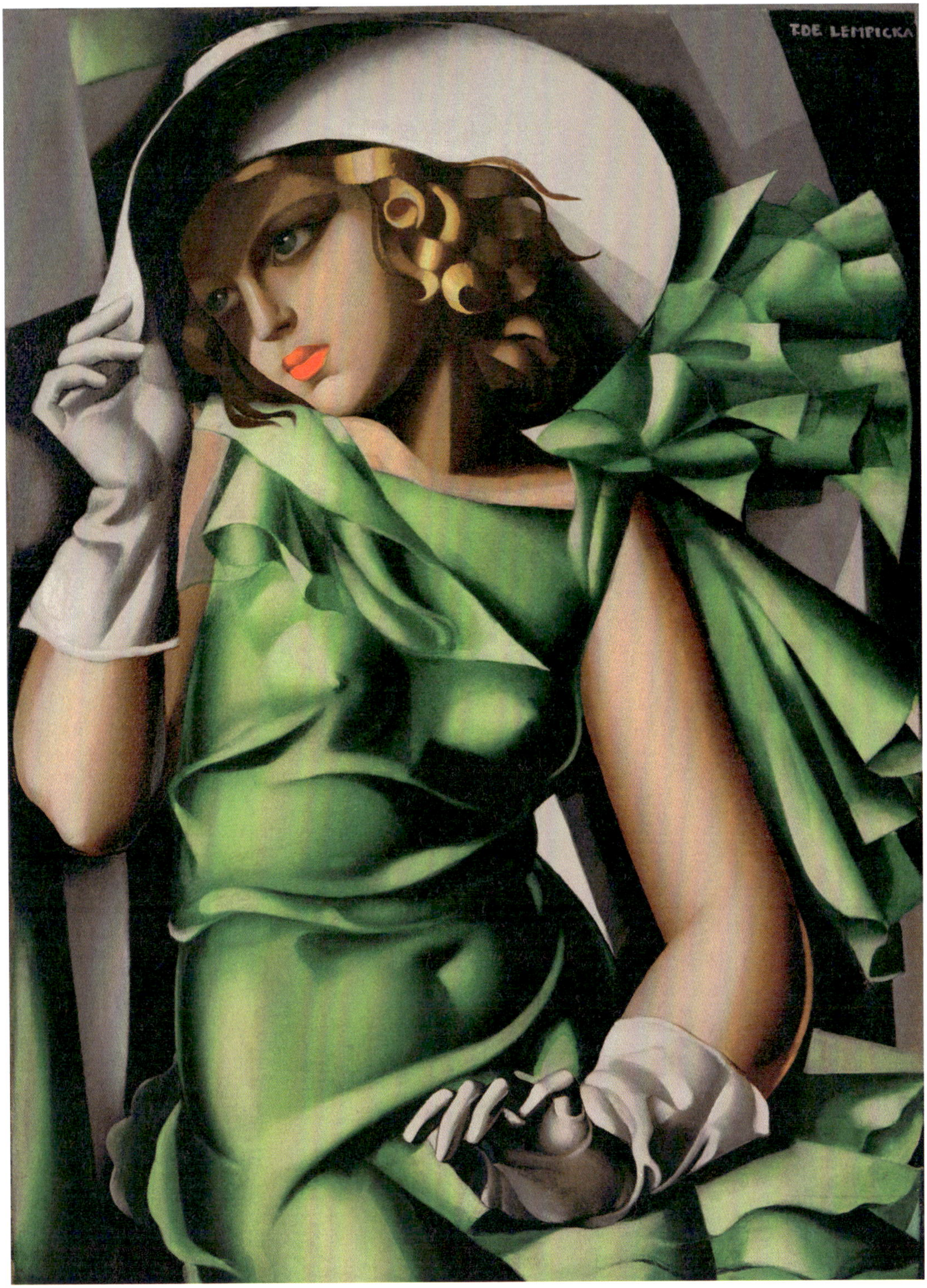
T.DE LEMPICKA

Anita Rée

(1885 – 1933)

Es steht zwar keine Jahreszahl unter dem Porträt, aber der Stil der 1920er Jahre ist unverkennbar. So haben die Frauen damals ausgesehen. So wurden sie damals gemalt: kühl, sachlich, distanziert. Typisch für die Zeit ist der kurze Haarschnitt, der „Bubikopf", der von Amerika ausging und über Frankreich nach Deutschland gekommen war, aber auch die besondere Art von Eleganz. Der große Spitzenkragen und die kostbare Perlenkette, die so schön, so sorgfältig gemalt sind wie auf den Bildern der alten Meister. Aber wichtiger als solche modischen Details ist das Gesicht der Frau, ist der Blick, der ins Leere geht, dieser seltsame Ausdruck eines verunsicherten Selbstbewusstseins. Damit freilich ist die rätselhafte Aura von Einsamkeit und Schwermut nicht erklärt, die dem Bild eigentümlich ist. Das hängt mit dem dunklen Hintergrund zusammen, der das Gesicht maskenhaft hell und völlig isoliert von der Umwelt erscheinen lässt. Man sieht es an den Händen, die sich um die Kette klammern, als ob sie Halt suchten, an der blühenden Calla, die neben der Frau fremd und exotisch wirkt.

Aber diese Frau war keineswegs so einsam und melancholisch, wie Anita Rée sie auf diesem Porträt dargestellt hat. Sie stammte aus einer Offiziersfamilie und war mit einem bekannten Hamburger Chirurgen verheiratet. Sie lebte in einer glücklichen Ehe und hatte viele Freunde unter den Hamburger Künstlern, Ärzten und Wissenschaftlern. Sie hat sich vor allem für junge Künstler eingesetzt, ihnen Bilder abgekauft oder in Auftrag gegeben. Auch Anita Rée wurde von ihr gefördert. Die Familie besitzt heute noch eine ganze Reihe ihrer Gemälde, darunter das Bildnis „Hilde Zoepffel", das Anita Rée 1928 gemalt hat. Das Bild wurde sehr bewundert. Alle, die Frau Zoepffel kannten, rühmten die „verblüffende Ähnlichkeit“. Frau Zoepffel selber hat sich bis an ihr Lebensende nicht von dem Bild getrennt. Es befindet sich noch heute in der Familie.

Ein Porträt gibt Auskunft über den Menschen, den es darstellt, aber auch über den Künstler, der es gemalt hat. Im Bildnis der Hilde Zoepffel hat Anita Rée ihre eigene Lebenssituation, ihre Vereinsamung und Schwermut zum Ausdruck gebracht. „Warum sind alle meine Freunde so glücklich – nur ich nicht?“ wird sie in einem ihr gewidmeten Gedenkbuch zitiert. Dabei hatte ihr Leben so vielversprechend angefangen: 1885 in Hamburg als Kind einer jüdischen Familie geboren, aufgewachsen in einem großen Haus am Alsterkamp in Harvestehude.

Die begabte Tochter erhält nach der Schule Privatunterricht bei dem bekannten Hamburger Maler Arthur Siebelist. Mit neunzehn Jahren malt sie eine „Schusterwerkstatt“. Der große Max Liebermann, ein Freund des Hauses, wird um sein Urteil gebeten. Er hält das Bild für eine gelungene Talentprobe. Daraufhin darf Anita ihr Studium in Paris fortsetzen. Sie kehrt nach Hamburg zurück und arbeitet in Ateliergemeinschaft mit Franz Nölken. Die Freundschaft ist von kurzer Dauer, Nölken verlässt Hamburg.

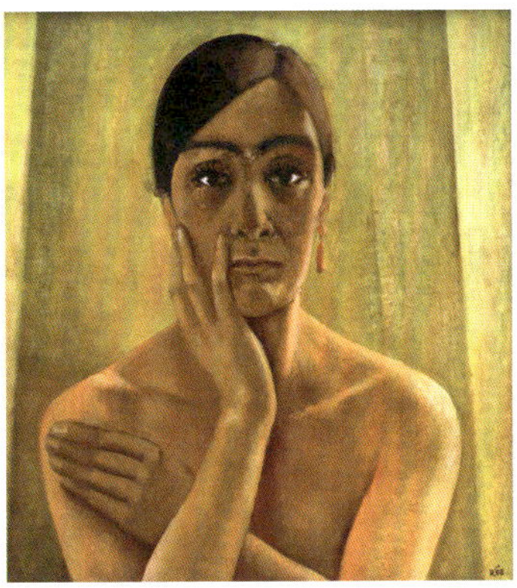

Anita Rée
Selbstbildnis, 1930
Öl auf Leinwand, 66 x 61 cm
Hamburger Kunsthalle

Anita Rée
Hilde Zoepffel, um 1928

Öl auf Leinwand, 50 x 42 cm
Privatsammlung

Als Künstlerin hat Anita Rée jetzt erste Erfolge. Die Hamburger Kunsthalle erwirbt ihr Selbstbildnis von 1915 und andere Arbeiten. 1919 gründet sie mit fortschrittlichen Künstlern die Hamburgische Sezession, bei der sie regelmäßig ausstellt. Sie reist nach Italien und verbringt viele Monate in der Künstlerkolonie in Positano. Hier entwickelt sie ihren reifen Stil, der durch eine klar umrissene Form und eine subtile Farbigkeit gekennzeichnet ist. Sie porträtiert den Hamburger Bürgermeister, viele prominente Zeitgenossen und Freunde. Zwischen den Schaffensperioden verfällt sie in tiefe Depressionen, die mit den Jahren immer bedrohlicher werden. Dazu kommt die gefährliche Zuspitzung der politischen Lage, die sie psychisch belastet. In ihrer Verzweiflung flieht sie aus Hamburg und fährt nach Kampen auf Sylt. Im Dezember 1933, nach der Machtübernahme der Nationalsozialisten, wählt sie den Freitod. Erst in den 1960er Jahren ist das Werk von Anita Rée wiederentdeckt und gewürdigt worden.

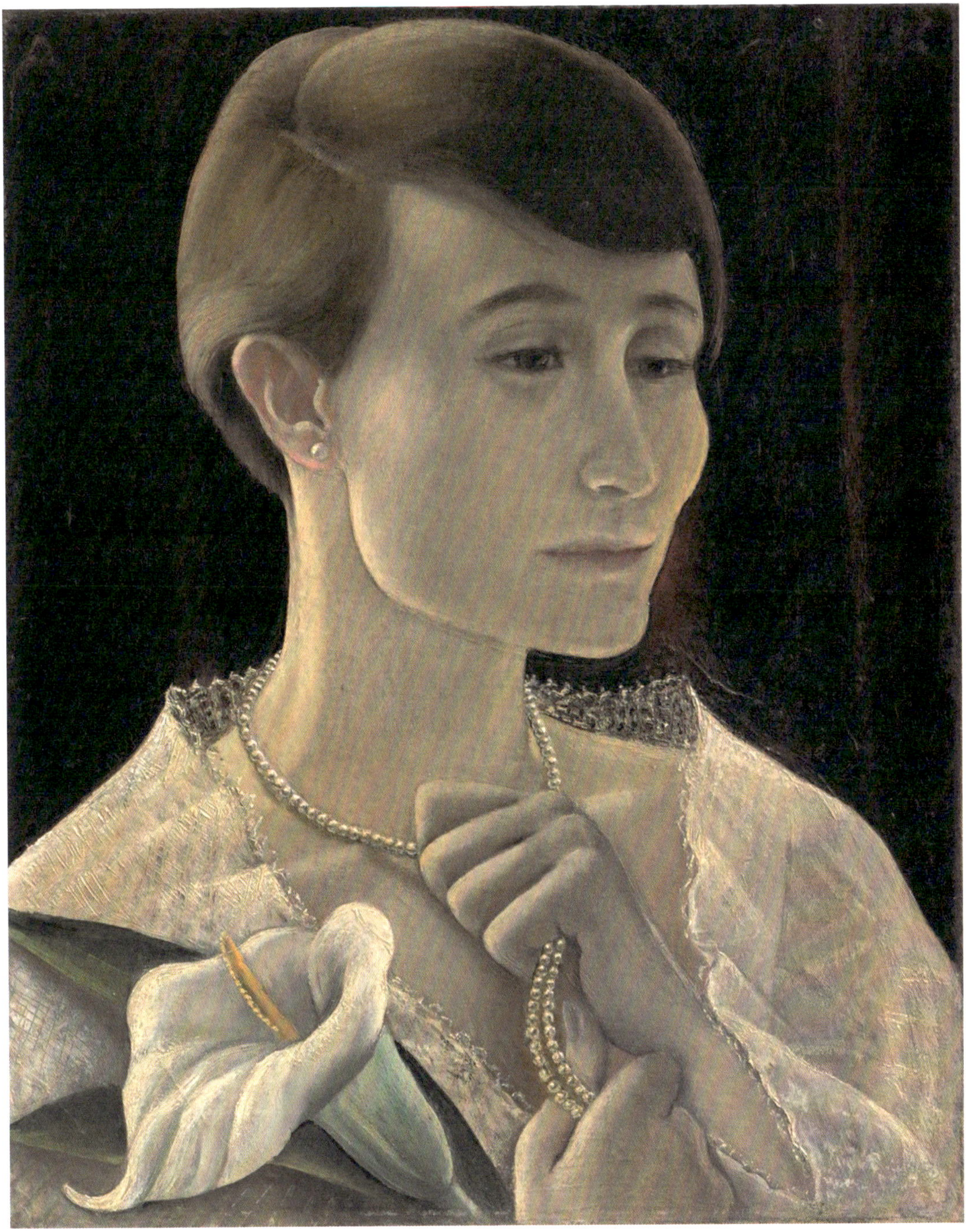

Jeanne Mammen

(1890 – 1976)

Der Höhepunkt ihrer künstlerischen Arbeit fällt in die 1920er Jahre. Und sie hat diese hektische Zeit im Zentrum des Geschehens erlebt: in Berlin. Jeanne Mammen ist 1916 nach Berlin gekommen, gerade rechtzeitig, um von Anfang an dabei zu sein. Genauer: Sie ist in die Stadt zurückgekehrt, in der sie 1890 geboren wurde. Aber vom Berlin der Kaiserzeit hat sie nicht viel mitbekommen. Sie war fünf Jahre alt, als die Eltern nach Paris übersiedelten.

In Paris ist Jeanne Mammen aufgewachsen und zur Schule gegangen. Mit sechzehn besuchte sie eine private Pariser Kunstakademie. Zwei Jahre später ging sie nach Brüssel, wo sie drei Jahre studierte. Aber sie wollte immer Neues kennenlernen, sie wollte mehr von der Welt und von der Kunst sehen. Rom ist die nächste Station. An der römischen Akademie hat sie ihr Malereistudium zu Ende geführt.

Sie hatte sich gerade in Paris ein Atelier eingerichtet, als 1914 der Erste Weltkrieg ausbrach. Sie muss Frankreich verlassen, findet in Holland ein Unterkommen und entschließt sich, mitten im Krieg, noch einmal umzuziehen, in ihre Geburtsstadt. In Berlin gehen ihre Lehr- und Wanderjahre zu Ende. Hier bleibt sie für den Rest ihres Lebens. Und das sind immerhin sechzig Jahre!

Jeanne Mammen und Berlin: Hier erlebt sie das Kriegsende, die Revolution, die 1920er Jahre. Und sie begreift die Aufgabe, die auf sie wartet: das Leben dieser Stadt und ihrer Menschen in Bildern festzuhalten. Ihr Werk besteht aus Hunderten von Einzelblättern, auf denen sie ihre Eindrücke, ihre Beobachtungen notiert, und wenn man sie zusammennimmt, dann ergibt das eine fast lückenlose Chronik der 1920er Jahre.

Die 1920er Jahre! Ausstellungen, wissenschaftliche Publikationen beschäftigen sich mit diesem Kapitel der Zeitgeschichte. Man spricht von den „Goldenen Zwanzigern", auch wenn nicht alles Gold war, was damals glänzte. Aber den sprühenden Glanz, die geistige Beweglichkeit, das stürmische Tempo kann man den „Zwanzigern" nicht absprechen. Unglaublich, was alles sich in Berlin, Hauptstadt und Zentrum der Epoche, auf allen Gebieten ereignet! Filme flimmern über die Leinwand, die heute mit größtem Erfolg wieder aufgeführt werden: das „Kabinett des Doktor Caligari", „Goldrausch", „Metropolis", „Der blaue Engel". Elisabeth Bergner, Marlene Dietrich, Pola Negri, La Jana, Fritzi Massary glänzen auf der Bühne, im Kino, im Kabarett. Max Reinhardt macht großes Theater im Schauspielhaus, Piscator inszeniert „Hoppla, wir leben". Die „Dreigroschenoper" von Brecht und Weill wird stürmisch gefeiert. Der Jazz kommt in Mode, man trägt Bubikopf zum Sackkleid, man tanzt Slowfox und Jimmy.

Jeanne Mammen streift durch Berlin, vom vornehmen Westen bis zu den Arbeitervierteln. Sie zeichnet die Leute am Kurfürstendamm, das Publikum im Theater, Hausfrauen im Schlachterladen, Kinder vor dem Affenkäfig, den Rummelplatz, das Liebespaar im Tiergarten. Und „Langweilige Puppen". Zwei junge Frauen, sehr eng bei-, besser

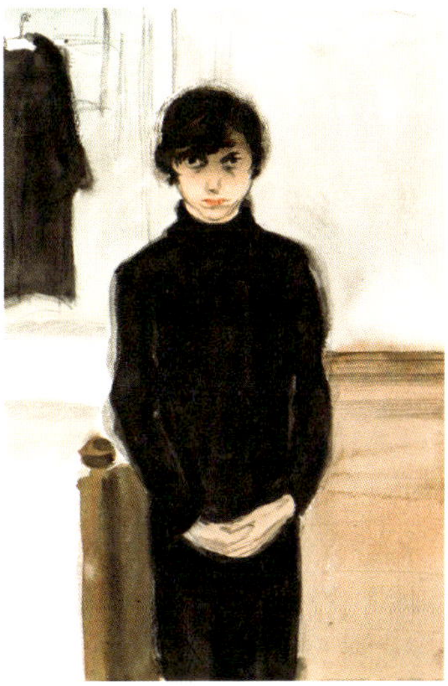

Jeanne Mammen
Skizzenblatt mit Selbstbildnis, um 1926
Aquarell auf Papier, 46 cm x 36 cm
Stadtmuseum Berlin

Jeanne Mammen

Langweilige Puppen, um 1929

Aquarell und Bleistift auf Papier über Karton, 38 x 29 cm
The George Economou Collection, Athen

übereinandersitzend. Mit geschlossenen Augen raucht die hintere. Beide mit hochmodernen Bubiköpfen, Ohrringen, Perlen um den Hals, pastellig verhalten sind die Farbtöne ihrer Blusen. Nur die Lippen der Frau im Vordergrund sind kräftig rot. Seltsam geschnittene Augen, arrogante Blicke, blasiert, leer. Vielleicht auch ernüchtert und erschöpft in dem hysterisch aufgeladenen Trubel der 1920er Jahre? Die dritte Puppe ist wirklich eine kleine Harlekinfigur, Sinnbild für das Spiel von „Gut und Böse, Himmel und Hölle, Teufel und Engel". Bei Jeanne Mammen blickt er traurig, sitzt isoliert am linken Bildrand ohne Funktion und Beachtung, vielleicht ebenfalls ermattet von den wilden Gegensätzen dieses schicksalsschweren Jahrzehnts?

Jeanne Mammen scheut sich nicht, auch die Nachtseite der „Goldenen Zwanziger" aufzuzeigen. Sie sieht hinter der Fassade das Elend, auch das soziale Elend, die Opfer der Gesellschaft. Das verschafft ihr Respekt auch bei den Kollegen, die dazu neigen, Gesellschaftskritik für ein Vorrecht der Männer zu halten. Die großen Zeitschriften dieser Jahre reißen sich um ihre Mitarbeit. Sie zeichnet Titelblätter und Illustrationen für den „Simplicissimus" und die „Jugend". Der Schriftsteller Kurt Tucholsky äußert sich begeistert über ihre Blätter.

Die nationalsozialistische Machtergreifung 1933 macht ihrer öffentlichen Arbeit ein Ende. Jeanne Mammen lebt zurückgezogen in ihrer Wohnung am Kurfürstendamm. Erst 1945 kann sie wieder ausstellen. 1960 wird ihr Gesamtwerk in der Berliner Akademie der Künste präsentiert. 1976 ist Jeanne Mammen in Berlin gestorben.

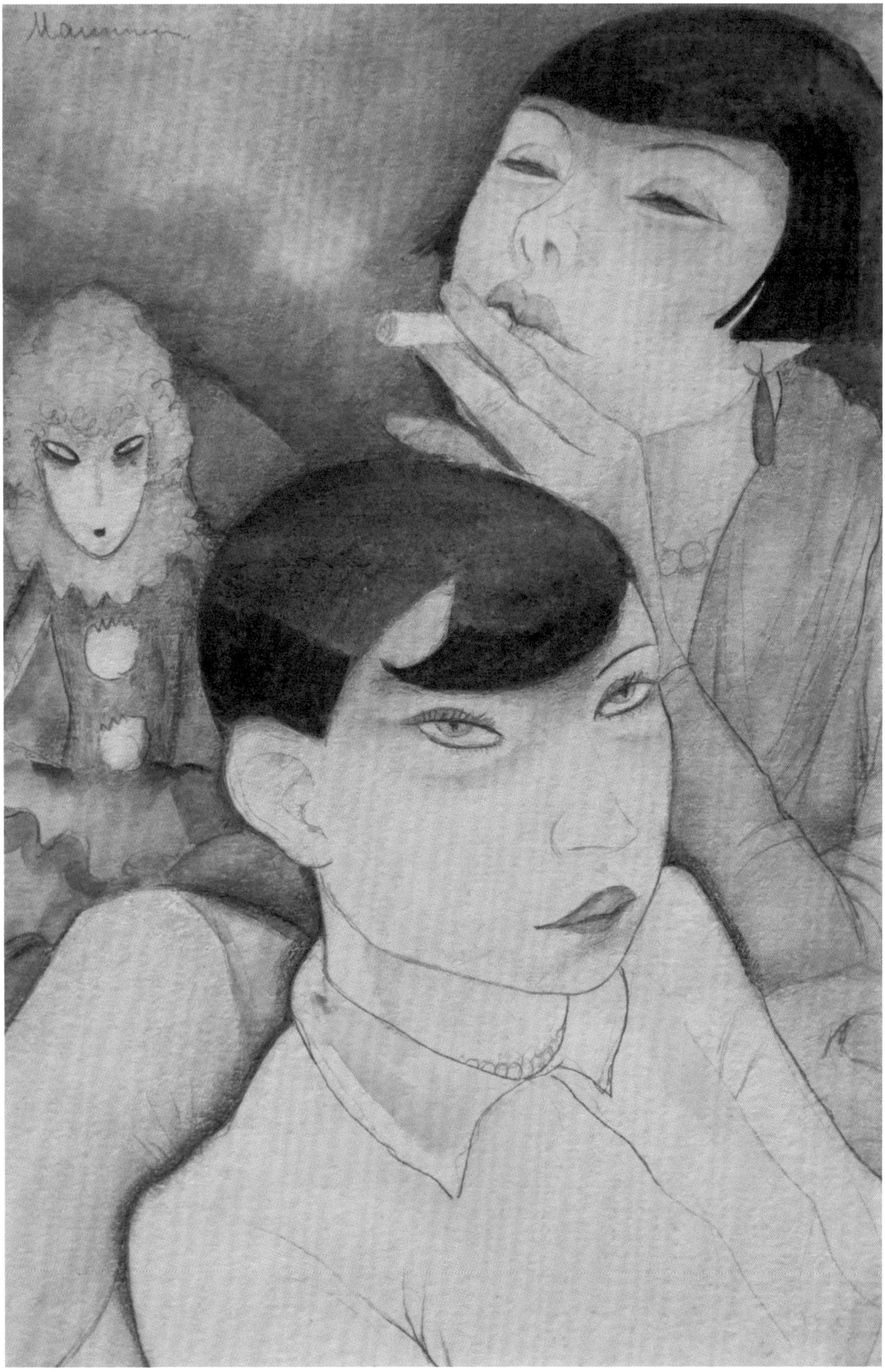

Franciska Clausen

(1899–1986)

Franciska Clausen ist in Deutschland so gut wie unbekannt. Dabei gehört sie ohne Frage zu den bedeutendsten skandinavischen Malerinnen dieses Jahrhunderts. Sie lebte in der dänischen Kleinstadt Apenrade, wo sie 1899 geboren wurde. Ihre Bilder befinden sich in dänischen, französischen und amerikanischen Museen. Und zu Ehren ihres fünfundsiebzigsten Geburtstags, 1974, ist in Kopenhagen ein großer Bildband erschienen, in dem ihre künstlerische Arbeit gewürdigt wird.

Nach Studienjahren in Weimar, Kopenhagen und München geht Franciska Clausen 1922 nach Berlin. Hier verbringt sie zwei entscheidende Jahre, in denen sie sich mit den modernsten Kunsttendenzen produktiv auseinandersetzt. Am stärksten beeindruckt sie die abstrakte Kunst, vor allem der Konstruktivismus. In der berühmten Berliner Galerie „Der Sturm“ lernt sie führende Vertreter der Moderne kennen, wie den Russen Archipenko, mit dem sie eine Zeitlang zusammenarbeitet. 1923 beteiligt sie sich an der Großen Berliner Kunstausstellung. Ein Jahr später ist sie in Paris.

Sie besucht den Maler Fernand Léger, der ihre Begabung erkennt und sie als Schülerin in seine Akademie aufnimmt. Sie macht glänzende Fortschritte. Bereits 1926 werden Bilder von ihr auf einer internationalen Ausstellung in New York gezeigt, wo sie ihr Heimatland Dänemark repräsentiert. Léger selbst ist von ihrer künstlerischen Leistung so angetan, dass er ihr in Paris eine Sonderausstellung einrichten will. Aber Franciska Clausen lehnt das Anerbieten ab aus Bescheidenheit oder aus mangelndem Selbstvertrauen. Sie zieht es vor, mit anderen Künstlern zusammen öffentlich aufzutreten. 1930 schließt sie sich einer progressiven Gruppe an, der so prominente Künstler wie Piet Mondrian und Hans Arp angehören.

Das Gemälde „Vase und Pfeifen" stammt aus ihren Pariser Jahren. Ein erstaunliches Werk, eine ausgesprochen intelligente Malerei, in der Einflüsse von Léger, vom Kubismus auf eine höchst originelle und persönliche Art weiterentwickelt sind. Durch eine streng geometrische Konstruktion ist das Bild in zwei Rechtecke geteilt. Das linke wird von einem bunten Gewimmel stark stilisierter Pfeifen beherrscht, die sich kräftig von dem vielfarbigen Hintergrund abheben. Die rechte Bildseite dagegen ist durch runde organische Formen bestimmt, während der Hintergrund in einem dunkleren Grau gehalten ist. Die senkrechte Mittellinie zerschneidet das grau schimmernde Gefäß, aus dem eine Blume herabhängt. Eine zweite Blume schwebt als seltsames Farbgebilde vor der grauen Fläche.

Der Schmetterling schließlich kann als ein kleiner, leicht ironischer Hinweis verstanden werden, dass auf der rechten Seite Lebendiges und Natürliches zur Schau gestellt ist, im Gegensatz zu den unlebendigen Dingen auf der anderen Seite. Vielleicht sind Blumen und Schmetterlinge als weibliche Attribute gemeint, und das Bild wäre dann in eine weibliche und eine männliche Seite

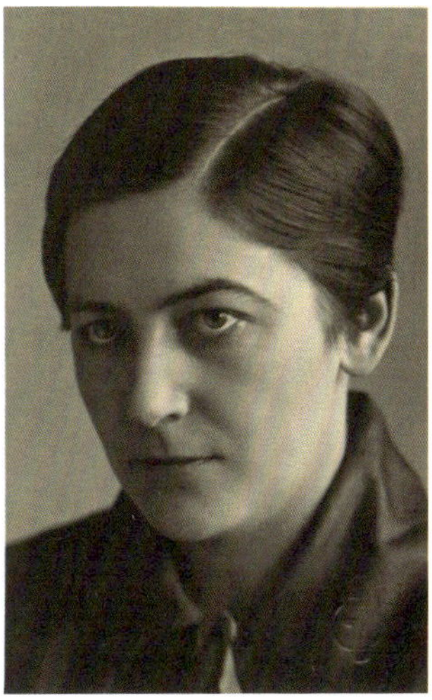

Unbekannt
Franciska Clausen, 1926
Fotografie
Kunstmuseum Schloss Brundlund,
Museum Sønderjylland, Apenrade

Franciska Clausen
Vase und Pfeifen, 1929

Öl auf Leinwand, 62 x 46 cm
ARoS Aarhus Kunstmuseum

geteilt – die Malerin überlässt es dem Betrachter, das Bild so oder so zu deuten.

Franciska Clausen hat 1932 Paris verlassen und ist nach Dänemark zurückgekehrt. 1935 nahm sie an einer Ausstellung „Kubismus-Surrealismus“ in Kopenhagen teil, beschäftigte sich dann mit Collagen und realistischen Porträts. Die Bilder, die sie als junge Frau in Paris gemalt hat, bedeuten den künstlerischen Höhepunkt ihrer Karriere.

Franciska Clausen hinterlässt nach ihrem Tod 1986 2500 Werke, die teilweise im Trapholt Museum für Moderne Kunst in Kolding ausgestellt wurden, seit 2011 ist die Sammlung im Schloss Brundlund in Apenrade zu sehen.

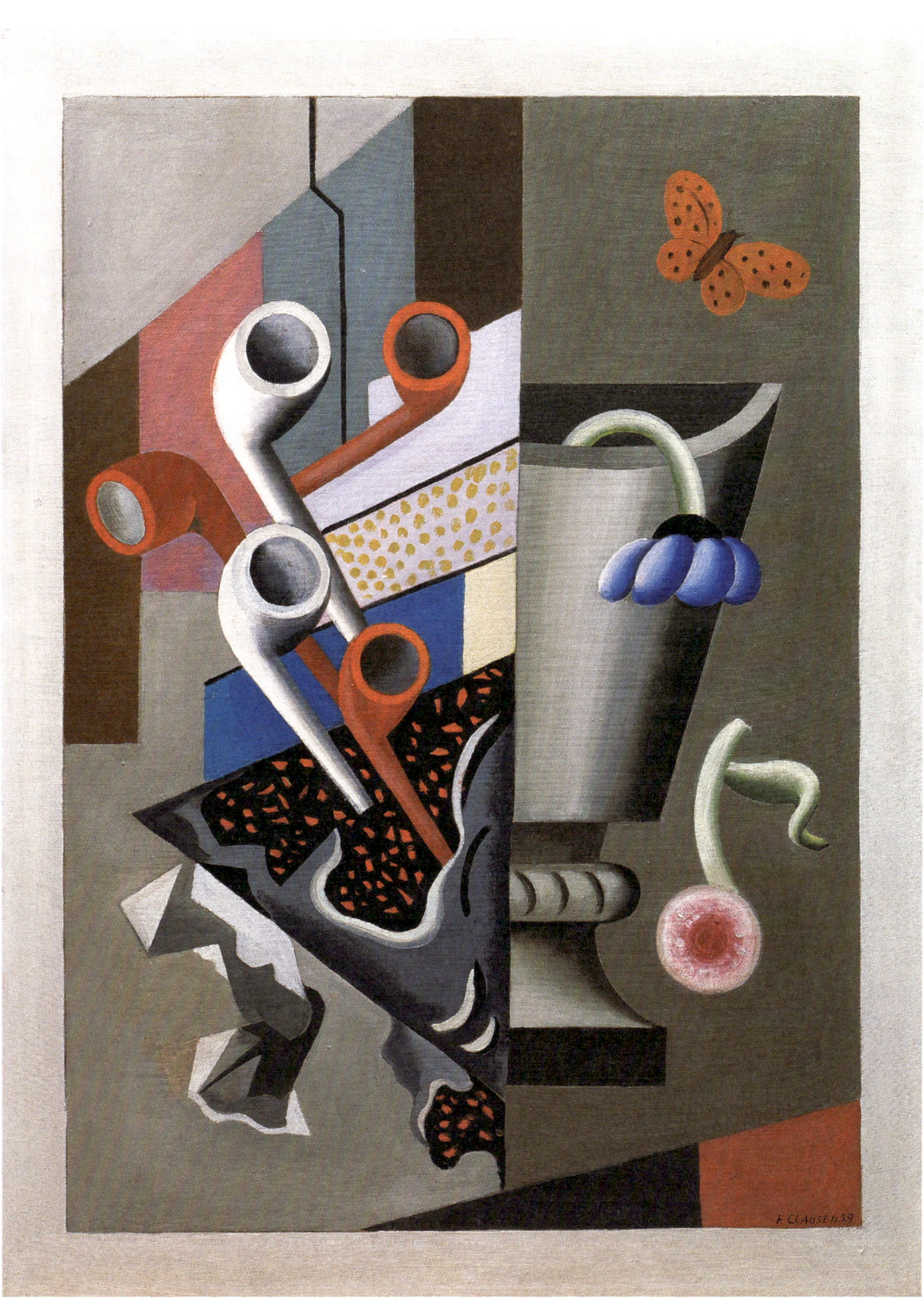
F. CLAUSEN 29

Séraphine Louis

(1864 – 1942)

Séraphine Louis hat den Großteil ihres Lebens in Senlis, einer französischen Kleinstadt, verbracht, und sie wäre wahrscheinlich nie entdeckt worden, wenn nicht der deutsche Kunstschriftsteller Wilhelm Uhde im Sommer 1912 nach Senlis gekommen wäre. Uhde hatte sich in Paris niedergelassen, er war mit Picasso und den führenden Pariser Künstlern befreundet und sammelte Bilder des Zöllners Rousseau, für den sich damals noch niemand interessierte.

In Senlis wollte er Ferien machen und sich von Paris erholen. „Jeden Morgen kam eine alte Frau, die man mir empfohlen hatte, für eine Stunde, um meine kleine Wohnung aufzuräumen", schreibt er in seinem Buch „Fünf primitive Meister". Eines Tages sah er bei Bekannten in der Stadt ein kleines Stillleben, das ihm gut gefiel. Er war fassungslos, als er hörte, dass seine Aufwartefrau es gemalt hatte. Das kleine Stillleben war das erste Bild, das Uhde von ihr erworben hat – für acht Franc. Später hat Séraphine Louis auch größere Formate gemalt. Séraphine Louis wohnte in einer winzigen Wohnung. An der Wand hing das Bild der Madonna, davor die brennende Lampe. Sie war sehr fromm, ging jeden Morgen zur Messe, bevor sie ihre Arbeit als Putzfrau begann. Abends, wenn sie nach Hause kam, hat sie gemalt. Niemand durfte dabei sein. Auch Uhde hat ihr nicht beim Malen zugesehen. Sie hatte keine Angehörigen, keinen Mann, keine Kinder.

Uhde hat 1928 eine erste Ausstellung ihrer Bilder in einer Pariser Galerie organisiert, die sehr erfolgreich verlief. Séraphine Louis wunderte sich, dass sie plötzlich Geld hatte. Aber sie wusste nichts damit anzufangen, sie hat ihren Lebensstil beibehalten. Sie freute sich nur, dass die Leute in Senlis jetzt freundlicher zu ihr waren und dass sie mehr Zeit zum Malen hatte. Allmählich fand sie sich in der Wirklichkeit nicht mehr zurecht. Eines Tages ging sie durch den Ort und verkündete den bevorstehenden Weltuntergang. Man brachte sie die Nervenheilanstalt von Clermont, wo sie einige Jahre vor sich hindämmerte und 1942 im Alter von achtundsiebzig Jahren aufgrund des während der deutschen Besetzung für „Irrenanstalten" angeordneten Versorgungsnotstands verhungerte.

Wenn man sich dieses erschütternd armselige Leben vor Augen hält, dann kann man nur staunen über die Bilder, die Séraphine Louis gemalt hat, die heute in den großen Museen der Welt hängen. Wie kann eine einfache Frau, der niemand das Malen beigebracht hat, die nie ein Museum gesehen hat, etwas so Vollkommenes zustande bringen? Mit naiver Malerei im landläufigen Sinne hat das nichts zu tun. Der naive Künstler malt realistisch, zumindest ist er bemüht, seine Umwelt so darzustellen, wie sie ist oder wie sie in seiner Kindheit gewesen ist. Er tut das mit einer gewissen Unbeholfenheit, und gerade darin liegt der Charme dieser Malerei. Bei Séraphine Louis dagegen kann von Unbeholfenheit und künstlerischem Unvermögen keine Rede sein. Die Bilder sind meisterhaft durchkomponiert, die Farben sind mit erlesenem Geschmack aufeinander abgestimmt, sie haben einen seltsam intensiven Glanz. Sie habe sich die

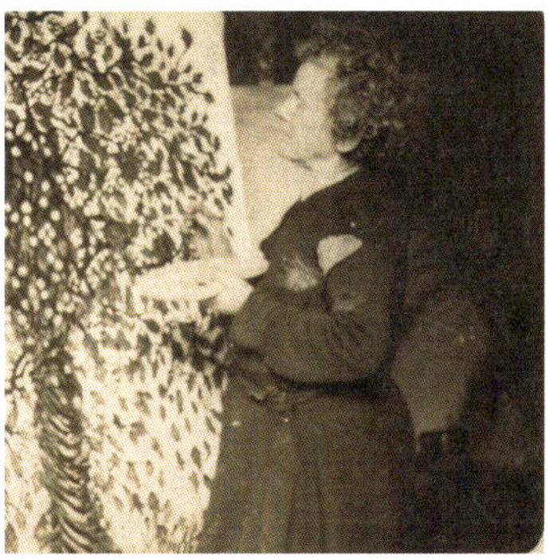

Albert Benoit
Séraphine Louis, 1927–1928
Fotografie
Musées de Senlis

Séraphine Louis
Paradiesbaum, um 1929 – 1930

Öl auf Leinwand, 195 x 130 cm
Centre Pompidou, Paris

Farben nach einem Geheimrezept zubereitet, berichtet Wilhelm Uhde, vermutlich habe sie Lacke dazugemischt. Was sie aber vor allem von den Naiven unterscheidet, das sind ihre Bildmotive. Im Grunde ist es immer das gleiche Motiv, das sie in ihren Bildern variiert: ein rätselhafter Blütenbaum, mit Blättern und Früchten, der Baum des Paradieses.

Man hat versucht, dieses Leitmotiv ihrer Malerei realistisch zu erklären. Man hat auf die künstlichen Blumensträuße aus Wachs, Flitter und Glas hingewiesen, die man auf französischen Friedhöfen, aber auch als billigen Zimmerschmuck in ländlichen Gegenden findet. Das Geheimnis dieser Malerei lässt sich aber mit der Erinnerung an künstliche Blumen oder Perlenstickereien und ähnliche Dinge nicht erklären. Die „Bäume" der Séraphine Louis stammen vielmehr aus einer psychischen Tiefenschicht, wo unterdrückte Wünsche und Triebe zur Entfaltung drängen, wo Blätter sich in Seesterne und Muscheln verwandeln, die zu „Augen" werden, und Blüten die Form von züngelnden Flammen annehmen, wo erotische und mystische Vorstellungen sich durchdringen. So entsteht ein märchenhaftes, phantastisches Paradies aus unerfüllten Träumen – Ersatz für alles, was der Malerin im Leben versagt blieb.

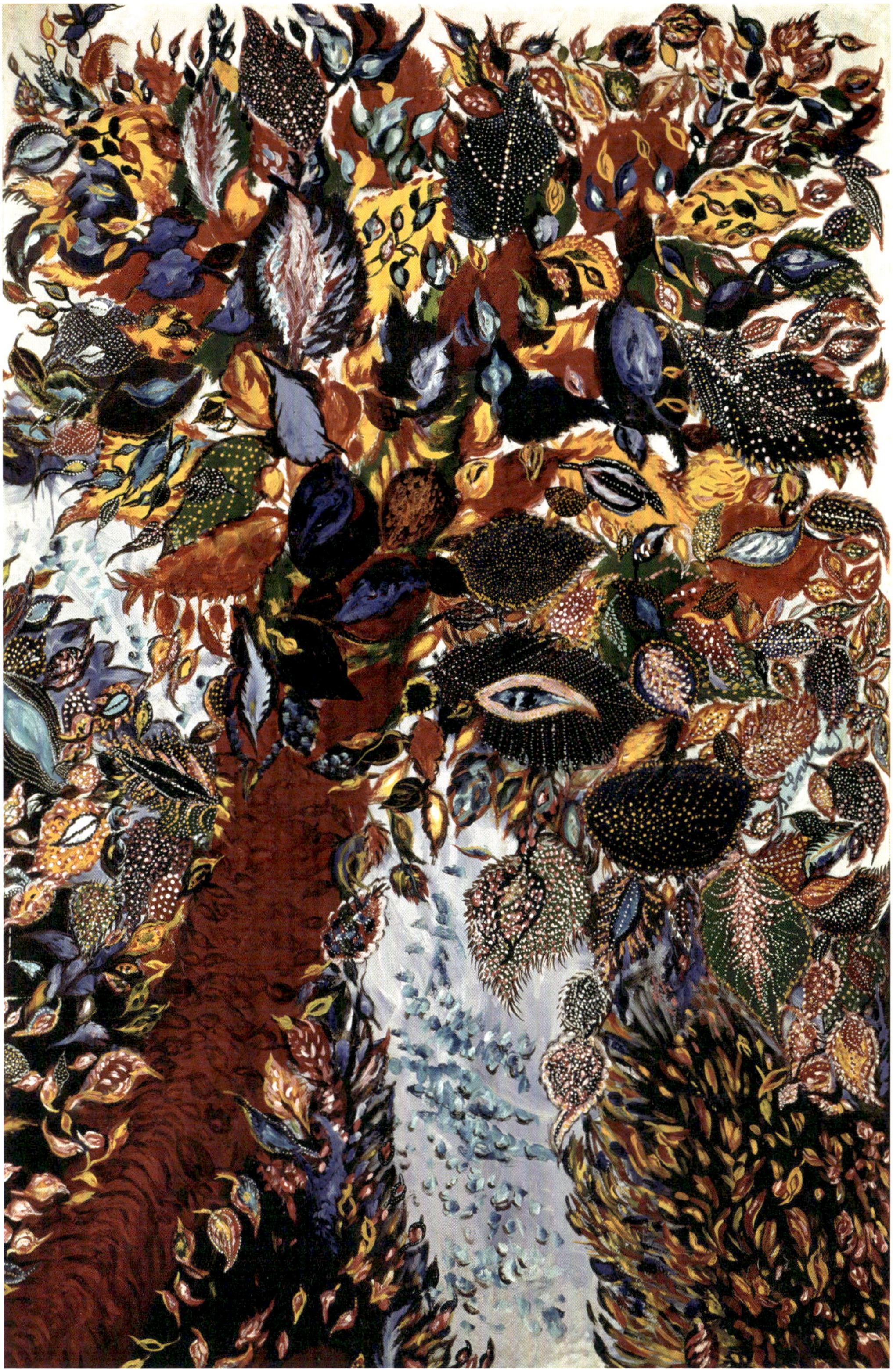

Elfriede Lohse-Wächtler

(1899 – 1940)

Eine wilde, freiheitsfordernde junge Frau in Dresden, ein verrückter Teenager: mit einer Russenbluse, skandalös radikal abgeschnittenen Haaren, einer qualmenden Pfeife und einem Künstlerschlapphut, zum Entsetzen ihrer Eltern, des ganzen bürgerlichen Viertels. Sie kleidete sich zwar männlich, doch leugnete niemals ihre Weiblichkeit, sichtbar auf einem Selbstporträt mit entblößtem Oberkörper.

Die Spannungen mit dem strengen Vater eskalierten, so dass Elfriede Wächtler bereits mit sechzehn Jahren von zu Hause auszog. An der Königlichen Kunstgewerbeschule hatte sie nur Mode und angewandte Grafik studieren dürfen, freie Kunst lehnte der Vater ab, weswegen sie sich – tragischerweise – ein Leben lang mit Batikarbeiten, Holz- und Linolschnitt-Postkarten (u.a. Madonnen in Jugendstilmanier) sowie Wandbehängen über Wasser halten musste. Von 1916 bis 1919 nahm sie an der damals berühmten Kunstakademie in Dresden Zeichenunterricht und geriet als voll akzeptierte Kollegin in den Kreis der „Dresdner Sezession Gruppe 1919" mit den generationsprägenden Künstlern des expressiven Realismus Otto Dix und Conrad Felixmüller, die Freunde wurden.

Sie übernahm die Arbeitsweise von Otto Dix, sich beim Herumstreifen „Köpfe" zu suchen und zu porträtieren, auf dem Jahrmarkt oder von Bauern bei der Arbeit, von Lumpensammlern, später in Hamburg kamen Impressionen aus dem Rotlichtmilieu, Elblandschaften, Märkte und Hafenansichten hinzu. Meistens verwandte sie Öl, Aquarell, Pastell. Unverblümte, ungeschönte Sichtweisen, authentische Gesichter.

1921 heiratet Elfriede den Opernsänger und Maler Kurt Lohse, eine fatale Entscheidung, denn es wurde eine Ehe voll Leidenschaft, Betrug und Gewalt, ähnlich wie ihre Beziehung zu ihrem Vater. – Ihre Eltern und ihren geliebten Bruder hatte sie mit dem Stehlen von Nahrungsmitteln im Ersten Weltkrieg vor dem Hungertod bewahrt, in der Ehe ließ sie sich von ihrem Mann ausnutzen und war auch nach der Scheidung obsessiv mit ihm beschäftigt.

Elfriede Lohse-Wächtler war ihm 1925 nach Hamburg gefolgt, erfreute sich an ihren ersten Erfolgen und Ausstellungen und trat 1926 dem „Bund Hamburgischer Künstlerinnen und Kunstfreundinnen" bei. Obwohl sie immer noch bitterarm, nach der Trennung auch zunehmend isoliert und verzweifelt einsam war und 1929 einen Nervenzusammenbruch aufgrund von Verfolgungsängsten erlitt, war dies ihre produktivste Schaffenszeit. Sie wurde für zwei Monate in eine Hamburger Psychiatrie eingewiesen, wo sie zur Ruhe kam und genügend Essen hatte. Dort entstand ihr Hauptwerk, nämlich ca. 60 „Friedrichsberger Köpfe", Kopf- und Körperstudien – Zeichnungen oder Pastelle – von Mitpatienten, Ärzten und Pflegern, in Ausstellungen im selben Jahr gefeiert und z.T. von Museen angekauft. Im Hamburger Anzeiger hieß es: Ihre Arbeiten stellen die „Entladung eines Temperaments (dar), das mit einem beinahe unheimlichen Spürsinn begabt ist." Ihre exzeptionelle Position wurde in die Tradition von Otto Dix und Ernst Barlach gestellt, denn sie interessierte sich intensiv für den jeweiligen Menschen, nicht für seine Krankheit, sie gab den „Todgeweihten" im herannahenden Faschismus ein Gesicht im Duktus des Expressionismus und der Neuen Sachlichkeit.

Aufgrund der Weltwirtschaftskrise wurde ihre Situation immer unerträglicher, bis hin zur Obdachlosigkeit, weswegen sie 1931 zu ihren Eltern nach Dresden zurückkehrte. Ihr Leben war ein nie endender Kampf gegen gesellschaftliche Normen, gegen die Dominanz ihres Vaters und ihres Ehemannes, gegen das nackte Überleben im Krieg, in Einsamkeit und grenzenloser Armut. All dies verdichtete sich zu Dämonen in ihrem Inneren, zu Depressionen und einem Verfolgungswahn. 1932 ließ ihr Vater sie in die Psychiatrie nach Arnsdorf bei Dresden einliefern,

Elfriede Lohse-Wächtler

Lissy, 1931

Aquarell über Bleistift, 68 x 49 cm
Dauerleihgabe im Städel, Frankfurt am Main

wo sie qualvoll unter der Enge und dem zunehmenden Hunger aufgrund der nationalsozialistischen Vernichtungspolitik litt, jedoch weitermalte. Vollends gebrochen wurde sie 1935 durch eine Zwangssterilisation. Gleichzeitig wurden ihre Werke als „entartete Kunst“ diffamiert, aus den Museen entfernt, einiges vernichtet. Sie selbst wurde 1940 in der Tötungsanstalt Pirna-Sonnenstein vergast, so wie ca. 200 000 psychisch Kranke und Behinderte.

Ihr Bruder Hubert Wächtler sagte 1947 gegen etliche der „Euthanasie-Ärzte“ aus, woraufhin gegen einige Todesurteile vollstreckt wurden. Auch hat er sein Leben lang für ihr Werk gekämpft, doch erst in den 1980er Jahren erhielt sie öffentliche Anerkennung: Straßen wurden nach ihr benannt, es entstanden Filme; ihre Bilder wurden ausgestellt oder waren bei Ausstellungsbeteiligungen in der Hamburger Kunsthalle, der Schirn in Frankfurt, den Neuen Meistern in Dresden, in Mailand, Stockholm usw. zu sehen.

„Lissy“ (1931, Aquarell über Bleistift, 68 x 49 cm) entstand in Hamburg. Eines von acht Porträts von Prostituierten, ein damals beliebtes Sujet. Sie malte aus einer emanzipierten, weiblichen Perspektive: Männer im Hintergrund, eine Frau mit fast männlichen Gesichtszügen, einem direkten Blick in hautengem, rotem Kleid, weder unterwürfig noch sich anbietend, vielmehr selbstbewusst, herausfordernd, herb. – Auch das waren Eigenschaften von Elfriede Lohse-Wächtler, deren Leben voller Entbehrungen und unermesslichem Leid in einem grausamen Tod endete.

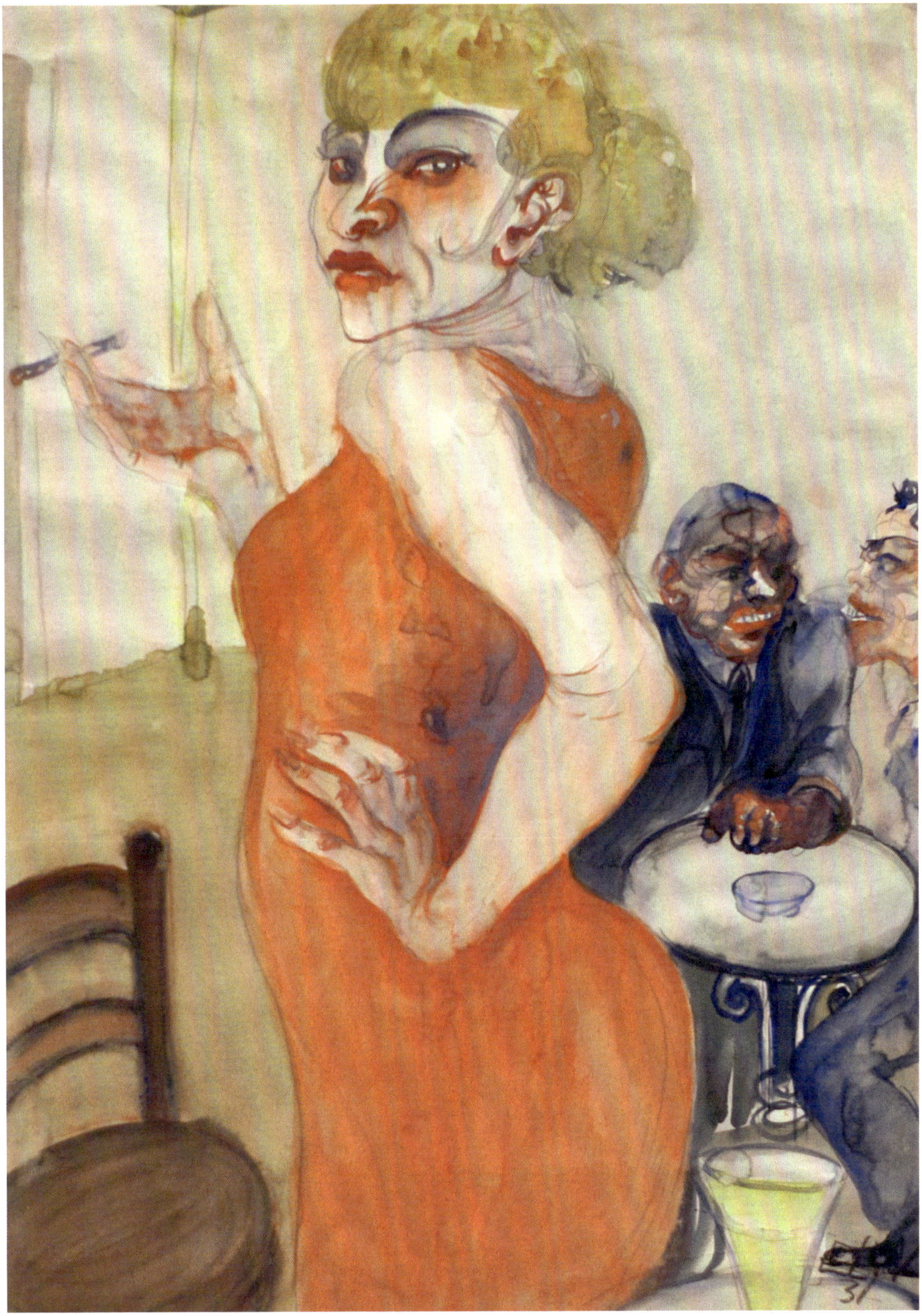

Helen Lundeberg

(1908–1999)

Eine junge Frau – sie ist siebenundzwanzig Jahre alt und steht am Beginn ihrer künstlerischen Karriere – erinnert sich an das kleine Mädchen, das sie einmal gewesen ist. Ein Kind im Sonntagsstaat: So sieht sie sich auf einer Fotografie im Familienbaum. Danach entsteht das Kinderporträt. Das weiße Kleidchen hängt gewaltig um die Kleine herum, die es mit der linken Hand hochzieht. In der rechten hält sie einen Blumenstengel. Auf dem Tisch, vor dem das Kind sitzt, steht kein Spielzeug, wie man das vielleicht erwarten würde, sondern eine Uhr, eine Art Wecker, der hier nichts zu suchen hat, der nur aus symbolischen Gründen ins Bild geraten ist. Die Uhr symbolisiert die Zeit, die für das kleine Mädchen absolut nichts bedeutet. Aber der jungen Frau, der Malerin, die sich an ihre Kindheit erinnert, kommt es zum Bewusstsein, wie die Zeit vergeht, wie die Jahre verrinnen und was aus dem Mädchen im Kinderstuhl geworden ist. Also malt sie sich so, wie sie in diesem Augenblick aussieht, und hängt das gerahmte Selbstporträt hoch an der Wand über dem kleinen Mädchen auf. Ein Bild im Bild: Die Malerin im Profil, mit aufgestütztem Arm, sitzt am Tisch und hat, wie das kleine Mädchen, einen Blumenstengel in der rechten Hand, mit kräftigen roten Blüten – die zarten Knospen sind inzwischen aufgeblüht.

Das Gemälde von Helen Lundeberg ist reich an solchen symbolischen Anspielungen. Das Kind weiß mit dem Blumenstengel nichts anzufangen. Die junge Frau dagegen führt ihn wie einen Zeichenstift, was man als einen Hinweis auf ihre künstlerische Tätigkeit verstehen kann. Mit dem Stengel zeichnet sie merkwürdige Linien auf die Tischplatte, Zweige und Blätter, die wiederum mit den hauchfeinen Pflanzen zusammenhängen, die auf dem rötlich braunen Hintergrund des gerahmten Bildes sichtbar werden. Aber diese beiden Porträts, das Selbstbildnis an der Wand und das Mädchen im Kinderstuhl darunter, sind nicht völlig getrennt voneinander, sie sind durch eine violette Schattenfigur verbunden. Genau genommen ist dieser Schatten schon in dem gerahmten Bild wahrzunehmen, am Arm und an den Fingern der sitzenden Frau. Er setzt sich außerhalb des Rahmens fort, läuft über die Wand und wie ein dünner Teppich über die Bodenleiste, bis er hinter der Figur des fröhlichen kleinen Mädchens endet. Was immer diese Schattenfigur bedeuten mag: Für den formalen und geistigen Zusammenhang ist sie ungeheuer wichtig. Der Schatten rückt das Bild aus der Wirklichkeit in eine rätselhafte, magische Atmosphäre. Er bindet die Gegenwart an die Vergangenheit, an die Kindheit.

Das „Doppelporträt der Künstlerin in der Zeit" ist 1935 entstanden, als die Malerin noch eine unbekannte Anfängerin war. Heute hängt das Bild im Smithsonian American Art Museum und war Anfang 1982 in München zu sehen, wo im Haus der Kunst eine repräsentative Auswahl amerikanischer Malerei des 20. Jahrhunderts gezeigt wurde. Das Museum der Stadt San Francisco veranstaltete 1980 eine Übersicht über ihr Gesamtwerk.

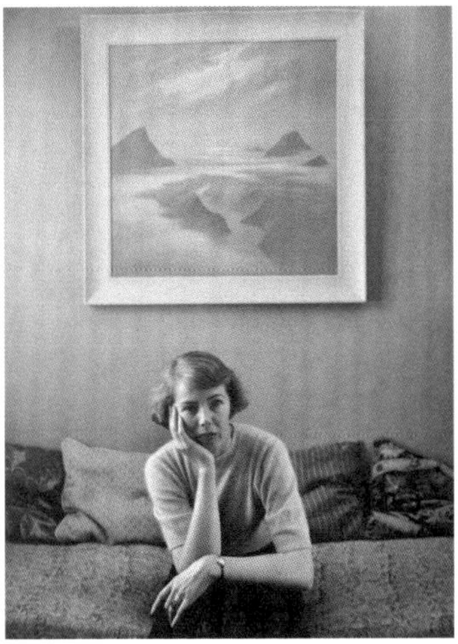

Lou Jacobs Jr.
Helen Lundeberg in ihrem Studio vor ihrem Bild „Wolken" (1947), 1948
Fotografie, 25 x 20 cm
The Feitelson / Lundeberg Art Foundation, Portland

Helen Lundeberg

Doppelporträt der Künstlerin in der Zeit, 1935

Öl auf Holzfaser, 121 x 102 cm
Smithsonian American Art Museum, Washington, D.C.

Die Künstlerin wurde 1908 in Chicago geboren. Über ihren künstlerischen Werdegang berichtet sie: „Seit ich 16 Jahre alt war, erschien mir die bildende Kunst als das interessanteste und erstrebenswerteste Gebiet, auf das ich meine Bemühungen richten konnte. In der Schule hatte ich einige Malkurse belegt, aber die Idee, eine richtige Kunsthochschule zu besuchen, erschien mir doch als eine zu abwegige, ja geradezu exotische Möglichkeit. Dann bot ein Freund der Familie an, mich für einige Monate auf eine kleine Kunstschule in Pasadena zu schicken. Das war mein großes Glück. Nachdem ich drei Monate in Akt- und Kompositionsklassen gegangen war, wo der Unterricht auf Illustrieren hinauslief, nahm sich Lorser Feitelson meiner an. Erst durch ihn lernte ich zwischen Malerei und Illustration zu unterscheiden. Was immer ein Künstler von einem anderen lernen kann, lernte ich von ihm ..." Helen Lundeberg hat Feitelson nicht nur künstlerisch hochgeschätzt, sie hat ihn später geheiratet. Aber das hat sie nicht daran gehindert, als Malerin ihren völlig unabhängigen, eigenen Weg einzuschlagen.

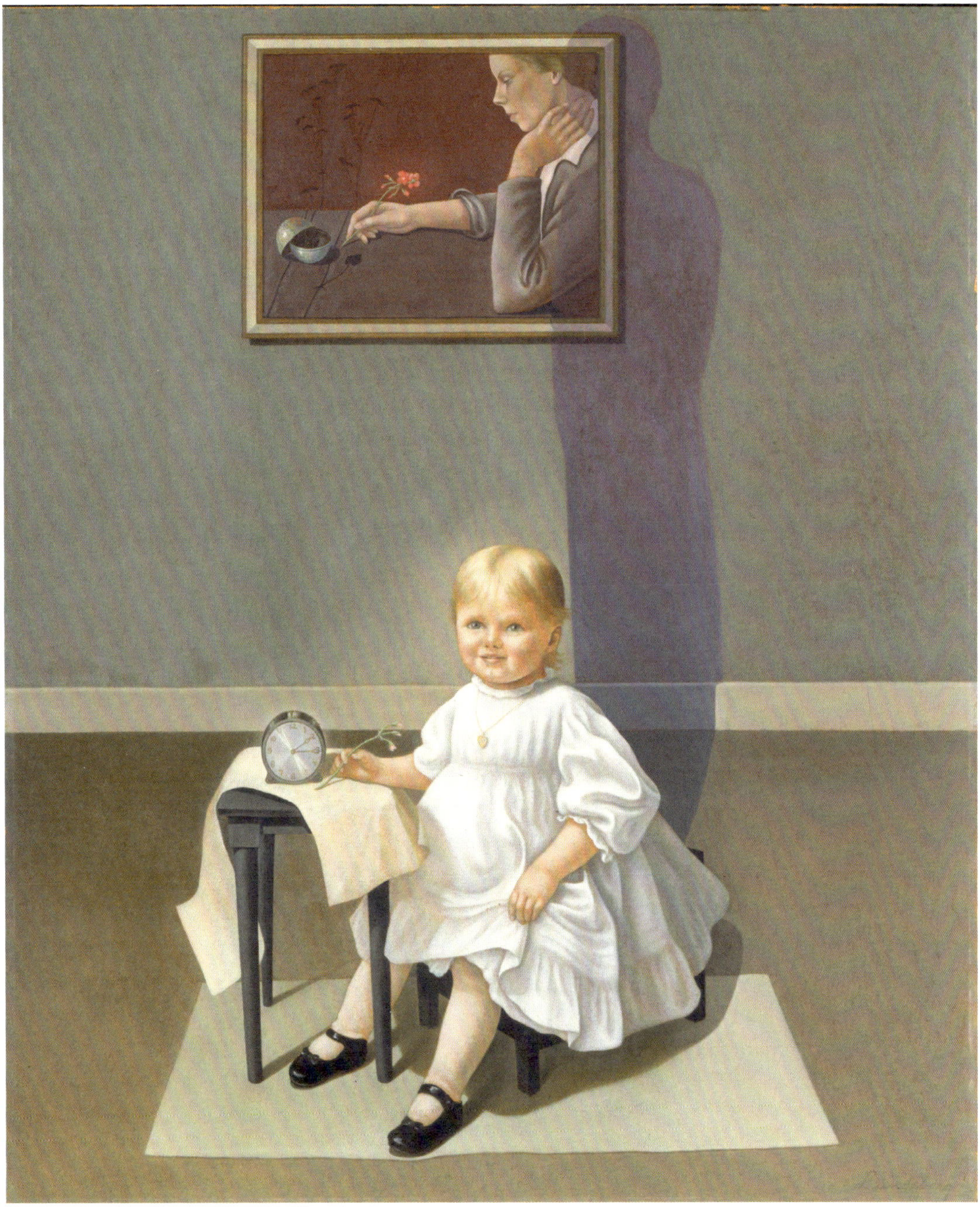

Meret Oppenheim

(1913 – 1985)

Meret Oppenheim ist eine der großen Künstlerinnen des 20. Jahrhunderts, eine Frau, die sich gegen gesellschaftliche Vorurteile und Konventionen auflehnt. Als sie mit dem Kunstpreis der Stadt Basel 1974 ausgezeichnet wurde, hat sie in ihrer Dankesrede ihre Ansichten über die Rolle der Frau als Künstlerin sehr deutlich zum Ausdruck gebracht. „Bei den Künstlern ist man es gewöhnt, dass sie ein Leben führen, wie es ihnen passt – und die Bürger drücken ein Auge zu. Wenn aber eine Frau das gleiche tut, dann sperren sie alle Augen auf. Das und viel anderes mehr muss man in Kauf nehmen. Ja, ich möchte sogar sagen, dass man als Frau die Verpflichtung hat, durch seine Lebensführung zu beweisen, dass man die Tabus, mit welchen die Frauen seit Jahrtausenden in einem Zustand der Unterwerfung gehalten wurden, als nicht mehr gültig ansieht. Die Freiheit wird einem nicht gegeben, man muss sie nehmen.“

Meret Oppenheim hat sich die Freiheit genommen, für ihren Lebensstil ebenso wie für ihre künstlerische Arbeit. Sie wurde 1913 in Berlin geboren und wuchs in der Schweiz auf, wo der Vater als Arzt tätig war. Mit achtzehn Jahren hat sie sich von der Schule und von der Familie abgesetzt und ist nach Paris gegangen, „um Malerin zu werden“. Hier hatte sie das Glück, mit den führenden Künstlern des Surrealismus bekannt zu werden. Max Ernst, Hans Arp, Giacometti werden ihre Freunde. Man liebt sie wegen ihrer Schönheit und ihrer exzentrischen Einfälle. Sie schreibt Gedichte, entwirft phantastische Skulpturen, bastelt ausgefallene Objekte. Sie stellt mit den Surrealisten aus. Zu ihrer ersten Einzelausstellung schreibt Max Ernst das Vorwort. „Wer überzieht die Suppenlöffel mit kostbarem Pelzwerk? Das Meretlein. Wer ist uns über den Kopf gewachsen? Das Meretlein." Tatsächlich war es kein Suppenlöffel, sondern eine Teetasse, die sie mit Gazellenfell überzogen und damit zu einem „Kunstobjekt" entfremdet hat. Die „Pelztasse" wurde damals sogleich vom New Yorker Museum of Modern Art für 200 Francs erworben, ein sensationeller Erfolg, der sie berühmt gemacht hat. Die Idee, ein Service mit Fell zu beziehen, kommt Meret Oppenheim bei einer Unterhaltung mit Picasso. Sie tauft ihr Werk schlicht „Objekt". Prägend wird jedoch sein Name „Frühstück im Pelz", den André Breton der Tasse in Anspielung auf Manets „Frühstück im Grünen" und Sacher-Masochs Novelle „Venus im Pelz" verleiht. Auf diese Betitelung könnten schließlich auch die wiederholten Versuche zurückgeführt werden, das Geschirr mit Geschlechterbeziehungen und Erotik zu kontextualisieren – Deutungen, welche der Künstlerin nach eigener Aussage fernlagen. Aber es ist falsch, sie heute noch als die „Pelztassen-Meret" zu bezeichnen. Meret Oppenheim hat sich seitdem eine Menge anderes und Besseres einfallen lassen.

1937, mit vierundzwanzig Jahren, kehrt sie in die Schweiz zurück. Der Krieg lähmt vorübergehend ihre Produktivität. 1949 heiratet sie

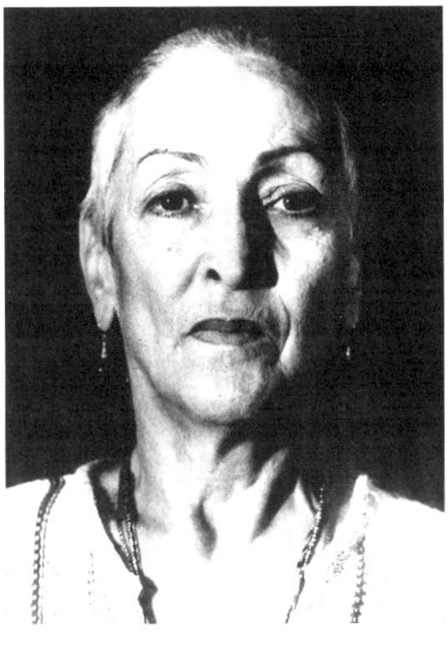

Unbekannt
Meret Oppenheim, 1982
Fotografie
Meret Oppenheim ist eine der wenigen Frauen, die im Surrealismus in Paris eine Rolle gespielt haben. Sie verblüffte ihre Freunde mit dem „Frühstück im Pelz", einem mit Pelz bezogenen Frühstücksgedeck.

Wolfgang La Roche, einen Schweizer Kaufmann mit künstlerischen Neigungen. 1954 mietet sie ein Atelier in Bern. Seitdem hat sie abwechselnd in Paris und in der Schweiz gearbeitet.

Meret Oppenheim ist auf keinen Stil und keine Technik festzulegen, sie besteht auf totaler Freiheit im Gestalten. Ihre Werke sind manchmal sehr komisch, manchmal zart und poetisch oder tiefsinnig symbolisch – und häufig alles zusammen. Sie erfindet Landschaften, einen Wolkenhimmel, wobei die Wolken entweder gemalt sind oder aus dunklen Metallplatten bestehen. Sie stellt Figuren her aus irgendwelchen Gegenständen und Materialien, die sie gerade zur Hand hat, einen „Gartengeist“ aus Holz und Palmenfasern, ein schwarzes Schaf aus kleinen Kohlestücken. Am liebsten macht sie Collagen wie „Ein schlimmes Mädchen“, in denen Papiere, Stoffreste, Fundstücke zusammengeklebt und mit Malerei kombiniert werden.

Es bietet Spielraum für die Phantasie, im Grenzbereich zum Traum, zum Unterbewusstsein. Das ist, meinte Meret Oppenheim einmal, das Beste, was Künstler und Dichter überhaupt erreichen können: Sie „halten den Zugang zum Unbewussten offen“. 1983 wurde der von ihr geschaffene Meret-Oppenheim-Brunnen in Bern eingeweiht. Meret Oppenheim starb am 15. November 1985 in Basel.

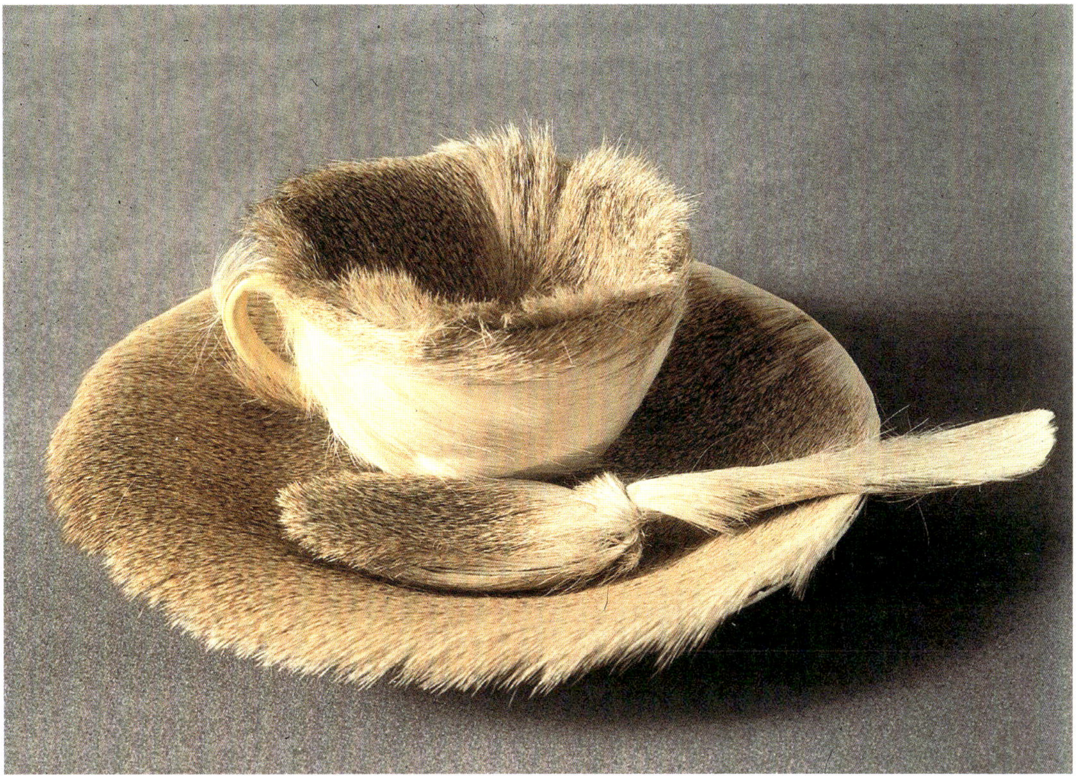

Frida Kahlo

(1907 – 1954)

Sie hat einen großen Teil ihres Lebens in Krankenhäusern und Kliniken verbracht, Dutzende von Operationen über sich ergehen lassen. Sie hat im Bett und im Rollstuhl gemalt. Und sie hat mit ungeheurer Energie, trotz physischer und psychischer Belastungen, ein Werk geschaffen, das sie als eine der großen Malerinnen des 20. Jahrhunderts ausweist. In ihrer Heimat Mexiko gilt sie als die bedeutendste Künstlerin des Landes. Das Haus, in dem sie wohnte, wurde 1955, ein Jahr nach ihrem Tod, in ein Frida-Kahlo-Museum umgewandelt. In Europa hat man sie in den späten 1970er Jahren entdeckt.

Frida Kahlo, 1907 in einem Vorort von Mexico City geboren, ist Tochter eines aus Deutschland eingewanderten Fotografen, die Mutter ist Mexikanerin. Als sie achtzehn Jahre alt ist, verunglückt der Autobus, mit dem sie von der Schule nach Hause fährt. Sie kommt, mit Brüchen der Wirbelsäule und des Beckens für ein Jahr ins Krankenhaus. Als ihre Mutter sie besucht, sagt Frida: „Ich bin nicht gestorben, und außerdem habe ich auch einen Grund zum Leben: die Malerei."

Mit neunzehn Jahren malt sie ihr erstes Selbstbildnis. Mit zweiundzwanzig heiratet sie einen Mann, den sie kurz vor ihrem Unfall kennenlernte, den Maler Diego Rivera. Rivera, damals zweiundvierzig Jahre alt und weltberühmt durch seine riesigen, politisch revolutionären Wandbilder, hat Frida künstlerisch nie beeinflusst, sondern ihre Eigenart voll respektiert. Einem Kritiker schreibt er: „Ich empfehle sie Ihnen nicht, weil ich ihr Ehemann bin, sondern weil ich ein fanatischer Bewunderer ihres Werkes bin." Nach ihrem

Tod bekennt er, sie sei das Wichtigste in seinem Leben gewesen. Und Frida Kahlo notierte in ihren Tagebüchern, sie hätte ohne Diegos Liebe das qualvolle Dasein nicht ertragen können.

Sie sei, urteilte Diego Rivera, „die erste Frau in der Geschichte der Kunst, die mit absoluter und schonungsloser Aufrichtigkeit die allgemeinen und besonderen Themen behandelte, die ausschließlich Frauen betreffen“. In diesem Sinne bedeuten ihre Bilder eine fortlaufende Chronik ihres Lebens. Sie hat sich selbst im Stützkorsett („Die gebrochene Säule“) und im Krankenstuhl dargestellt. Sie hat ihren unerfüllbaren Wunsch nach einem Kind gemalt und, immer wieder, ihre Liebe zu Diego im schlichten Doppelporträt „Diego und ich“ (das im November 2021 bei Sotheby’s mit 34,9 Millionen Dollar den höchsten Preis erzielte, der je für ein Gemälde eines lateinamerikanischen Künstlers bezahlt wurde) oder in mystischer Verklärung „Die Liebesumarmung des Universums, der Erde, meiner selbst, Diego und Herr Xólotl“. Auch das „Selbstbildnis mit abgeschnittenem Haar“ gibt Auskunft über diese glückliche und mitunter auch schwierige Liebesbeziehung. 1939 hatte sich Rivera von seiner Frau scheiden lassen. Aber schon im nächsten Jahr nahm er, weil er

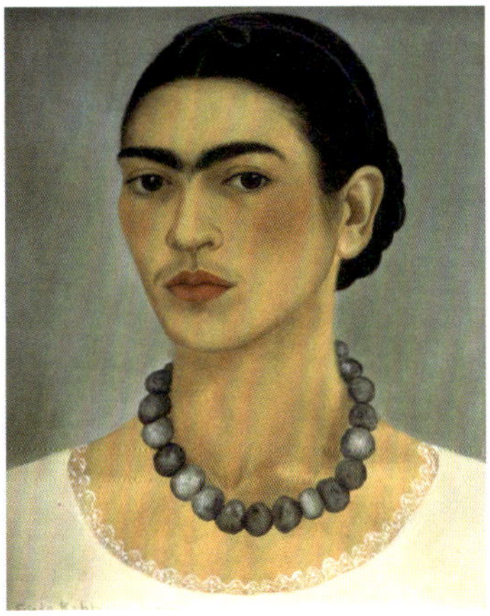

Frida Kahlo
Selbstbildnis mit Halskette, 1933
Öl auf Metall, 35 x 29 cm
Privatsammlung
Frida Kahlos Selbstporträt entsteht zu einer Zeit, in der sich die Künstlerin von einer Fehlgeburt erholt und das Malen wieder aufgenommen hat. Sie stellt sich hier zum ersten Mal mit einem Bart dar.

Öl auf Leinwand, 40 x 28 cm
Museum of Modern Art, New York

die Trennung nicht ertragen konnte, die Verbindung wieder auf. Im Dezember 1940 haben sie dann wieder geheiratet. Vorher hatte Frida Kahlo erklärt, sie werde sich die Haare abschneiden, wenn sie ihn je wieder mit einer anderen Frau antreffen würde. Ob sie tatsächlich zur Schere gegriffen hat oder ob sie das Bild als Warnung für Rivera gemalt hat, der ihr Haar besonders liebte, ist heute nicht mehr eindeutig zu klären und auch völlig belanglos. Jedenfalls ist aus dieser Situation eines ihrer schönsten Bilder entstanden. Ironisch hat sie sich selbst dargestellt, in einem Männeranzug, der ihr viel zu groß ist. Am oberen Bildrand ein damals beliebter Schlager: „Schau, wenn ich dich liebte, dann wegen deiner schönen Haare. Jetzt wo sie kurz sind, liebe ich dich nicht mehr." Aber wenn man ihr Gesicht betrachtet, dann weiß man: Das Bild ist nicht scherzhaft gemeint. Es ist das Selbstbildnis einer tapferen Frau, die durch ihre Kunst ihr schweres Schicksal gemeistert hat.

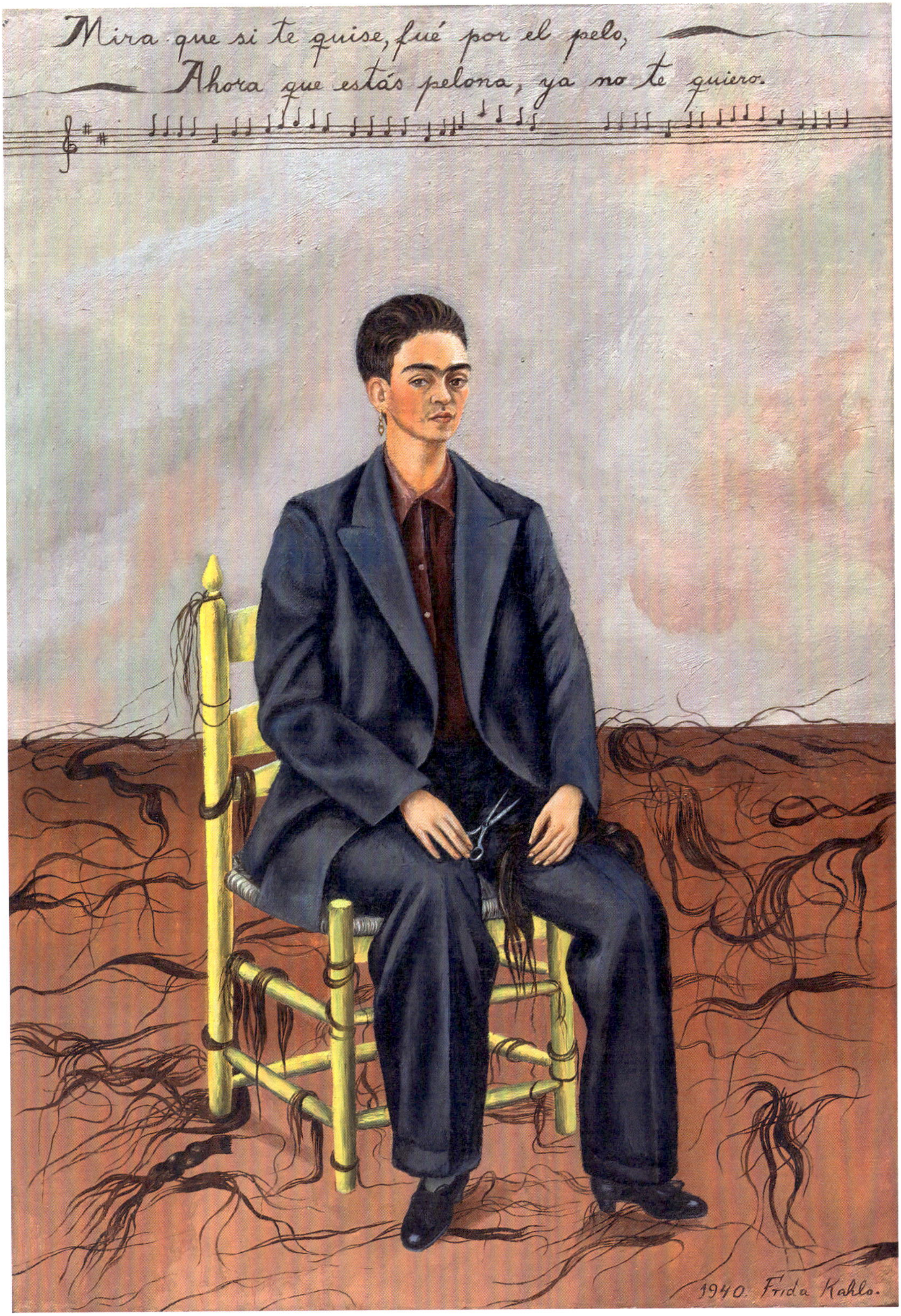
Mira que si te quise, fué por el pelo,
Ahora que estás pelona, ya no te quiero.
1940. Frida Kahlo.

Toyen / Marie Čermínová

(1902–1980)

Toyen, 1902 in Prag geboren, heißt mit bürgerlichem Namen Marie Čermínová. Als sie um 1920 ihre künstlerische Karriere begann, war Prag eine der lebendigsten Städte Europas. In Politik und Kunst herrschte Aufbruchstimmung. Man war aufgeschlossen für alle neuen Ideen. Zusammen mit jungen Malern und Schriftstellern gründete Toyen 1922 die Gruppe Devětsil, die das Vorrecht der Poesie über alle Bereiche des Lebens verkündete. Man entdeckte die Welt des Traums, des Unbewussten, die ebenso wirklich ist wie die sogenannte Realität. Sie ändert ihren Namen in Toyen, abgeleitet aus dem Französischen „citoyen" (Bürger). Damit will sie die geschlechtliche Zuordnung ihres Namens vermeiden. Die jungen Prager Künstler ahnten nicht, dass sie damit zu ähnlichen Ergebnissen kamen wie die Surrealisten in Paris. Toyen entdeckt diese seltsame Übereinstimmung, als sie 1925 zum ersten Mal nach Paris fährt. Sie wird von den Kollegen dort mit offenen Armen aufgenommen. André Breton, Wortführer der Surrealisten, bewundert ihre Bilder und schreibt enthusiastische Artikel über das Werk der tschechischen Malerin.

Toyen bleibt vier Jahre in Paris. Hier hat sie ihre erste große Ausstellung. Als sie nach Prag zurückkehrt, hält sie Kontakt mit den Pariser Freunden. 1935 organisiert sie zusammen mit Breton die erste surrealistische Ausstellung in der Tschechoslowakei. Wenige Jahre später wird das Land von den Deutschen okkupiert. Die Nationalsozialisten verfolgen und verbieten die moderne Kunst auch im besetzten Land. Toyen darf nicht mehr ausstellen und geht in den Untergrund. In den Kriegsjahren entsteht eine Serie von Zeichnungen mit dem Titel „Krieg, verstecke dich". Es sind surrealistisch verschlüsselte Anklagen gegen Brutalität und die Gräuel des Krieges, Blätter, die illegal verbreitet werden. 1945 ist der Krieg zu Ende, die Tschechoslowakei wird befreit. Zwei Jahre später, unmittelbar bevor die Kommunisten die Macht ergreifen, emigriert Toyen nach Paris. Im Kreis der surrealistischen Freunde fühlt sie sich heimisch. Noch im gleichen Jahr, 1947, wird ihr Werk in Paris ausgestellt. Sie ist seitdem an allen Unternehmungen der Gruppe in Europa und Amerika beteiligt. Toyen hat auch zahlreiche surrealistische Dichtungen und Prosatexte illustriert. Sie ist 1980 in Paris gestorben.

Das Gemälde „Am grünen Tisch“ ist eines ihrer Hauptwerke und zugleich ein Schlüsselbild surrealistischer Malerei. Toyen hat es 1945 gemalt, in einer verhältnismäßig glücklichen Zeit, als Krieg und Unterdrückung überstanden waren. Spuren der vergangenen Schrecken sind im Bild angedeutet. Das Haus auf der rechten Bildhälfte ist eine ausgebrannte Ruine mit leeren Fensteröffnungen, mit Rinnsalen von Blut, die an der Hauswand eingetrocknet sind. Aber das Bild ist vielschichtig. Es holt Dinge aus der Vergangenheit, die ins Unterbewusstsein abgesunken waren. Es kombiniert diese Dinge mit

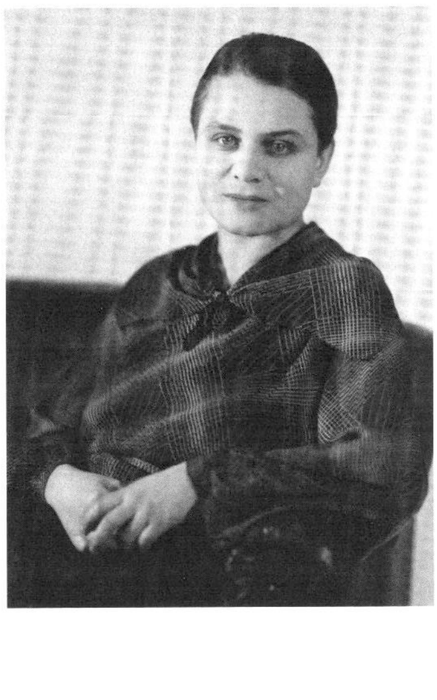

Unbekannt
Toyen, 1930
Fotografie aus der Zeitschrift Rozpravy Aventina
Akademie der Wissenschaften der Tschechischen Republik, Institut für tschechische Literatur, Prag

Gedanken und Einfällen, die auf eine völlig andere Ebene gehören. Woher kommt der grüne Tisch, auf dem sich das seltsame Geschehen abspielt? Ein Billardtisch vermutlich – Toyen wird ihn in einem der Prager Cafés gesehen haben, in denen Billard gespielt wird. Aber der Tisch, auf dem drei Billardkugeln herumliegen, verwandelt sich sogleich wieder von einem vertrauten Gegenstand in etwas unheimlich Fremdes, in eine Wiesenlandschaft, die sich grenzenlos ausdehnt und in einen düsteren Himmel übergeht.

Auf dieser grünen Fläche hocken sich Hähne gegenüber, die gleich aufeinander losgehen werden. Was bedeutet der Hahnenkampf, der sich endlos zu wiederholen scheint? Soll er, im Zusammenhang mit der rechten Bildhälfte, mit dem kriegszerstörten, blutbesudelten Haus, den Wahnsinn des Krieges symbolisieren, die Idiotie von Kampf und Streit? Oder soll er eine Anspielung auf die Beziehung der Geschlechter sein? Die Hähne führen sich ebenso lächerlich auf wie Männer, die sich um eine Frau prügeln.

Tatsächlich ist das Objekt, um das sie streiten, nicht in natura, aber als Schatten vorhanden: der Schatten einer Frau, den das frei in der Luft schwebende Kleid auf die Mauer wirft. Das Bild stellt Fragen, die sich eindeutig nicht beantworten lassen. Es entzieht sich, wie jedes echte surrealistische Bild, der Kontrolle durch die Vernunft – es bewahrt sein Geheimnis.

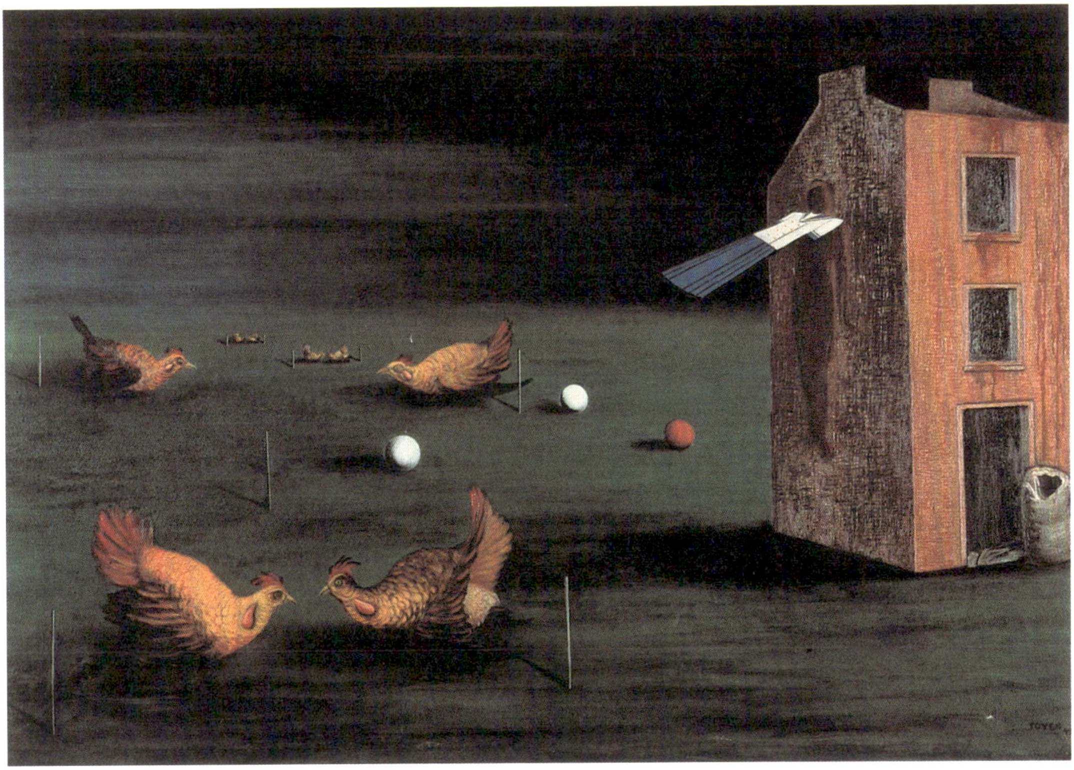

Bridget Riley

(geb. 1931)

Es war im Sommer 1968 auf der Biennale in Venedig, als sich bei der Eröffnungsfeier etwas Erstaunliches ereignete. Der Preis für Malerei wurde zum ersten Mal einer Frau verliehen! Der Biennale-Preis gilt als die höchste Auszeichnung in der bildenden Kunst, vergleichbar dem Nobelpreis in der Literatur. So prominente Künstler wie Chagall, Max Ernst und der Amerikaner Robert Rauschenberg haben ihn erhalten. Die Frau, der dieser Preis zugesprochen wurde, war die Engländerin Bridget Riley. Ein persönlicher Triumph für die Malerin. Darüber hinaus bedeutete die Preisvergabe die längst fällige Anerkennung für die Rolle der Frau in der zeitgenössischen Kunst.

Zu den Bildern, die ihr damals den Biennale-Preis eingebracht haben, gehörte auch der „Katarakt 3", den sie im Jahr davor gemalt hat. Ein typisches Riley-Bild! Diese Malerin arbeitet streng rational, geradezu wissenschaftlich und methodisch. Sie lässt also jene Eigenschaften vermissen, die man bisher unsinnigerweise gemeinhin von Künstlerinnen erwartete: Gefühl und Phantasie. Das hat damals die Kritiker am meisten verblüfft. Man kann seitdem in allen Büchern und Artikeln, die sich mit Bridget Riley befassen, nachlesen, dass es sich hier um eine ausgesprochen intelligente Malerin handelt, die an den Verstand des Betrachters, nicht ans Gefühl appelliert. Und das ist eine Domäne, die man den Männern vorbehalten glaubte. Bridget Riley widerlegt solche Vorurteile. „Sie malt keine sanften und lieblichen Bilder, die das Auge erfreuen; im Gegenteil, ihre Kunst ist der vehementeste Angriff, der heute von irgendeiner Malerei auf unser Auge geführt wird", schreibt einer ihrer Bewunderer.

In der Tat, das ist der erste Eindruck, den ihre Bilder vermitteln: Das Auge ist irritiert, es kommt nirgends zur Ruhe, die ganze Bildfläche ist in ständiger Bewegung. Wellen laufen über das Bild, die Berge und Täler bilden, die sich in Diagonalen von links unten nach rechts oben fortsetzen, eine endlose Wellenbewegung, in die der Betrachter hineingezogen wird. Man wird von einem Schwindelgefühl gepackt, als ob man tatsächlich vor einer Stromschnelle stünde. Aber das Erstaunlichste an dieser Malerei: Bridget Riley hat nicht die Absicht, ein Naturereignis, die turbulenten Wellen einer Stromschnelle, wiederzugeben, sondern das Ereignis spielt sich im Bilde ab. Die Wellen sind restlos in Malerei umgesetzt. Das Bild besteht aus parallelen Strukturen, die sich aus der Fläche herauswölben. Und dieser seltsame Effekt von flimmernder Vibration entsteht nicht auf der Leinwand, sondern im Auge des Betrachters. Wie die Malerin das erreicht, ist rätselhaft und durch mathematische und optische Berechnungen nicht zu erklären. Es hängt teilweise mit dem delikaten Einsatz der Farbe zusammen. Sieht man genauer hin, dann bemerkt man, dass die roten und blauen Streifen eine ganz unterschiedliche Intensität haben, dass die Farbe manchmal zurückgenommen wird, um sich dann wieder kräftig zu entfalten.

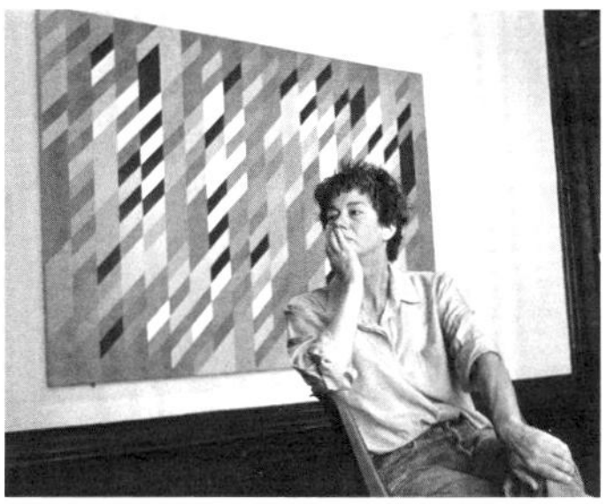

Anne-Katrin Purkiss
Bridget Riley vor einem ihrer Gemälde in der Nationalgalerie London, 1989
Giclée-Druck, 20 x 25 cm
Ingram Collection, London
Bridget Rileys Stellungnahme zu den Äußerungen einiger Kritiker: „Die Zeichen auf der Leinwand sind die alleinigen und wesentlichen Argumente in einer Reihe von Beziehungen, die die Struktur des Bildes ausmachen. Sie sollten so vollständig wie möglich sein und keine Erläuterungen nötig haben."

Bridget Riley
Katarakt 3, 1967

Polyvinylacetat auf Leinwand, 222 x 223 cm
British Council Collection, London

Man würde Bridget Riley missverstehen, wenn man ihre Bilder als gemalte Mathematik bezeichnen würde. Dafür sind sie zu kraftvoll, zu lebendig. Ihr selbst geht es nicht um wissenschaftliche Theorien, sondern um Malerei: „Ich habe niemals Optik studiert, und mein Gebrauch der Mathematik beschränkt sich auf die einfachsten Dinge. Es überrascht mich auch, dass manche Leute in meinem Werk eine Hochzeit zwischen Kunst und Wissenschaft sehen möchten."

Bridget Riley, 1931 in London geboren, hat lange und hart arbeiten müssen, bis sie ihren eigenen Stil und schließlich auch die internationale Anerkennung gefunden hat. Sie bezieht mit einundzwanzig Jahren die Londoner Kunstakademie, die sie mit einem Diplom, aber ohne klare künstlerische Zielvorstellungen verlässt. Sie arbeitet als Verkäuferin in einem Glaswarengeschäft, ist vorübergehend als Kunsterzieherin tätig, versucht sich in einer Werbeagentur, macht Buchumschläge und malt ziemlich konventionelle Landschaften und Porträts. Wichtig für ihre künstlerische Entwicklung wird ein Studienaufenthalt in Italien. Was sie hier am stärksten beeindruckt, sind die mittelalterlichen Fresken und, aus der Kunst des 20. Jahrhunderts, die Bilder der Futuristen, denen es darum geht, Bewegung darzustellen. Um 1960 malt sie ihre ersten abstrakten Bilder mit geometrischen und zugleich beweglichen Strukturen, die sofort Aufsehen erregen. Als sie 1965 zum ersten Mal in einer New Yorker Galerie ausstellt, ist die gesamte Ausstellung schon am Eröffnungstag verkauft. Im nächsten Jahr veranstaltet das Museum of Modern Art in New York eine Übersicht über ihr bisheriges Schaffen. 1968 vertritt sie, zusammen mit dem Bildhauer Phillip King, England auf der Biennale in Venedig.

Helen Frankenthaler

(1928 – 2011)

Helen Frankenthaler war Amerikanerin, 1928 in New York geboren, eine der erfolgreichsten Malerinnen ihres Landes. Ihre Bilder hängen in den großen Museen der Welt. Sie hat an Preisen und Auszeichnungen ungefähr alles erhalten, was die Kunstszene zu vergeben hat. Mehrere amerikanische Universitäten haben sie in den letzten Jahren zum Ehrendoktor ernannt. Seit 1950 hat Helen Frankenthaler an allen wichtigen Ausstellungen teilgenommen, auf denen die amerikanische Nachkriegsmalerei gezeigt wurde. Auch in Deutschland war ihr Werk häufig zu sehen. Zuerst 1959 auf der documenta in Kassel, wo die neue amerikanische Kunst zum ersten Mal eindrucksvoll in Erscheinung trat, zehn Jahre später widmeten die Berliner Festwochen der New Yorker Malerin eine Sonderschau.

Ihre künstlerischen Anfänge fallen in die frühen 1950er Jahre. Für die amerikanische Kunst ist das eine entscheidende Phase. Man ist dabei, sich künstlerisch von Europa unabhängig zu machen. Die jungen Künstler fahren nicht mehr nach Paris und London, um Malerei zu studieren. Sie bleiben im Lande, sie besuchen ihre eigenen Akademien. Auch Helen Frankenthaler wurde in Amerika ausgebildet. Als sie 1950 ihr Studium abgeschlossen hat, bezieht sie ein Atelier im New Yorker Künstlerviertel Chelsea. Hier gerät sie sogleich in einen Kreis von jungen Malern und Literaten, die sie, die eben zwanzigjährige Frau, als ebenbürtige Partnerin anerkennen. Es ist eine Zeit der kühnen Experimente, der nächtelangen Diskussionen, der gegenseitigen Atelierbesuche. Gemeinsam sucht man nach einem neuen Stil, der dem Lebensgefühl und dem Selbstbewusstsein der jungen amerikanischen Generation entspricht. Man findet ihn im „abstrakten Expressionismus“, wie dieser erste amerikanische Nachkriegsstil später genannt wurde. Abstraktion: Für die Künstler bedeutet das so viel wie schöpferische Freiheit, die Möglichkeit, nicht mehr die reale Welt abzubilden. Und Expressionisten sind sie, weil sie sich selbst, ihre persönlichen Erfahrungen, ihre Art die Welt zu erleben, zum Ausdruck bringen wollen. Helen Frankenthaler wird von dieser abstrakt expressionistischen Bewegung mitgetragen. Aber schon nach kürzester Zeit, bereits 1952, gelingt es ihr, aus dem allgemeinen Zeitstil ihren eigenen unverwechselbaren Stil zu entwickeln. Sie hat den Sommer am Meer verbracht, hat die Küstenlandschaft gemalt und gezeichnet. Als sie wieder in New York ist, fasst sie ihre Eindrücke, ihre Empfindungen vor der Landschaft in dem Gemälde „Berge und Meer“ zusammen. Vielmehr: Sie lässt ihre Impressionen in das Bild „einfließen“. Man muss das wörtlich verstehen. Helen Frankenthaler hat sich hier zum ersten Mal einer Technik bedient, die unter anderem von ihr erfunden wurde und die sie beibehalten hat, die sogenannte „Farbfeldmalerei“.

Die Farben werden verdünnt und fließen in die Leinwand, die am Boden liegt. Die Leinwand saugt die Farbe auf, die Fläche wird „ein-

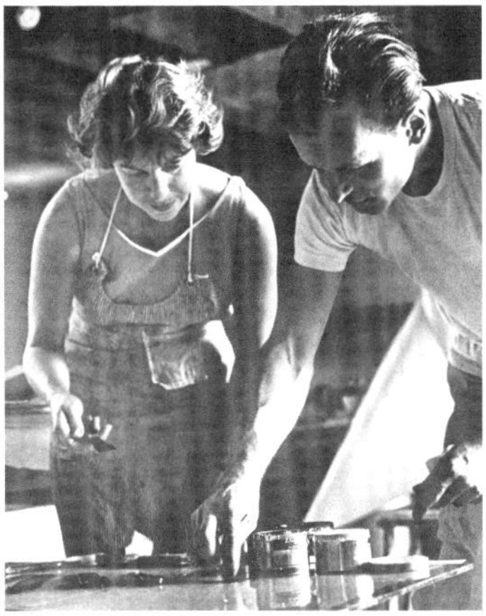

Alexander Liberman
Helen Frankenthaler bei der Arbeit in West Islip, New York, 1964
Fotografie

Helen Frankenthaler
Flut, 1967

Acryl auf Leinwand, 316 x 357 cm
Whitney Museum of American Art, New York

gefärbt". Dabei ändert sich die Farbsubstanz. Sie wird leicht, flüssig, durchsichtig, wie man das sonst nur vom Aquarell kennt. Was ihre Malerei aber grundsätzlich vom Aquarell unterscheidet, ist das Riesenformat ihrer Bilder, die weit über das Normalmaß hinausgehen. Mit den üblichen Methoden sind derart große Bildflächen kaum zu bewältigen. Die Technik des Einfärbens dagegen gibt Helen Frankenthaler diese Möglichkeit. Mit dieser Technik hat Helen Frankenthaler neue Wege der Farbmalerei aufgetan. Aber ihr künstlerischer Rang ist unabhängig von rein technischen Problemen. Es kommt nicht so sehr darauf an, ob die Farben mit dem Pinsel aufgetragen oder auf die Leinwand gegossen werden. Was zählt, ist das künstlerische Ergebnis, ist diese eigentümliche Verbindung von landschaftlichen und abstrakten Elementen, die alle ihre Bilder aufweisen. Ein Beispiel dafür ist das Gemälde „Flut", das 1967 entstanden ist.

Schon der Titel bringt die Doppeldeutigkeit zum Ausdruck: Die Leinwand wird von Farben überflutet. Aber das blaue Band lässt sich auch als fließendes Wasser verstehen. Das Bild, in dem für die Malerin typischen Großformat von mehr als drei Metern Höhe und Breite, eröffnet ein riesiges landschaftliches Panorama, das sich in weichen, schwebenden Formen aufbaut. Man sieht Höhenzüge und wolkenartige Gebilde, die sich, bevor sie zu realen Gegenständen werden, in Licht und Luft, in reine Farbmaterie auflösen. Die abstrakte Landschaft: Das ist Helen Frankenthalers Beitrag zur amerikanischen Nachkriegsmalerei.

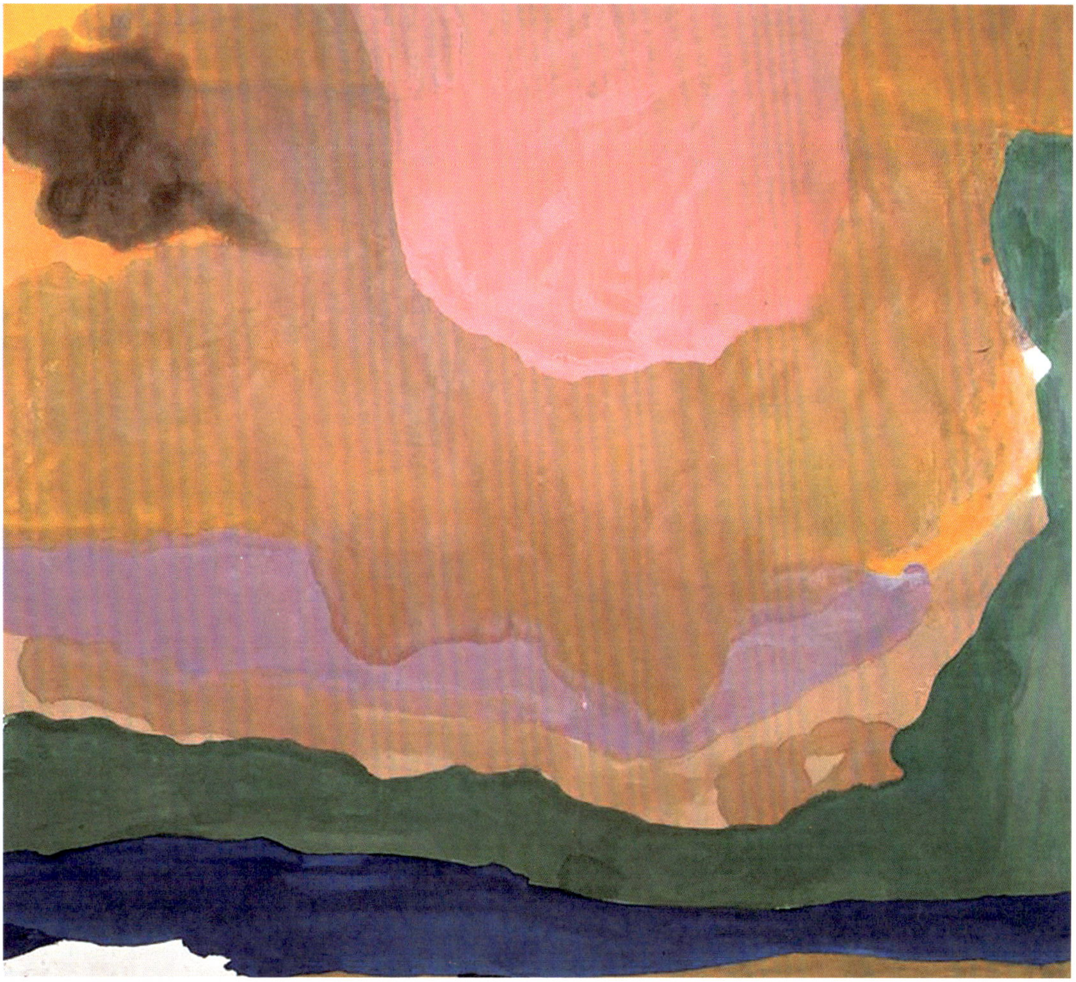

Dorothee von Windheim

(geb. 1945)

Ihre Arbeiten waren im Sommer 1977 in Kassel auf der documenta, der wichtigsten internationalen Kunstausstellung, zu sehen, im Herbst 1977 auf der Biennale der Jugend in Paris. Ab 1977 lebte Dorothee von Windheim, Jahrgang 1945, in Paris, mit einem Arbeitsstipendium für die Cité des Arts, ein riesiges Atelierhaus an der Seine, das jungen Künstlern aus vielen Ländern zur Verfügung steht, um ungestört arbeiten zu können. Vorher, von 1971 bis 1975, war Dorothee von Windheim in Florenz. Paris oder Florenz: Was sie in diesen Städten fasziniert, sind nicht die Sehenswürdigkeiten. Es sind die heruntergekommenen Stadtviertel, alte Gemäuer, verfallende Wände ...

Alte Architektur, Wände und Mauern sind das Thema ihrer Kunst. „Mauern sind das Gewöhnlichste, was uns umgibt, sie sind Begrenzung, Behausung, in ihnen spielt sich unser Leben ab, schlägt sich auf ihnen nieder. Der Prozeß, den die Zeit am Mauerwerk vollzieht, wird von mir unterbrochen, ein Stadium wird fixiert ... und der Aufmerksamkeit zugeführt."

An dieser Stelle setzt ihre künstlerische Arbeit ein. Es geht um die Frage, wie sich ein solches Stück Mauerwerk in seinem halbzerfallenen, verwitterten Zustand festhalten, wie sich ein Bild davon gewinnen lässt. Es gibt durchaus verschiedene Möglichkeiten. Man kann die Mauer als Bildmotiv benutzen. Das ist häufig geschehen, die moderne Malerei bietet dafür genügend Beispiele: den Pariser Maler Utrillo, der in seinen Bildern die eigentümliche Schönheit von verkommenen, schmutzigen Fassaden im Stadtteil Montmartre dargestellt hat, oder die dunklen Scheunentore, die der Spanier Tàpies gemalt hat. Dorothee von Windheim hat mit Architekturbildern angefangen. Aber sie fand diese Ergebnisse, ihre eigenen und die von anderen Malern, ungenügend, weil sie immer nur ein Abbild der Mauer lieferten, weil die Künstler sich von dem Motiv der Mauer anregen ließen und es nach persönlichem Geschmack, nach freiem Belieben in Malerei umsetzten.

Dorothee von Windheim hatte ein anderes Ziel. Sie wollte die Mauer selbst in ihrer Tatsächlichkeit zeigen. Nach mancherlei Experimenten kam ihr ein Zufall zu Hilfe. In Florenz machte sie die Bekanntschaft von italienischen Restauratoren, bei denen sie in die Lehre ging. Von ihnen lernte sie die Technik, die zur Sicherung von alten Fresken entwickelt wurde. Unter Fresken versteht man Wandmalereien. Sie können, wenn sie gefährdet sind, in einem komplizierten Verfahren von der Wand gelöst und auf Leinwand übertragen werden. Dorothee von Windheim hat längere Zeit bei der Restaurierung von alten Kirchenfresken mitgearbeitet, um sich dieser Technik dann für ihre eigenen Zwecke zu bedienen. Sie wollte keine wertvollen Kunstwerke restaurieren, sondern ganz gewöhnliche Mauerflächen. Die fand sie auf dem Gelände der Fortezza da Basso in Florenz, einer ehemaligen Festungsanlage, von der ein kleiner historischer Teil wiederhergestellt wurde. Der Rest sollte abgerissen werden.

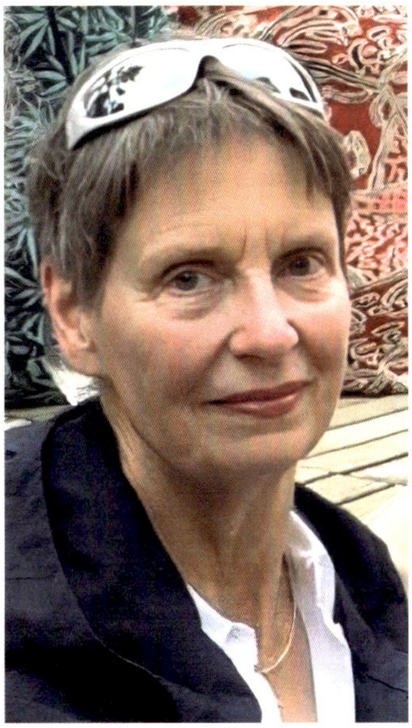

Unbekannt
Dorothee von Windheim
Fotografie
Atelier Dorothee von Windheim, Köln

Dorothee von Windheim

Der zweite Buchstabe Z aus Magazzino, 1974

Abgenommener Mauerputz auf Gaze, 150 x 160 cm
Herkunft Fortezza da Basso, Florenz
Verbleib der Arbeit unbekannt

Mit diesem abbruchreifen, wertlosen Gemäuer konnte sie, mit Erlaubnis der zuständigen Behörde, machen, was sie wollte. Hier hat sie ihre ersten „Wandabnahmen“ durchgeführt, und zwar an einem Gebäude, an dessen Fassade in riesigen, weit auseinandergezogenen Buchstaben das Wort MAGGAZZINO zu lesen war. Daraus ist eine ganze Serie von Buchstabenbildern entstanden, darunter der hier abgebildete „Buchstabe Z“.

Ein Stück Mauerputz, italienisch: „strappo“, wird abgenommen und als „Bild“ präsentiert. Es ist klar, dass es sich hier nicht um Malerei im landläufigen Sinne handelt. Trotzdem gelten Arbeiten wie dieser Strappo von Dorothee von Windheim als Kunstwerke. Die zeitgenössischen Künstler haben den traditionellen Kunstbegriff erweitert, sie haben ihm neue Dimensionen dazugewonnen. Es kommt ihnen darauf an, dem Betrachter neue Seh-Erfahrungen zu vermitteln, ihm die Augen zu öffnen für Dinge, die er bisher übersehen hatte. So löst Dorothee von Windheim unscheinbare Objekte aus ihrer Umgebung, rückt sie in unser Blickfeld, und plötzlich sehen wir sie anders und intensiver. Man erlebt den eigentümlichen ästhetischen Reiz, der von abbröckelnden Farbflächen ausgeht. Man kann die Spuren der vergehenden Zeit wahrnehmen, die sich in den Mauerputz eingegraben haben.

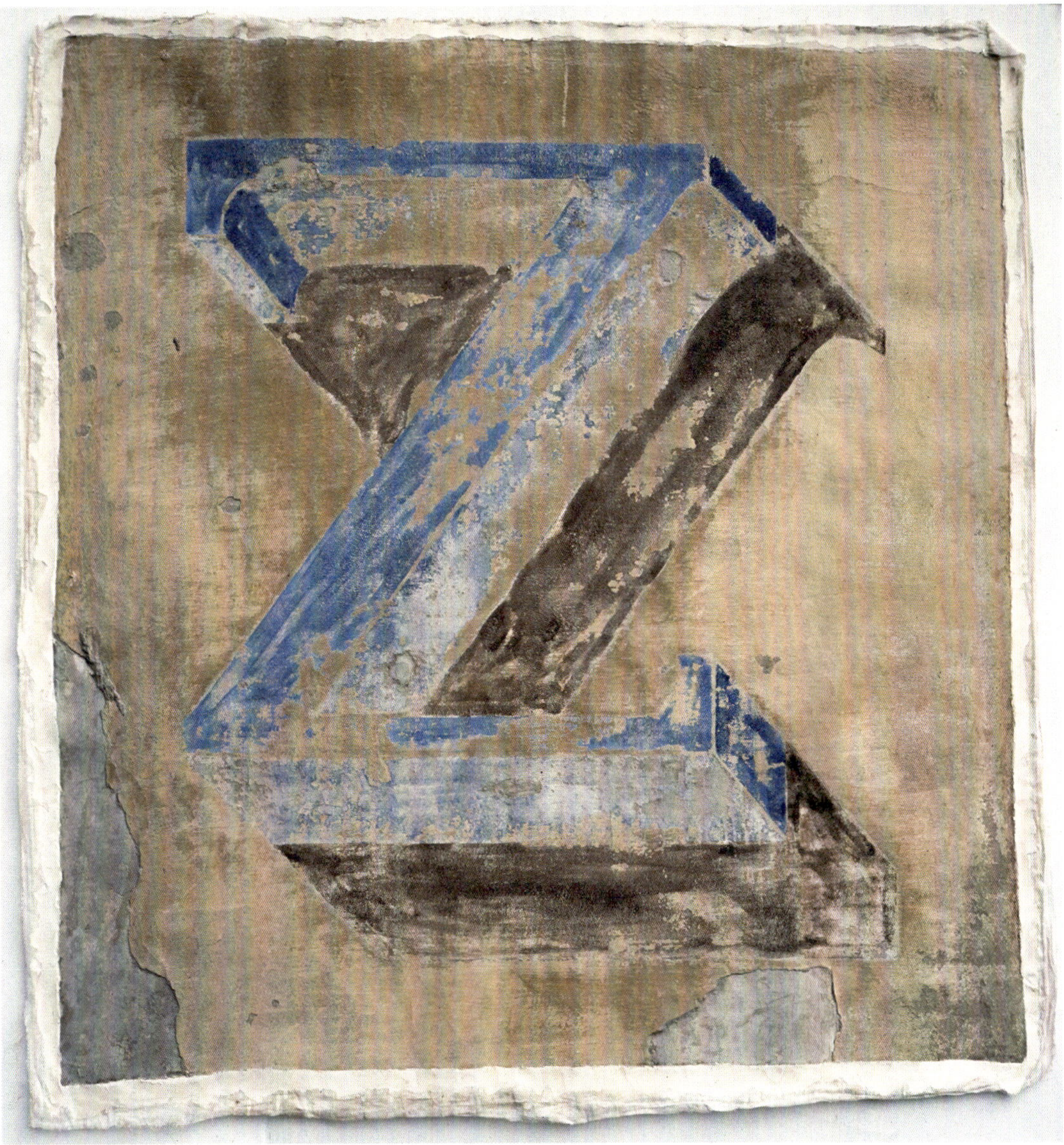

Maria Lassnig

(1919 – 2014)

„Body-awareness" – Bilder, Darstellungen des eigenen Körpers und des eigenen Körperbewusstseins, das war das Lebensthema der Österreicherin Maria Lassnig. Selbsterfahrung, umgesetzt in Malerei – Körpererfahrung, durch Farbe ausgedrückt. Es geht ihr um Spannung, Entspannung, um Druckgefühle beim Gehen, Stehen, Sitzen, Liegen – wie die vier „Würden des Menschen" in einem alten chinesischen Wort genannt werden –, um die eigene räumliche Körperausdehnung. Körperempfindungen haben nichts mit Fitness, mit der Sterilität von Reklamebodys zu tun, sie spiegeln vielmehr das chaotische Ich, die diversen Ich-Zustände – in diesem Fall die eines langen Lebens. Sie können erotisch oder asexuell, schmerzhaft oder beflügelnd, aggressiv oder mütterlich, nur erahnt oder überwältigend oder alles zusammen sein.

„Ich habe gemerkt, dass der Körper beim Denken eigentlich stört, weil man dauernd irgendwelche Bedürfnisse hat. Der Bauch tut weh, oder man hat Hunger. Und das ist das Wirkliche. Es ist eine existentielle Geschichte", sagte Maria Lassnig im Jahr 1991 in einem Interview. Die Aussage ließe sich noch erweitern: Jeder Denkprozess ist abhängig vom momentanen Befinden: von Schmerzen, von Müdigkeit oder Erregung, vom Glücklich- oder Traurigsein. Alles ist manifestiert im Körper, findet hier seinen Ausdruck.

Eines ihrer Bilder hat Maria Lassnig auch dementsprechend betitelt: „Durch Aufmerksamkeit entsteht Intensität". Diese Intensität schafft sie auf der Leinwand, ihren eigenen Körper erfahrend. Nicht aus Narzissmus, ihn vielmehr als ständig vorhandenes Material benutzend, als Materie zur erbarmungslosen und schonungslosen Offenbarung. Sie begründet diese Vorgehensweise außerdem mit ihrem „Unvermögen der Ausbeutung eines anderen“. Nur sich selbst kann sie als Engel oder Monster, als „Knödel“ oder „Schwammerl“, als Fruchtbarkeitsidol, als Marmeladeglas, als Gartenschere oder mit einem Maulkorb darstellen.

Von ihrer helltonigen Farbpalette, von ihrem Rosa, Hellblau, Grasgrün und Gelb spricht sie selbst als „Nervenstrangfarben, Druck- und Völlegefühlfarben, Streck- und Pressfarben, Höhlungs- und Wölbungsfarben, Quetsch- und Brandfarben, Todes- und Verwesungsfarben, Krebsangstfarben“ (1982) – immer analog zu den dargestellten Körper- und Seinszuständen.

In einer Serie, die zwischen 1984 und 1987 entstand, ging es Maria Lassnig um ihr Verhältnis zur Malerei, ganz konkret um ihr Verhältnis zur Leinwand, zum Malvorgang. Bilder wie „Mit dem Kopf durch die Wand“ (1986) oder „Innerhalb und Außerhalb der Leinwand“ (1984/85), „Bildtransport“ (1986) und „Bemalung“ (1986) entstehen. Der ständige, der einsame, der heroische Kampf mit der weißen Fläche wird deutlich. Oftmals ist die Darstellung ironisch gebrochen, oder es ist eine Fixierung gezeigt, ein Schmerzzustand, Körperqualen auf und vor den Leinwänden. Denn Maria Lassnig befindet sich gleichermaßen außerhalb wie innerhalb der Leinwand; außerhalb als Malerin, also als handelndes Subjekt, und innerhalb als Objekt ihrer eigenen künstlerischen Tätigkeit. Diese Zerrissenheit, die Unmöglichkeit einer klaren Trennung zwischen Innen und Außen, das Verwischen der Grenzen, die Auflösung werden schmerzhaft deutlich durch die sich verselbständigenden Gliedmaßen, die durch die Leinwände ragen, sie durchbohren, durchstoßen, zerschneiden. Die Auflösung von Realität und Abbild wird als psychische Krankheit erfahren und ist immer ein extrem schmerzhafter Prozess.

Maria Lassnig wurde 1919 in Kärnten geboren. Ihr Stiefvater war Bäcker. Nach dem Abitur machte sie eine einjährige Ausbildung zur Volksschullehrerin und unterrichtete in einem Bergdorf, ehe sie an der Wiener Akademie angenommen wurde. Nach dem Krieg knüpfte sie ihr künstlerisches Schaffen bei den Surrealisten an und stellte im Jahr 1951 mit Ernst Fuchs und Arik Brauer – den späteren Vertretern des Phantastischen Realismus – sowie mit Arnulf Rainer, ihrem zeitweiligen Lebensgefährten, mit der „Hundsgruppe“ aus, die sich jedoch danach

Maria Lassnig
Zwei Maler, drei Leinwände, 1986

Öl auf Leinwand, 130 x 145 cm
Privatsammlung

wieder auflöste. In Paris ließ sie sich von „informel" arbeitenden Kollegen inspirieren und siedelte 1961 für sieben Jahre dorthin über. Zu dieser Zeit zählte sie bereits zu den „wichtigsten Vertreterinnen der österreichischen ‚Informel'". In diese Phase fallen auch ihre Monsterzeichnungen, diese Mischungen aus Tier- und Selbstporträts.

Nach dem Tod ihrer Mutter und einer dadurch ausgelösten schweren Depression wanderte sie im Jahre 1968 nach Amerika aus, wo sie zunächst mit Trickfilmen ihr Geld verdiente: Sie zeichnete selbst, betextete, sprach oder sang dazu. Heute gelten diese Filme als avantgardistisch und werden auf Filmfestivals gezeigt.

1978 trat Maria Lassnig ein einjähriges DAAD-Arbeits-Stipendium in Berlin an, und 1980 – sie ist inzwischen einundsechzig Jahre alt und eine der bekanntesten österreichischen Künstlerinnen – bekommt sie endlich auch eine Professur in Wien. Ab 1980 erfolgt ihr internationaler Durchbruch, als sie mit Valie Export (eine österreichische Medien- und Performancekünstlerin und Filmemacherin) ihr Geburtsland auf der Biennale in Venedig vertritt und 1982 auf der documenta 7 ausstellt.

Bei dem hier dargestellten Bild „Zwei Maler, drei Leinwände" (1986) gibt es eine Staffelung von drei Leinwänden: rosa, gelb, blau. Die Figur der rosa Leinwand scheint die mittlere gemalt zu haben, während deren Hand mit Pinsel auf die blaue Leinwand durchgegriffen hat, um ein neues Bildnis darauf zu beginnen. Die Figur malt eine Figur, die eine Figur zu malen beginnt, oder: Wo endet die Realität, wo beginnt das Abbild? Wer bin ich, welches ist nur das Symbol meiner selbst?

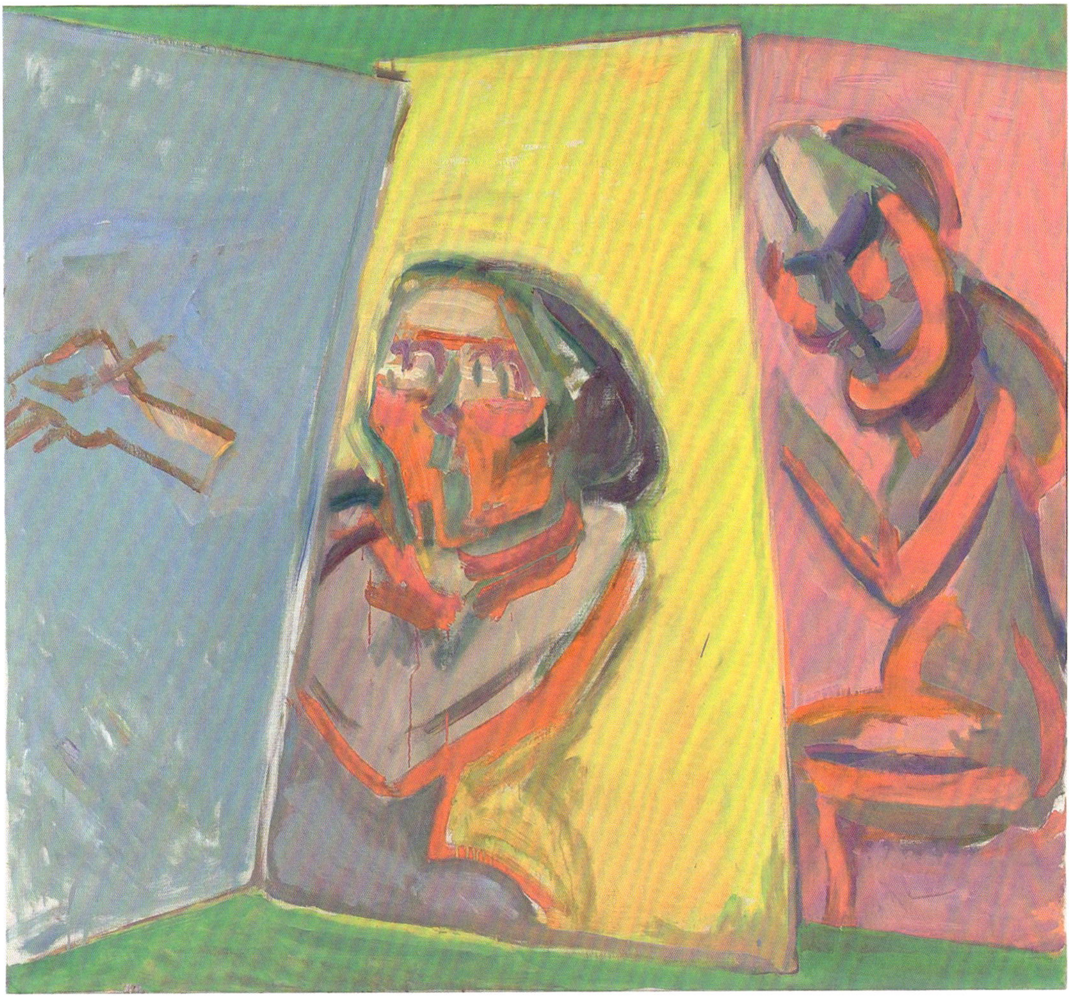

Anna Oppermann

(1940 – 1993)

Anna Oppermann inszenierte Ensembles. Das „Ensemble mit Dekor (über den Umgang mit Menschen, wenn Zuneigung im Spiel ist)“ beispielsweise war im Jahre 1977 auf der documenta und vorher schon im Berliner Haus am Waldsee und auf den Hamburger Kunstwochen 1975 zu sehen: ein üppig wuchernder Irrgarten, in dem die Wege, die Gedanken sich verzweigen, auseinanderlaufen, durcheinandergeraten. Die Zuneigung wird aus den Augen verloren und zugleich an Bildern und Wörtern festgemacht; Anna Oppermann alias Ariadne gibt dem sich Verirrenden jedoch einen Faden, sprich Eigenkommentar, an die Hand.

„Sein Lächeln: ein Schnörkel/Sein Lächeln: eine Girlande/Sein Lächeln: ein Müsterchen/Sein Lächeln: eine gut gemeinte Aufmerksamkeit/Sein Lächeln: ein Zeichen liebevoller Zuwendung/ein abgebrochenes Ornament?/Ach Quatsch!“

So kann der Verirrte sich im Labyrinth zurecht- und wieder herausfinden.

Man kennt dieses und jenes Ensemble oder glaubt es zu kennen, man erinnert sich an Gedankengänge, an einzelne Zitate, an Bilder. Pflanzen setzen den Ablauf in Gang, etwa Efeu oder Kastanien im „Anders sein“ und man merkt bei näherem Zuschauen: Die Arbeiten ähneln sich, jede ist jedoch auf ihre Art einzig in Aufbau und Aussage!

Die Ensembles verändern sich mit jeder Darbietung, sie sind unwiederholbar, schon deshalb, weil sie jedes Mal neu aufgebaut, in jeweils anderen Räumen neu arrangiert werden müssen. Anna Oppermann müsste ein Genie der Ordnung und Organisation sein (was sie, zum Glück für ihre Arbeit, nicht war), wenn sie den vorangegangenen Zustand eines Ensembles buchstäblich rekonstruieren könnte. Jedes einzelne Ensemble existiert nur für die Dauer der Präsentation. Dann wird es abgebaut, auseinandergenommen, bis zur nächsten Ausstellung in Tüten und Kästen aufbewahrt. Nun muss man sich vorstellen, dass solch ein Ensemble im Schnitt aus etwa 500 Einzelteilen besteht – bei dem Ensemble „Zeichen nach der Natur, zum Beispiel Lindenblütenblätter", das Anna Oppermann 1975 auf der „Biennale de Paris" aufgebaut hatte, waren es exakt 1012 Gegenstände (der französische Zoll hatte genaue Zahlenangaben verlangt, und Anna Oppermann lieferte ihm, was er haben wollte).

Dass sich die Ensembles von Mal zu Mal anders präsentieren, liegt natürlich nicht nur an äußeren Gegebenheiten; die Unmöglichkeit, das jeweils Erreichte zu konservieren und zu repetieren, entspricht vielmehr dem Prozesscharakter dieser Arbeiten. Sie sind auf Vorläufigkeit angelegt, auf potentielle Erweiterung. Jeder derzeitige Zustand ist nur ein Provisorium, eine Zwischenstation auf dem Weg, der nie ans Ziel gelangen kann. Keine ihrer Arbeiten betrachtet Anna Oppermann als abgeschlossen. Daher die ungewöhnliche Datierung, die nicht die Vollendung, sondern den Beginn der Arbeit bezeichnet: das frühe Spielensemble „seit 1968", oder: „Kein Buch, kein Kopf, viel Schwanz, seit 1982".

In jedem dieser Ensembles werden spezielle Probleme behandelt, auf- und abgerollt, hin- und hergeschoben, von einer Bedeutungsebene zur anderen, von verschiedenen Seiten, von der eigenen und von der Gegenseite aus betrachtet. Anna Oppermann sprach nicht ohne Ironie vom „Problembewältigungsauftrag", den der Künstler angeblich hat und den er nicht auszuführen vermag. Das Ensemble will Probleme nicht bewältigen, sondern sie anschaulich und einsichtig machen, indem es das archaische Wuchern der Bilder, der Wörter, der Gedanken nicht unterbindet, sondern ihm ungehemmt freien Lauf lässt. Insoweit kann man das Ensemble unabhängig von seiner eigentlichen Thematik als ein Denkmodell verstehen: Es zeigt, wie Denken funktioniert, wie es sich verzettelt, vom Hundertsten ins Tausendste gerät, auf irgendwelche Impulse reagiert, sich in Assoziationsketten verfängt und zu sich

Anna Oppermann

Paradoxe Intentionen (Das Blaue vom Himmel herunterlügen),

1988 / 1992, Zustand Celle 1990

Installation, Dimension variabel
Galerie Barbara Thumm, Berlin

selbst zurückfindet. Um diesen inneren Prozess in Anschauung, in optische Realität zu übertragen, hat Anna Oppermann eine Methode entwickelt, die all ihren Ensembles zugrunde liegt: Im Zentrum befindet sich jeweils ein reales Objekt, die „Bezugspflanze", die alles in Gang setzt. Auf sie verzichtet Anna Oppermann auch dann nicht, wenn die Pflanze zum Thema der Arbeit von sich aus nichts Nennens- oder Sehenswertes beizutragen hat.

Anna Oppermann braucht ein botanisches Objekt als auslösendes Moment, auf das sie in der ersten Arbeitsphase intensiv eingeht, indem sie es von allen Seiten total und im Detail zeichnet. In der zweiten Phase werden sämtliche Einfälle, die das Bezugssystem provoziert, spontan skizziert oder aufgeschrieben. Alles ist zugelassen, auch Wortspiele, Witze oder Kalauer.

Dem Betrachter, der sich ernstlich auf diese merkwürdig verschlüsselten, hoch artifiziellen Rauminstallationen einlässt, bieten sie ein seltenes intellektuelles Abenteuer, aber auch, und das wird leicht übersehen, ein rein ästhetisches Vergnügen, das aus der Verbindung von Gegensätzen resultiert: Anarchie und formaler Disziplin.

Anna Oppermann, u. a. als Professorin in Hamburg, Wuppertal und Berlin tätig, wurde 1940 in Eutin geboren und starb 1993 in Celle.

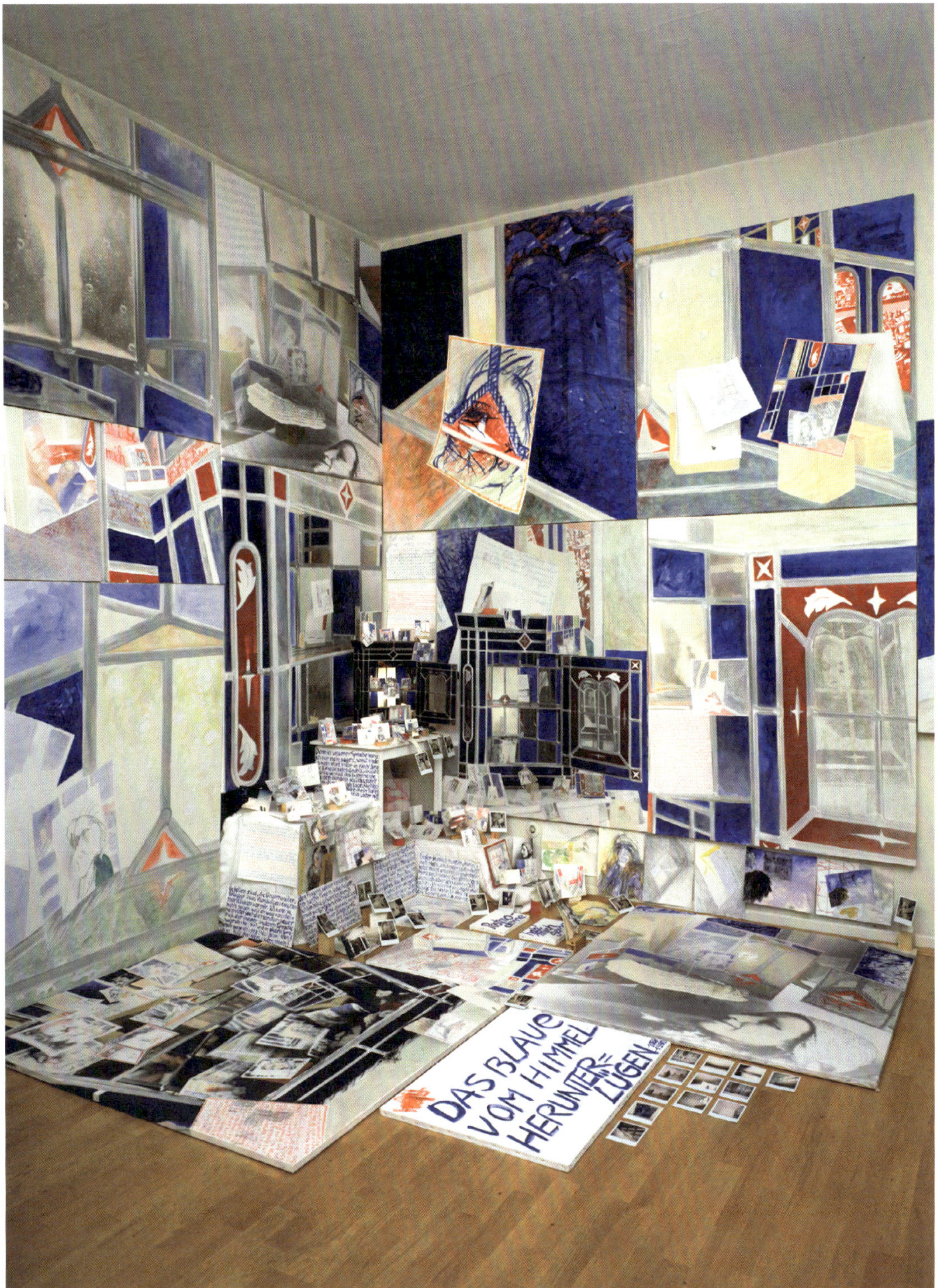
DAS BLAUE
VOM HIMMEL
HERUNTER-
LÜGEN

Marlene Dumas

(geb. 1953)

Politische Gewalt des Apartheid-Regimes in Süd-Afrika muss die Kindheit und Jugend von Marlene Dumas, die 1953 geboren und sehr isoliert auf einem Weingut aufwuchs, geprägt haben. Schwere und frühe Traumata begleiten Menschen ein Leben lang, was in vielen ihrer Gemälde sicht- und spürbar wird.

Sie studierte zunächst in Kapstadt. Ein zweijähriges Stipendium führte sie 1976 nach Amsterdam, wo sie seitdem lebt und arbeitet. Nach einem weiteren Kunststudium in Haarlem schloss sie noch ein Psychologiestudium in Amsterdam an mit dem Ziel, eventuell Kunsttherapeutin zu werden. Eine enorme Wucht muss 1981 die Begegnung in Oslo mit den Gemälden von Edvard Munch gewesen sein, an dessen schmerzverzerrte Gesichter mit Mündern als Löcher etliche Arbeiten von Marlene Dumas erinnern.

Ab 1980 wurde Dumas zunehmend bekannt, nahm bereits 1982 und erneut 1992 an der Kasseler documenta teil, 1995 an den Biennalen in Venedig und Johannesburg. Seitdem ungezählte Ausstellungen in namhaften Museen weltweit.

1991 arbeitete sie eine Zeitlang in der Psychiatrie, wo eindrucksvolle Porträts entstanden, denn „Wenn man sich für die Gefühlswelt eines Menschen interessiert, das Gesicht hält alles bereit“, so eine Selbstaussage. Wie lesen wir Gesichter, die uns täglich in Überfülle begegnen, ihre Fragestellung: „Wie sieht angeblich ein Gesicht eines Kriminellen, ein dummes oder intelligentes Gesicht aus?“ In einer Werkserie „Models“ (1994) mit hundert Zeichnungen erforscht sie diese Fragen anhand von Mode- und Malermodells, aber auch von Fotografien psychisch kranker Menschen aus dem 19. Jahrhundert. –

Dic Frankfurter Kunsthalle Schirn lud sie 2014 ein, Porträts von Théodore Géricault (1791-1824) durch eigene Werke zu interpretieren, z. B. das einer „spielsüchtigen Frau“, einer „obsessiv neidischen“ oder „The Insane“, den Wahnsinnigen.

Gemälde, Zeichnungen, Arbeiten mit Tusche, Aquarelle, Installationen, aber auch Gedichte sowie Texte über ihre eigenen sowie die Werke anderer Künstler und den Kunstbetrieb gehören zu ihrem umfangreichen Œuvre. – Ihr Werk wird dominiert von Porträts, von 1983 bis 1990 von Personen, die sie kannte, später jedoch meist aufgrund von fotografischen Vorlagen, um Nahestehende nicht zu entblößen. Dadurch hätte sie auch „die Freiheit des amoralischen Ansatzes, der für mich die Voraussetzung ist, um ein gutes Gemälde zu machen.“ – Terroristen, Ertrunkene, Gehängte, viele nahe Gesichter von Toten, oftmals mit überstrecktem Hals nach hinten gebogen, Stripperinnen, Frauen in entblößten Posen, offensichtlich pornografischem Bildmaterial entnommen, oder verstörende Kindergesichter. Sie kehrt mit ihrer fließenden, wie verwischt wirkenden Malweise die Realität von Fotografien um in subjektive Darstellungen. Mit Hintergründen, undefiniert, leer, in dunklen oder wie verschmutzt wirkenden hellen Tönen gehalten. Wie Francis Bacon habe sie figurativ gemalt, weil ihr das Abstrakte nicht grausam genug gewesen sei, so Dumas. Man könnte auch sagen, die Künstler sind angesichts der Grausamkeiten des 20. Jahrhunderts und auch der Apartheid in die Abstraktion geflohen, haben die Auseinandersetzung mit den grauenhaften Realitäten vermieden.

Dumas' Themen sind Trauer, Gewalt, Sexualität, Leiden, der Tod und die Religion. In einem Interview konstatierte sie einmal, dass Menschen sich oftmals wundern, sie als Person nicht depressiv zu erleben aufgrund dieser schwarzen Sujets. In der Tat: Nur eine starke Persönlichkeit kann sich derart intensiv mit den dunkelsten Schatten der Menschheit befassen, denn etliche Werke stellen Assoziationen zu Folterungen an Schwarzen dar. Sie selbst wirkt hell, lebendig, präsent und verweist auf den Witz, der auch in ihren so gruselig wirkenden Bildern zu finden sei.

Marlene Dumas
The First People (I-IV), 1990

Öl auf Leinwand, je 180 x 90 cm
De Pont Museum, Tilburg

1988 malte sie „Waiting (for Meaning)“, einen weiblichen Akt auf einem Altar in wehrloser Rückenlage sowie komplementär dazu „Losing (her Meaning)“, einen nackten Frauenkörper, bäuchlings schwimmend in schmutzigem Wasser, Schreckensbilder. Doch auch hier will sie keine Interpretationssicherheit evozieren.

Unglaublich viele Babybilder gehören zu ihrem Werk. „Ach wie süß, wunderbar“, so die gewohnte Sicht auf Kleinkinder. Dumas zeigt sie jedoch als hässlich, tiefgründig, als potenzielle „Stören-Friede“, die Unfrieden in die stabil geglaubten Zweierbeziehungen und die Welt bringen können. Noch extremer: Manchmal weiß man nicht, ob die Blicke der Kinder von tiefster Trauer oder tiefster Bösartigkeit zeugen. Eine verstörende Wahrnehmung, die den Blick auf unser Menschsein tief verunsichert. Manche erinnern auch an absolut entblößte, erstarrte Körper auf Seziertischen.

Eine Werkgruppe „The First People“ (1990), vier Teile, jeweils 1,80 Meter hoch, zeigt vier Säuglinge, nackt vor farbigem Hintergrund liegend. Babys, die unser kulturell etabliertes Bild, dass sie schön, nett und der Mutter zugewandt seien, konterkariert. Dumas malt sie z.T. mit überdimensionierten Köpfen, unnatürlich aufgeblähten Bäuchen, vielen Varianten von O-Beinen, abgewandt. Ein Statement, dass Säuglinge auch das Recht haben, hässlich zu sein? Keines ist spontan liebenswürdig, zumindest für die Betrachter nicht, vielmehr verdeutlichen sie das Erschrecken, welches auch zur Geburt, zum Lebensanfang – für alle Beteiligten – dazu gehört.

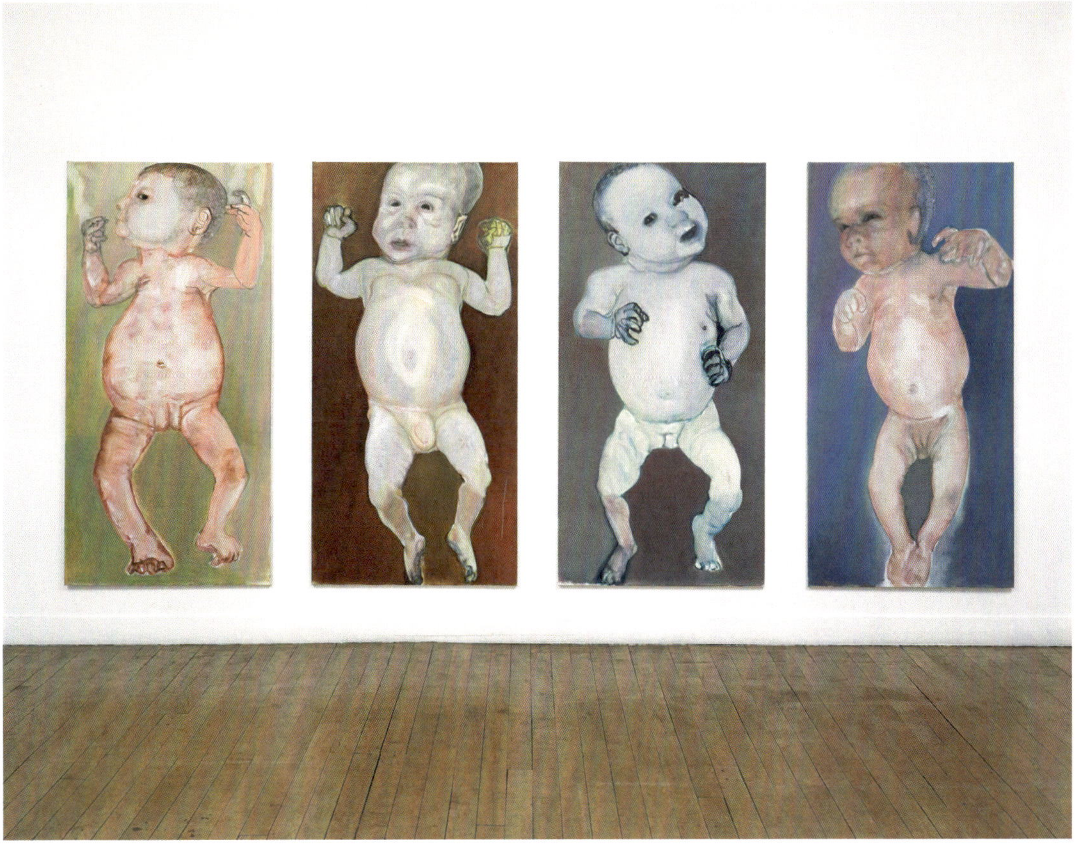

Angela Hampel

(geb. 1956)

Androgynität, Aggressivität, Enthäutungen. Die beiden Außenfiguren dieses Triptychons: vor Wut, Kraft und Hass flammende Gestalten. Die bohrenden Blicke aus tiefschwarz umrandeten Augen sind einerseits kindlich, naiv direkt, ohne Scheu, ohne Wenn und Aber auf das Gegenüber fixiert, andererseits voll brutaler Angriffslust. Man fühlt sich an die Ratschläge aus New-York-Reiseführern erinnert: Darin wird davor gewarnt, einem Unbekannten auf der Straße ins Gesicht zu schauen, weil dieser auch einen harmlosen Blick als Provokation zur Gewalt auffassen könnte. Hat er doch vielleicht nichts anderes in seinem Leben erfahren als Blicke, die töten könnten!

Diese eindeutig weiblichen, doch auf schwer zu definierende Art androgynen Figuren zeigen im Kontrast zu den aggressiven Blicken ihre nackten Körper, die sie durch eine Geste der Hände und Arme, in welcher Scham und Verletzbarkeit liegt, zu schützen suchen. Die Nacktheit wirkt hier weder weich noch bedürftig noch entblößt. Die Körper sind vielmehr übergossen – und dadurch gleichsam neu bekleidet – mit brandroter Farbe, welche wiederum zwei Extreme enthält: das Rot als Aggressivität des Angriffs und das Rot des Blutes. Verstärkt wird die vibrierende Spannung der wie zum Sprung bereiten Körper durch die roten Irokesenhaartürme, die an Häuptlingsattribute erinnern, an Machtinsignien archaischer Zeiten.

Diese Frisuren wecken Assoziationen an die Kampfbereitschaft der Amazonen. Wilde Gier auf ein selbstgestaltetes Leben, welches mit Zähnen und Klauen verteidigt wird, ist diesen Körpern immanent, ebenso wie sexuelle Gier, die sich in zwei Konnotationen darstellt: als aggressive Sexualität und als sexualisierte Aggressivität.

Auf dem Mittelbild des Triptychons: die androgyne Amazonenkönigin, geschmückt mit einem Dreierfederbusch, von einer Schlange umschlungen. Ihre Haltung: ein wenig zur Seite geneigt, aufrecht, unberührbar autonom; ihr Blick: verhalten, forschend; ihr Kopf: in königlicher Haltung der Welt zugewandt, der Schädel ist kahl; ihre Füße und Beine sind nicht in dem Maße wie bei ihren Schwestern geerdet und aggressiv, sprungbereit und kämpferisch. Bei ihr ist fast der gesamte Körper blutrot überzogen und schwarz konturiert. Der Hintergrund aller drei Gestalten: wild aufgesetzte Blautöne, die sich zum unteren Bildrand ins Weiß bzw. ins Gelb erhellen. Die Gestik ihrer Figuren hat Bernd Rosner in dem Werkkatalog von Angela Hampel folgendermaßen beschrieben: „(...) zwischen Archaik und Punk habituell angesiedelt, zwischen Opferritual und Pogo tänzerisch bewegt (...)".

„Malen gestattet mir, mich offen, kompetent und eben als ganzer Mensch auf diese Welt zu beziehen und einzubringen", sagte Angela Hampel im Jahre 1988 vor dem Verband Bildender Künstler in Dresden. Und dieser „ganze Mensch" hat unglaublich vieles mit unglaublicher Dynamik und Kraft zu bieten: die Auseinandersetzung

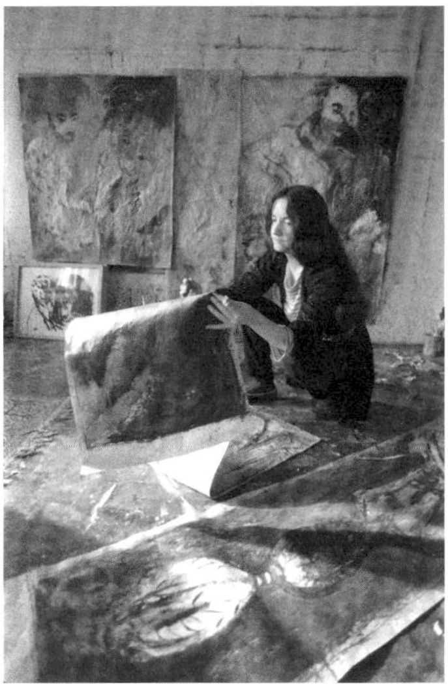

Ulrich Hässler
Angela Hampel in ihrem Atelier, 1988
Fotografie
Angela Hampel gilt als eine der interessantesten deutschen Malerinnen der Gegenwart. Mit einundzwanzig Jahren begann sie ihr Kunststudium in Dresden. Sie arbeitet heute als freie Künstlerin und macht neben ihrer Malerei auch Keramiken, Installationen, Performances und Environments.

Angela Hampel
Frauen mit Schlangen, 1991

Acryl auf Faltrollo, je 200 x 75 cm
Im Besitz der Künstlerin

mit männlicher Kunst zugunsten neu gefundener weiblicher Identität, die Auseinandersetzung mit dem Natürlichen, Kreatürlichen, mit dem archaisch Wilden, meist in Gestalt von Tieren (Schlangen, Ratten, Hunden, Hirschen, Katzen), alles verbunden mit der Frage nach dem sexuell Erlaubten, nach der Expressivität der sexuellen Begierde und nach wilden, obsessiven Phantasien. Hinzu gehört auch das Thema der Androgynität, der physischen und psychischen Verletzbarkeit des menschlichen Körpers und Seins, der hart erkämpften, selbst definierten Weiblichkeit.

Angela Hampel wurde 1956 bei Kamenz (Oberlausitz) geboren, machte von 1972 bis 1976 eine Forstfacharbeiterlehre und arbeitete in diesem Beruf und als Kraftfahrerin, ehe sie von 1977 bis 1982 an der Dresdner Hochschule für Bildende Künste studierte. Seitdem ist sie freie Künstlerin, macht Keramikarbeiten, Installationen, Performances, Environments und gilt (und das bezieht sich auch auf ihr zeichnerisches Œuvre) als eine der interessantesten deutschen Malerinnen der Gegenwart. Seit 1984 stellt sie auch im Westen aus und gründete 1989 mit anderen Kolleginnen die „Dresdner Sezession“. Seitdem reihen sich ihre internationalen Ausstellungen aneinander. Im Jahr 1988 nimmt sie an der XLIII. Biennale in Venedig und im selben Jahr an der 5. Biennale der europäischen Grafik in Heidelberg teil. 2023 wird ihr der Kunstpreis der Landeshauptstadt Dresden verliehen.

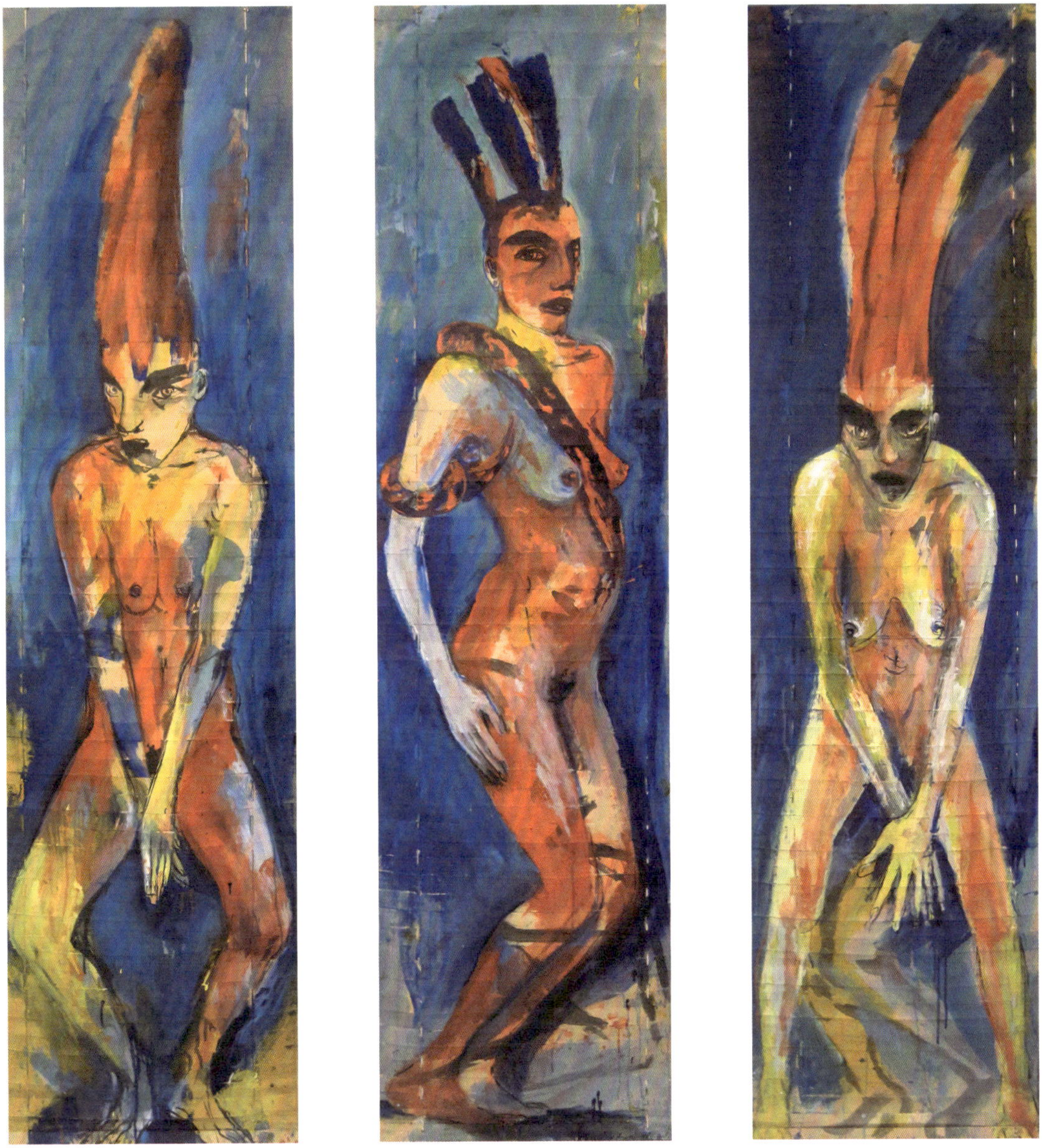

Lisa Milroy

(geb. 1959)

Was immer Lisa Milroy malt, es wird geordnet, gereiht, gestapelt: Schuhe und Blumen, Steine und Städtebilder, Menschen in der Menge – und Teller. Die 1959 in Vancouver geborene Anglokanadierin setzt einer chaotischen, mehr und mehr aus den Fugen geratenden Welt konsequent einfache Strukturen entgegen. Scheinbar unangefochten von den Unkenrufen über den Anachronismus der Malerei und der Bilderflut aus Elektronik und Werbung sucht und findet sie ihre Objekte in ihrer direkten Umgebung. Dies zeigt sich auch in ihrer jüngeren Kunst, die mit Installationen und Performances arbeitet.

2005 wurde die Künstlerin in die Royal Academy of Arts in London gewählt und unterrichtet seit 2009 an der Slade School of Fine Art, nachdem sie mehrere Jahre als Gastberaterin im Rijksmuseum in Amsterdam tätig war. Heute sind Lisa Milroys Werke in zahlreichen bedeutenden Kunstsammlungen wie der Tate Gallery, dem Metropolitan Museum of Art und dem Kunstmuseum Bonn zu finden. Vor fast zehn Jahren gründete sie die Organisation „Hands on Art“, die Kunstkurse für geflüchtete Kinder in Kenia initiiert.

Es sind die Dinge des Alltags, die sie immer wieder aufs Neue faszinieren. Selbst der banalste Küchenteller, die Blüten auf einem Samentütchen oder der klassische schwarze Damenschuh werden durch die Sicht der Malerin verwandelt, werden Teil eines künstlerischen Konzepts. Das Vertraute, Alltägliche wird nicht kritisiert, ganz im Gegenteil: Es wird zur Kostbarkeit.

Die Künstlerin macht kleine Dinge groß – die Blumen, die Steine, die Schuhe, Münzen, Briefmarken – und die großen Dinge klein: die Städte, die Menschenansammlungen. Stillleben und

Landschaften entstehen, Stillleben als reiche und prächtige Seh-Landschaften.

Ihr Bild „Teller“ aus dem Jahr 1992 fällt aus dem Rahmen: Es ist das einzige einer ganzen Serie, auf dem die strenge Ordnung und Reihung, die die anderen Bilder auszeichnet, aufgehoben ist. Einunddreißig geblümte und einfarbige, goldgeränderte und mausezahngezackte Teller, vielleicht aus dem Sammelsurium eines Hausstands des 19. Jahrhunderts stammend, sind auf einer grauen, undefinierten Fläche verteilt. Licht fällt von links ein, denn rechts unter den Tellerrändern liegen dünne Schattenmonde.

Vorausgegangen ist diesem Gemälde ein ähnliches mit zwanzig gleichen Tellern, die auf 1,88 x 2,44 Metern streng in vier waagerechten und fünf senkrechten Reihen angeordnet sind. Auf dem hier abgebildeten Gemälde haben sich noch einmal elf Teller dazwischengeschoben und die Ordnung scheinbar gestört. Doch sind auch sie nach einem, wenn auch rätselhaften, System geordnet. Es entsteht ein Suchbild, das die Frage aufwirft, was sich hinter Ordnung und scheinbarer Unordnung verbirgt. Die Dualität von sichtbar und unsichtbar, bekannt und unbekannt, verloren und gefunden, Anwesenheit und Abwesenheit, die in dem Bild hervorscheint, hat Lisa Milroys Herangehensweise an die Stilllebenmalerei seit den 1980er Jahren bis heute

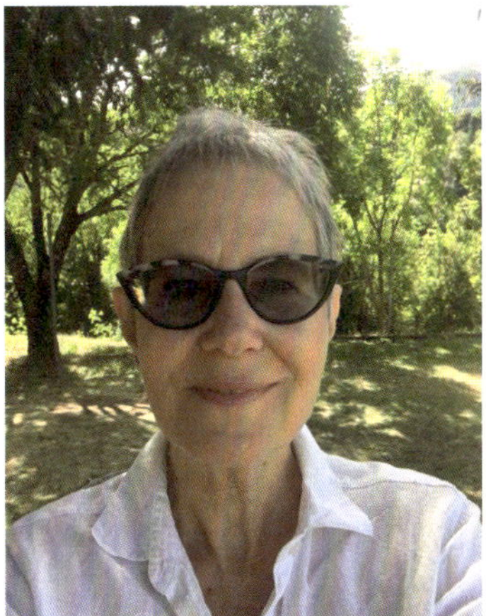

Unbekannt
Lisa Milroy
Fotografie
Lisa Milroy, London

Lisa Milroy

Plates (Teller), 1992

Öl auf Leinwand, 203 x 259 cm
Verbleib der Arbeit unbekannt

geprägt. Was wir sehen, ist kein gedeckter Tisch, die Teller sind von jeglicher Funktion befreit. Sie sind Teil eines künstlerischen Konzepts geworden.

Goldene Ränder glänzen, das Porzellan schimmert verführerisch, die Muster prunken und rühren in ihrer Einfachheit. Sie wahren jedoch Abstand und sind viel mehr als nur alltägliche Dinge. Ganz nah am Objekt glaubt sich der Betrachter und begibt sich doch auf eine Reise in die weite Ferne des Meers der Farbe. Der Blick für das Kleine im Großen und für das Große im Kleinen wird geschärft.

Man fragt sich, warum sich die Künstlerin mit einer Technik und mit Objekten beschäftigt, die vielfach als antiquiert gescholten werden, gehört sie doch einer Generation an, der der Bilderdschungel aus Werbung und Elektronik näher sein müsste als das klassische Tafelbild. Doch Lisa Milroy nutzt die scheinbare Sackgasse der klassischen Malerei als Freiraum. Lisa Milroys Gemälde stehen in der Tradition der europäischen Malerei, inspiriert vom gestischen Farbauftrag von Künstlern wie Velázquez und Manet. Hier bringt sie neue Perspektiven ein. So sind ihre Bilder doch formal ungewöhnlich und neu, sie sind die konsequente Fortsetzung der immer gleichen Auseinandersetzung mit den Fragen der Malerei: mit Licht und Schatten, Realität und Abbild, Abbild und Autonomie, Fläche und Raum, Bewegung in Raum und Zeit.

Und so zeigt sich das Alltägliche im Kunstgriff wieder einmal als Vehikel, das den Betrachter plötzlich etwas begreifen lässt, was er immer gewusst und gespürt hat, ohne es je in Worte fassen zu können: Es ist wie der Blick über den Tellerrand der eigenen engen Weltsicht hinaus, ein Fenster, das sich zur Einsicht öffnet.

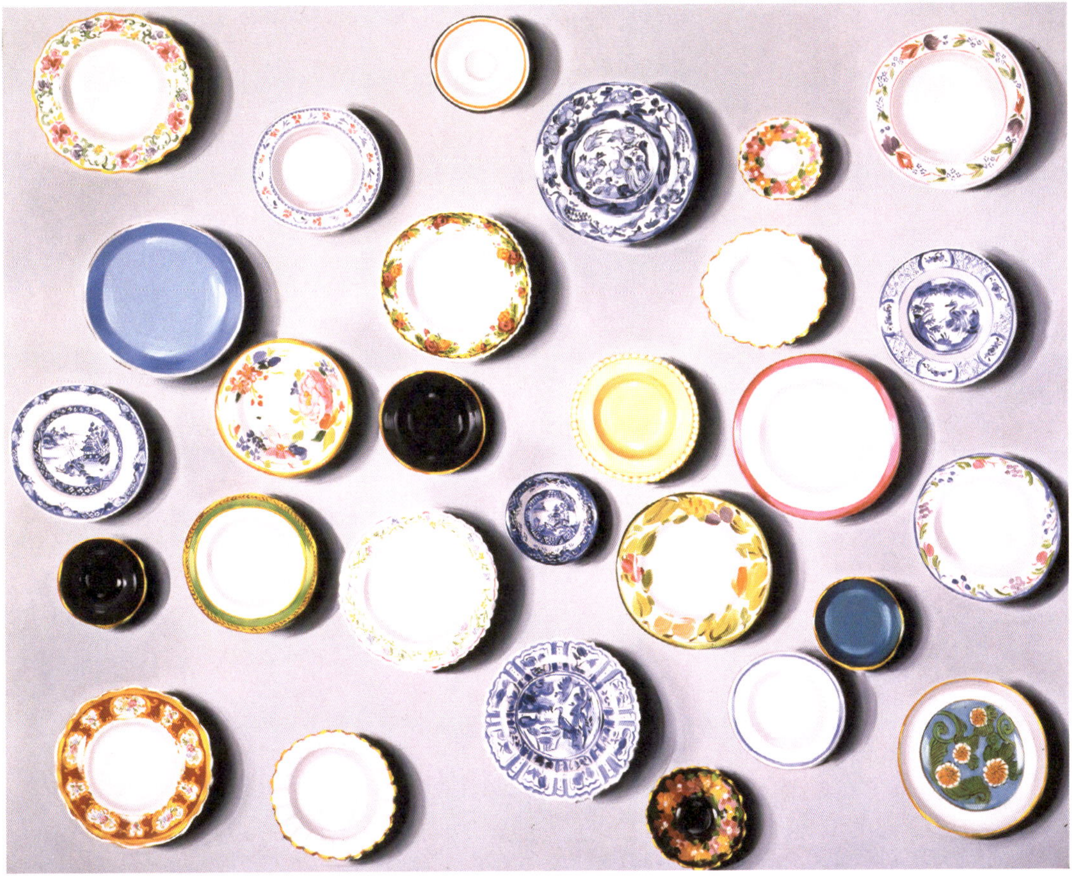

Louise Bourgeois

(1911–2010)

Die kleine Louise wuchs in Paris zwischen Tapisserien auf, ihre Eltern betrieben für diese uralte Teppichkunst eine Galerie sowie eine Restaurierungswerkstatt. Früh griff sie zu Nadel und Faden, skizzierte Entwürfe und malte viel. Pierre Bonnard (1867–1947), dem großen Post-Impressionisten, hatte sie als Kind sogar beim Malen zuschauen dürfen. Später lernte sie die Pariser Surrealisten kennen, die sie in New York wiedertraf, ihr frühester Einfluss. Ihr Kunststudium fand zwischen 1933 bis 1938 an verschiedenen Pariser Kunstakademien statt, auch promovierte sie in Philosophie. Fernand Léger (1881–1955) war einer ihrer Lehrer. Korrespondierend zu seinen Gemälden schuf sie etliche Skulpturen wie „Red Fragment Figure“ (1953), eine schlanke Stele aus aufeinander montierten rotbemalten Holzteilen.

Mit Malerei, Faserkunst, Druckgrafik, Büchern, auch Bühnenbildern beschäftigte sie sich, doch ihre Domäne wurden Skulpturen. Als eine der ersten Künstlerinnen bezog sie bereits in den 1940er Jahren ihre Umgebung in ihre Werke ein, sehr früh auch den Feminismus und die Psychoanalyse. – 1938 siedelte Bourgeois mit ihrem amerikanischen Mann Robert Goldwater (1907–1973), einem berühmten Kunsthistoriker und Spezialisten für afrikanische Kunst, nach New York über. Das Paar hatte drei Kinder.

Eine frühe Werkgruppe (1945–1955) bestand aus Skulpturen, die einerseits an indianische Totems erinnern, wie „Memling Dawn“ (1951), wobei sie das Lebensthema ihres Mannes aufgriff, jedoch auch an die Skyline New Yorks, die jeden Neuankömmling überwältigt. Später arbeitete sie Tapisserie-Reste, die sie aus ihrem Elternhaus mitgenommen hatte, in die Skulpturen hinein, rekonstruierte also – wie beim Restaurieren – die Vergangenheit, jedoch erst nach der Zerstörung, wie sie ihre Arbeit beschrieb. „Meine Werke haben immer mit Sex zu tun, aber was geht Sie das an?“, so Bourgeois zu einer Journalistin, aber auch Tod, Verrat und Schuld, Verletzungen sowie Lust und Gewalt bezogen auf die Geschlechterverhältnisse beschäftigten sie ein Leben lang.

Eine riesige Skulptur nannte sie „The Blind Leading the Blind“ (1947–1949), ein hölzerner, 1,70 Meter hoher Tisch mit vierzehn Beinen. Rot und schwarz angemalt, eine Hommage an die Farbigkeit ihres Freundes, des Architekten Le Corbusier, und gespeist von Erinnerungen, als sie als kleines Mädchen unter dem Tisch sitzend die Beine ihrer Eltern beobachtete, die sie als bedrohlich empfand.

Den internationalen Durchbruch erfuhr sie erst in den 1970er Jahren. Ihre Werke erzielten zweistellige Millionenbeträge. Berühmt wurde Louise Bourgeois mit Spinnen und Zellen. „Maman“ (1999), eine neun Meter hohe Spinne aus Bronze, Stahl und Marmor mit acht Beinen, eine beunruhigende, suggestiv-bedrohliche Skulptur, wohl ihr berühmtestes Werk. Spinnen sind intelligent, weben endlose Fäden und warten in Erstarrung darauf, loszukrabbeln und (tödlich) zuzubeißen. Unsere Assoziationen dazu reichen zu Horrorfilmen und Übermüttern, die ihre Kinder einspinnen. Doch Louise Bourgeois, die unter quälenden Phobien litt (jedoch nicht unter Spinnenängsten) sah in den Spinnen Wächtertiere gegen Insekten. „Meine beste Freundin war meine Mutter, sie war besonnen, klug, geduldig, beruhigend, vernünftig, wählerisch, raffiniert, unentbehrlich, ordentlich und nützlich – wie eine Spinne.“ Aber ebenso wie Spinnen bedeuten Mütter sowohl Schutz als auch Gefahr für ihre Kinder!

1951 starb ihr Vater, dessen Tod sie als höchst ambivalent erfuhr, was zu einer jahrelangen Depression führte. Ihr Ur-Thema war, dass ihr patriarchaler Vater sie als dritte Tochter ablehnte und von seiner Frau zehn Jahre eine Ménage à trois verlangte, was sie ihm zeitlebens nicht verzieh und in der Skulptur „The Destruction of the Father“ (1974) durch einen kannibalistisch, kathartisch inszenierten „Vatermord“ abarbeitete. Ihre Position als Tochter klang bitter: „Um zu

Louise Bourgeois
Maman, 1999

Skulptur aus Stahl, Bronze und Marmor, 927 x 892 x 1024 cm
Guggenheim, Bilbao

überleben, musste ich also Wege finden, um mich beliebt zu machen. Nur so konnte ich die Traurigkeit überwinden, die daher rührte, dass ich mir überflüssig und verlassen vorkam." Die Depressionen führten sie in die Psychoanalyse und zu verstärkter Arbeit mit ihren Emotionen und Affekten, die sie in Formen, Werken und Zellen verdichtend bearbeitete.

Ein weiteres Thema waren für sie „Zellen", diese Grundstruktur aller Elemente. Bourgeois schuf Gehäuse, Gitterzellen, theatralische Szenen mit Gegenständen aus ihrer Kindheit, Mobiliar, Türen, Betten, Kugeln, Spiegeln, Stoffen. Immer wieder Betten, die den Schlaf, Krankheit, Sexualität und Tod symbolisieren. Manche hermetisch geschlossen, andere zum Betreten. Symbole ihres Inneren und Begrenzung zur Außenwelt. „Die ‚Zellen' repräsentieren verschiedene Arten von Schmerz: physischen, emotionalen, psychologischen, geistigen und intellektuellen Schmerz. Jede ‚Zelle' befasst sich mit dem Reiz des Sehens und Gesehenwerdens. Die ‚Zellen' ziehen sich entweder an oder stoßen einander ab. Es gibt diesen Drang sich zu verbinden, zu verschmelzen oder zu verfallen." (Louise Bourgeois 1991).

„Passage Dangereux" (1997), eine ihrer umfangreichsten Arbeiten: Eine Abfolge von Käfigzellen, aufgeladen durch biografische Hinweise, Symbole aus Holz, Metall, Gummi, Marmor, Wandteppichen, Stahl, Glas, Knochen, Flachs und Spiegel. Einsehbare, interpretierbare Kabinette ihres Innersten, eine konkretisierte Biografie ihrer Lebensschmerzen und Ängste.

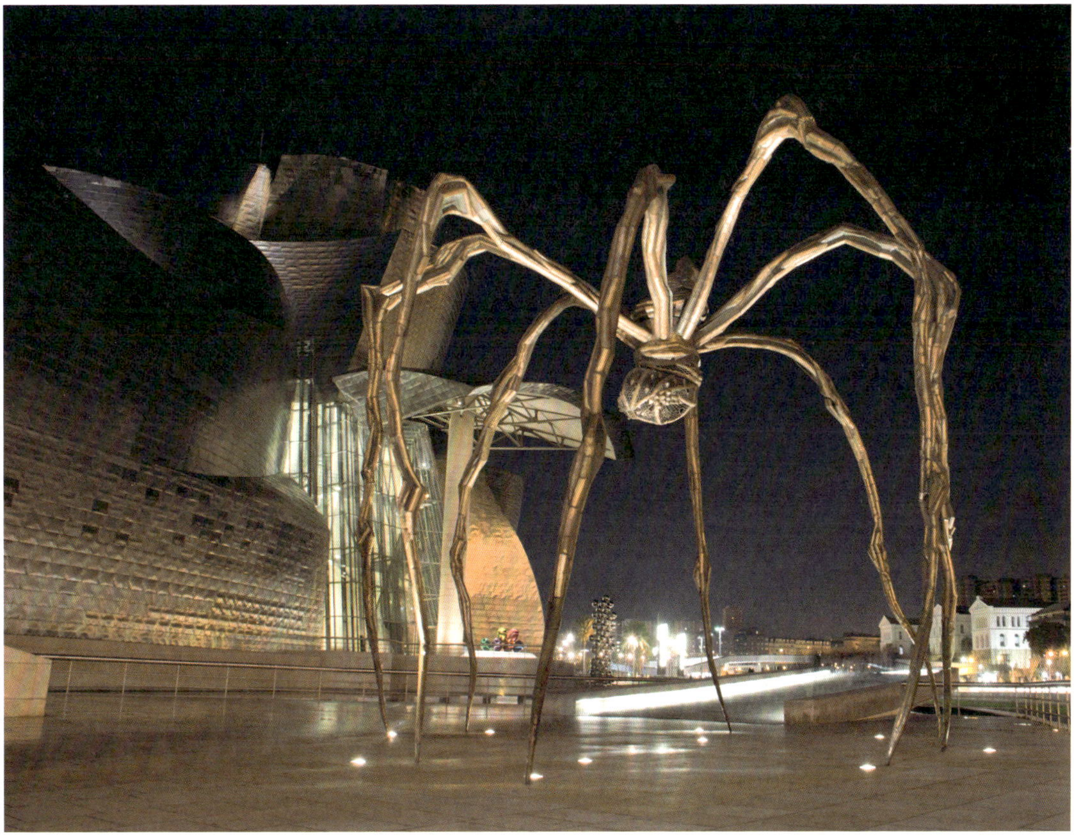

Eun Nim Ro

(1946 – 2022)

„Gute Kunst verlangt nach Reinheit. Sie kann nur leben, wenn alles Komplizierte über Bord geworfen – wenn das Einfache eingetreten ist. Nur in solch einem Augenblick öffnet sich die Tür. Da steht ein seltener Gast, er bleibt eine Weile … Dieser metaphysische Gast – das ist für mich Kunst." Eun Nim Ro, 1986.

Eun Nim Ro, eine Südkoreanerin. Ihr Vater erlaubte keine künstlerische Ausbildung, also wurde sie Krankenschwester und emigrierte 1970, auch aufgrund der Restriktionen in ihrer Heimat, nach Hamburg. Ein schwieriger Anfang im Hafenkrankenhaus; auch litt sie immer wieder unter Rassismus. Um das Heimweh zu bekämpfen, kaufte sie sich einen Malkasten und begann bereits 1973 an der Hochschule für Bildende Künste Hamburg bei Professor Hans Thiemann, einem Schüler von Paul Klee, zu studieren. Er war es, der eines Tages ihre intuitiven Arbeiten aus dem Papierkorb fischte und würdigte und damit den Beginn ihrer internationalen Karriere legte. Auch wurde sie 1990 in Hamburg mit einer Professur geehrt.

Beeinflusst vom Schamanismus, Taoismus und Buddhismus strebte sie keineswegs die Abbildung von Realitäten an, vielmehr begab sie sich immer wieder auf eine Reise nach innen zu ihrem subjektiven Kern, denn „da treffen sich Vergangenheit, Gegenwart und Zukunft", so ein Zitat der Künstlerin. Besonders bei ihrer Ölmalerei und ihren Zeichnungen (oftmals auf Maulbeerpapier) drängt sich der Eindruck auf, als würde sie bis in die prähistorischen Tiefen des Menschseins sowie meditierend in die tiefe Spiritualität der Religionen ebenso wie in die Zeiten von Vielfüßler-Kinderzeichnungen zurückspüren. Die Auffassung bestätigend, dass sich in Kinderzeichnungen die Menschheitsentwicklung jeweils erneut – zügig – wiederholt. Um dabei, wie in der magischen Kindheitsphase zwischen drei und fünf Jahren (bei nicht medienokkupierten Kindern), unbelebte Materie lebendig zu erfahren, zu erspüren und archaisch zu gestalten.

Ihre schlicht wirkenden Erdmenschen, Fische, Schnecken, Hunde und Katzen, Vögel, Schmetterlinge, die Sternschnuppen und der Mond erzeugen tatsächlich magische Faszination, ebenso die Mischwesen aus den Märchenstoffen ihrer Heimat wie „Bienenvogel", „Mondläufer", „Zweigehirsch": kalligrafisch mit Schwung und schwarzer Tusche in Szene gesetzt, wie „eigene Kinder" von ihr voller Lebendigkeit und Erstaunen geboren, wie es in einem Katalog heißt.

An vielen der Arbeiten von Eun Nim Ro wird ihre asiatische Herkunft erlebbar. Sie selbst beschreibt die Unterschiede pointiert: „Asiatisch sein bedeutet mehr Freiraum lassen, mehr weißes Papier zulassen, europäisch sein heißt, weniger weißes Papier übrig lassen." Ihre Urgeschöpfe verweisen nicht auf die Realität, denn weder Landschaften noch Porträts noch Perspektiven interessieren sie, sie gebiert eigene, auch eigenständige Artefakte, vergleichbar mit frühester Höhlenmalerei, die sie z.T. mit Farbe an den Händen kreiert. Oftmals geheimnisvoll, voller Witz, kindlich tollpatschiger Anmut, die sich völlig unabhängig im eigenen Universum tummeln. Grundthemen ihrer stark reduzierten Formensprache sind seit den 1980er Jahren „Die Schöpfung" und „Die vier Elemente": „In meiner Kunst versuche ich zu arbeiten wie die Natur, mich ihrem Rhythmus, ihrem Werden und Vergehen anzupassen und ihre Kraft der Veränderung zu übernehmen" (1992).

Ölmalerei auf Leinwand, Tusche auf Reispapier, Grafik, Objektkästen, kalligrafische Action Paintings auf riesigen Formaten, Rauminstallationen, Skulpturen aus Ton, aber auch Glasarbeiten, z.B. für die Fenster in der St. Johanniskirche in Hamburg-Altona (1997) und für eine Kirche in Korea (2001), oder Leuchtbilder in einer U-Bahn in Seoul (1998) sowie Performances und gedichtete Haikus gehören zu ihrem vielgestaltigen Œuvre. Eun Nim Ro liebte es zu

Eun Nim Ro

o.T. (Figur mit Pfeil nach rechts), 2012

Mischtechnik beidseitig bemalt, 68 x 69 cm
Galerie Margareta Friesen, Dresden

reisen, bevorzugt zu Naturreservaten, liebte zu kochen und zu essen, lebte zwischen Hamburg und Michelstadt, doch ihre Heimat war ihre Kunst.

Das Blatt „o.T. (Figur mit Pfeil nach rechts)" von 2012 hat ein kleines Format, aber beinhaltet zahlreiche Aspekte aus der Welt der „Fetten Hühner", fröhliche und komische Tiere, „Hasenausflügen" und „Herbstläufer" von Eun Nim Ro: Eine schwarze Schlange, abgeknickt, mit riesigen Kinderaugen in der Mitte des Formats, ein freundliches Wesen. Sie ist umringt von je drei gelben und blattgrünen, hellgrauen und schwarzen, mit weißen und roten Tupfern versehenen Kreisen. Stark leuchtend! Rechts oben ein kräftiger, schwarzer Pfeil bis zum Bildrand. Mehr nicht, und doch so viel evozierend: Freude am malerischen Duktus, Ruhe und Kontemplation, belebte und unbelebte Materie, es erscheint vergnügt, kindhaft verspielt, anspruchslos.

Eine ihrer Grundannahmen lässt sich darin entdecken: „Wir können aus unserem vorhandenen Dasein ein anderes Dasein entwickeln, einen weiteren, breiteren Horizont bauen. Dann werden wir unabhängig von Kontinenten und Kultur; stehen nur als Mensch auf der Erde, so wie ein doppelstämmiger Baum. Und die Wurzeln sind die Liebe und die Nahrung das Vertrauen. So können wir wie die Indianer einfach leben."

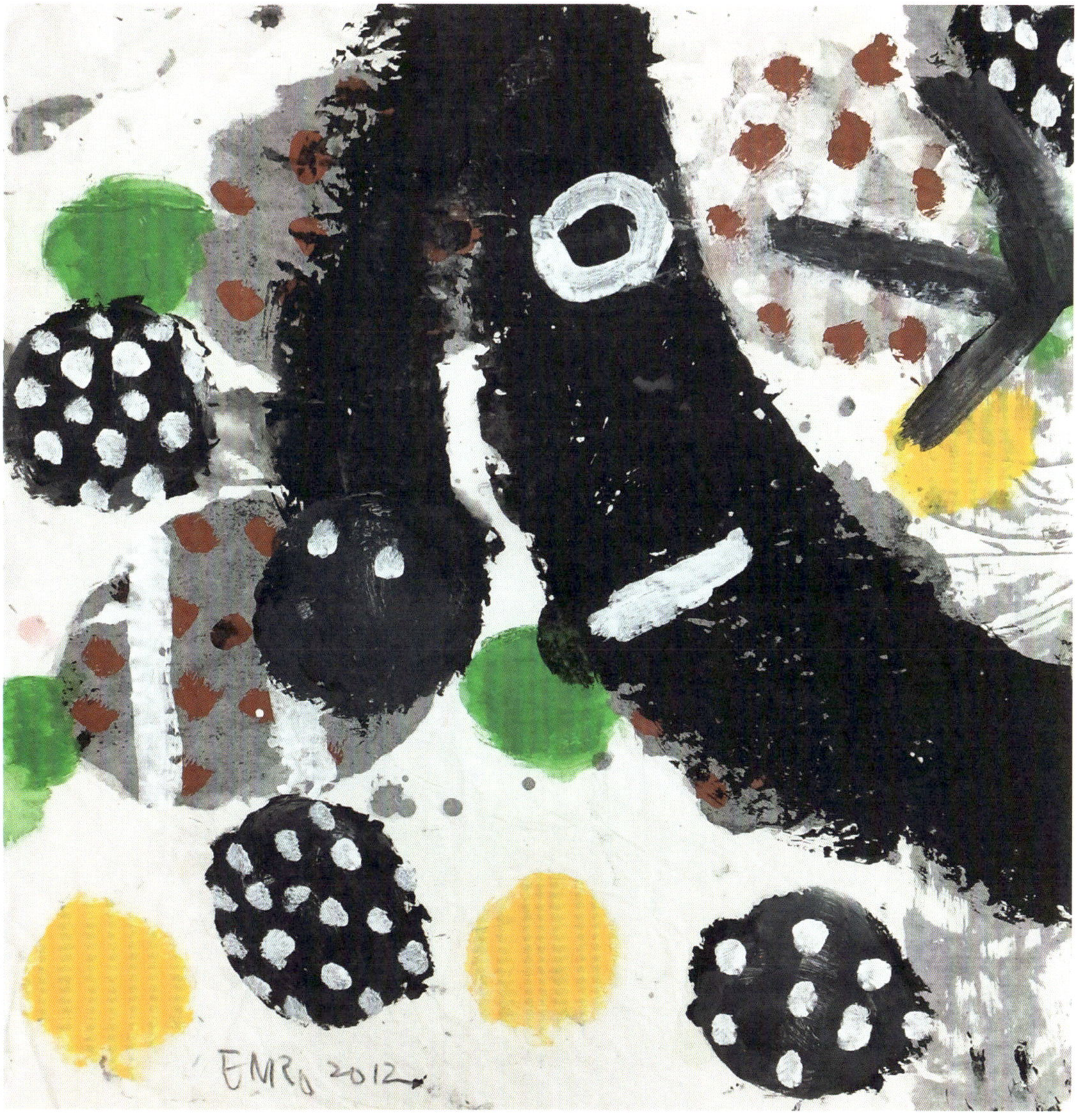

Isa Genzken

(geb. 1948)

Isa Genzken, 1948 in Bad Oldesloe geboren, lebt in Superlativen. Sie studierte an vier Hochschulen, Hamburg, Köln, Berlin, Düsseldorf, mehrere Fächer: Kunst, Kunstgeschichte, Philosophie, Fotografie und Grafik. Ihre Werkgruppen sind fast unzählbar: Skulpturen (aus Holz, Gips, Epoxidharz, Beton, Kunststoffen, Stahl usw.), Installationen, Collagen, Künstlerbücher, Filme, Fotoserien, Malerei, Arbeiten auf Papier, Objets trouvés, Assemblagen ... Drei Mal wurde sie zur documenta in Kassel eingeladen (1982, 1992, 2002) sowie fünf Mal zur Biennale in Venedig, wurde mit Ausstellungen in den wichtigsten Museen für europäische Kunst weltweit sowie mit zahlreichen Ehrungen ausgezeichnet. Auch war sie von 1982 bis 1993 mit dem momentan „teuersten noch lebenden Maler der Welt“, ihrem früheren Professor in Düsseldorf, Gerhard Richter, verheiratet.

In den sich krass unterscheidenden Werkgruppen spiegelt sich jeweils ihr psychischer Zustand, denn ihr Leben ist beeinflusst von einer Bipolarität, die sie nicht nur über Grenzen und zu unglaublicher Produktivität führt, so dass die ZEIT sie „die Einflussreichste“ nannte! Sie liebte Großstädte, den Rausch, Clubs in New York, wo sie sieben Stunden vor männlichen Homosexuellen tanzte, aber musste auch zehn Jahre in der Psychiatrie verbringen. Trotzdem arbeitete sie weiter, selbst unter Betreuung.

Sie begann 1976 mit „Ellipsoiden“, Skulpturen, die an geschlossene Kurven von Ellipsen erinnern: schmale, schnittige Holzobjekte, bis elf Meter lang, spitz zulaufend, Surfbrettern ähnlich, nur an einem Punkt den Boden berührend, deren Form sie sich von einem Mathematiker hatte ausrechnen lassen (auch das ein Novum in der Kunst!). Makellose, elegant kalte Formen, handbemalt, z.T. an den Seiten aufgeschnitten. Komplementär dazu entwickelte sie „Hyperbolos“, röhrenartige, ebenfalls schlanke Holzobjekte, trichterförmig an den Enden geweitet, zunächst liegend, doch ab 1982 auch als stehende Formen. Leere umhüllend. Beide Objektgruppen: kühl, streng, minimalistisch im Zwischenbereich von Geometrie, Skulptur und Design. – Eines widmete sie „Meister Gerhard“ (1983), dem ersten Dombaumeister im 13. Jahrhundert in Köln, nachdem sie viele Stunden den Dachboden des Kölner Doms erforscht hatte.

In dieser ersten Phase entstehen ab 1976 zudem – gemeinsam mit dem Physiker Ralph Krotz – großformatige Computerzeichnungen in einem Spiel mit Algorithmen, wiederum eine Neuerung! Mathematisch-geometrische Arbeiten auf Papier bilden Serien, in denen sie Quadrate und Rechtecke in begrenzten Farben (wie z. B. Weiß, Grau, Schwarz und Gelb) ab 1973 zu unendlichen „Rastern und Variationen“ immer wieder neu zusammensetzt, meterlange Reihungen von gerahmten Blättern!

1979 die Fotoserie einer USA-Reise mit Motiven ihrer bevorzugten Interessen: Architektur, Werbeflächen, Landschaften. Aber auch die Aufnahme des Motorengeräuschs eines TriStar-Flugzeugs vom Düsseldorfer Flughafen auf einer Schallplatte.

In den 1980er Jahren beginnt Isa Genzken mit Skulpturen aus Gips, Beton, Harz, Metall. Eine überdimensionierte „Rose“ (1993) aus Stahl mit metallfarbenem Stängel und blutroten Blütenblättern, steril und künstlich wirkend, konterkarierte die Architektur der Neuen Leipziger Messe.

Und dann ein völliger Bruch, der andere Pol in ihr: ungezählte Assemblagen und Skulpturen, für die sie eigene Kleidungsstücke, billiges Dekor- und alltägliches Baumaterial, Flugzeugteile, farbige Klebebänder, bearbeitete Fotografien und vieles mehr entfremdet. Fröhlich bunt, eklig, abstoßend, aggressiv, immer überraschend, meist rätselhaft. Ab den 2000er Jahren oftmals Schaufensterpuppen, die sie grell, trashig, mit Warnwesten und mülligen Klamotten, manchmal in pornografischem Setting z.T. zu imaginierten Filmszenen zusammen-

Isa Genzken
Nofretete, 2014

Sieben Gipsbüsten mit Sonnenbrillen auf Holzsockeln, 191 x 40 x 50 cm
Installation in der Ausstellung
„Mach dich hübsch" (2016) im
Gropius Bau, Berlin

fügt. Ihre sogenannten „Schauspieler", die kontaktlos, starr, kalt distanzierte Gruppen bilden.

Immer wieder betont sie den Realitätsbezug ihrer Arbeiten: bei der Erforschung von Ohren z. B. oder dem Readymade „Weltempfänger", einem kleinen Radio, welches sie in ihrem Atelier, besonders für Musik, die in ihrem Leben eine große Rolle spielt, benutzte. Oder „Der amerikanische Raum" (2004), Schreibtisch, Bürostuhl, Aktenschrank, Lampen usw. – Skulpturen, die eine Kapitalismuskritik enthalten und unsere problematische Beziehung zu uns umgebenden, von Menschen erschaffenen Räumen symbolisieren sollen. Deutlich auch an ihrem Entwurf für den „Ground Zero", nachdem sie 2001 aus nächster Nähe das Attentat auf das World Trade Center in New York miterlebt hatte. Berühmt wird ihre Reihung von Nofretete-Abgüssen auf weißen Stelen, streng in die gleiche Blickrichtung ausgerichtet. Ich phantasiere, dass Isa Genzken eines Tages vor folgender Frage stand: Wie lässt sich eigentlich dieses weltberühmte, ikonografische Frauenbildnis, diese Halbgöttin, kreativ nutzen, deren Schönheit seit Jahrtausenden magisch auf uns wirkt? Zerstören? Übermalen? Konterkarieren? Nein, aber jede Ägypterin braucht eine Sonnenbrille. Ergo bekamen diese vervielfältigten Büsten jeweils eine schicke, wodurch dieses perfekte Gesicht ironisiert, jedoch auch banalisiert und seiner göttlichen Magie beraubt wird. Vielleicht als Metapher für die tägliche Zerstörung von Magie, wenn Kunstwerke auf Tassen, Handtüchern und Regenschirmen hunderttausendfach reproduziert werden oder wenn sich Selfie-besessene Menschen in die Kunstwerke zur Selbstinszenierung völlig resepktlos hineinstellen.

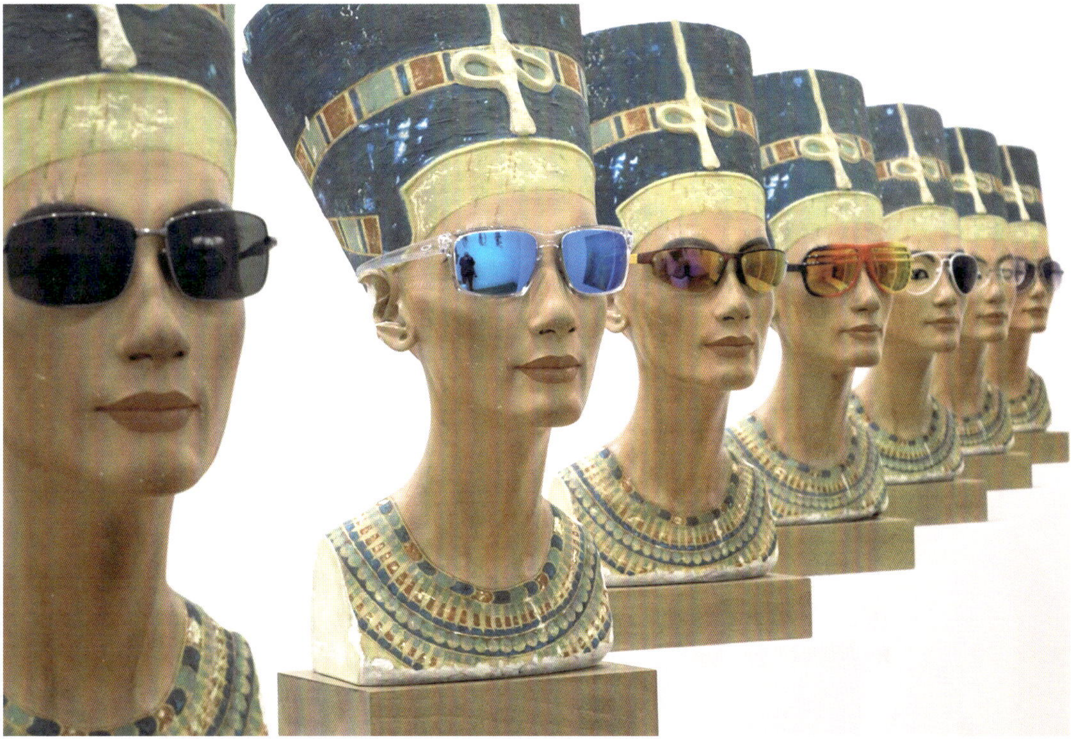

Elizabeth Peyton

(geb. 1965)

Unsere Gesichter bilden die Grenze zwischen Innen und Außen, dem Ich und der Welt. Die meisten Porträts seit der Renaissance waren Auftragsarbeiten, vom Porträtierten selbst, seiner Familie oder Bewunderern, sollten beeindrucken, würdigen, erinnern und basierten auf Übereinkünften sowie Absprachen. Sie verschafften – im wörtlichen Sinn – Ansehen! Es waren Kompositionen, oftmals mit Landschaften im Hintergrund oder Innenräumen voller persönlicher Attribute, auch Symbole der Herkunft, des Standes, der Tätigkeit, um die Person in ihrer Norm- und Wertorientierung zu charakterisieren.

Ganz anders bei der Malerin Elizabeth Peyton, 1965 in Danbury in den USA geboren. Sie studierte von 1981 bis 1987 an der School of Visual Arts in New York City und hat seit 2015 eine Professur für Malerei an der Düsseldorfer Kunstakademie inne. Geehrt mit zahlreichen Ausstellungen in den großen Museen der Welt, u.a. 2020 in der Londoner National Portrait Gallery, wo vierzig ihrer Porträtbilder denen der Tudor-Zeit gegenübergestellt wurden. Ihre Bilder erreichen Höchstpreise bei Sotheby's.

Peyton ist eine Porträtmalerin aus freien Stücken, wählt ihre Sujets selbst, oftmals historische oder zeitgenössische Kultfiguren wie Napoleon oder König Ludwig II. von Bayern, von denen sie derart besessen scheint, dass sie sich den französischen Adler bzw. die bayerische Krone auf den Arm tätowieren ließ. Oder Literaten, Künstlerinnen wie Frida Kahlo oder Georgia O'Keeffe. Schon als Jugendliche las sie mit Vorliebe Flaubert, Balzac, Proust und Oscar Wilde, dessen Dandyhaftigkeit sie in zahlreichen Bildnissen von jungen Männern immer wieder zu ergründen sucht, mit ihren Eitelkeiten, in ihrem Weltschmerz und der obsessiven Aufmerksamkeitssuche, aber auch in schmollender, jugendlicher Überheblichkeit.

Die Kunstkritikerin Sarah Pines schrieb zu Peytons Bildern: „Gesichter sind Schnittstellen zur Welt und zum Erfolg. Und nichts umgibt uns so sehr wie Gesichter. Die fragilen Posen des Selbstvertrauens oder der Angst, der Anmaßung oder Unterwerfung... flimmern uns abermillionenfach als Selfies entgegen, in sozialen Medien, auf Touchscreens ... Wir sind diese Pose geworden." All dies fängt Peyton mit raschen Pinselstrichen ein.

Sie bevorzugt uralte Techniken wie Öl auf Holz oder Leinwand mit glänzenden Lasuren überzogen, Monotypien, Radierungen, Aquarelle. Auch mit Kohle oder Bleistift porträtiert sie moderne Gestalten, manchmal bonbonfarben, grell, mit undefinierten, gewischten Hintergründen, nur wenige Ausschnitte von Wänden, Tapeten, Stuhllehnen. Brustbilder, öfter noch Halbporträts oder frontale Enface-Bildnisse, selten ganze Figuren. Kleine Formate. Die Gesichter sind oftmals angeschnitten, nur Mund, Nase, Haare, wenn diese vor die Augen fallen oder der Mensch sich wegdreht.

Porträts waren, vor dem Zeitalter der Fotografie und nun der Selfies, seltene Einzeldarstellungen. Heute leben wir in einer Zeit des Kultes um das perfekte Gesicht. Andy Warhol hat durch Reihungen, durch seine Techniken der Vervielfältigung den Warencharakter z.B.

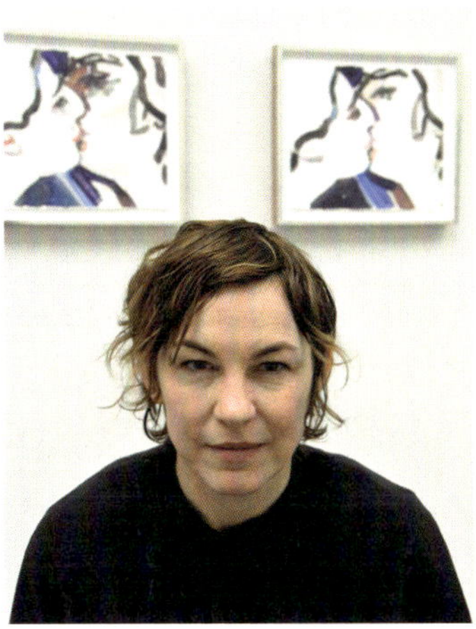

Rolf Haid
Elizabeth Peyton bei ihrer Ausstellung in der Staatlichen Kunsthalle Baden-Baden, 2013
Fotografie

Elizabeth Peyton
Angela Merkel, 2017

Öl auf Holz, 43 x 35 cm
Privatsammlung

der tausendfach „totfotografierten" Jackie Kennedy oder Marylin Monroe betont. Elizabeth Peyton strebt das Gegenteil an: Sie vertieft sich in winzige Momente der Verletzbarkeit, der Privatheit, manchmal sind es Gesichter im Schlaf oder wie weggetreten, versonnen träumend. Alle sehr, sehr ernst.

Prominente sind ihre Sujets, nach Schnappschüssen aus Zeitungen, wie z.B. Prinzessin Diana, Leonardo Di Caprio, die Prinzen William und Harry, die Obamas bei einem zärtlichen Kuss... Peyton sagte einmal, sie interessiere sich für Menschen, die Dinge schaffen, denn je kreativer sie seien, desto verletzlicher würden sie. Ein anderes Zitat: „I really love the people I paint and believe in them ... Individuality is in their face." Ihre Arbeitsweise beschreibt sie folgendermaßen: Sie studiere manchmal sechs Monate ihr Sujet, um das Werk dann innerhalb von zwei Stunden zu Papier zu bringen!

2017 malte Peyton ein Porträt von Angela Merkel. Die Fotografie, worauf es basiert, könnte zu Beginn der 1990er Jahre entstanden sein, Merkel in ihren frühen vierziger Jahren. Sie schaut nach oben zu den Betrachtern, eine rote Jacke nur angedeutet, der graue Hintergrund verwischt, ihre intensiv blauen Augen ziehen in Bann, so zukunftsfreudig, warmherzig, zuversichtlich sie einerseits wirken. Andererseits scheint auch Trauer hindurch. Die wird es gegeben haben in ihrem Leben in einem totalitären Staat. Die Komplexität ihres Gesichts, seine Verdichtung und Kondensierung berührt, denn sie wird dargestellt noch ohne die langjährige, fast unmenschlich schwere Last der Verantwortung als Bundeskanzlerin zwischen etlichen Weltenkrisen und heimischen Grabenkämpfen.

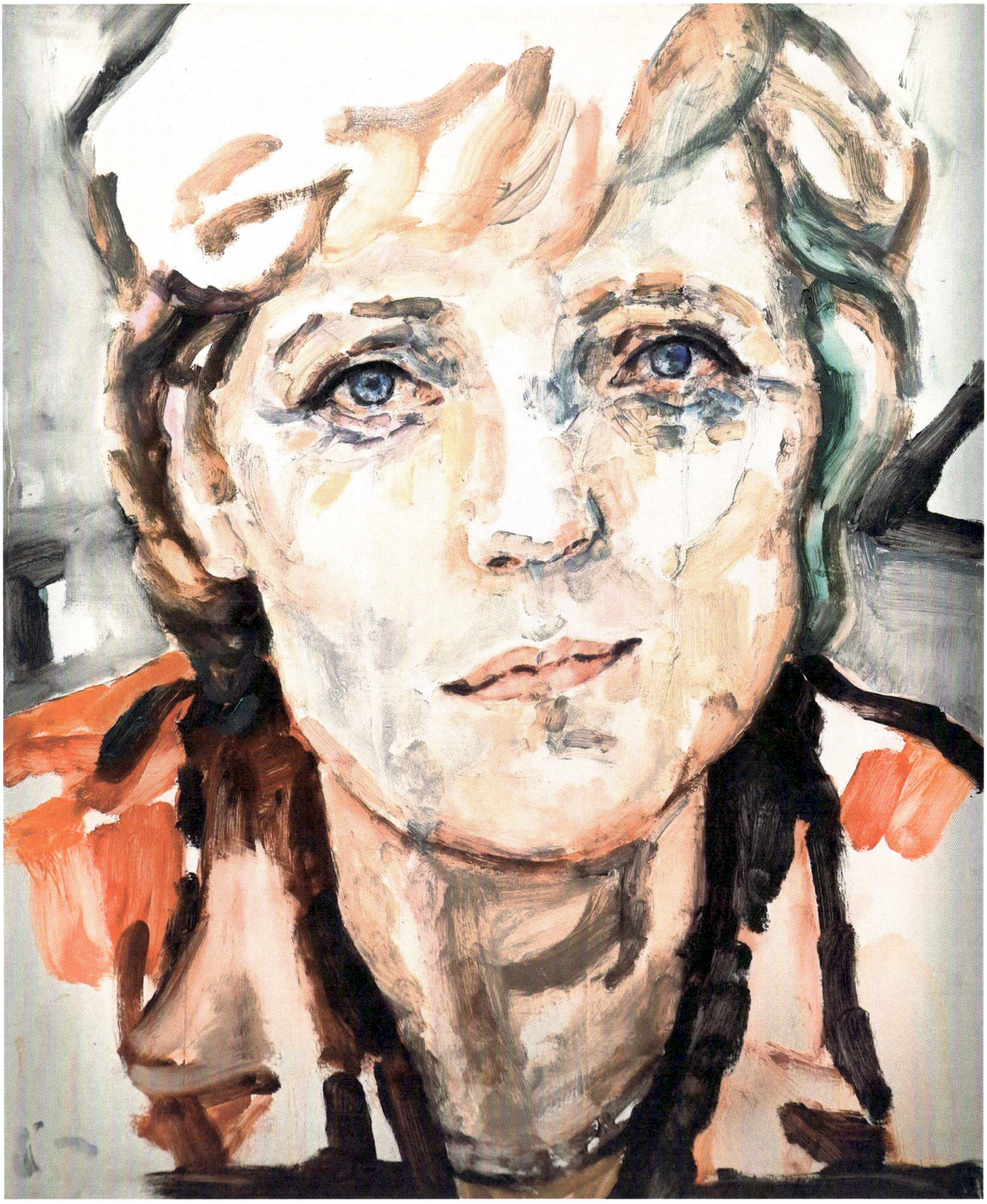

Personenregister

Autorenviten

Astrid von Friesen-Sello, Dipl.-Pädagogin, Gestalt- und Trauma-Therapeutin sowie Publizistin, schrieb ihr erstes Buch „August Macke – ein Maler-Leben" (1989, Ellert & Richter Verlag) über ein Kunstthema ebenso wie „Tiere mit anderen Augen sehen" (1993), ein Kinder-Kunst-Buch. Später folgten diverse Bücher über pädagogische und psychologische Themen, Beiträge für den Deutschlandfunk und den MDR. Sie unterrichtete zwanzig Jahre an der TU Bergakademie Freiberg und ebenso lange in der Lehrerfortbildung sowie an der Hochschule für Bildende Künste Dresden im Studiengang Kunsttherapie.

Gottfried Sello war vier Jahrzehnte Kunstkritiker der ZEIT in Hamburg und arbeitete über zwanzig Jahre fürs Fernsehen. Er drehte zahlreiche Filme über die aktuelle Kunst sowie über Kunst und Künstler der Vergangenheit, darunter die Serien „Reisewege zur Kunst", „Kulturlandschaften der DDR", „Die großen Museen der Welt" und „Deutsche Künstler der Dürerzeit". Seine letzten Buchpublikationen galten Tilman Riemenschneider, Adam Elsheimer und Caspar David Friedrich (im Ellert & Richter Verlag). In den 1970er Jahren war er einer der ersten Kunsthistoriker, der sich mit dem Thema „Frauenkunst" beschäftigte und etliche vergessene Malerinnen wiederentdeckte. Gottfried Sello starb 1994 in Hamburg.

Bildnachweis

Titelbild: Milwaukee Art Museum (Photographer: John R. Glembin) © Artists Rights Society (ARS), New York / © VG Bild-Kunst, Bonn 2023; S. 13: Wikimedia Commons / Cybershot800i; S. 15: Foto © Rheinisches Bildarchiv Köln, rba_000088; S. 17: Mauritius Images, Mittenwald; S. 19: Bridgeman Images, Berlin; S. 21: picture alliance / © Fine Art Images / Heritage Images; S. 23: picture alliance / akg-images / Rabatti - Domingie; S. 25: Wikimedia Commons / Aavindraa; S. 27: Wikimedia Commons / September-Woman; S. 29: Wikimedia Commons / Fæ; S. 31: Staatliche Kunsthalle Karlsruhe; S. 35: mauritius images / SuperStock / Peter Willi; S. 37: Wikimedia Commons / Andrew Dalby; S. 39: picture alliance / akg-images / Orsi Battaglini; S. 41: Wikimedia Commons / Mr. Nostalgic; S. 43: © KHM-Museumsverband, Wien; S. 45: picture alliance; S. 47: Wikimedia Commons / Cybershot 800i; S. 49: Wikimedia Commons / Oporinus; S. 51: picture alliance / © Fine Art Images / Heritage Images; S. 53: Wikimedia Commons / DcoetzeeBot; S. 55: bpk / Staatliche Kunstsammlungen Dresden / Marina Langner/Wolfgang Kreische; S. 57: Wikimedia Commons / Finoskov; S. 59: picture alliance / HIP / Art Media; S. 61: Wikimedia Commons / Dcoetzee; S. 63: Staatliche Museen zu Berlin, Nationalgalerie / Andres Kilger; S. 65: Wikimedia Commons / Remitamine; S. 67: Archiv Ellert & Richter, Hamburg; S. 69: Wikimedia Commons / Slick-o-bot; S. 71: mauritius images / ARTGEN / Alamy Stock Photos; S. 73: mauritius images / SuperStock / 4x5 Coll-Peter Willi; S. 75: The Metropolitan Museum of Art, New York; S. 77: picture alliance / akg-images; S. 79: Schiller Nationalmuseum, Deutsches Literaturarchiv Marbach; S. 81: Wikimedia Commons / Jan Arkesteijn; S. 83: Wikimedia Commons / Austriacus; S. 85: Wikimedia Commons / Mr. Nostalgic; S. 87: Arenenberg, Napoleonmuseum, Portraitsammlung; S. 89: © Wallace Collection, London, UK / Bridgeman Images; S. 91: picture alliance / Heritage-Images / Fine Art Images; S. 93: Wikimedia Commons / Aavindraa; S. 95: Wikimedia Commons / VladiMens; S. 97: Wikimedia Commons / BeatrixBelibaste; S. 99: Staatliche Museen zu Berlin, Gemäldegalerie / Jörg P. Anders; S. 101: mauritius images / GL Archive / Alamy Stock Photos; S. 103: Binger St. Rochusbruderschaft 1754 – Foto aufgenommen von Dr. Wolfgang Vollrath; S. 105: Wikimedia Commons / Pharos; S. 107: Archiv Ellert & Richter, Hamburg; S. 111: Andrews Collection of Hancock Shaker Village, Pittsfield, MA; S. 113: Wikimedia Commons / Crisco 1492; S. 115: bpk | Hamburger Kunsthalle | Elke Walford; S. 117: Wikimedia Commons / Dcoetzee; S. 119: Image courtesy of Manchester Art Gallery; S. 121: Wikimedia Commons / DcoetzeeBot; S. 123: picture alliance / akg-images / Andre Held; S. 125: Finna.fi / Finnish Heritage Agency, Helsinki; S. 127: Finnish National Gallery / Hannu Aaltonen; S. 129: Wikimedia Commons / Daderot; S. 131: picture alliance / Fine Art Images / Heritage-Images; S. 133: Wikimedia Commons / Hohum; S. 135: Rose Art Museum, Brandeis University, Gift of Mr. and Mrs. Abraham M. Sonnabend, Brookline, MA, 1962.73; S. 139: Toggenburger Museum, Lichtensteig / CH; S. 141: picture alliance / akg-images; S. 143: Archiv Ellert & Richter, Hamburg; S. 145: Mauritius Images, Mittenwald; S. 147: Mauritius Images, Mittenwald; S. 149: Wikimedia Commons / CultureDoug; S. 151: Wikimedia Commons / Tm; S. 153: Wikimedia Commons / Andrew J. Kurbiko; S. 155: Wikimedia Commons / BotMultichillT; S. 157: Wikimedia Commons / Mefusbren69; S. 159: Wikimedia Commons / Trzłsacz; S. 161: Wikimedia Commons / Viribus unitis; S. 163: picture alliance / akg-images / Erich Lessing; S. 165: Wikimedia Commons / DcoetzeeBot; S. 167: Picture Alliance, Frankfurt a. M.; S. 169: Wikimedia Commons / Ermell; S. 171: Milwaukee Art Museum (Gift of Mrs. Harry Lynde Bradley M1966.164) / Photographer: John R. Glembin, © Artists Rights Society (ARS), New York / © VG Bild-Kunst, Bonn 2023; S. 173: picture alliance / akg-images / Elizaveta Becker; S. 175: picture alliance / Photoshot © VG Bild-Kunst, Bonn 2023; S. 177: mauritius images / IanDagnall Computing / Alamy Stock Photos; S. 179: Archiv Ellert & Richter, Hamburg © VG Bild-Kunst, Bonn 2023; S. 181: Wikimedia Commons / BotMultichillT; S. 183: Wikimedia Commons / Ablakok; S. 185: Wikimedia

Commons / Coldcreation; S. 187: picture alliance / akg-images; S. 189: picture alliance / akg-images; S. 191: Wikimedia Commons / Stolbovsky; S. 193: Wikimedia Commons / Wmpearl; S. 195: Cecilia Beaux (American, 1855–1942), After the Meeting, 1914, oil on canvas, 40 15/16 x 28 1/8 in. (104 x 71.5 cm), Toledo Museum of Art (Toledo, Ohio), Gift of Florence Scott Libbey, 1915.163; S. 197: mauritius images / Photo-fox / Alamy Stock Photos; S. 199: Sophie Taeuber-Arp, Composition en taches quadrangulaires, 1920, Gouache und Bleistift auf Papier, Stiftung Arp e.V., Berlin/Rolandswerth.; S. 201: J&J Rawlin Ltd., Suffolk; S. 203: Wikimedia Commons / Sailko; S. 205: picture alliance / akg-images / Ute Krause; S. 207: picture alliance / akg-images; S. 209: picture alliance / akg-images / Fine Art Images; S. 211: Ljubow Popowa, Dynamische Raumkomposition, um 1921 / 22, Öl, Aquarell, Gouache auf Karton, 39,5 × 30 cm, Wilhelm-Hack-Museum, Ludwigshafen; Fotocredit: Wilhelm-Hack-Museum, Ludwigshafen; S. 213: Wikimedia Commons / DcoetzeeBot; S. 215: picture alliance / akg-images / Erich Lessing CCØ Paris Musées / Musée d'Art Moderne de Paris; S. 217: Wikimedia Commons / Pharos; S. 219: Wikimedia Commons / Dwkaminski © Georgia O'Keeffe Museum / VG Bild-Kunst, Bonn 2023; S. 221: mauritius images / ARCHIVIO GBB / Alamy Stock Photos; S. 223: bpk / Smithsonian American Art Museum / Art Resource, NY, mit freundlicher Genehmigung des Smithsonian American Art Museum; S. 225: picture alliance / Courtesy Everett Collection; S. 227: mauritius images / TopFoto © Fondation Foujita / VG Bild-Kunst, Bonn 2023; S. 229: Wikimedia Commons / Vysotsky; S. 231: picture alliance / akg-images © VG Bild-Kunst, Bonn 2023; S. 233: picture alliance / Brandstaetter Images / Austrian Archives / Madame d' Ora; S. 235: picture alliance / akg-images © Tamara de Lempicka Estate, LLC / VG Bild-Kunst, Bonn 2023; S. 237: picture alliance / akg-images; S. 239: Maike Bruhns, Hamburg; S. 241: Jeanne Mammen Skizzenblatt Selbstbildnis, um 1926 Berlin, Aquarell, 46,00 cm x 36,00 cm x 4,00 cm Inv.-Nr.: SM 2018-09178 © VG Bild-Kunst, Bonn 2023 / Reproduktion: Mathias Schormann; S. 243: mauritius images / Steve Vidler © VG Bild-Kunst, Bonn 2023; S. 245: Fonden for Franciska Clausen samlingen/ Museum Sønderjylland; S. 247: Franciska Clausen, Piberne, 1929, ARoS Aarhus Kunstmuseum, photo: Ole Hein Pedersen Fotografi © VG Bild-Kunst, Bonn 2023; S. 249: © Musées de Senlis; S. 251: picture alliance / akg-images / André Held; S. 255: Wikimedia Commons / Mutter Erde; S. 257: © The Feitelson / Lundeberg Art Foundation, Lou Jacobs, Jr., Photographer; S. 259: bpk / Smithsonian American Art Museum / Art Resource, NY © The Feitelson / Lundeberg Art Foundation; S. 261: picture alliance / KEYSTONE / STR; S. 263: picture alliance / Ullstein Bild / RDB © VG Bild-Kunst, Bonn 2023; S. 265: picture alliance / dpa © Banco De México Diego Rivera Frida Kahlo Museums Trust / VG Bild-Kunst, Bonn 2023; S. 267: picture alliance / akg-images © Banco De México Diego Rivera Frida Kahlo Museums Trust / VG BildKunst, Bonn 2023; S. 269: Wikimedia Commons / Gampe; S. 271: Archiv Ellert & Richter, Hamburg © VG Bild-Kunst, Bonn 2023; S. 273: picture alliance / akg-images / Purkiss Archive / A; S. 275: picture alliance / akg-images / Cataract 3, 1967, PVA on canvas, 87 3/8 x 87 3/4 in/ 221.9 x 222.9 cm © Bridget Riley 2023. All rights reserved.; S. 277: mauritius images / Science Source; S. 279: Mauritius Images, Mittenwald © Helen Frankenthaler Foundation, Inc. / VG Bild-Kunst, Bonn 2023; S. 281: Atelier Dorothee von Windheim; S. 283: Foto: Atelier Dorothee von Windheim, Köln © VG Bild-Kunst, Bonn 2023, für DvW Courtesy: Galerie Reckermann, Köln; S. 287: picture alliance / dpa / Christies Auction / Ho © Maria Lassnig Foundation / VG Bild-Kunst, Bonn 2023; S. 291: Anna Oppermann: Paradoxe Intentionen (Das Blaue vom Himmel herunterlügen), 1988 / 1992, Dimension variabel, Installationsansicht, Atelier in Celle, Courtesy Galerie Barbara Thumm, Estate Anna Oppermann, mit freundlicher Genehmigung von i. A. Sylke Müller-Hasenpflug, Galerie Barbara Thumm; S. 295: Collection: Collectie De Pont museum, Tilburg Credits photography: Peter Cox, Eindhoven Copyright: Marlene Dumas, mit freundlicher Genehmigung von Willem ter Velde, archive Studio Dumas; S. 297: picture alliance / ZB / Ulrich Haessler; S. 299: Angela Hampel, Dresden © VG Bild-Kunst, Bonn 2023; S. 301: ©Lisa Milroy 2023, mit freundlicher Genehmigung von Lisa Milroy; S. 303: ©Lisa Milroy 2023, mit freundlicher Genehmigung von Lisa Milroy; S. 307: Wikimedia Commons / Pixelillo © The Easton Foundation / VG Bild-Kunst, Bonn 2023; S. 311: Galerie Margareta Friesen, Dresden © VG Bild-Kunst, Bonn 2023; S. 315: picture alliance / Geisler-Fotopress / Thomas Bartilla © VG Bild-Kunst, Bonn 2023; S. 317: picture alliance / Rolf Haid; S. 319: mauritius images / Charlie J Ercilla / Alamy Stock Photos

Impressum

Bibliografische Information der Deutschen Nationalbibliothek
Die Deutsche Nationalbibliothek verzeichnet diese Publikation in der Deutschen Nationalbibliografie; detaillierte bibliografische Daten sind im Internet über http://dnb.d-nb.de abrufbar.

ISBN 978-3-8319-0845-5

Titelabbildung:
Gabriele Münter
Bildnis einer jungen Dame, 1909
Öl auf Leinwand, 70 x 48 cm
Milwaukee Art Museum
(Photographer: John R. Glembin) © Artists Rights Society (ARS), New York / © VG Bild-Kunst, Bonn 2023

Text und Bildlegenden:
Astrid von Friesen-Sello, Gottfried Sello

Für dieses Buch verfasste Astrid von Friesen-Sello die Beiträge zu folgenden Malerinnen: Maria Lassnig, Marlene Dumas, Angela Hampel, Lisa Milroy, Louise Bourgeois, Eun Nim Ro, Isa Genzken, Elizabeth Peyton

Redaktion: Sandra Troglauer, Hamburg
Gestaltung: BrücknerAping, Büro für Gestaltung, Bremen
Gesamtherstellung: Grafisches Centrum Cuno, Calbe

www.ellert-richter.de
www.facebook.com/ EllertRichterVerlag
Instagram: @ellert_richter_verlag